周清澍文集

周清澍 ◎ 著

广西师范大学出版社
·桂林·

目 录

三

成吉思汗生年考 …………………………………… 003

忽必烈潜藩新政的成效及其历史意义 …………… 020

忽必烈早年的活动和手迹 ………………………… 051

蒙元时期的中西陆路交通 ………………………… 059

马可波罗书中的阿儿浑人和纳失失 ……………… 097

论少林福裕和佛道之争 …………………………… 109

卢挚生平及诗文系年再检讨 ……………………… 144

金代职官 …………………………………………… 247

元代职官——蒙古官制 …………………………… 256

元代职官——大一统的中央官制 ………………… 264

元代职官——以行省分治天下的地方官制 ……… 275

四

我国古代伟大的科学家——祖冲之 …………………………… 287

诗人陈与义与湖南周氏 …………………………………………… 304

从牟巘《陵阳集》看南宋的地方官 …………………………… 358

明成祖生母弘吉剌氏说所反映的天命观 ……………………… 400

《再生缘》作者的母族桐乡汪氏 ………………………………… 437

论弢翁藏书——致周一良先生函 ……………………………… 479

武状元郑维城与女尼灵源本事 ………………………………… 487

元宗王小薛与申姓祖先的传说 ………………………………… 497

三

成吉思汗生年考

关于成吉思汗的生年,本来在我国的原始史料中早就有享年六十六岁的记载。[1] 成吉思汗死于1227年是可以肯定的,由此逆推,也就可以知道他是诞生于1162年。这一点清代学者重修之元史及各种编年体通史均加援用。[2] 可是,在波斯,元朝统治者的宗室伊利汗国合赞汗,曾令其宰相拉施特哀丁写了一部《史集》,书中称成吉思汗享年七十二足岁,即生于1155年。由于《史集》参考过蒙古文的珍贵史料《金册》(*Altan Debter*)是研究蒙古史极重要的名著,因而它的记载不能不引起历史学者的重视。清末,洪钧主要根据《史集》写成《元史译文证补》一书,也接受了成吉思汗生于1155年的说法,并为此写了一篇专文考证。[3] 自从洪钧将《史集》介绍到国内并加以考订之后,近

---

1 《元史》卷一《太祖纪》;《南村辍耕录》卷一;《圣武亲征录》;《〈蒙古源流〉笺证》卷三,叶6b。
2 邵远平《元史类编》,乾隆乙卯(1795)扫叶山房刻本,卷一,叶10a;魏源《元史新编》,光绪乙巳(1905)慎微堂刊本,卷一,叶2b;曾廉《元书》,宣统三年(1911)刊本,卷一,叶13;《续资治通鉴》,古籍出版社标点本,第5册,2263页;《续通鉴纲目》卷一九。
3 《元史译文证补》,光绪丁酉(1897)刻本,卷一上,叶9b至10a;卷一下,叶24a;《太祖年寿考异》,附本书卷一下,叶35a至36a。

几十年来,此说已在我国蒙古史著作中占压倒性优势。[1] 在苏联,许多权威学者也持此说。[2] 1938年,伯希和又独创一种生于1167年之说,并被国外若干最近的著作所采纳(见下文)。我们认为,成吉思汗诞生于1162年是毋庸置疑的,但由于当前历史著作中记载的分歧,因而有必要予以充分的论证。

一　成吉思汗生于1162年有确切的根据

《元史·太祖本纪》载:

> 〔太祖〕二十二年丁亥(1227)……秋七月壬午,不豫。己丑,崩于萨里川哈老徒之行宫,……寿六十六。[3]

《元史》在过去评价不高,因为它的编者急于成书,所以是"随辑

---

[1] 柯绍忞《新元史》,开明书店,1935年,6606~6609页;《新元史考证》卷二,叶1b;卷三,叶11a;屠寄《蒙兀儿史记》,古籍出版社1958年重印本,卷一,叶18a;卷二,叶1a;卷三,叶31b;冯承钧《成吉思汗传》,24页;余元盦《成吉思汗传》,9页;《内蒙古历史概要》,26页;陶克涛《内蒙古发展概述》,28页。

[2] 巴托尔德《蒙古侵略下的突厥斯坦》,吉布纪念丛书,1958年伦敦新版,459页;伍拉祺米尔索夫著,余元盦译注《成吉思汗传》,20、158页;葛列柯夫、雅库波夫斯基合著《金帐汗国及其衰亡》,1950年,45页。此书正文说"帖木真生于1155年"。但注中又说:"这一生年尚不能确定,还有一种生于晚几年的意见。"苏联科学院与蒙古人民共和国科学委员会合编《蒙古人民共和国通史》,中译本,45页;苏联历史学家合编之多卷本《苏联史纲:9—13世纪》,第5章4节,795页(汉文节译本《蒙古统治时期的俄国史略》,上册,20页);《世界通史》第3卷,516页。

[3] 《元史》百衲本,卷一,叶23a。

随编,曾无定例"。¹《元史》可以说是一部元代史料汇编,甚至对史料的剪裁、译名的统一都来不及做。如本纪部分,章学诚批评说:"元史二百三(应为十)卷,而纪、志先去其百,不待观书而知其无节度矣。"² 顾炎武说:本纪与天文志记载"不免重出。志末云'余见本纪',亦非体"。³ 赵翼说:"泰定帝登位一诏,……无异村妇里老之言,而《元史》亦遂不加改润。"⁴《四库全书总目提要》则批评它没有利用元人载籍"以订史传",说它"考订未密"。⁵ "无节度""非体""不加改润""考订未密"等等缺点,正好说明《元史》起了保存史料原貌的作用。本纪的史料是《实录》,据《元史》载,《实录》在1262年即由王鹗发起编修,1286年已写成汉文初稿。⁶ 当时甚至还有亲自见过成吉思汗的人。况且,《实录》是各代统治者最重视的当时史实的记录,在有关皇帝先人的年寿上,应该是最为可靠的。

其次,陶宗仪的《南村辍耕录》中也有与《元史》相同的记载:

> (元)太祖宋宝庆三年丁亥(1227)七月己丑,崩……寿六十六。⁷

《南村辍耕录》初刻于元末至正间,《元史》未修前,绝不会因袭明初修成的《元史》。陶宗仪是一个普通的不第文人,他这段材料很难直接参考藏之宫禁的《实录》。由此可证,成吉思汗"寿六十六"一事,

---

1 邵晋涵《南江书录》,聚学轩丛书本,叶42a,"元史"条。
2 章学诚《信摭》,《章氏遗书外编》,吴兴刘氏刊本。
3 《日知录》卷二六,"元史"条。
4 《廿二史札记》卷二九,"元人译诏旨雅俗不同"条。
5 《四库全书总目提要》,万有文库本,1014~1015页,"元史"条。
6 《元史》卷五《世祖本纪》,中统三年八月戊申;卷一四,至元二十三年十二月戊午。
7 《南村辍耕录》,中华书局1959年重印本,卷一,"列圣授受正统"条。

在《元史》未成之前,不仅记录在《实录》中,而且也为元朝的士大夫,特别是留意掌故的人所熟知。

还有,《圣武亲征录》也载:

> 癸亥(1203)……上既灭汪可汗。是冬,大猎于帖麦该川。……上春秋四十二。时乃蛮太阳可汗遣使月忽难,谋于王孤部主阿剌忽思火力,曰:"近闻东方有称王者……世岂有二主哉!君能益我右翼,夺其弧矢!"[1]

从这段材料看,成吉思汗癸亥年(1203)四十二岁,正好与丁亥年(1227)"寿六十六"相符。将《圣武亲征录》和《史集》的内容加以比较,可知《史集》所据的《金册》与《圣武亲征录》同源。可以说,《圣武亲征录》即蒙古文《金册》之汉译本。它这条记载,一方面说明比《实录》更早的史料中已肯定成吉思汗生于1162年;另一方面,也说明拉施特哀丁为了与他采用的七十二岁说统一,很可能排斥了《金册》中这条本来就有的记载。

除了汉文保存下来的原始史料以外,流传在蒙古本土的各种蒙古文文献的记载也完全相同。

首先是人所共知的《蒙古源流》中记载如下:

> 岁次壬午(1162),伊苏凯·巴图尔之乌格楞哈屯生一子……乳名曰天赐之特穆津。……殁于……丁亥(1227)七月十二

---

[1] 王国维《圣武亲征录校注》,王忠悫公遗书本,叶28b、43。

日,享年六十六岁。¹

《蒙古源流》举出了它所参考的七种文献,目前我们还能看到的有《黄册》,即笺证本所译之《古昔蒙古汗等源流大黄册》,书中说:

> 六十六岁时,火猪年(丁亥,1227)七月十二日殁于西夏……²

还有《蒙古黄金史》,此书成于《蒙古源流》之前,研究者认为《源流》也参考了它。此书也说"成吉思汗诞生于壬午年(1162)"。³

罗卜藏丹津的《黄金史》(乌兰巴托本)是属于另一类型的蒙古文文献,由于它直接出于蒙古文的《蒙古秘史》,所以具有特殊的价值。这本书也说成吉思汗生于壬午年,"丁亥年七月十二日逝世,时年六十有六"。⁴

虽然上引蒙古文文献写成时间不早于 17 世纪初,但不能说与《元史》及有关汉籍有因袭关系,理由如下:

一、《黄册》与《蒙古黄金史》写成时尚在明末,从明代蒙汉文化联系的情况看,没有利用明以后汉籍之可能。

二、《蒙古源流》及其先出之书,内容无因袭《元史》之痕迹。

---

1 《〈蒙古源流〉笺证》,海日楼遗书本,卷三,叶 6b;卷四,叶 6b。《额尔德尼·托卜赤》(蒙文手抄本第二种,田清波影印之三抄本),第二部分,64、108 页;第三部分,56、95 页;第四部分,68、108 页。
2 《Шара Туджи(黄册)——十七世纪蒙古编年史》,莎斯金娜导言、汇校、俄译、注释本,1957 年苏联科学院出版,原文 22、39 页,俄译文 128、136 页。
3 小林高四郎译注《蒙古黄金史》,26 页。
4 《阿勒坦·脱卜赤》,乌兰巴托,1937 年,25~26、102 页;新蒙文译本,乌兰巴托,1957 年,20、158 页。

三、《元史》记成吉思汗死于七月己丑,蒙古文史料记的却是七月十二日,按历法上的科学方法推算,二者正好相合。但是就17世纪蒙古地区的历法知识而论,这些蒙古文史籍的作者即使能看到《元史》,也难以推出七月己丑即七月十二日,甚至精通历算的乾嘉考据学大师钱大昕在他的《宋辽金元四史朔闰考》中也没有考出这年七月朔日是何干支。[1] 这也说明,成吉思汗的年寿和死的年月日在蒙古族的历史传说中一向是明确的。

四、蒙古文文献曾参考过藏族的史籍,但藏籍也难利用明代的汉籍。如在"基本观念及编制体裁"影响过《源流》等书的《彰所知论》,系"帝师为忽必烈子真金所造"[2],所以蒙籍中一些与汉籍相合的记载即使是间接由西藏介绍过来,但藏籍的根据也只能是元朝喇嘛在中原当势时的作品。

除了文献记载以外,成吉思汗的生年还见于"绰克图台吉碑",此碑建于木鼠年(甲子,1624),碑文最末说明"自成吉思汗水马(壬午,1162)年出生至今已464年"。[3]

由此可见,蒙古文史籍中所记载的成吉思汗的生年,或者直接根据元朝留下的史料或口碑,或是间接根据接触过元朝统治者的西藏喇嘛的记载写成的,它们与《元史》等书出于不同的来源而又证明了同一个结论。

---

[1] 《二十五史补编》,开明书店,1936年,第6册,8482页,〔宋〕理宗宝庆三年丁亥。
[2] 陈寅恪《〈彰所知论〉与〈蒙古源流〉》,《历史语言研究所集刊》1931年第2本第3分册。
[3] 策·达木丁苏隆编《蒙古文学菁华百种》(XIV),乌兰巴托,1959年,258页。

二 驳成吉思汗生于1155年之说

(一)拉施特哀丁的记载不足为据

与生于1162年之说不同,《史集》中关于成吉思汗生年的记载仅是一家之说。在它以前的西域蒙古史料(如《世界征服者传》)中并没有这种说法,在它之后,除了直接以《史集》为蓝本的著作外,也看不到有相同的记载,因而它只能说是孤证。

其次,拉施特哀丁承认他获知成吉思汗的生年是根据别人的传说,也即承认使《史集》具有价值的珍贵史料——《金册》并没有记载成吉思汗生于1155年。当然,出自耳闻的材料就远不及有明文可征的记载可信。

而且,《史集》中源于耳闻的记载也不近情理。它不仅记载生年与别的书不同,而且连铁木真丧父之年也和极为可靠的《元朝秘史》不同(《史集》是十三岁,《元朝秘史》是九岁),其所以不同,似乎是按生肖(即地支)十二年一轮的规律,有意要凑成这样的说法,即成吉思汗不仅死于猪年(亥属猪),出生和丧父也在猪年。《史集》以后的书甚至还说他即位也在猪年和死于猪月的。[1] 这种离奇的巧合当然是值得怀疑的。

最先从这角度怀疑波斯记载的是德人罕默儿(Hammer-Purgstall),后来日本学者那珂通世就罕默儿的观点做进一步发挥说:"其说盖谬。夫生、死及继父家、升帝位,皆人生之大事也,今太祖四

---

[1] 成吉思汗即位于猪年,见于阿不哈齐《突厥、蒙古和鞑靼史》英译本,第1卷,146页。死于猪月,见于亦邻真·哈喇达旺之《成吉思汗传》(本间七郎日译本),未云出处。

大事,皆在亥年,虽曰偶然,甚可奇也。罕默儿曰:'波斯人深恶成吉思汗,故谓其生、死、即位皆在猪年。'盖谟罕默特教徒以猪为污秽,故罕默儿云然。"[1] 最近苏联学者莎斯金娜也发表了同样的见解。[2]

《史集》是由合赞汗敕修的,看来拉施特哀丁不敢捏造"蒙古的诸王、那颜、大臣尽人皆知他(成吉思汗)享年七十二岁"一说,也许当时此说确已流行,它最先可能是出于《史集》一再提到的星占家之口。他们抓住了成吉思汗死于猪年的前提,于是说他在十三岁丧父,死年七十二足岁,从而得出出生和丧父也在猪年的结论。星占家的附会之说在《史集》之后仍有发展,因而又多了即位于猪年、死于猪月的说法。7—13世纪,星占学在伊斯兰教国家中极为盛行,星占家大致相当我国古代的阴阳家,他们惯于用生辰、死日等等说明天命和人间祸福。他们把成吉思汗一生几件大事都置于十二生肖周而复始之时,其中颇含有神秘意味,或有暗寓讥讽之意。但表面上一定是在星占家大加发挥之后,用来奉承蒙古统治者的,他们也乐于相信。

可是,当时离成吉思汗去世还不太久,在西域的蒙古人是会知道成吉思汗的真正年寿的(下文还要说明),星占家的捏造所以得到传播,可能是因为回历和太阳历的不同及蒙古人不熟悉历法所造成的(回历约每三十年比阳历少一年)。

在《史集》的本文中,也存在着一些可疑的地方。

在纪年方面,《史集》自兔年(1195)开始,而《圣武亲征录》则始自壬戌(1202),王国维在《亲征录》注文中曾提出这样的疑问:"二书同

---

[1] 那珂通世《校正增注元亲征录》,那珂通世遗书本。
[2] 《Шара Туджи(黄册)——十七世纪蒙古编年史》,176页,注21。莎斯金娜说:"看来拉施特哀丁是有意地确定一个不可靠的生年,从而证明,死于猪儿年(1227)的成吉思汗也生于猪儿年(按穆斯林的看法,猪是低等和下贱的牲畜),哪怕能借此表示自己对他的否定态度也好。因为这位波斯史学家是不能公开说出自己对成吉思汗的看法的。"

一蓝本,而此点相异,不知拉氏书自增入干支,抑系本书夺落也?"[1] 只要仔细比较一下,就不难解答这个问题。

首先,从各种史料比较来看,《元史》太祖本纪纪年也始于壬戌年,《元朝秘史》纪年始于鸡儿年(1201),它们和《圣武亲征录》虽然蓝本有一定差别,然而在这点上却大致一样,说明史料中对1202年以前的事发生在何年是不清楚的。可见不是《圣武亲征录》"夺落",而是《史集》"自增干支"。

其次,《史集》是将兔儿年(1195)末至猪儿年(1203)初作为成吉思汗历史的一个阶段来写的,其中内容即其他三书中记载王罕与也速该结成安答至成吉思汗消灭王罕之间的事实,只要去查对这三书的原文,就会发现其中大多是追溯往事,根本不是这几年中发生的事,不能将其中每件事按年排比贯串起来。这是"自增干支"的证据之二。[2]

第三,拉施特哀丁说:"在四十一岁以前,……记史者本人不知道每年发生的事件,仅简略地写下了这四十一年间的历史。直到生活的末期,〔才〕逐年加以讲述。"[3] 而《圣武亲征录》在癸亥年下说:"时上春秋四十有二。"那么,《圣武亲征录》将成吉思汗的史迹开始"逐年加以讲述"之壬戌年不正好是四十一岁吗?这不能说是巧合,而只能证明拉施特哀丁曾在《金册》上也看到了《圣武亲征录》同样的记载。

---

[1] 《圣武亲征录校注》,叶14下。
[2] Рашид-ад-дин: Сборник Летописей(《史集》),第1卷第2分册,107~135页。其中内容相当《圣武亲征录校注》,叶14b至42a;百衲本《元史》卷一,叶6a至13a。将《史集》与《元朝秘史》加以比较则会看得更为清楚,《史集》这阶段的史实在《元朝秘史》中是不衔接的,它的内容相当于从《元朝秘史》150节的中间开始,各事注以年代,再接相当《元朝秘史》177节成吉思汗遣使消责王罕所叙的那些往事。这完全是成吉思汗追溯历史,根本不能按时序加上年代。
[3] 《史集》第1卷第2分册,74页。

为了将四十一岁以后"逐年加以讲述"的历史事实与他认为生于猪年（1155）之说调和起来，因此和生年一样，纪年也提早了七年。

最后，也是最值得注意的情况，拉施特哀丁在一处露出了马脚。他写成吉思汗第四个时期（1204—1210）的历史，正是从《圣武亲征录》"时上春秋四十有二"，乃蛮遣使约汪古部伐蒙古开始的。[1] 在此前一历史阶段（1196—1203）的标题是："在最后一年，成吉思汗满四十一岁。"[2] 而在再前一阶段（1167—1194）也称："到最后一年成吉思汗四十一岁。"[3] 这显然是互相矛盾的。这种矛盾很好理解。因为后者是为了迁就成吉思汗生于1155年之说而杜撰出来的，而前者却是无意中保留下史料中与《圣武亲征录》一样的原有真实记录。

由于《史集》在1202年以前"自增干支"，果然把一件汉籍中有明文可考的历史事件的年代弄错了。这就是《史集》标题为"成吉思汗获悉塔塔儿部人木真速勒图败绩，……征伐他们，他们被击溃以及……丞相授尊号于成吉思汗的故事"。[4] 因为这次战役是大捷，所以《金史》在纪传中好几处都提到此事，并肯定它发生于1196年。[5]《史集》把这件事记于十三岁丧父至四十岁这段时期中，按成吉思汗生于1155年的说法，四十岁时是1194年，也就是说此事发生在

1　《史集》第1卷第2分册，146页。
2　同上，第1卷第2分册，107页。
3　同上，第1卷第2分册，84页。
4　同上，第1卷第2分册，92～93页。
5　《金史》卷九四《丞相襄传》。参见卷一〇《世宗本纪》，卷九四《夹谷清臣传》《完颜安国传》。参看《观堂集林》（中华书局新影印本）卷一四、一五，特别是卷一四、637～638页王国维的考证。柯劭忞却肯定此事发生在1194年，他说：案《大金国志》，塔塔儿寇边事在甲寅年（1194），未可执《金史》以订西史之误（《新元史》《太祖本纪》上，6606页；《新元史考证》卷二，叶4a）。按《大金国志》卷一九载有"蒙人累寇边"，有爱王统兵镇抚一说，已早经王国维考定系出于伪书，根本无此事（《观堂集林》卷一五，757～763页）。《大金国志》此处的"蒙人"，不能断定是塔塔儿，"爱王"更不是完颜襄。

1194年以前，与《金史》的确切记载矛盾。因此我们只有承认《圣武亲征录》开始逐年纪事的壬戌（1202）年，成吉思汗是四十一岁，才会同伐塔塔儿部人之役发生在他四十岁以前协调起来。

《史集》的说法甚至在伊斯兰教国家的著作中也没有得到承认。例如术赤的十二世孙——中亚的花剌子模汗阿不哈齐·巴哈都儿（1605—1664）曾经写了一部蒙古历史，他也说成吉思汗享年六十五足岁。[1] 这一记载，使《元史》的说法得到了西域史料的证明，他的书主要是用《史集》的材料写成的，然而独不采用七十二岁之说。这一事实说明，蒙古汗族尚有家谱或其他可靠资料在手，因而抛弃了《史集》中可疑的记载。另一方面，也说明拉施特哀丁所谓"蒙古的诸王、那颜、大臣尽人皆知，他活了七十二岁"的话不足为据。

（二）洪钧的《太祖年寿考异》并不"精当"

洪钧的《太祖年寿考异》是促使许多人相信成吉思汗生于1155年的重要论文，有人认为他此文一出"而纠纷始解"，赞扬他考得"允称精当"等。[2] 究竟是否"精当"，我们不妨逐条加以分析。

洪钧第一个理由是："《蒙鞑备录》谓成吉思汗生于甲戌（1154），则为乙亥（1155）上一年，岁数邻近，……若甲戌、壬午，上下相距九年，不应舛错至此。"为便于探讨，不妨看看《蒙鞑备录》的原文：

---

[1] 阿不哈齐前引书，第1卷，63、146页，但他记生肖则仍按《史集》生于猪年，并说即位于猪年。这种矛盾的发生，可能是他确知成吉思汗享年65岁（即66岁），然猪儿年生之说也很盛行，故并存之。正如《多桑蒙古史》生年用《史集》，年寿用《元史》一样。

[2] 李思纯《元史学》，163~166页；张承珮《成吉思汗评传》，17~20页；皆有专章宣传《太祖年寿考异》。

> 今成吉思汗皇帝者,甲戌生。彼俗初无庚甲,今考据其言而书之,易于见彼齿岁也。其俗每以草青为一岁。人有问其岁,则曰几草矣。

后文又说:

> 又称年号曰兔儿年、龙儿年,至去年方改曰庚辰年。[1]

从这段话可知,当时蒙古人记自己的年龄只用"几草",不用"庚甲",使用庚甲还只有一年,按习惯说,蒙古人应告诉他成吉思汗年岁多少("几草")才较可靠。然而赵珙记的不是年岁,而是庚甲,可见他只能是在燕京时道听燕人的传闻。诚如沈曾植所说:"孟〔赵〕珙言蒙俗'无庚甲,考据其言而书之',则知彼言乃揣测之词,未必实有据也。"[2]

再看洪钧举出的第二个论据是杨维桢的《正统辨》。《正统辨》收在陶宗仪的《南村辍耕录》第三卷中,前引《南村辍耕录》第一卷就已确切记载太祖的年寿和即位年,我们怎能避开第一卷正式的记录而偏信第三卷《正统辨》隐讳不明的记载呢?分析一下《正统辨》的说法,就不难看出它的漏洞来。杨维桢说:"……考宋祖生于丁亥,而建国于庚申,我太祖之降年与建国之年亦同。……"杨维桢这段话完全是抄自《宋季三朝政要》的一段话,其原文如下:

> 宋太祖生于丁亥,以庚申岁建国,命曹彬平江南,王师系甲

---

[1] 《蒙鞑备录笺证》,王忠悫公遗书本,叶2b、3b。
[2] 《〈蒙古源流〉笺证》卷三,叶6b。

戌岁渡江,以乙亥、丙子而平江南,……今大元太祖圣武皇帝,亦生于乙亥,以庚申岁即位,命伯颜平江南,大军亦系甲戌岁渡江,以乙亥、丙子而平江南。¹

此书初刻于1312年(皇庆壬子),而写成之时可能更早,照理应更为可靠。可是,作者是宋末遗民,初入元朝,不熟悉蒙古族统治者过去的历史。² 推敲这段文字,就可发现其中有张冠李戴的错误。因为元太祖既不是"庚申岁即位",更没有"命伯颜平江南"。如果硬要把"命伯颜……"之前一段话算是太祖的事,之后是世祖的事,于文理也不通。因为这里只有一个主语,一气相承,不可能兼指太祖、世祖二人。而忽必烈正是"以乙亥岁(1215)八月乙卯生",建国于庚申(1260)。³ 因此,我们只能解释为作者在这里误将世祖当成太祖了。⁴

实际上,杨维桢本人是知道太祖的年寿和即位之年的,他只是为了要证明应以元继宋之正统,乃不惜采取各种理由维护自己的主张,于是《宋季三朝政要》这段"推演命数、兼陈因果"的话也被他含混地引用了。在这段话之后,他又说"太祖开国五十年及世祖十有七年而集天下之大统",这显然和太祖"建国于庚申"是矛盾的。⁵ 因为从这年到世祖即位之另一庚申已有整六十年。可见杨维桢在此处心目中是以丙寅年(1206)即位计算的,所以概举为"开国五十年"。

---

1 《宋季三朝政要》,罗振玉《宸翰楼丛书》影印元皇庆壬子刻本,卷六,叶9a。
2 见《四库全书总目》卷四七《史部·编年类》及本书各跋和正文。
3 《元史》卷四《世祖本纪一》。庚申(1260)即忽必烈即位的中统元年。
4 清人李慈铭早已发现《宋季三朝政要》之误,但他认为是"原刻误",此书写的是成吉思汗的全谥"太祖圣武皇帝",而世祖的谥号是圣德神功文武皇帝,不似刻工弄错(《越缦堂日记》卷一八、叶19b)。见洪煨莲《蒙古秘史的版本流传》(《哈佛亚洲学报》1951年第3~4期)所引,承翁独健师示知。
5 《南村辍耕录》卷三,37页,"正统辨"条。

太祖即位于丙寅年(1206),是包括《史集》在内的各种史料所公认的,元人的其他文献中也不乏这种记载,其中连赞赏《正统辨》的欧阳玄的文集中也提到过。[1] 洪钧也知道这是个问题,所以解释说:

> 建国庚申之说,诸书无征。惟西域史详载猴年(1200,庚申)灭泰亦赤兀,败哈答斤诸部。取威定霸,固在斯时,必谓建国,似由傅会。然太祖征召邱处机诏云:"七载之中成大业,六合之内为一统。"自庚申至丙寅即帝位正七年,铁崖是说,殆有由来,非尽出于比附。

前已论到,1202年以前《史集》中的年代不足为凭,所以不能断定何事发生在猴年(1200)。即令这些事发生在猴年,也够不上"取威定霸",更谈不上"建国"。其次,洪钧用召丘处机诏来说明问题,实际上是断章取义,妄加推论,此段原文见于《南村辍耕录》卷十《丘真人》条:

> ……七载之中成大业,六合之内为一统。非朕之行有德,盖金之政无恒,是以受天之祐,承获至尊。南连赵宋,北接回纥,东夏西夷,悉称臣佐……

这段话明明是说,他七年时间所完成的"大业",已做到"六合一统",地域达到"南连赵宋",而他能达到这一步的原因是由于"金之政无恒"。显然这和1206年蒙古族本身的统一毫无关系,而是指1211年成吉思汗出征金国,到召请丘处机前一年(1218,戊寅)之间的七年,"回纥,东夏西夷,悉称臣佐"则指降畏兀儿、伐蒲鲜万奴和西夏,

---

[1] 《圭斋文集》卷九《文正许先生神道碑》:"盖太祖皇帝建国丙寅。"

这些都是丙寅年后发生的事。

综上所述,无论是《史集》的记载或洪钧《年寿考异》的旁证,都不足以确立成吉思汗生于1155年之说。尽管有人迷信西方的记载和盲从洪钧的意见,但杰出的蒙古史研究者王国维却居于例外。他在《蒙鞑备录笺证》和《圣武亲征录校注》有关年代之下,只字不提还有出生于1155年的说法,而其自编的《鞑靼年表》,仍将《元朝秘史》中铁木真出生时的史实系于〔金〕大定二年(1162)之下。[1] 日本蒙古史研究的开创人那珂通世也是如此,他在其《成吉思汗实录》的注文中,广泛引用《史集》和洪钧书,但也不注出另有出生于1155年之说,而且太祖各年之下的年岁,均遵循《元史》。如前所述,他还直接怀疑过《史集》的记载。可见熟悉汉籍、治学审慎的学者对此问题的看法是较妥当的。

三 驳伯希和所创之成吉思汗生于1167年说

1938年12月9日,伯希和在亚细亚协会的一次会议上提出一个观点,声称他发现一条汉文史料,证明成吉思汗是生于1167年,他的根据就是前引的杨维桢《正统辨》。因为杨维桢说:"宋祖生于丁亥,……我太祖之降年……亦同。"如要求干支全同,那么丁亥就是1167年。并且他还用《圣武亲征录》中一句话作为旁证。[2]

显然,伯希和并不是"发现"什么汉文新史料,只不过是将洪钧

---

1 《观堂集林》卷一四,叶26b。
2 *Journal Asiatique*(《亚细亚学报》),第231卷(1939),133~134页;伯希和,*Notes on Marco Polo*(《马可波罗书注》),巴黎,1959年,第1卷,287页。

《太祖年寿考异》中的论据加以改头换面罢了。外国学者多不熟悉汉文史料,纷纷接受这位"汉学权威"的异说。法国的格鲁赛在其三部蒙古史著作中都介绍了伯希和的"新成就",特别是《成吉思汗传》,仅保留"伯希和的最后研究成果"作为定论。[1] 近年此说似更为得势,如日本的护雅夫认为:"最近以 1167 年说为最有力。"[2] 而在 1960 年出版的英文版《伊斯兰百科全书》[3]和日本的《亚细亚历史事典》,[4]其中成吉思汗一条,都直接采取了生于 1167 年之说。

究竟是否"有力",我们只要看《宋季三朝政要》就很清楚。因为杨维桢用"太祖之降年……亦同"含混而过,很难断定他仅要求地支相同还是要干支全同。但其蓝本《宋季三朝政要》中却明确写着"太祖""生于乙亥",而"太祖"又实为"世祖"之误,所以伯希和的"新发现"是只知其一不知其二,他的推论也就失去根据。

既然伯希和的前提不存,旁证也就无处可附了。他说《亲征录》在丙戌(1226)年有"时上年六十矣"一句话可以证明他的说法,并力图否认癸亥(1203)年"上春秋四十二"的记载,其实,年"六十矣"一句,已经何秋涛、王国维和那珂通世等考据家一致校订为"六十五"了。因为"矣"和"五"只有一字之差,很可能原本"五"字不清,抄录者误认为"矣"。[5] 如果按照伯希和提出的生于 1167 年之说,癸亥年"上春秋四十二"应为三十七之误,这种形音不近的两个字的混淆显然是不可能的。

---

[1] 以上见格鲁赛《草原帝国史》(巴黎,1939)、《蒙古帝国》(巴黎,1941)、《世界征服者·成吉思汗的一生》(巴黎,1944)等书。

[2] 《世界大百科事典》,平凡社,1957 年,第 19 卷,"成吉思汗"条。

[3] 《伊斯兰百科全书》,1960 年,第 II 卷 23 分册,"成吉思汗"条。作者为《世界征服者传》英译者波义耳。

[4] 《亚细亚历史事典》,平凡社,1960 年,第 6 册,"元太祖"条。作者为村上正二。

[5] 王国维《圣武亲征录校注》,叶 64b;那珂通世《校正增注元亲征录》。

四　结论

综上所述,成吉思汗诞生于1162年是被最可靠的《元史》和其他各种原始史料所确切证明了的,这是毋庸置疑的事实。因此,1962年是成吉思汗诞生的八百周年。

(原载《文史》第1辑,中华书局,1962年)

忽必烈潜藩新政的成效及其历史意义

忽必烈于1260年即帝位,时年四十五岁。在未即位前的二十年中,作为成吉思汗家族的一位宗王,他早就表现出政治上的雄心,关心和过问国家大事,为以后谋取帝位做了准备。汉族士大夫将未即帝位前的宗王忽必烈称之为"潜藩"。[1] 由于在蒙哥汗即位后的四五年中,忽必烈曾处理过中原地区的几件大事,产生了很大的影响,本文拟专就"潜藩"时期的"新政"进行初步的评价。

从1242年(元太宗窝阔台死后一年)起,忽必烈先后延揽刘秉忠、赵璧、张文谦、张易、窦默、姚枢等儒生在自己身边,"参帷幄之密谋";又聘请金末名士王鹗、张德辉、魏璠、徐世隆、元好问等人到漠北,向他们咨访儒家治国之道,让他们推荐人才。在这些人的影响下,他对儒家学说已有些兴趣和知识,对中原的情况有大致了解,因而对以往按游牧民族的习惯去统治中原农耕民族所造成的弊端也有了一定的认识。

---

[1] 《元史》卷一六三《李德辉传》。古人认为天子是龙。《说文》云:龙"春分而登天,秋分而潜渊",故以天子未即位前是"潜龙""潜渊"。作为藩王,称为"潜藩",称其所居为"潜邸"。

1251年，忽必烈拥戴其兄蒙哥登大汗位，而自己作为大汗的同母长弟，也由一位普通的王室成员变成汗廷最显赫的亲贵，被赋予处理"漠南汉地军国庶事"的大权，"遂南驻爪忽都之地"。"爪忽"即紝，"爪忽都"乃蒙古语紝人之地的意思。[1] 当指毗邻戈壁的漠南地区。次年又往南移，驻于桓（今内蒙古正蓝旗境）、抚（今河北省张北县境）二州之间。[2] 这更有便于他就近处理中原汉地的事务，充分施展他的政治抱负，将前些年从汉族儒士那里听取的意见付之实施。

正在这时，刘秉忠向忽必烈献的《万言策》起了很大的作用。刘秉忠是邢州人，十七岁就任邢台节度使府令史，有吏治的经验。后出家为僧。1242年随大庆寿寺海云和尚至和林，以"能文词""博学多材艺"，为忽必烈留用为掌书记（即必阇赤。因秉忠法名子聪，人称"聪书记"）。1247年，刘秉忠因奔父丧回邢州，两年后被召回王府，可能因在家乡耳闻目见，有感而对已接受重任的忽必烈上献此书。书中的内容除阐述儒家圣贤之道和一般治国之策外，着重对地方治理提出了许多实质性的建议。书中提到：

> 天下之大，非一人之可及，万事之细，非一心之可察。当择开国功臣之子孙，分为京、府、州、郡监守，督责旧官以遵王法；仍差按察官守，治者升，否者黜。天下不劳力而定也。……
>
> 官无定次，清洁者无以迁，污滥者无以降。可比附古例，定百官爵禄仪仗，使家足身贵。有犯于民，设条定罪。……今百官自行威福，进退生杀惟意之从，宜从禁治。……

1　邵循正《剌失德丁〈集史·忽必烈合罕纪〉译释》（上），《清华学报》14卷1期，1947年。
2　上引文皆见《元史》卷四《世祖纪》。

> 天下莫大于朝省,亲民莫近于县宰。虽朝省有法,县宰宜择,县宰正,民自安矣。

刘秉忠还具体建议:"自忽都〔虎〕那演断事之后,差徭甚大,加以军民调发,使臣烦扰,官吏乞取,民不能当,是以逃窜。宜比旧减半,或三分去一,就见在之民以定差税,招逃者复业,再行定夺。"他特别强调国与民的鱼水关系,说:"天子以天下为家,兆民为子,国不足,取于民,民不足,取于国,相须如鱼水。有国家者,置府库,设仓廪,亦为助民;民有身者,营产业,辟田野,亦为资国用也。"所以他主张减轻人民负担,鼓励发展生产:"今宜打算官民所欠债负,若实为应当差发所借,宜依合罕皇帝(窝阔台)圣旨,一本一利,官司归还。凡陪偿无名,虚契所负,及还过元本者,并行赦免。纳粮就远仓,有一废十者,宜从近仓以输为便。当驿路州城,饮食祗待偏重,宜计所费以准差发。……禁横取,减税法,以利百姓。"选派劝农官"率天下百姓务农桑,营产业,实国之大益"。他还倡议建学校,尊孔子,恤济儒生,免除儒人杂泛差役,为"国家养才励人"。[1] 这些建议,在刘秉忠呈献《万言策》后不久,忽必烈就先后派员至邢州、河南、京兆等地推行新政,某些意见在这些地方得到不同程度的实施。

---

[1] 《元史》卷一五七《刘秉忠传》。此《万言策》,《元史·刘秉忠传》及《藏春诗集》卷六所附王磐撰《太保文贞刘公神道碑》、徒单公履撰《故光禄大夫太保刘公墓志铭》皆未言明上书年月,惟张文谦撰《故光禄大夫太保赠太傅仪同三司谥文贞刘公行状》云在庚戌夏。然文中有"宜因新君即位颁历改元""今新君即位之后"等语,可肯定此书乃辛亥年蒙哥汗即位后所上。

一 设邢州安抚司,爬梳荒秽

忽必烈接受了处理汉地事务的重任以后,根据汉族儒士的建议,接连在几个地方推行治理中原的"新政",正如他的潜藩旧臣商挺所说,他以蒙哥汗"介弟之亲,辅政先朝,锐意太平,征聘四方宿儒俊造,宾接柄用,以更张治具。立安抚司于邢,爬梳荒秽;立经略司于汴,开斥边徼;立宣抚司于秦,保厘封国",果然取得了明显的成效。[1] 就在蒙哥汗即位并授予他重任的当年,忽必烈在邢州推行"爬梳荒秽"新政的第一次试验。

邢州(今河北省邢台市)地处南北交通要冲,当地具有"鼓铸灌溉之利","民物浩繁,常甲于他郡"。在承平时,"登版籍者恒不下十万户"。[2] 金代见于记载的统计数有八万余户。[3] 蒙古灭金,窝阔台派大断事官忽都虎那颜括中州户口。丙申年(1236),将中州人户分赏诸王、贵戚和功臣,邢州九县一万五千户分赐给斡罗纳儿氏的两个答剌罕——拔带和启昔礼两千户长。[4] 允许他们自署达鲁花赤征取五户丝贡赋,而且是每年"遣人更迭监牧",这些人"类皆不知抚治"。[5] 大

---

[1] 商挺撰《刘肃墓碑》,转引自《元朝名臣事略》卷一〇《尚书刘文献公》。
[2] 宋子贞《改邢州为顺德府记》,《(乾隆)顺德府志》卷一五《艺文上》。
[3] 《金史》卷二五《地理志》。
[4] 《元史》卷一三六《哈剌哈孙传》:"曾祖启昔礼,始事王可汗脱斡璘。王可汗……谋害太祖。启昔礼潜以其谋来告,太祖……遁去,……还攻灭王可汗,并其众,擢启昔礼为千户,赐号答剌罕(意为'大自在的人',子孙世袭)。"此事详见《元朝秘史》169、170、187、202、219节,启昔礼作乞失里黑,与其兄巴歹共建此功。《元史》卷九五《食货·岁赐》:八答子,五户丝;丙申年分拨顺德路一万四千八十七户。"八答",疑即《元朝秘史》中之巴歹,"八答子"即巴歹之子。
[5] 李谦《中书左丞张公(文谦)神道碑》,《元文类》卷五八。

多是"出身武弁,不习吏事,重以求取为念"。¹ 由于任期甚短,只知尽量多的搜括,他们根本不懂得要保证对农民进行长期的剥削,就得让农民有维持继续再生产的可能。

蒙古灭金以后,采取"并包兼容,笼络八方"的政策,"得一邑者使宰一邑,得一州者使典一州,父死子继,兄殁则弟及,而末流之弊,有不可胜言者"。成吉思汗领兵侵金,河北大乱,威州人武贵、武仙聚乡兵保威州。武贵又据邢州,"于盗贼横流中一匡而定",1220年降蒙,称安国军节度使。后与武仙皆叛蒙古,被诛死于民间。² "自是而后,连易数节度,皆故将部曲,擅自废置,而继以朘割之政"。"奸吏乘之,肆为朘割,始于贫民下户,次则中人富家,末则权豪势要,剥肤椎髓,惟恐不竭,至无所与取,则求贷于贾胡以供日用,累息既多,乃责民以偿之,束缚笞榜,无所不至"。加之连年征战,邢州地当驿传要冲,"使者旁午","征需百出,民不堪命",³ 只好四出逃亡。邢州境内出现了这样凄惨的奇怪景象:"千里萧条,为之一空。城中才百余家,皆以土塞门,穴地出入,望见军马,则匿之丛薄间,俟过而后敢出。行人过客,虽欲求之勺饮亦不可得。为官吏者,亦昼伏夜出,以理诉牒,人谓之鬼衙。甚者或弃印而去。"

在这种情况下,不仅人民无法生活,由于人民逃散一空,统治者也无法继续统治下去了。邢州辖区内丙申年(1236)原有近一万五千户,经过短暂的十五年,只剩下五七百户。国家的赋税无人缴纳,投下领主的五户丝收入没法征收,过往使臣、商旅无处可投,地方治安一片

---

1 《改邢州为顺德府记》,以下未注者均见此记。
2 《金史》卷一一八《武仙传》;《元史》卷一《太祖纪》。
3 《中书左丞张公(文谦)神道碑》;《元史》卷一五九《赵良弼传》。

混乱，邢州"遂不能复为州，为盗区者及二十余年"。于是沙河县达鲁花赤吕诚和金朝进士马德谦以邢州达鲁花赤大为阖属九县民害，一同前往漠北投下领主陈诉。得到两答剌罕的同意，愿以所属分地归忽必烈王府治理，乃合辞向忽必烈请求，另派干员来治理邢州。[1]

蒙古贵族早期发动的战争纯粹是为了掠夺，把战争作为自己经常的职业。每当征服一地，就将它掠夺一空，又向另一地继续发动战争，然后又进行掠夺。现在的情况不同了，金朝的土地已被他们完全征服占有，如果再沿袭过去草原上的掠夺方式，是不可能维持对一个农业民族长期剥削和统治的。尽管在窝阔台汗时经过耶律楚材等人的努力，统治方式在某些方面、某些地区有了一些改变，但旧的习惯势力并非一朝一夕所能改变的。邢州的情形就是一例，只有在统治者再也无法继续统治下去的情况下，才迫使他们认清非进行改变不可了。

邢州的官员几次向忽必烈请求派官去治理邢州，他们在忽必烈属下找到邢州人刘秉忠和沙河县人张文谦。刘、张二人接待了他们，并一同向忽必烈建议："今民生困敝，莫邢为甚，救焚拯溺，宜不可缓"，应选派干练的官员前往整治，责成他们限期做出成效，"俾四方诸侯取法于我，则天下均受赐矣"。[2] 忽必烈接受了邢州官员和两答剌罕的请求，决定在邢州设置安抚司，派勋臣博尔朮族人脱兀脱与赵璧等为断事官，[3] 以行总六部同议官李惟简为安抚使，东平路行军经

---

1 《改邢州为顺德府记》；《道光续增沙河县志》卷上《义烈·马德谦传》；《元史》卷四《世祖纪》。
2 《中书左丞张公(文谦)神道碑》。
3 姚燧《故提刑赵公夫人杨君新阡碣铭》，《元文类》卷五五。

历刘肃为安抚副使。以王府侍从赵良弼为幕僚长。¹ 宪宗三年（1253）又改任张耕为安抚使，刘肃为商榷使。² 李惟简或名李简，字仲敬，邢州唐山县儒生，曾与刘肃（号佚庵）、张特立（号中庸）等研讨诸家《易》解于东平。历任河间课税所经历官，泰安州副长官，后仕至陕西道提刑按察使。时人称他有"异政奇谋"，著有《学易记》。³ 刘肃字才卿，威州洺水（今河北威县）人，金兴定进士。金亡，东平严实"招致幕下，署行尚书省左司员外郎，又改行军万户府经历"，"在东平二十年，赞画为多"。⁴ 张耕字芸夫，真定灵寿人。刘秉忠与忽必烈谈到当时"牧守"，首先推崇张耕。张耕于中统二年（1261）九月告老。三年八月，超授户部尚书，"以旌治效"。⁵ 李惟简、张耕、刘肃等都是儒士，人称"廉平方正"。⁶ 经过他们几年齐心的整治，邢州的面貌发生了很大变化。

他们到任以后，采取"苏枯弱强"的方针。首先是"专以存恤为务"，减轻百姓的负担以安定民心。蠲免通欠的赋税，停止追还长期欠下的债务。⁷ 其次是打击豪强。"自金干戈扰攘，土豪崛起，惟知聚

1　《元史》卷一五九《赵良弼传》；《改邢州为顺德府记》。
2　同上，卷四《世祖纪》系此事于辛亥年初次任命时；《刘秉忠传》所载相同，与《改邢州为顺德府记》、徒单公履《故光禄大夫太保刘公墓志铭》(《藏春诗集》卷六)、《中书左丞张公（文谦）神道碑》所载不合。王恽《中堂事记》下云：张耕于"大元癸丑（1253）授邢州安抚使"，从之。
3　《(乾隆)顺德府志》卷一一《人物上》；李简《学易记序》，见《通志堂经解》。杨奂《东游记》（见《还山遗稿》卷下）提到"信都李简仲敬"，信都是邢州的古称。
4　《元朝名臣事略》卷一〇《尚书刘文献公》。
5　《元史》卷四《世祖纪》；卷一九一《谭澄传》。王恽《中堂事记》下，载张耕授吏部尚书制词云："德备忠纯，材优经济，及试临民之职，首驰报政之声，保安全于久废之余，集流亡于四散之后，以兹明效，宜示宠章。"
6　《元朝名臣事略》卷七《太保刘文正公》引韦轩李公撰《文集序》。
7　徒单公履《故光禄大夫太保刘公墓志》，《藏春诗集》卷六附录。

敛,不知孰为法度程式"。他们处死横行不法为民害最大的一人,对其余违政害民的官吏或者罢黜,或者降职。当时公私收入都极为缺乏,以致日常开支也无法供给,为了开辟财源,他们大兴铁冶以保证政府用费;发行钞币以流通民间货物。为了保证驿传畅通,将车辆编好次序,轮流受雇而传;提供站户马匹,使驿路能经常提供驿马。修整好官舍,安排好使臣的宾馆,使安抚司能及时处理政事,使臣不致骚扰民舍。仓库积蓄了粮食,文书按期收发,吏员不敢玩忽职守。[1] 在这几位"廉明方正"的儒者同心治理之下,《改邢州为顺德府记》描述为"民之归者如市,未及期月,得户凡三万,老幼熙熙,遂为乐郊"。

这里所谓"未及期月,得户凡三万",显然有所夸大。如《中书左丞张公(文谦)神道碑》称"益户十倍",《元史·赵良弼传》在几年后才称"户口增倍",互相矛盾。宋子贞此文写于中统三年(1262)表旌邢州官员治绩之时,应该是指这十余年治理的成果。事实上,邢州的治理并不是一帆风顺的,当地蒙古贵族和权吏的阻力仍很大。如李谦所撰《赵良弼墓碑》提到,作为幕僚长的赵良弼,每逢因"事或掣肘",就向忽必烈王府请示,三年中往返共计六次。忽必烈对"所请无不从"。由此可见,整治邢州曾遇到不少困难,全靠忽必烈的大力支持,"邢赖以治"。甚至忽必烈所委派的断事官蒙古勋贵脱兀脱也对治邢新政起了干扰作用。他的下属同因有罪罢黜的官吏相勾结,"交构嫌隙,动相沮挠"。赵良弼乃驰驿向出征云南途中的忽必烈报告,遂黜撤脱兀脱,罢其部属。[2] 忽必烈出发征云南在1253年,说明在派员治邢二年之后仍有很大的阻力,为了彻底整治邢州,可能因此才有

---

[1] 《元朝名臣事略》卷一〇《尚书刘文献公》。
[2] 同上,卷一一《枢密赵文正公》;《元史》卷一五九《赵良弼传》。

这年对张耕、刘肃的新任命。

张耕、刘肃治理邢州的惠政在大文学家元好问所写的《邢州新石桥记》中也被提到,文中说:"州北郭有三水焉:其一潦水,……其一曰达活泉,……其一曰野狐泉,……潦水由枯港行,并城二三里,……丧乱以来,水散流,得村墟往来取疾之道,溃堤口而出,突入北郭,泥淖弥望,冬且不涸。二泉与港水旧由三桥而行。中桥,古石梁也,淤垫既久,无迹可寻,数年以来,常架木以过二泉,规制俭狭,随作随坏,行者病涉久矣。两安抚张君耘夫(耕)、刘君才卿(肃),思欲为经久计,询访耆旧,行视地脉,久乃得之。经度既定,言于宣使,宣使亦以为然。乃命里人郭生立准计工,……镇抚李质董其事。分画沟渠,三水各有归宿,果得古石梁于埋没之下,……堤口既完,潦水不得骋,附南桥而行,石梁引二泉分流东注,……迤路平直,往来憧憧,无褰裳濡足之患。"文中的郭生,就是元代杰出的科学家邢台人郭守敬。齐履谦在郭守敬的《行状》中写道:"顺德城北有石桥以通达活泉水,兵后,桥为泥潦淤没,失其所在。公甫冠,为之审视地形,按指其处而得之。河东元公裕之(好问)文其事于石,其曰'里人郭生者',即公是也。"[1] 元好问在文章之末发表感慨说:"虽然,此邦之无政有年矣……贤王付畀者如此,二君之奉承者亦如此,……仆知石梁之役,特此邦百废之一耳。"[2] 可见元好问对邢州的宿弊,忽必烈的委托,张、刘二位使邢州百废俱兴的治绩皆有所了解,说明在当时邢州的变革已产生了很大的影响。

---

1 《知太史院郭公行状》,《元文类》卷五〇。
2 《遗山先生文集》卷三三。郭守敬生于1231年,此记当写于张耕初上任时,"甫弱冠"指年刚二十。此记在翁方纲、施国祁、凌廷堪三家《元遗山先生年谱》中皆未考定是何年所作。

忽必烈在邢州实行新政的成功,不仅赢得了邢州的民心,而且"邻郡望之,如别一国土者",当然也会产生羡慕而希望效尤。"四方传其新政",无疑为忽必烈在中原人心目中树立起一个较好的形象。[1] 从此,忽必烈无论是对出主意的刘秉忠、张文谦,还是对被委任的张耕、刘肃、李简和赵良弼等人,经过这次治理邢州的实际检验,更认识到儒士值得器重,也敢于放手"任之以政"了。[2]

二 置河南经略司,开斥边徼

邢州的新政初见成效后,蒙哥汗二年壬子(1252),忽必烈又着手对河南的治理。窝阔台汗灭金之役,攻占黄河以南地区。1232年蒙古军下汴梁等地,将居民多俘掠往黄河以北各地,时称"壬辰(1232)北渡"。蒙古围蔡州灭金,与宋联军合攻,并相约以陈、蔡二州东南归宋,西北属蒙古。实际上,蒙古军进军河南,在掠取人口、财物之后,随即撤走,没有留重兵驻守,并无长期占领的计划和措施。宋人以为有机可乘,丞相郑清之乃提出收复二京之议,派遣全子才率兵入汴梁(宋东京),赵文仲、徐敏子军入洛阳(宋西京),与蒙古军发生冲突,大败而归。乙未(1235)春,窝阔台遣军四出侵掠,拔都等征西域,二太子阔端征秦巩,三太子阔出和宗王忽都秃、口温不花等率领的一路军队南侵襄、汉,"降唐、邓、均、德安四城,拔枣阳、光化,留军戍边;襄、樊、寿、泗继亦来归"。[3] 襄阳是控扼汉水的军事重镇,为兵家必争之

---

1 《元朝名臣事略》卷一〇《尚书刘文贞公》。
2 李谦《中书左丞张公(文谦)神道碑》。
3 姚燧《中书右丞姚文献公(枢)神道碑》,《元文类》卷六〇。

地。蒙古军将很快就弃襄阳等城而不守,并迁均、唐、邓、襄阳、樊城之民于洛阳及其以西三县境。宋人乘机收复襄、樊,加固了城防,设京湖制置司于襄阳,不但屏障了荆、汉之地,而且还能不时向河南发起攻势。[1] 而寿、泗等州的百姓尽被蒙古军军官所瓜分,沦为驱奴,使宋人绝了降附的念头,加强了他们抵抗蒙古军的决心。1241年窝阔台死后,贵由汗在位仅三年(1246—1248),汗位久虚,因此无暇全力图宋。在这些年中,虽连年进兵淮河、四川,"军将惟利剽杀,子女、玉帛悉归其家"。[2] 整个河南地区,人烟稀少,耕地荒废,如欲以河南为后方征宋,供需后勤无从所出;侵入宋境,即使顺利,但人民已逃亡一空,也无法驻屯深入。所以,军队只能是春来秋去,战争仍然是为了掠夺而不能实现新的占领。

与此相反,宋人在巩固自己的边防以后,还能不时主动发起进攻。1251年,宋朝以高达带行遥郡刺史、权知襄阳府、管内安抚,节制屯戍军马。奉制置使李曾伯令,修复襄、樊二城。遣兵攻洛阳以西之地,攻破虢州的卢氏县、河南府的永宁县、卫州的八柳渡等处。缚杀当地的守长。[3] 蒙古方面,却是"边无备御",宋军来攻,"内地之民多被杀掳"。[4]

忽必烈肩负处理漠南汉地军国庶事的重任,认识到当务之急是巩固和治理与南宋毗邻的地区,打破与南宋长期僵持的局面,为征服南宋做好准备。刘秉忠在他的《万言策》中就已提到:"关西、河南地

---

1 姚燧《南平楼记》,《牧庵集》卷七;《邓州长官赵公(祥)神道碑》,《元文类》卷六四。
2 《中书右丞姚文献公(枢)神道碑》。
3 《宋史》卷四三《理宗三》;《元史》卷四《世祖纪》;姚燧《真定新军万户张公(兴祖)神道碑》,《元文类》卷六三。
4 《元朝名臣事略》卷七《丞相史忠武王》引《行状》;卷八《左丞姚文献公》引《神道碑》。

广土沃,以军马之所出入,治而未丰,宜设官招抚,不数年民归土辟,以资军马之用,实国之大事。"姚枢也建言:"置屯田经略司于汴以图宋。"[1] 1252年春,忽必烈驻营于岭上时,已深知"汉地不治,河南、陕西尤甚"。当时,蒙哥以断事官牙老瓦赤、布智儿等人充燕京等处行尚书省事,总理"天下财赋",忽必烈还不能独断处理某一地区的民政,乃因朝觐蒙哥汗之便,请求"分河外(黄河南)所属而试治之",并要求"不令牙鲁瓦赤有所钤制"[2]。蒙哥汗也认识到:"将有事于宋,必先事于河南。河南既治,本根既固,藩墙不穴,资粮、铠马、屝屦足,而汉、淮可图也。"[3] 经蒙哥许可后,正式在汴梁(今河南开封市)设河南经略司,以蒙古勋贵忙哥,真定等五路万户史天泽,太宗、定宗朝必阇赤(汉人称中书令)杨惟中及燕京行尚书省赵璧四人为经略使,金进士陈纪、杨果为参议[4]。在这帮勋贵、世侯、旧臣、亲信和宿吏组成的新官员治理下,河南的局面很快就大有起色。

据史天泽的幕客王博文和姚燧的描述:"是时河南民无依恃,差役急迫,流离者多","城无居民,野皆榛莽",呈现出一片荒凉景象。[5] 史天泽等人首先从澄清吏治着手:一方面"选贤才居幕府以清其源,置提领布郡县以察奸弊","汰冗滥",使贤良干练的人才得到任用,官吏的奸弊有人纠察;另一方面则"抑豪强","诛奸恶以肃官吏",使贪淫暴戾者受到惩罚,官纪能得以整肃。窝阔台灭金以后,任命监河桥万户刘福为河南道总管,统辖原金朝所辖河南全境。"福贪鄙残酷,

---

1 《元史》卷一五八《姚枢传》。
2 《元朝名臣事略》卷七《丞相史忠武王》引西溪王公(博文)撰《行状》。
3 郝经《瑞麦颂》,《郝文忠公陵川文集》卷二〇。
4 《元史》卷四《世祖纪》。
5 《元朝名臣事略》卷七《丞相史忠武王》引《行状》;《中书右丞姚文献公(枢)神道碑》。

虐害遗民二十余年","郡中婚嫁,必先赂之,得所请而后行,咸呼之为翁"。还有睢州长官杨兴,封丘主簿董某,"极横恣不法"。董主簿恃刘福之势,为虐地方,强取民女有色者三十余人。杨惟中、赵璧到任后,宣判了这二人的罪行并立即处死,将民女全部送还家中。刘福闻讯,也惊病而死。豪强被除,"百姓鼓掌称快"。[1]

史天泽等人为改善百姓生计,实行"均赋税以苏疲困,更钞法以通有无"的政策。在保证国家税收的前提下,力求负担公平,减轻百姓的负担;发行钞币,使物货能畅其流。窝阔台灭金以后,为供应侵宋大军,置军储仓于汴梁、卫州,每年令河北、山东农民将应纳丁粮输仓缴纳。"分冬月三限,失终限者死。吏征敛舞法,民甚苦之",[2]以后改为"计直取银帛,军行则以资之"。但银帛不能替代粮饷,而以粮折银还会增加对农民的盘剥。忽必烈乃征得蒙哥许可,设都漕运司于卫州,"设行仓以给军饷",即由官筑军储仓于黄河岸,仍令民缴纳粮食。[3] 百姓纳粮可就近入仓,免除长途输送之苦,再通过黄河水运调往河南诸州,南征的军粮能得到供应,百姓也不会再遭缺饷军队的攘夺。[4]

河南经略司设置以后,"期年报政,帑有余资,庾有余粟,四鄙不警,民狎于野,风雨时顺,岁乃大穰"。甲寅(1254)夏即有农民进献瑞麦,驰驿报告蒙哥汗。[5] 王恽也称:"不二三年,河南大治,……方数千

---

[1] 以上见《元朝名臣事略》卷七《丞相史忠武王》;郝经《中书令杨公(惟中)神道碑》,《陵川集》卷三五;《元史》卷一五九《赵璧传》。
[2] 《元史》卷一五一《奥敦世英传》。
[3] 同上,卷四《世祖纪》;姚燧《故提刑赵公夫人杨君新阡碣铭》,《元文类》卷五五。
[4] 姚燧《中书右丞姚文献公(枢)神道碑》;《元朝名臣事略》卷七《丞相史忠武王》。
[5] 郝经《瑞麦颂》。

里之间,行于野民安其乐郊,出于涂商免其露处。"[1] "乐郊"固然是夸大之词,但至少可说明人民已能安居,商旅可找到人家住宿了。

河南经略司或称河南屯田经略司,其主要职责是屯田备边。[2] 河南与宋境接壤,宋军可以随时出兵"其间,突蹂汴、洛,披轹亳、宋,至于徐、扬,驰亘上下千有余里"。蒙、宋两境间形成广大的无人区,"奸宄抵隙,啸跨两境,依险首鼠,血人牙牙二十余年矣"。[3] 蒙古灭金以后,下一步就是图宋。而"宋境连岁被兵,民物萧条,耕稼俱废"。蒙古军作战,全靠就地掳掠。"初不以馈饷自资。比军还,间关千里,道殣狼藉"。[4] 回到河南,则是"军无纪律,暴掠平民,莫敢谁何。边无备御"。[5] 当年锐不可当的蒙古征服者,将其统治地区逐步向南扩展,由于不善于治理,反而自陷于进不能攻,退无法守的狼狈境地。

姚枢于忽必烈受命总领汉地军国大事时,就向他提出"请置屯田经略司于汴以图宋"的建议,他在总结阔出太子南伐以来失策的教训后说:"何若以是秋去春来之兵,分屯要地,寇至则战,寇去则耕,积谷高廪,边备既实,俟时大举,则宋可平。"可见设置经略司旨在屯田戍边,以备南征。癸丑年(1253)夏,忽必烈征大理行经六盘山,召史天泽"议经略司事",决定西起穰(邓州倚郭县)、邓(邓州,今河南邓县),屯驻重兵,与宋襄阳制置司互为犄角,东连陈(今河南淮阳县)、亳(今安徽亳县)、清口(今江苏西北,古泗水入淮之口,又曾是黄、淮交汇处)、桃源(镇,元升县,今江苏泗阳县西南老泗阳)等地,立边城,列堡

---

1 王恽《忠武史公家传》,《秋涧集》卷四八。
2 姚燧《中书右丞姚文献公(枢)神道碑》,《真定新军万户张公(兴祖)神道碑》。
3 郝经《瑞麦颂》。
4 元好问《顺天万户张公勋德第二碑》,《遗山先生文集》卷二六。
5 《元朝名臣事略》卷七《丞相史忠武王》引《行状》。

戍以阻障宋军的进犯,立屯田、保甲以实边鄙,边地的百姓皆得以保全。[1] 据《元史·杨惟中传》载:忽必烈奏请任惟中等为经略使,就是"俾屯田唐(今河南唐河县)、邓、申(宋改信阳军,今河南信阳市)、裕(今河南方城县)、嵩(今河南嵩县)、汝(今河南汝州市临汝镇)、蔡(今河南汝南县)、息(今河南息县)、亳、颍(今安徽阜阳市)诸州"。几年以后,屯田渐见成效,仓廪充实,边饷供给有了保证,逐渐具备了大举平宋的条件。

忽必烈指令河南经略司,"俾屯田唐、邓等州,授之兵、牛,敌至则御,敌去则耕"。史天泽以万户改任河南经略使以后,由其兄天倪子权代天泽为真定等路万户。宪宗四年(1254),史权奉旨屯驻邓州,置屯田万户府,史权任屯田总管万户。[2] 同年,首次籍新军。蒙哥汗询问大臣,"求可以慎固封守,娴于将略者"。史天泽奏请以次兄天安子枢为征行万户,配以真定、彰德、卫、怀孟诸军,驻唐、邓。[3] 窝阔台灭金后,次年,大军南征。宋以降将戍邓州,守将向蒙古军迎降。阔出认为,邓州离襄阳甚近,恐力孤不能自保,且当年遭受灾荒,决定将邓、唐、均三州居民迁往洛阳以西,邓州治长水(今河南洛宁县西),均州治永宁(今河南洛宁县),唐州治福昌(今河南洛阳市韩城镇西南)。丙申年(1236),又将襄、樊降民迁洛阳。到这时,史权弟兄已驻重兵于唐、邓,乃令邓、均、唐、襄、樊五州民全部迁还本州,以充实、开辟南部边疆。这时宋朝已筑襄、樊、均州城,皆驻有重兵,此三州之民无处

---

1 《元史》卷一五八《姚枢传》;《中书右丞姚文献公(枢)神道碑》;《元朝名臣事略》卷七《丞相史忠武王》引《行状》。
2 《元史》,卷四《世祖纪》;卷一四七《史权传》;卷三《宪宗纪》;《真定新军万户张公(兴祖)神道碑》。
3 《元史》,卷三《宪宗纪》;卷一四七《史枢传》。

可归,乃令襄、樊侨治于邓州之北,均州侨治州西。发展民屯,战外耕内,四年之间,积谷七十余万石,对军屯是很大的补充。[1]

忽必烈令邓州屯田万户修完城防,以备宋军。邓州修筑了石城垣,堵塞西、南二门而不开,以防宋军突袭。[2] 邓州与荆、襄接境,沿边各地城壁未筑。接连在甲寅年(1254)冬,修筑光化城,乙卯年(1255)立毗阳城(应作泌阳),丙辰年(1256)筑枣阳城。[3] 邓州离襄阳不到二百里,军队一昼夜可抵襄阳城下。[4] 大批军队能够在这里屯驻下来,造成了对宋荆襄地区的直接威胁。蒙哥于1252年立河南经略司,同年七月,即向南宋发动宣传攻势,"诏谕宋荆南、襄阳、均州诸守将使来附"。邓州屯田万户府组建的当年,宋均州总管孙嗣遣人赍蜡书求降,并请出援兵。史权派精兵扼守宋军要路,遂援引孙嗣等到邓州。接着骁将钟显、王梅、杜柔、袁师信各帅所部来降,改变了以往军事上的被动情况。[5] 史权等在邓州,"招流散,复田庐,治渠堰,整屯戍,谨斥候"。[6] "戍兵积谷,与襄犄角凡十五年"。屯田万户府后来升为江汉都督府,与益都李璮的江淮都督府东西并峙。李璮被诛后,又并改为东、西统军司。[7] 邓州也因此成为一大军事重镇。为以后长围襄阳,破襄樊,下汉水、长江,灭南宋奠定了基础。

在河南的东南,蒙哥汗在甲寅年(1254)又令保定军民万户张柔

---

1 姚燧《邓州长官赵公(祥)神道碑》,《元文类》卷六四。
2 《真定新军万户张公(兴祖)神道碑》。
3 《元史》卷一四八《董文蔚传》。
4 《真定新军万户张公(兴祖)神道碑》。
5 《元史》卷三《宪宗纪》。
6 王恽《千户张君(思忠)家传》,《秋涧集》卷四八。
7 姚燧《南平楼记》《少中大夫孙公神道碑》,《牧庵集》卷七、二四。

移镇亳州。¹ 蒙古灭金,河防废弛,黄河于汴梁决堤,西南入陈留(今开封市东南陈留镇),再南分流为三。杞县居其中,南连涡水、涣水,东连淮海,浩渺无涯。宋人恃舟楫之利,驻亳、泗(今江苏盱眙县)二州,常引兵北犯以扰河南。癸卯年(1243)秋,大帅察罕向乃马真皇后奏准令张柔节制诸军镇杞县。² 甲辰年(1244)张柔进驻杞县,因杞县故治之东、西、中三山夹河的地势,顺杀水势,当三河之口筑为连城,分成战卒,结浮桥以通往来。远遣斥侯以防宋军进犯,保障了濒河居民安居并恢复耕稼之业。如元好问所说,"冲要既固,奸谋坐屈,艨艟有横截之阻,而走舸无奔轶之便"。宋军的水上优势被抑止了,起到了"北安濮、郓,西固梁、豫"的作用。³ 经过张柔十年的惨淡经营,杞县的地位已经稳固。

蒙哥汗即位后,张柔以连年对宋战事频繁,两淮粮运困难,又在甲寅年(1254)奏言据守亳州之利。蒙哥乃令张柔"率山前八军"于亳州筑城戍守。从杞县到亳州,将邻宋前沿又往南推进了几百里。亳州四面皆黄河泛流,非坐船不能到达。而涡水北隘浅不能行舟,军士为涉水所苦,曹、郓、魏、博等地军粮皆不能运来。张柔等军到达亳州时,"诸侯之师毕集城北。柞谷械朴,翳不可入,刊而后可次,穴城鹿、豕,获以千计,三日而后已"。对能否驻守亳州引起了争论,"诸将私相谓曰:'此役徒劳,此城难守。'意欲驰役"。只有张柔坚持筑城驻守,"介然不为动。三月稍完。迄丁巳岁(1257)克成"。⁴ 为了沟通与

---

1 《元史》卷三《宪宗纪》。
2 同上,卷二《太宗纪》;卷一四七《张柔传》。
3 元好问《张柔勋德第二碑》,《元遗山先生文集》卷二六;王磐《张柔神道碑》,《定兴县志》;《元朝名臣事略》卷六《万户张忠武王》引王鹗撰墓志;《元史》卷一四七《张柔传》。
4 《城亳州碑》,《(光绪)亳州志》卷三。

后方的交通联系,张柔率军自亳州修甬路至归德(今河南商丘县),接汴堤,筑堤一百二十里。水深不能筑路之处,又建桥十五座,有的长达八十尺,两边横以二堡戍守。张柔同时在亳州修葺民居,建官府,用砖石加固城墙;建孔子庙,设教官,收子弟入学。亳州与腹地联系畅通,缓解了对淮东、西用兵军粮不济的困难,从而"人民垒集,商旅舟车往来",颇有承平气象。[1] 亳州防务巩固,蒙古军对宋境的威胁更为直接。

五年乙卯(1255)九月,张柔会蒙古军大帅于符离(今安徽宿县)。由于百丈口[2]是宋军水路往来通道,可容万艘船只,乃从亳州再往南筑甬路六十里,中建横江堡,又以路东六十里都是水面,宋军舟船可以通行,乃立栅于水中,密置侦逻军于宋军所达路途,从此进一步控制了宋军的通道,使楚丘(今山东曹县)、考城(今河南民权)、宁陵、柘城、鹿邑、南顿(今河南项城县南屯镇)等县避免了宋军为患的危险,而陈、蔡、颍、息等州也能连成一气。[3]

就在张柔移镇亳州的同年,张柔又遣部将张信领八汉军戍颍州,与夹谷留乞军共同镇守。[4] 1237年,窝阔台曾下旨签发真定、大名、河间、西京、洺磁、怀孟、滨棣等七路兵四千余人,以内侍忽都虎、夹谷留乞、抄思为万户,邸琮为管军总押,镇随州(今湖北随县)。后以随州孤立于前沿,军饷无能为继,乃移驻郏县、毗阳(今河南泌阳)。贵由汗元年丙午(1246),移镇颍州。1254年,忽必烈征云南返回途中,谕

---

1 《元史》卷三《宪宗纪》;又参前注。
2 《读史方舆纪要》卷二一作"百尺口",在亳州"东南五十里,亦曰百尺河,即陈、颍间百尺沟支渠矣,北流入涡水"。
3 《元史》卷三《宪宗纪》。
4 同上,卷三《宪宗纪》。

驻开州(今河南濮阳)的大帅察罕,令别的因袭其父抄思职,与夹谷留乞率军驻随、颍州,以夹谷留乞、邸琼子泽和别的因任镇守随、颍等处万户。颍州有重兵驻守,又使邻宋的前沿从亳州往南推进了二百余里。[1]

自从河南经略司建立以来,"总兵十万,屯田千里",大大改变了蒙、宋之间力量的对比。由于双方实力是此消彼长,所以史天泽对宋也显得大度起来,史称其"不专强武,而惠信是敦。耕商之民,错行其疆,不相贼杀;有获俘亡,皆生还之;虽邻国臣亦许其自负"。[2] 这种"自负",正好反映河南经略司成立以来取得的成效,增强了蒙古抗宋的实力。

三 立从宜府、宣抚司于京兆,保厘封国

蒙哥汗二年壬子(1252),派员籍汉地民户,继窝阔台之后再次大封诸王贵戚。忽必烈身为大汗的长弟,自然可分到最好的分地。蒙哥让他在南京(今河南)、京兆(关陇陕北,治今西安市)两地区中自择其一。当时京兆所辖八州十二县,"兵火之余","户不满万"。[3] 由于蒙古贵族向本投下征收五户丝贡赋是以户计的,民户的多寡决定了收入的多寡,所以户口稀少的京兆在蒙古贵族眼中并非理想的封地,

---

1 黄溍《答禄乃蛮氏先茔碑》《夹谷公墓志铭》《逊都台公墓志铭》,《金华黄先生文集》卷二八、三五;魏初《总押七路兵马邸公神道碑》,《青崖集》卷五;姚燧《颍州万户邸公神道碑》,《元文类》卷六三;《元史》卷一二一《抄思传》,卷一五一《邸琼传》。
2 姚燧《江汉堂记》,《牧庵集》卷七。
3 《元史》卷一五九《商挺传》。

姚枢却向忽必烈献议:"南京河徙无常,土薄水浅,舄卤生之,不若关中,厥田上上,古名天府陆海。"[1] 汉族的谋士懂得,关中土地肥沃,历来是农业最发达的地区,只要治理得法,逃亡的人户自然会重新聚拢,人口会迅速增加。历史证明,无论是并吞六国的秦,还是极盛的汉、唐,都是由关中而成就大一统的帝王之业,因此,据有京兆还有更深一层的意义。于是他们就竭力怂恿忽必烈选择京兆。

同年夏,忽必烈受命领兵出征大理,途中仍关心关中的军政事宜,并采取了若干措施。首先是作了一些军事部署,加强了对宋四川境内进攻的准备,以便他在云南得手后可回师互相配合。

蒙古灭金以后,第二年就发起对南宋的大举进攻。蒙古的战略,仍然是采取从侧面重点进攻的故技,由二太子阔端统兵以图四川。除蒙古军外,契丹、汉军也投入了很大的力量。如开国功臣太傅耶律秃花一军,由其子朱哥嗣领,统刘黑马等七万户,与都元帅塔海绀卜同征四川。朱哥卒后,相继由其子宝童、弟买住嗣。[2] 刘黑马是太宗初年汉军三万户之一,也随征四川。太宗十三年辛丑(1241),改任都总管万户,统西京、河东、陕西诸军万户,夹谷忙古歹(或作龙古带)、田雄并听节制。[3] 山西九原府(以忻州升)主帅郝和尚,也在丙申岁(1236)从都元帅塔海绀卜征蜀,"师还,诸城复为宋守"。其部亦留驻京兆,摄关中万户府事。[4] 当年窝阔台死后,蒙古统治集团内部矛盾加剧,再没能组织起大规模的攻势,在四川也没站住脚跟。除夹谷忙古歹一军于贵由汗时进驻兴元(今陕西汉中市)外,其余诸军皆留

1　《元史》卷一五八《姚枢传》。
2　同上,卷一四九《耶律秃花传》。
3　同上,卷一四九《刘黑马传》。
4　王磐《故五路军民万户河东北路行省郝公神道碑》,《弘治重修三原志》卷一〇。

驻京兆。反之，南宋方面制置使余玠却加强了四川的防御，逐渐由被动转向主动。1251年，余玠派部将烧绝栈道，截断援军，亲领大军进兵汉中，新附的居民又叛投宋军，守将大多避逃。幸亏蒙古军都元帅秃薛由小道出陈仓，率军来援，余玠才解围而去，否则兴元几乎不保。[1]

忽必烈出征大理，本有"绕雪山外以图云南，由云南以并吞蛮部"，对南宋采取"后门斡腹"的战略意图。[2] 这就要求驻守陕西的军队同时向四川发起攻势，起到南北配合夹击的效果。然而当时因对四川的战事多年相峙无功，于是"诸将皆筑第京兆，豪侈相尚"，将京兆当成长住的安乐窝。[3] 据庚戌年（1250）的《鳌屋重阳万寿宫令旨碑》所载："弥里呆带（即阔端长子灭里吉歹）太子令旨：道与宝童、忙兀歹、黑马、和尚"等，知此时在京兆的诸将有耶律秃花之孙，朱哥之子宝童。黑马即刘黑马，忙兀歹即夹谷忙古带。和尚在丁未年（1247）《鄠县草堂寺阔端太子令旨碑》作和尚八都鲁，即《元史·郝天挺传》中其父和上拔都鲁，也是前述之九原府主帅郝和尚。《草堂寺碑》还有"田八都鲁"之名，即田雄。[4] 忽必烈下令分遣他们戍守秦岭以南兴元等地，加强了对宋作战的第一线。

"兴元形势，西控巴蜀，东扼荆襄，山南诸城，无要此者"。自拖雷经此假道灭金以来，"汉中无岁无兵，其地与民，吾弃不有，敌不敢复，城郭堕而弗完，田野秽而辍耕，民窘艰食。时吾兵来，……窜栖太白穷

1　姚燧《兴元行省夹谷公（龙古带）神道碑》《知弘州程公（介福）神道碑》，《牧庵集》卷一六、二四。
2　宋濂《杨氏家传》，《宋学士集·翰苑别集》卷一。
3　《元史》卷四《世祖纪》。
4　蔡美彪《元代白话碑集录》，科学出版社，1955年，16、13页。

谷之间,吾归则壮者出为盗贼,肆相夺攘,甚者仇而杀之,而生齿益耗"。忽必烈令耶律买住(朱哥弟,嗣侄宝童职)和夹古忙古带驻军兴元,节制当地军民,扶植农业生产。至乙卯年(1255),汉中的土地已开辟十分之七,可使"征蜀之师,朝至而夕廪焉,较之资粮关中,荷担千里,十石不能致一者,劳费大省,实制蜀一奇也"。[1]

商州(今陕西商县)"与宋接境,数为所侵",忽必烈于1253年行军途中驻夏于六盘山时,召见刘黑马,并令驻守商州,"宋人敛兵不敢犯"。[2]

兴元以西,巩昌等二十四城便宜都总帅汪德臣在参加兴元解围以后,奉命于蒙哥汗二年(1252)春筑城据守沔州(今陕西略阳)。沔州濒嘉陵江上游,扼入川漕运源头,位置很重要。德臣发动兵夫修缮城垣房舍,部署官属。[3] 次年,德臣又荐其弟良臣为巩昌等处元帅,领所部兵屯田白水(白水江,今白龙江,白水即江东南流入今四川境之白水镇),"蜀边寨不敢复出抄掠"。[4]

汪德臣在沔州建城以后,又奉命随蒙古军都元帅太答儿攻四川,据利州(今四川广元县)。三年(1253),蒙哥令汪德臣等修缮城池驻守,设都元帅府,各处戍兵皆听他节制。[5] 汪德臣"度地于宝峰(今四川广元县东山)"筑城,遣弟良臣"统锐卒千余戍江之南以为外援"。[6] 秋八月,忽必烈驻军临洮,召见汪德臣及其兄忠臣,利州"为蜀喉襟",他特意听取利州建城的汇报,拟定了征取四川的计划。汪德臣请求

---

[1] 《兴元行省夹谷公(龙古带)神道碑》。
[2] 《元史》卷一四九《刘黑马传》。
[3] 《元史》卷一五五《汪德臣传》;王鹗《汪忠烈公(德臣)神道碑》,《陇右金石录》卷五。
[4] 《元史》卷一五五《汪良臣传》。
[5] 同上,卷一二九《纽璘传》;卷三《宪宗纪》;卷六〇《地理志·广元路》。
[6] 王鹗《汪忠烈公(德臣)神道碑》。

免除利州的徭役,减免课税,一面开通嘉陵江漕运,一面就地屯田,使军粮能得到供应,以便能在利州坚持下去。[1] 据有利州就等于打开了四川的门户,蒙古军就可以此为据点,随时向四川出击了。

忽必烈在做出上述军事调遣的同时,又为解决军饷采取一系列措施。

为了筹措军粮,忽必烈决定立从宜府于京兆,整理京兆财赋,"择庭臣可理赋者"李德辉和李得乃为从宜使,以原真州总管高逸民为副,"使调军食"。[2] 又"奏割河东解州(今山西运城西南旧解州)盐池以供军食"。[3] 将盐池的全部收益提供军饷,俾京兆从宜府领其事。解州盐池方圆一百二十里,所产之盐供应河东、陕西广大地区,宋、金各朝都由国家垄断专卖,是一大宗税课收入。太宗二年(1230),始立平阳府征收课税所,从实办课。五年,耶律楚材荐姚行简为解盐使。拨新降户一千,修理盐池捞盐。宪宗壬子年(1252),又增拨一千零八十五户,岁捞盐一万五千引,办课银三千锭。从宜府就用盐池收入换取米粟,募民直接运往前线。所以当时人称盐池为宝池,起到了"佐国用,备边储,迎商贾之货,省飞挽之劳"的作用。[4] 同时,又令程介福等人继续发展凤翔的屯田,扩大了军粮的来源。[5]

秦岭以南交通极不方便,运送粮食非常艰难。起初,令百姓"赋

---

[1] 《元史》卷三《宪宗纪》二年壬子(应为三年),卷一五五《汪德臣传》;《汪忠烈公(德臣)神道碑》。
[2] 姚燧《中书右丞李忠宣公(德辉)行状》,《元文类》卷四九;《元史》卷一六三《李德辉传》。
[3] 《元史》卷四《世祖纪》。
[4] 王纬《池神庙碑》、李庭《解盐司新修盐池神庙碑》,《山右石刻丛编》卷三二、二七;《元史》卷四九《食货二·盐法》。
[5] 《知弘州程公(介福)神道碑》。

入粟沔阳(汉代旧县名,在今陕西勉县境,疑应作沔州),率十而致一"。[1] 汪德臣屯兵于利州,几万军队已进驻四川境内,粮饷皆仰给于从宜府。运粮的距离延长了,更增加了运输的困难。从宜府乃采取和中粮食的办法,募民运输至兴元,或付给钞币,或发盐券,使归京兆按值领取报酬。这样既免除民夫徭役之苦,也达到了运送军粮的实效。[2]

忽必烈设从宜府于京兆募民受盐入粟以后,犹恐粮运不继,又置行部于秦州(今甘肃天水市),开拓嘉陵江漕运,从鱼关到沔州,顺江而下,转载粮粟直达利州。[3] 又接受汪德臣建议,设漕运司于沔州,发纸钞,给盐引以鼓励商民贩运粮食,储备军饷。忽必烈在临洮接见汪忠臣时,令他专督嘉陵江漕运,以供利州军需。这年冬,汪德臣请求以兄忠臣摄总帅府事,使自己可全力应付利州的军事。忠臣于是造舟楫,修栈道,水陆兼行,以供应利州。[4]

四年(1254)春,嘉陵江因天旱水浅,漕船通行困难,粮饷不继,有守将主张放弃利州撤军。不久,粮饷分别从鱼关和金牛关水陆两路运到,利州屯田麦子也成熟可收,军队终于能在利州长驻下来。从鱼关至沔州,道路曲折迂回,渡水多达一百零八处,行人为涉水所苦。这年冬,德臣委官督夫匠,驾桥、栈八千余间,使行人如履坦途。[5] 忽必烈又令汪德臣弟良臣回巩昌,权便宜总帅府事,供亿巩昌军行军馈饷,

---

[1] 姚燧《平凉府长官兼征行元帅王公(钧)神道碑》,《牧庵集》卷二一。
[2] 《中书右丞姚文献公(枢)神道碑》;《李忠宣公(德辉)行状》;《元史》卷一六三《李德辉传》。
[3] 《中书右丞姚文献公(枢)神道碑》。
[4] 姚燧《便宜副总帅汪公(忠臣)神道碑》,《元文类》卷六二。
[5] 《汪忠烈公(德臣)神道碑》。

监督"治桥梁,平道路,营舟车"等水陆运输事宜。[1]

当时南宋在四川到处布兵设防,堡栅相望,对蒙古军矢石交击,战斗很激烈。经过京兆从宜府、秦州行部和沔州漕运司的筹措,既从兴元陆路车挽,又利用嘉陵江水路漕运,军储充足,汪德臣的军队终于在利州坚持下来,"然后招逃亡,谨斥堠,行旅通便,市肆翕集"。利州城历时五年终于重新建成。[2]

南宋方面,余玠于1253年死去,四川制置使易人,给蒙古征蜀以可乘之机。余玠采取"弃平土"的战略,筑云顶、运山、大获、得汉、白帝、钓鱼、青居、苦竹等山城,移成都、蓬、阆、洋、夔、合、顺庆、隆庆八府州治其上,"号为八柱"。蒙古军远来,宋军民退守山城,关险难攻,人、财无处抄掠,只得迅速撤退。利州城建成并能保证军饷以后,蒙古军即可以此为据点,扩占平原州府,宋军反而处于"不战而自守"的被动局面。[3] 宋人也看出这点,作为救蜀急著事向上报告:利州"为秦蜀之冲,四会五达,不可失也。今汪□所城,则亡形具而人寒心矣。……敌进七百里而城利,岂曰无谋?……若置之度外,敌反用此计,出没于剑、阆之间,抄掠困我,不出三年,蜀之命脉绝矣。"[4] 接着,1255年,忽必烈调耶律买住进军四川成都。[5] 1257年,又调刘黑马、夹谷忙古带等军入川,筑成都城,"七日而楼堞隍堑皆俱",命黑马"管领新旧军民小大诸务"驻守。[6] 从此如《元史·李德辉传》所说:"取蜀之本,基于

---

1 《元史》卷一五五《汪良臣传》。
2 《汪忠烈公(德臣)神道碑》;《中书右丞李忠宣公(德辉)行状》;《元史》卷一二三《赵阿哥潘传》。
3 《中书右丞李忠宣公(德辉)行状》;《元史》卷一六三《李德辉传》。
4 牟子才《论救蜀急著六事疏》,《宋代蜀文辑存》卷八七。
5 《元史》卷一四九《耶律秃花传》;《兴元行省夹谷公(龙古带)神道碑》。
6 《元史》卷一四九《刘黑马传》;《兴元行省夹谷公(龙古带)神道碑》。

此矣。"

忽必烈上述措施的成功，应归结于他能听取谋士的意见，善于使用得力的干才。在漫长的持久战中，如何解决粮饷的后勤供应是蒙古军生存的难题；至于利用盐池开拓财源，给盐券发动盐商主动筹粮；借水路用舟船漕运军饷；以及屯垦、筑城、架桥、修栈道等；既要了解中原的民情和地理，也要熟悉历朝的制度和经验。例如嘉陵江的漕运，历史上就有后汉的虞诩[1]和唐朝的严砺[2]利用过，忽必烈能汲取这些历史经验，当然只能靠汉族儒士为他出谋献策才能办到。

从宜府只是为解决军需而设的理财机构。京兆是忽必烈的分地，为了发展生产，招揽人户，增加国家和本投下的收入，就必须清除弊政，打击豪强，安定民生，澄清吏治。于是忽必烈在1253年驻夏于六盘山时，遣王府侍从姚枢至京兆，筹置宣抚司，除任命蒙古人孛兰为宣抚使外，又从河南将几朝老臣杨惟中调来并列为宣抚使。宣抚使之下，忽必烈还亲自选用杨奂、商挺、马亨等几位儒吏。杨奂是京兆乾州人，金末名儒。戊戌年（1238）太宗首开选试，奂参试于东平，两中赋论第一，为耶律楚材所赏识，奏荐任河南路征收课税所长官，后告老归乡。此前一年九月，忽必烈驿召接见，以地方耆宿而被任命为宣抚司参议。[3] 商挺是因忽必烈知道他"佐官诸侯（严实父子）"，有经济才略，同年春，被征至盐州（今内蒙古伊克昭盟鄂托克前旗北大池湖

---

[1] 《后汉书》卷五八《虞诩传》：诩为武都太守讨羌人时，因"运道艰险，舟车不通，驴马负载，僦五致一。诩乃自将吏士，按行川谷，自沮至下辩数十里中，皆烧石翦木，开漕船道，以人僦直，雇借佣者，于是水运通利，岁省四千余万"。

[2] 《新唐书》卷四〇《地理志》兴州长举县条下："元和中〔山南西道〕节度使严砺自县而西疏嘉陵江三百里，焚巨石，沃醯以碎之，通漕以馈成州戍兵。"

[3] 元好问《故河南路课税所长官兼廉访使杨公神道之碑》，《遗山先生文集》卷二三。

东古城),任宣抚司郎中。后仕至枢密副使,为元名臣。[1] 马亨,邢州南和人,金季习为吏。太宗以来,历任河北东西路征收课税所吏员、转运司知事、经历、转运副使等职,"以才干称"。庚戌年(1250),马亨被同乡刘秉忠荐于忽必烈,随忽必烈征云南,留任京兆榷课所长官。[2] 宣抚司之外,又立交钞提举司,主持印钞以佐军用。[3]

京兆于"兵火之余,八州十二县,户不满万,皆惊忧无聊"。宣抚司推行"进贤良,黜贪暴,明尊卑,出淹滞,定规程,立簿责,印楮币,颁俸禄,务农薄税,通其有无"的政策,以安民心。[4] 尤其是驻军将帅多横行不法,虐害百姓。一个姓郭的千户劣迹最著,杀人之夫而夺其妻,被害者之子向杨惟中控告,惟中"戮之以徇",群吏咸惧,关中肃然,京兆的政治秩序较前稳定了。[5]

1254年,忽必烈在征云南返回途中,再次驻夏于六盘山,决定进一步加强对关中的治理。六月,派出久在近侍的畏兀儿人廉希宪替代杨惟中宣抚使之职,任姚枢为劝农使,[6] 升商挺为宣抚副使,[7] 把治邢州有成效的赵良弼调来任宣抚司郎中,参议宣抚司事。[8] 希宪又辟

1　《元朝名臣事略》卷一〇《参政商文定公》;《元史》卷一五九《商挺传》。
2　《元史》卷一六三《马亨传》。
3　同上,卷四《世祖纪》。
4　同上,卷一五九《商挺传》。
5　《杨惟中神道碑》;《元史》卷一四六《杨惟中传》。
6　《元史》卷四《世祖纪》。
7　同上,卷一五九《商挺传》。
8　同上,卷一五九《赵良弼传》;《元朝名臣事略》卷一一《枢密赵文正公》。

河南智迁综理幕府事。[1]

廉希宪等除采取一些关心"民瘼""抑强扶弱"的措施外,也注意到蒙古统治华北以来存在的几个突出问题,并试图有所扭转。首先是改正忽视文教的偏向,提倡尊礼儒士和发展儒学。廉希宪虽然是一个畏兀儿人,由于生长在中原,就其志趣和学识来说,已近似地道的汉儒。他在公余之暇,则延访耆宿,待名儒姚枢、许衡等人以师友,咨访治道。匾所居堂曰"止善",无事"则坐于中,明经读史","与诸儒讲求事君立身大义,评品古今人物是非得失",为忽必烈团结了一批有影响的儒士。根据窝阔台规定的制度,凡列于士类者,不能列于奴籍。但京兆多豪强,拒法令而不行。廉希宪到任,就下令全部"著籍为儒"。[2] 为了发展教育,廉希宪和姚枢将大儒许衡推荐给忽必烈,忽必烈遣使一再访寻,癸丑年(1253)夏,于征大理途中,聘"见于六盘山下"。次年,廉希宪等从辉州驿请许衡至秦,聘为京兆教授。乙卯(1255)二月,忽必烈又任命他为京兆提学,让他教育人才为根本计。[3] "秦人新脱于兵,欲学无师,闻衡来,人人莫不喜幸来学。郡县皆建学校,民大化之"。[4] 许衡虽任职不久,但也起了开风气的作用。姚燧、

---

1 元明善《平章政事廉文正王神道碑》,《元文类》卷六五。苏天爵《滋溪文稿》卷三〇《题诸公与智参议先生书启》云:先生河南府洛阳人,名迁,字仲可。少与窦默流落汉上。丙申(1236)北归。深明《易》学。忽必烈闻其名,遣近侍持书与窦默同被召入见。耶律楚材倡设诸路经籍所,以儒者司之。智迁受命分行京兆。廉希宪开阃宣抚司,辟为参议其幕,"立经陈纪,兴利除弊,画赞为多"。
2 《平章政事廉文正王神道碑》;《元朝名臣事略》卷七《平章廉文正王》引河内高公撰《家传》;《元史》卷一二六《廉希宪传》。
3 耶律有尚《考岁略》,《许文正公遗书》卷首;苏天爵《题鲁斋先生手书后》,《滋溪文稿》卷三〇;姚燧《知秦州史君神道碑》,《牧庵集》卷二五。
4 《元史》卷一五八《许衡传》。

耶律有尚、吕燧等当时的弟子,后来皆以学问文章著闻于当世,为元朝名臣。[1]

其次是高利贷剥削的问题。当时"富民贷钱民间,至本息相当,责入其本,又以其息为券,岁月责偿,号羊羔利。其征取之暴,如夏以火迫,冬置凌室,民不胜其毒"。廉希宪将一高利贷者定罪,同时规定:"虽岁月逾久,毋过本息对偿,余皆取券焚之。"[2]

第三,开始注意到游牧贵族一直忽视了的农业问题。姚枢出任后来成为元朝常设专职的第一位劝农使。他身至八州各县,教使劝农,传达忽必烈重视农业的意旨。姚枢的劝农还产生了一些效果,若干年后,其侄姚燧说:"凡今关中桑成列者,皆所训植。"[3] 忽必烈即帝位后,中统二年(1261),任姚枢为大司农,以后中央设大司农司,各道设提刑按察司(后改肃政廉访司)兼管劝农事,道以下路、府、州、县官,皆在本职兼管劝农事。元朝将姚枢在京兆的试验推广到全国,成为一代定制。

忽必烈接受处理汉地军国大事的权力以来,采取前述的一系列措施,不仅在当时产生了明显的效果,而且对以后历史发展也具有深远的意义。

邢州安抚司、河南经略司和京兆宣抚司相继设立后,从黄河以北"民生困敝"的邢州开始,扩大到战乱残破的河南和关中,政治秩序得到整顿,民心得以安定,京兆分地还加设劝农使以促进恢复生产,使这

---

[1] 《元史》卷一七四《姚燧传》;苏天爵《耶律文正公(有尚)神道碑》《吕文穆公(燧)神道碑》,《滋溪文稿》卷七。
[2] 《元朝名臣事略》卷七《平章廉文正王》引《家传》。
[3] 《中书右丞姚文献公(枢)神道碑》。

些地区重现生机,为以后对宋作战建立起稳定的后方基地。

设都漕运司、京兆从宜府、交钞提举司和秦州行部等机构,用发盐券、交钞的办法开拓财源;建河仓、改漕运,利用黄河和嘉陵江的水路交通,募民运粮,运输效率大为提高,军需的后勤供应有了保证,提高了军队的战斗力,为以后南征做好了物质准备。

忽必烈调遣刘黑马等军至商州、兴元,汪德臣等筑城利州,史权等屯田唐、邓,张柔军进驻亳州,"首淮尾蜀",绵延"东西数千里",筑城寨可备坚守,开屯田以自给军食,"休秋冬士马往来之劳"。[1] 将战线向南大大推进,为以后南征做好了军事上的准备。

忽必烈受命处理"漠南汉地军国庶事",本意只在稳定地方"图宋",其职责主要是军事方面,但也取得若干意外的收获。

在治理上述地区的过程中,任用了一批宿望老臣、王府侍从、金末名士和世侯幕僚,他们在推行新政的过程中发挥了才干,经过实际的考验以后,使忽必烈"益重儒生,任之以政"。[2] 为他以后争夺帝位团结了一批坚定的支持者,为建国改制储备了一批治国人才。

真定史氏、保定张氏、巩昌汪氏是金末以来最大的地方武装。这几年中,在忽必烈的调度下彼此建立了良好的关系,保证了在以后的风浪中对他效忠。筑城垒,开屯田,必须调用汉军和扩征新军,汉军的地位提高了,为以后汉军的扩充、武卫军和侍卫亲军的建立准备了条件,成为后来忽必烈争夺帝位和平南宋时一支可靠的军事力量。

忽必烈在汉地的新政触犯了某些蒙古、色目贵族的利益,在他们的潜谮之下,引起蒙哥汗同忽必烈之间的矛盾。丁巳年(1257),蒙哥

---

[1] 姚燧《谭公(澄)神道碑》,《牧庵集》卷二四。
[2] 《中书左丞张公(文谦)神道碑》。

解除忽必烈的兵权,派遣其亲信大臣阿蓝答儿等至京兆、河南设局钩考钱谷,打击忽必烈所起用的官员。后来全部撤销了忽必烈所设安抚、经略、宣抚、都漕运诸司和行部等机构。

虽然,忽必烈实行新政只有几年时间,可是它的影响和意义是不可低估的。姚枢在忽必烈即位后曾陈言说:"太祖……施治未遑,自后数朝,官盛刑滥,民困财殚。陛下……自昔在潜,听圣典,访老臣,日讲治道。如邢州、河南、陕西皆不治之甚者,为置安抚、经略、宣抚三司,……不及三年,号称大治。诸路之民望陛下之治己,如赤子之求母。"由于新政的效果与以前的政况形成鲜明的对比,大大提高了忽必烈的声望,在中原争取到大批拥护者。其次是"屯田淮蜀,移兵戍之"的成功,"已起平宋之本",奠定了"规一幅员"南北分裂局面的基础。[1]

(原载《内陆亚洲历史文化研究——韩儒林先生纪念文集》,南京大学出版社,1996年)

---

[1] 《中书右丞姚文献公(枢)神道碑》。

忽必烈早年的活动和手迹

四十年前读《畿辅通志》，见书中记易州境有《兴国寺朗公长老开堂敕》石刻，下有说明。又有《碑阴疏文》，其说明如下："正书'皇子大王护必烈请朗公长老住持十方兴国禅寺为国开堂祝延圣寿疏'疏文五行，行三十八字，尾署蒙古书一行，旁注'王者亲书'蒙古字于疏后十字，印三方，左侧皆正书一'宝'字，其印文磨灭不可识。"[1] 这段话说的"皇子大王护必烈"应即未即位前的忽必烈，故称"皇子大王"。正书汉文疏文五行，估计是他身边的必阇赤代作。特别是"尾署蒙古书一行，旁注'王者亲书'蒙古字于疏后"一句引起我的注意，旁注当是刻碑人加上的，他为了显示出此碑的权威性，将忽必烈表示认可的"蒙古书"也刻在疏文之尾，强调是"王者亲书"。我想这一行蒙古字，不可能是五行疏文的蒙古原文，应是他的签名。古往今来，帝王将相无数，除书法家外，很少有几人亲笔签名和墨迹保存下来，忽必烈是以少数民族身份入主中原的皇帝，用本民族文字签的名，更加难能可贵。

1　《畿辅通志》卷一五〇《金石》一三。

多年来,我有心亲自去河北易县访古,以了解此碑究竟,四十年来此愿未遂,恐遥遥无期,故将此发现提出,希望有关学者能亲临现场,根据实物进行深入研究。

1990年,《北京图书馆藏中国历代石刻拓本汇编》元代部分出版,公布了题为《护必烈大王令旨碑》的拓本,也就是上文所说的《兴国寺朗公长老开堂敕》,其原文如下:

天的气力里
　大福荫护助
　　护必烈大王令旨有易州兴国禅寺朗公长老应命赴
　　斡鲁朵里化导俺每祖道公事□有功劳特赐
　　佛灯普照大禅师号及宫锦法衣金镮劝请开堂文疏
　　与也道与□□州县不拣那个达鲁火赤管民匠大
　　小官人每□□□名字不得坏了这长老但主的寺
　　院不得□□□要差发应有寺地不得占夺徒弟人
　　等□□□夺有的头口不得夺要铺马者言语都休
　　违了长老□□集众与
皇家祝寿□□　□□
　　□□□□普照大禅师朗公长老准此
　　　甲辰□□□　□

此碑《汇编》说明是"元大德八年(1304)刻",估计是根据碑末的甲辰年号,错往下推了一甲子,大误。[1]《畿辅通志》的说明全采录自《上谷访碑记》,其作者邓嘉缉有很好的描述,他说这碑"在城北兴国寺前废地,……碑高二尺六寸二分(《汇编》拓片高一百一十一厘米),广一尺七寸(拓片:宽六十三厘米),十行,行十五字至二十字不等。碑刻元世祖令旨颁赐兴国寺僧朗公为佛灯普照大师并免徭役之文,末署甲辰年二月,有印痕于年月上,文已不可辨,印左侧正书'宝'字"。由于这是"免徭役之文",所以寺僧要把忽必烈的印章也刻在碑上,用"宝"玺增加这道令旨的分量。阴面的疏文,如前所述,除了刻上"王者亲书"的蒙古字外,也有"印三方,左侧皆正书一'宝'字"。可惜,正面、反面的宝不是说"文已不可辨",就是"磨灭不可识",[2]如能识认出来,一睹忽必烈潜邸时期印章的真面目,其价值将不亚于从梵蒂冈教廷发现贵由汗致教皇信上所钤的玉玺。

此碑中明明有"护必烈大王"的称呼,《汇编》仍将此碑的甲辰年误定为"大德八年(1304)"。大德是成宗的年号,他已追谥其祖忽必烈为世祖,怎能称为大王。中统以后,汉人都知道皇帝名讳,译名已统一,"护必烈"只见于潜邸时期;[3]成宗后的武宗时,程文海避武宗名海山讳,改名钜夫,可见蒙古贵族也接受了汉人避御讳之说;故此时只能出现尊谥世祖,更不会出现早期用过的译名"护必烈"。邓嘉缉还考证说:"蒙古太宗谔格德依(即窝阔台)皇后尼玛察(乃马真)氏称制之三年,是为甲辰,至世祖元年始有中统之号,至元八年十一月始建国号

---

1 《北京图书馆藏历代石刻拓本汇编》总048册,图版177。
2 邓嘉缉《上谷访碑记》5上,《石刻史料新编》第3辑23册,台湾新文丰出版公司,1986年。
3 《庆寿海云印简大师》,《佛祖历代通载》(影印元至正七年释念募刻本)卷二一,丁巳年,《北京图书馆古籍珍本丛刊》(77)。

曰'元',考《元史》,岁甲辰世祖尚在潜邸,辛亥(1251)六月,宪宗即位,以世祖于同母弟中最长且贤,故尽属以漠南汉地军国庶事。由辛亥逆推至甲辰尚七年,尼玛察称制,世宗(应作祖)乃睿宗子,为诸王,故碑题'护必烈大王'也。"剖析得明明白白,前人早已弄清的问题,《汇编》还是弄错。

《汇编》另一个缺点是遗漏了碑阴的石刻,它上面刻有整篇五行疏文,拓碑者不大可能失拓。《汇编》的漏印使读者看不到忽必烈早年的头衔"皇子大王",也使我们无法欣赏他的手迹或亲笔签名。迄今为止,已知存世最早的畏兀儿蒙古字实物是1225年的《移相哥碑》(现存俄罗斯境),其次是1240年河南济源的《紫微宫碑》,这块立于甲辰年的碑刻即1244年的一行蒙古字就应排在第三,文字的古老和出自忽必烈之手都增加了这块碑文的价值。

《护必烈大王令旨》中提到,朗公长老曾"应命赴斡鲁朵里化导俺每祖道公事",说明他曾被邀至漠北忽必烈的斡鲁朵化导蒙古贵族服膺佛法。碑立于甲辰年二月,他往返于漠北,不会晚于壬寅(1242)、癸卯(1243)年。燕京大庆寿寺海云禅师,被忽必烈邀请"赴帐下问佛法大意",时在1242年壬寅,是所见史料中忽必烈与中原人物接触的最早记载。[1] 朗公被邀与海云同时甚或更早,可见朗公也是僧界的重要人物,此碑又可为忽必烈早年的活动增添一条新资料。

朗公其人不见于《元史》,今就零散所见略述其生平。赵孟頫曾撰文追溯禅宗临济宗的渊源,指出海云是临济宗的法嗣,其大弟子之

---

[1] 《庆寿海云印简大师》,《佛祖历代通载》(影印元至正七年释念常募刻本)卷二一,丁巳年,《北京图书馆古籍珍本丛刊》(77)。

一名可庵朗，就是"令旨碑"中的"朗公"。朗公又"度荜庵满及刘文贞"，说明朗公就是海云的门徒，也是刘秉忠（谥文贞）的师傅。[1] 可能因秉忠后成为元朝开国重臣，在他的行状、神道碑、墓志[2]和《元史》本传中，都不记此事，可补史实之缺。

今北海有《大蒙古国燕京大庆寿寺西堂海云大禅师碑》，碑文乃燕京编修所次二官王万庆所撰，60年代我拓得此碑，1986年又发表了经侯堮先生校补过的碑文，可惜字有磨泐，不能全部复原。碑中提到："己亥（1239）之秋，复居庆寿。岁在辛丑（1241），燕京普济禅院宗主善琛与其僧众以状施其院为师养老之所。"此后多次提到可庵朗，因文字残缺不能通读，有"非可庵孰可为"的话，可看出他是海云所倚重的弟子。后来普济院经海云重修，"护必烈大王闻而嘉之，乃取师之自号，改普济为海云禅寺"。[3] 海云示寂后，由可庵"住持海云以继其后"。[4] 海云携刘秉忠去漠北时，可能朗公也在行。看来忽必烈最早对中原关心的是佛教，通过僧侣的引见，才陆续留用或邀请刘秉忠、王鹗等人。甲辰年，"护必烈大王以珠笠奉"海云，[5] 同时颁发前引令旨给朗公，可见他的地位不同一般。

海云在蒙哥汗即位后的"壬子（1252）夏，授以银章，领天下宗教事，非所乐也，以其徒朗公辈摄之"。朗公还一度摄任掌管天下佛教

---

1 赵孟頫《临济正宗之碑》，《松雪斋文集》（四部丛刊本）卷九。
2 《藏春集》（明弘治顺德府孔鉴序刻本）卷六。
3 苏天钧《燕京双塔庆寿寺与海云和尚》，《北京史研究》第1辑，燕山出版社，1986年。
4 《永乐大典》卷四六五〇《顺天府志》、卷七《海云禅寺》条引《元一统志》，北京大学出版社，1982年。
5 《庆寿海云印简大师》，《佛祖历代通载》（影印元至正七年释念常募刻本）卷二一，丁巳年，《北京图书馆古籍珍本丛刊》（77）。

的首领。¹ 海云于丁巳年(1257)四月圆寂,戊午岁(1258)五月望,由"可庵智朗"立前述王万庆所撰碑。碑阴立石人之一署名"庆寿智朗禅师",可见朗公全名智朗,属于临济智字辈。² 碑文开头声明此碑是根据《其嗣法庆寿朗公禅师所录其师海云行状》所作,更印证了智朗与海云关系之深。³ 同时,奉"护必烈大王令旨,建塔于大庆寿寺之侧","塔去寺西南可十武"。⁴ 据《帝京景物略》载:海云灵塔高九级,"额曰特赠光天普照佛日圆明海云佑圣国师之塔",碑文说:"前后得法者十四人,可庵朗公继主庆寿寺焉。"⁵ 朗公是海云示寂后大庆寿寺继任的住持。佛惠晓庵大禅师,本四川何氏子,"元朝兵下蜀,从西凉来趋燕,寓锡长寿,参可庵法席,岁在丙寅",即至元三年。⁶

海云国师的法嗣可庵朗公,可能就在这年示寂,"塔于东,亦蒙诏赠为魏国公"。⁷ 塔高七级,"额曰:'佛日圆照大禅师可庵之灵塔'"。⁸ 甲辰年《护必烈大王令旨碑》特赐朗公"佛灯普照大禅师",与塔额题名不同,当是死后另有追谥。从此在京师庆寿寺西出现一道景观"海云、可庵双塔",⁹ 庆寿寺因而俗名双塔寺。至元四年(1267),元大都建筑新的城垣,这时已新建成可庵灵塔于海云塔之

1　程钜夫《海云简和尚塔碑》,《雪楼程先生文集》(清宣统陶湘涉园影印明洪武本)卷六,叶9b。
2　《永乐大典》卷四六五〇《顺天府志》、卷七《海云禅寺》条引《元一统志》。
3　苏天钧《燕京双塔庆寿寺与海云和尚》。
4　《庆寿海云印简大师》,《佛祖历代通载》卷二一;《顺天府志》卷七《国师宝塔》条,《永乐大典》本。
5　于敏中等编纂《日下旧闻考》卷四三引《帝京景物略》。
6　《顺天府志》卷七《至元禅寺》条,《永乐大典》本。
7　同上,卷七《庆寿寺》《国师宝塔》条,《永乐大典》本。
8　《日下旧闻考》卷四三引《帝京景物略》。
9　《顺天府志》卷七《塔》条引《析津志》,《永乐大典》本。

东,合为"大都二师之塔",因"正当筑城要冲","势必迁徙以遂其直"。时相奏告世祖,他闻讯敕命不必迁徙,"俾曲其城以避之",将城墙南退三十步,修成半圆形绕过双塔,将双塔"圈裹入城内"。[1] 可见元朝皇帝也懂得保护文物。

据明人所见:"今寺尚有海云、可庵二像,衣皆团龙鱼袋。"[2] 若干年后,元朝历代皇帝追念刘秉忠开国之功,"用休嘉彰其师之道",累赐海云等住持过的大庆寿寺田地,并回顾说:"世祖龙德渊潜,豪俊闻风而云附者,靡不虚左以待。昔方外之士则海云师、可庵师皆学契真如,辨穷实谛,世称硕德。"[3] 反映出他和海云被元人尊崇为方外的杰出人物。

甲辰年朗公所在的易州兴国禅寺,是庆寿寺的祖庭。[4] 癸未(1223)秋,燕京大行台丞相兼宣差安抚大使刘敏,同行省石抹咸得不、都元帅赵公及京城豪贵以疏力请海云就庆寿开堂,此前,海云曾住持易州之兴国禅寺。[5] 1244年,海云和朗公从漠北忽必烈的斡鲁朵归来,这时海云正住持庆寿寺,朗公则住持其祖庭兴国禅师。海云圆寂,"诸大弟子分舍利葬秦赵间,为塔七"。他曾驻锡过的"易州兴国"也在其中。[6]

明朝建北京城,南城墙改向南扩,双塔寺正处于宫墙西南的西长

---

[1] 《顺天府志》卷七《庆寿寺》《国师宝塔》条,《永乐大典》本;《日下旧闻考》卷四三引《析津志》(《析津志辑佚》漏辑)。
[2] 《日下旧闻考》卷四三引《帝京景物略》。
[3] 邓文原《皇太子赐大庆寿寺田碑》,《巴西集》(文渊阁四库全书本)上。
[4] 《永乐大典》卷四六五〇《顺天府志》、卷七《海云禅寺》条引《元一统志》。
[5] 苏天钧《燕京双塔庆寿寺与海云和尚》。
[6] 程钜夫《海云简和尚塔碑》。

安街,更加触目。庆寿寺在明正统间重修,改赐名大兴隆寺。嘉靖初毁于火,将其地改作他用。[1] 日久,寺院已荡然无存,仅留下双塔。1955年4月展宽西长安街马路,有七百年历史的双塔被拆除。《海云大禅师碑》移贮北海天王殿保存。

本文只考察了碑阳忽必烈的令旨,但主题是因讨论碑阴的"王者亲书"而起,不仅没有研究,连原物也没看到,只能起抛砖引玉提出问题的作用。我切望早日看到同好新的研究成果。

(原载《中国史研究》2005年第1期)

---

[1] 《日下旧闻考》卷四三引《明英宗实录》《明典汇》《野获编》。

蒙元时期的中西陆路交通

唐朝国家强盛,经济繁荣,文化丰富多彩,是我国封建社会中极盛的时代。唐朝前期的统治者奉行"中国既安,四夷自服"的方针,充满信心地对外开展经济文化的交流,丝绸之路畅通无阻。然而在唐中叶以后,国势日趋衰落。五代时全国陷于四分五裂,王朝不断更迭。党项拓跋部兴起于今陕北和内蒙古相邻地区,1038 年首领元昊建国号大夏,建都于兴庆(今宁夏银川市)。在他即位前后,两次西攻回鹘,攻克甘州、西凉府、瓜州、沙州、肃州等地,占领了河西走廊。今新疆地区的高昌回鹘、龟兹、于阗、黑韩国只有通过西夏境才能到达中原,而西夏与宋、辽等王朝又常以兵戎相见,这势必阻塞了丝绸之路的通行。金灭北宋,造成与南宋对峙的局面,与西域的联系更少。耶律大石西迁建国西辽,金人视为隐患,然而对西辽的了解全是影影绰绰的传闻,只好遣使往西夏打听。夏国回报:"小国与和州(高昌回鹘中心,今吐鲁番)壤地不相接,且不知大石所往也。"[1] 看来西夏同西辽的交往也非常有限。

---

[1] 《金史》卷一二一《粘割韩奴传》,中华书局,1975 年,2637 页。

1206年,成吉思汗统一了蒙古各部。随后南下占领金漠南及中都(今北京)等地,降畏兀儿、哈剌鲁诸部,灭西辽、西夏,西征中亚。窝阔台继位,亲自南下灭金,由皇子阔端招降乌思藏(今西藏),派拔都等宗王远征东欧。蒙哥汗时,派长弟忽必烈灭大理,三弟旭烈兀远征八哈塔(巴格达)哈里发,建伊利汗国。元世祖忽必烈时,灭南宋,统一了全中国。从此,亚洲内陆广大地区都在蒙古统治之下,各方使臣、商旅、教士可以利用四通八达的驿路旅行,丝绸之路比以往任何时候更为畅通。

近百年来,我国学者徐松、李文田、丁谦、王国维、冯承钧、向达等人已做了不同程度的研究和资料搜集工作。国外学者布润珠(E. V. Bretschneider)搜集东方史料编注《据东亚史料之中世纪研究》(*Mediaeval Researches from Eastern Asiatic Sources*, 2 Vols.),亨利·玉尔搜罗西方史料编成《契丹及通往彼方的道路》(Henry Yule, *Cathay and the Way Thither*, 4 Vols.)。1930年,张星烺编《中西交通史料汇编》(六册,1977—1979年中华书局修订重印),集中了常见的中外史料。与张著出版同时,国内中西交通史之学颇盛,近年来更有进展,本文只是参据前人的研究,间以己见,对中原通往西域的道路作简括的解说。

一　从蒙古通往中亚的道路

蒙古高原自秦、汉以来,匈奴、突厥等族相继建立了庞大的汗国,以西域为右臂。回鹘汗国败亡,各支就散迁到河西和天山南北各地。蒙古高原与西域各族历来交往密切,由于中原对此所知甚少,在丰富的汉文史料中很少反映。蒙古建国后,前四朝定都于漠北,并先后设置了通往窝阔台、察合台、钦察、伊利诸汗国的驿道，东西交通较以往任何时候都要方便。元朝实现全国的大统一，从中原地区可以经漠北，越阿尔泰山前往西方，过去北方民族之间联系的通道，成为一个国家之内的另一条"丝绸之路"。

12世纪初，女真崛起于我国东北地区。1120至1122年，女真相继克辽上京（今内蒙古巴林左旗南）、中京（今内蒙古宁城西大名城），辽天祚帝西奔，"自云中（今山西大同）而播迁夹山"。[1] 1124年，皇族耶律大石因被天祚帝猜疑，"不自安，……自立为王，率铁骑二百宵遁。北行三日，过黑水（今内蒙古达茂旗北艾不盖河）"，西至可敦城（蒙古鄂尔浑河上游哈达桑东，辽设镇州），召集边地七州、十八部的部众，得精兵万人。据波斯史料记载，他先率兵进攻吉利吉思地区（《辽史》卷三六《兵卫志》、四六《百官志》作辖戛斯，系辽属国），遭到各部落的反抗，可能因此又退回可敦城。1130年，他整顿军旅西行，事先遣使向高昌回鹘主借道，然后由和州到达叶密立（今新疆额敏河附近），于此建城，正式称帝，继承辽统，仍沿用辽国号，或称哈喇契丹。后建都于八剌沙衮（又称虎思斡耳朵，今吉尔吉斯斯坦楚河州托克马克市）。大石从这里派兵再征吉利吉思，派官员（沙黑纳）统治谦谦州。[2] 并使康里和粘八恩（即乃蛮）接受他所降的牌印，成为辽的属部。[3] 从耶律大石几次行军路线可以揣想，当时漠北可经天山南北回

---

[1] 《金史》卷二四《地理志》，569页。云内州治所柔服县下："夹山在城北六十里。"云内州和柔服县城址即今内蒙古托克托县北部古城公社之古城，此城正北六十里，夹枪盘河的大青山一段山谷就是夹山。参看拙文《汪古部的领地及其统治制度》，载《文史》第14辑，179页。

[2] 志费尼著，何高济译《世界征服者史》，内蒙古人民出版社，1980年，上册，418页；《辽史》卷三〇《天祚帝纪》附，中华书局，1974年，355页。

[3] 《金史》卷一二一《粘割韩奴传》，2637页。

鹘境往西域,也可以从八剌沙衮北上经康里入境,由准噶尔盆地北沿至阿尔泰山的乃蛮境,还可以再向北直接去吉利吉思。蒙元时期,中外旅行家来往于此道路的甚多,留下了丰富的记录,可以较清楚地看出这几条道路的经行路线。

(一)天山北路线

12世纪中,克烈部王汗遭到乃蛮亦难察汗的攻击,逃往楚河畔的西辽首都。后又经畏兀儿、西夏回来。[1] 可见蒙古各部与畏兀儿、西辽常有联系。乃蛮附属于西辽,聘请畏兀儿人塔塔统阿为傅,关系则更加密切。[2]

畏兀儿降附蒙古以后,从蒙古经畏兀儿到西域无须假道了。好些留下游记的旅行家都是走的这条路。1220年,金朝遣礼部侍郎乌古孙仲端出使蒙古。当时成吉思汗已经西征,他又追至西域。据其所述《北使记》载:"自〔兴定〕四年(1220)冬十二月,初出北界,行西北向,地浸高,……山之东水尽东,山之西水尽西,地浸下。又前四五千里,地甚燠,历城百余。……又几万里,至回纥国之益离城,……时已四月上旬矣。"《元史·太祖纪》载:"十六年辛巳(1221)夏四月,驻跸铁门关,金主遣乌古孙仲端奉国书请和。"上引文字很抽象,只有益离一个地名,但从"冬十二月"向西北进发分析,他不可能走北边冰雪封山的隘口,可能是走较南的山口沿布尔根、乌伦古河而西,然后向南走天山北路,到达伊犁河谷的益离(今新疆伊宁市)。

---

1 《元朝秘史》,151、152、177节。
2 《元史》卷一二四《塔塔统阿传》,中华书局,1976年,3048页。

全真教道士丘处机被成吉思汗召往西域,从莱州(今山东掖县)出发,经中都,到漠北,西越金山(阿尔泰山),直到撒马耳干等地,其弟子李志常作《长春真人西游记》,记录了此行的详情。这里先截取金山往西一段路程进行探讨:"〔辛巳(1221)〕中秋日,抵金山东北,少驻,复南行。其山高大,深谷长坂,车不可行,三太子出军始辟其路。乃命百骑挽绳悬辕以上,缚轮以下,约行四程,连度五岭,南出山前,临河止泊。"长春由金山东北南下,所经之"深谷长坂",当为乌兰达坂隘口。出山以后,"临河止泊",应为乌伦古河与青吉里河会合处。

下一段是折而往南,《长春真人西游记》中说:"渡河而南,前经小山,石杂五色。其旁草木不生,首尾七十里。……又三十里,碱卤地中有一小沙井。……前至白骨甸,地皆黑石。约行二百余里,达沙陀北边,颇有水草。更涉大沙陀百余里,……及回纥城,……八月二十七日,抵阴山后,回纥郊迎,至小城北。"

"渡河"指渡乌伦古河。现在从新疆青河县南下,经过此河北岸的二台,有公路可达奇台等地。二台以南一百里处,有地名叫大布逊。大布逊(Dabusun)是蒙古语,意为盐,当指此"碱卤地"。稍南有哲克森井,似指此"小沙井"。白骨甸即今新疆布尔根河南之博尔腾戈壁,这里满地是黑色的石子。阴山后的小城,可能是今奇台古城或其以东某城。奇台古城当时名独山城,成吉思汗西征时经畏兀儿人哈剌亦哈赤北鲁父子督民户垦辟,农作颇有恢复。[1]

下文说"翌日,沿川西行,历二小城,皆有居人。……西即鳖思马大城。……九月二日,西行,四日,宿轮台之东。……又历二城。重九日,至回纥昌八剌城。……翌日,傍阴山而西,约十程,又度沙场。

---

1 《元史》卷一二四《哈剌亦哈赤北鲁传》,3947 页。

……南际阴山之麓。逾沙又五日,宿阴山北。诘朝南行,长坂七八十里,抵暮乃宿。……晨起,西南行约二十里,忽有大池,方圆几二百里,雪峰环之。……沿池正南下,左右峰峦峭拔,松桦阴森,……众流入峡,奔腾汹涌,曲折弯环可六七十里,二太子扈从西征,始凿石理道,刊木为四十八桥,桥可并车。薄暮宿峡中。翌日方出,入东西大川,……九月二十七日,至阿里马城"。

鳖思马大城即别失八里(Beshbaliq),Besh 突厥语意为五,baliq 意为城,辅音 b、m 在突厥语中读音易混,故 ba 读成了 ma。耶律铸云:"后汉车师后王故庭,有五城,俗号五城之地。"[1] 高昌回鹘以此城为夏都,即今新疆吉木萨尔北后堡子以北之破城子。轮台是唐庭州属县,在今米泉县。昌八剌《元史·地理志》作彰八里,即今昌吉。由此往西,沿天山北麓西行,与今通往伊宁的公路一致。北临艾比湖和精河之间的沙漠,故称沙场。逾沙五日,从阴山(天山)北穿"长坂"南行,所见"方圆几二百里"之池,即赛里木湖。沿池而下的山峡,今名塔勒奇山峡,俗称果子沟。出沟所入的东西大川,即伊犁河谷。最后到达阿里马城,《元史·地理志》作阿力麻里,即今新疆霍城县西北克根河西岸阿尔泰古城。此城原为一个穆斯林首领脱忽鲁儿汗不扎儿所据,附庸于西辽。1218 年,西辽屈出律汗捕杀不扎儿汗,并攻打阿力麻里。哲别军至,屈出律南逃,阿力麻里降于蒙古。

《长春真人西游记》除了详细记述所经道途外,还记述了三太子(窝阔台)在阿尔泰山乌兰达坂山口"始辟其路",二太子(察合台)在塔勒奇山峡"凿石理道,刊木为四十八桥"等事实,当然在后来正式设置驿路后还会有更大的改善,因此西征客观上对东西交通起了促进

---

[1] 《双溪醉隐集》卷五。

作用。

耶律楚材于1219年扈从成吉思汗西征，提到的地名几乎与丘处机一致，我将在后文论及，成吉思汗西征并没有走天山北路，所以怀疑是他回程所经。向觉明师在他校注的《西游录》前言中做出了肯定的结论，不仅解决了我心中的疑窦，并且判断此行在1224至1225年之间，故附于丘处机西行之后。由于耶律楚材往返没提到经过乌伦古河南穿白骨甸的道路，去时只说过金山后南隅有别失把（即别失八里），再西有轮台县，与丘处机的行程一致。只是他由阿力麻里返回时，过阴山后是北去不剌城，再由不剌到轮台，故称"过瀚海军（别失八里）千余里，有不剌城"，"不剌之南有阴山"。不剌（Pulad）《元史·地理志》作普剌，即新疆博乐县西五公里古城。从别失八里去今伊犁地区，不剌不在必经途中，故丘处机没有提到。[1] 在耶律楚材的诗中，具体地指出了长春由赛里木湖南下时经过的"左右峰峦峭拔，松桦阴森"之处名松关。[2] 他还指出长春出峡后所见的东西大川名曰亦列，即今之伊犁河。[3]

1254至1255年，已降附蒙古的亚美尼亚国王海屯一世，奉召去谒见拔都和蒙哥汗，由拔都营帐到达哈剌和林。在他的《行记》中，离哈剌和林西返时，走的是丘处机同一条道，但提供了更详细的旅程：先经过横相乙儿（Qum-Sengir），南下至独山城（Ber-baliq），西行经别失八里（Beš-baliq）、耶勒（Yarliɣ，今柏杨驿）、俱六（Köllüg，今阜康）、Engax 和彰八里（Janbaliq）、古塔八（Qutapai，今呼图壁）、仰吉八里（Yangi-baliq，今玛纳斯河西）、额果波罗（Ergoporug）、丁柯八里

1　耶律楚材《西游录》，向达校注本，中华书局，1981年，2页。
2　《湛然居士集》卷三《过夏国新安县》。
3　耶律楚材《西游录》，2页。

(Dingbaliq,今精河)、普剌(Pulad)、苏特库耳(Sutköl = Süt-köl,乳海,即赛里木湖)、阿力麻里(Almalik)、亦剌八里(Ilibaliq,即今伊宁市),渡过亦剌速(Ilasu,即伊犁河),越过托罗斯山(Tōros)的分支(即阿拉套山)到达塔剌思(Talas,今苏联拉斯河畔江布尔),朝见西征途中的旭烈兀,然后西返。海屯的《行记》留下了《长春真人西游记》中无名城以及未提到的城名,为我们提供了天山以北道路更清晰的情景。[1]

蒙哥汗以和林为首都,设别失八里等处行尚书省。[2] 元世祖时,皇子那木罕受封北平王,镇北边。至元八年(1271),建幕庭于阿力麻里(译野里麻里)。[3] 1275年,右丞相安童佐那木罕出镇阿力麻里,行中书省、枢密院事。[4] 当时,必然是利用这条驿道联系,由和林去别失八里和阿力麻里是很通畅的。

(二)准噶尔盆地北沿线

蒙元时期,开辟了一条顺乌伦古河而下,经准噶尔盆地北沿至阿力麻里等地的驿路。在蒙古建国前,成吉思汗消灭乃蛮杯禄汗的战争就是经过这条路的东段。《元朝秘史》在史实的记载上有舛错,与《圣武亲征录》的记载综合考察,这次行军的过程是这样的:当时杯禄汗正在莎合水(《元朝秘史》作豁黑水,Soqoq-usun,今科布多河上游索果克河)附近的兀鲁塔山(《元朝秘史》作兀鲁黑塔黑,Uluqtaq,今科

---

[1] 何高济译《海屯行记》,中华书局,1981年,5~8页。有关考证可参考译者前言及注。
[2] 《元史》卷三《宪宗纪》元年,45页。
[3] 同上,卷一三《世祖纪》至元二十一年三月丁巳,265页。
[4] 同上,卷一二六《安童传》,3083页;卷一二七《伯颜传》,3113页。

布多河南)打猎,遭到蒙古军的袭击,就向西南逃奔,经忽木升吉儿(Qum-Singgir = Qum-Sengir,横相乙儿),沿兀泷古河(Ürünggü,今乌伦古河)而下,直到乞湿泐巴失海子(Qišil-baš-na'ur,今布伦托海),被蒙古军所擒杀。[1] 忽木升吉儿与丘处机南出金山前"临河止泊"处当在同一地区,也就是海屯所经的横相乙儿。然而蒙古军是顺乌伦古河西行,一直到它流入的布伦托海为止。

窝阔台汗时,开辟了和林到各地的驿路,并同察合台、拔都协商共设联系各汗国的驿站。察合台赞同说:"我自这里立起,迎着你立的站,教巴秃(即拔都)自那里立起,接着我立的站。"[2] 蒙古征杯禄汗的行军路线就是后来选用的驿路。

1248年,贵由汗决意亲征拔都,途中死于横相乙儿之地,就是打算从这条路西行。[3] 蒙哥汗九年(1259),旭烈兀分地彰德府(今河南安阳)课税使常德驰驿西觐统军西征的旭烈兀。他从和林出发,渡过昏木辇(Qum-müren,今乌伦古河上游布尔根河,横相乙儿即在此河流域),过龙骨河(即兀泷古河),河西潴为海,名乞则里八寺(即乞湿泐巴失)。这段路与成吉思汗追捕杯禄汗的路线完全一致。常德是"驰驿",当然是走正式的驿道。

常德由此西去,"行渐西,有城曰业瞒。又西南行,过孛罗城"。[4] 业瞒即西辽所建之城叶密立(Imil),是窝阔台汗国的领地。1252年,蒙哥封迁窝阔台第四子哈剌察儿之子脱脱于此。由乞则里八寺到额

---

[1] 《元朝秘史》158、177节,将此事置于成吉思汗与王汗联盟对乃蛮作战时,并说将杯禄汗"穷绝了"。而《圣武亲征录》则说屈出律在其父败亡以后,逃往莎合水旁兀鲁塔山其叔杯禄汗处,并说杯禄被擒杀于此。今史实过程从《元朝秘史》,时间从《圣武亲征录》。
[2] 同上,279节。
[3] 《元史》卷二《定宗纪》三年戊申春三月,39页;志费尼《世界征服者史》上册,260页。
[4] 《西使记》,《秋涧先生大全文集》卷九四,叶4b。

敏河畔的叶密立，当是穿越准噶尔盆地的北沿。

《西使记》接着说：孛罗"城北有海，铁山风出，往往吹行人堕海中，西南行二十里，有关曰铁木儿忏察。……出关，至阿里麻里城。"[1] 常德先提到孛罗，才介绍城北之海，从叶密立西南行，应先到额敏河注入的阿拉湖，其中有阿拉峰（Aral tube），就是铁山。由此往东南穿过阿拉山口，就可到达博尔塔拉河的孛罗城，也就是前述的不剌城。"铁木儿忏察"，意为铁门关，即耶律楚材所谓的"松关"。出关，至阿里麻里城，即今新疆霍城县西北克根河西岸阿尔泰古城。

据一种不十分确切的记载，1218年哲别奉命出征西辽屈出律汗，沿途曾"渡乞则里八海""攻铁山"。[2] 说明他们是走这条驿路。当时屈出律捕杀了阿力麻里的不扎儿汗，领军攻打不愿降服的阿力麻里城。哲别军至阿力麻里，屈出律乃撤军西逃。[3] 后一段也与常德的行程一致。

在贵由汗和蒙哥汗时期，有两位法国方济各会修士通过拔都驻地东来，记述了从拔都等几个汗国到大汗首都和林的交通路程。1245年，教皇英诺森四世派普兰诺加宾尼出使蒙古，经波兰，偕波兰人本尼迪克特到拔都在也的里河（Ethil，今伏尔加河）畔的营地。从此出发，渡押亦河（即乌拉尔河）、锡尔河，逆流而上，经养吉干（在锡尔河下游，今 Джаныкент）、巴耳赤邗、斡儿八儿（Orpar = Otrar，讹答剌）等城。到达 Divult 城。他说这里有皇帝（窝阔台）建造的房屋，应指叶密立

---

1 《西使记》，《秋涧先生大全文集》卷九四，叶 5a。
2 《元史》卷一四九《郭德海传》，3522 页。此传实际是摘取《西使记》所经地名分别置于郭德海及其父宝玉、其子郭侃生平事迹上，史实时间颠倒，地理方位还错乱。但哲别灭西辽确有其事，与《西使记》无关，可能是将别人之事置于传主身上。
3 志费尼《世界征服者史》上册，87 页。

城。然后到一个湖边,湖崖有小山,据说冬天从山中洞里刮出大风,即常德描述的阿拉湖,并指出拔都长兄斡儿答驻地在此附近。这里叙事有颠倒,他应是先经阿拉湖再东去叶密立。由此可见,由阿拉湖西去可达拔都驻地,西南行可达阿力麻里察合台汗国的中心。由叶密立到达皇帝的大斡耳朵,当即窝阔台的驻地霍博。《元史·太宗纪》谓"太祖崩,自霍博之地来会丧",即指此地。由此经过多山、非常寒冷的乃蛮人国土,即阿尔泰山山地,到达蒙古。现在有公路从额敏(叶密立在县城东)通和布克赛尔,霍博就在和布克赛尔境,由此可渡额尔齐斯河或乌伦古河到阿尔泰山。普兰诺加宾尼为我们提供了驿道经行霍博至叶密立的事实,说明驿道是先到窝阔台辖地的几个要地,然后再往南去察合台辖地或往西去拔都的辖地。

蒙哥汗时,法王路易九世又派出以鲁不鲁乞为首的使团。他们从君士坦丁堡渡黑海,经克里米亚半岛的速答黑到达拔都营帐。从此渡扎牙黑河(Jagac,即乌拉尔河),经康里人居地,渡塔剌思(Talas)河、吹河(今楚河)或亦列河(今伊犁河),由巴尔喀什湖到达海押立(Cailac)。海押立原是哈剌鲁人的首府,遗址即苏联境科帕尔城附近。他又说:从此走三天,看到有一个大岛的湖,有河从山谷流出注入湖中,山谷中刮出强风。他的描写与常德和普兰诺加宾尼一样,此湖和岛就是阿拉湖和铁山。从此可能经过塔尔巴哈台山南的山间隘路,进入从前贵由汗斡耳朵所在的草原,即叶迷立或霍博。再攀登多山的阿尔泰山区,到达蒙哥汗的驻地。鲁不鲁乞描述他离开锡尔河往东,经塔拉斯、楚河、伊犁河、海押立与阿拉湖驿道相接的行程,其贡献是提供了阿拉山口和伊犁河以西的路线。[1]

---

[1] 耿昇、何高济译《鲁布鲁克东行记》,中华书局,1985年,243~268页。

(三)越阿来岭经也儿的石河的路线

杯禄汗遭到蒙古军的袭击时,其侄屈出律和蔑里乞部主脱脱父子也在杭爱山战败后逃到这里。杯禄汗向西南逃走,屈出律和脱脱等则溯莎合水而上,越过阿来岭,顺也儿的失河的支流不黑都儿麻河而下,驻营于河边某地。阿来岭在今阿尔泰山中苏蒙三国交界处,不黑都儿麻就是额尔齐斯河的支流布克图尔玛河。这段路看来很难走,蒙古军在阿尔泰山阳过了冬,由斡亦刺部主忽都花为向导,于1208年越过阿来岭,与正在不黑都儿麻河附近整顿军马的脱脱和屈出律遭遇。脱脱被乱箭射死,其余则大败西逃,在渡也儿的失河时大多被淹死,屈出律和脱脱的儿子火都等人继续西逃。[1] 可见溯科布多河而上,越阿尔泰山,顺布克图尔玛河而下,渡额儿齐斯河,也有一条蒙古通西域的道路。

此后不久,成吉思汗又派忽必来出征哈剌鲁,其主阿昔兰汗愿降,于1211年随忽必来来见成吉思汗。[2] 哈剌鲁人居巴尔喀什湖东南,其中心在海押立。忽必来远征数千里外的哈剌鲁,还是为了追击屈出律和火都等人,《秘史》也说屈出律(作古出鲁克罕)先是逃到哈剌鲁(作合儿鲁兀惕)。屈出律等可能是遭忽必来攻击后,又逃往楚河(《秘史》作垂河)附近西辽都城八剌沙衮,被西辽古儿罕收留。[3]

---

1 《元史·太祖纪》14页与《圣武亲征录校注》叶72b,皆作戊辰(1208年);《元朝秘史》198节作牛儿年(1205)。参看《史集》,第1卷第2分册,商务印书馆,1983年,208~210页。
2 王国维《圣武亲征录校注》,清华学校研究院刊《蒙古史料四种》,1926年,叶75b;《元史·太祖纪》,15页;《史集》,第1卷第2分册,226页;《元朝秘史》,235节。
3 《史集》,第1卷第2分册,248页,云屈出律是经别失八里、苦叉(今库车)再到八剌沙衮,似以《元朝秘史》所载较可信。

火都等人则停留在楚河附近某地。1216年,成吉思汗在征金之后,又派速不台追击蔑里乞残部,战于楚河。[1] 火都等奔往钦察。速不台在遣使向押亦和也里河下游之间的钦察部主索取未遂后,又进军钦察境内,大战于玉峪。[2] 忽必来和速不台可能还是循越阿来岭追击屈出律等的老路。不黑都儿麻河流入也儿的失河处已在斋桑泊以北,他们在大举西征以前,已经熟悉了从这里走向西南的海押立和楚河,再由此西进到钦察的道路。

1219年,成吉思汗大举西征,越过阿来岭。[3] 次年夏五月,驻跸于也儿的石河。[4] 秋天,到达海押立,受当地哈剌鲁首领阿昔兰汗拜见,畏吾儿主从别失八里和不札儿之子速黑纳的斤从阿力麻里领兵来会。[5] 可见成吉思汗未经畏吾儿地区和阿力麻里,而是直接从也儿的石河到达海押立。耶律楚材著《西游录》,自称"扈从西游",并说"道过金山。时方盛夏,山峰飞雪,积冰千尺许。上命斫冰为道以度师"。他既然亲见成吉思汗下令"斫冰为道",此行在扈从之列没有疑问;而此路盛夏积冰千尺,说明《元朝秘史》称成吉思汗是越最北最险的阿来岭西行不假;因此更可补证觉明师关于耶律楚材西去时没走天山北路的结论。

海屯东来时,在渡过押亦河后,没有提到途中的任何地名,就直

---

1 《元史》卷一二一《速不台传》(2976页)、卷一二二《雪不台传》(3008页)作"蟾河",卷一二二《巴而朮阿而忒的斤传》(3000页)作"襜河";《圣武亲征录》作"崭河";《元朝秘史》作"垂河"。
2 同上,卷一二一《速不台传》,9762页;卷一二八《土土哈传》,3131页。
3 《元朝秘史》,257节。
4 《元史》卷一《太祖纪》,20页。其他史料相同。
5 《史集》,第1卷第2分册,252页(俄译原文198页)。

接说渡也儿的石河,进入乃蛮国土。¹ 他可能也是越阿来岭,或经乌兰达坂以北某山口而进入蒙古草原的。

阿来岭和乌兰达坂之间,元代好像还有别的山口可以通过阿尔泰山。今科布多西北,就可通过特勒克提(Terekty Pass)和乌儿莫盖提(Urmogaity Pass)山口,顺喀喇额尔齐斯河支流奇兰河而下,直到额尔齐斯河。² 海都多年对元军作战,似乎经常采取较北艰险的捷径。成宗死时,海山(武宗)正驻兵称海以北的浑麻出海(今哈腊乌斯湖),看来是对付称海正西过来的军队。成宗大德五年(1301),海都越金山而南,与元军大战于迭怯里古山。³ 此事在《史集》中也有详细记载,称迭怯里古(TKLKH),旁边有 Чабха 河,英译者考定为称海以东的扎布汗河。⁴《中国历史地图集》将帖坚古(迭怯里古)山标于喀喇额尔齐斯河源称海正西之地。据《元史·囊加歹传》说,元军在帖坚古山之战失利后,海山领军由旭耳哥温退到称海。这与《中国历史地图集》所标方位相同。在这次战争中海都因患病撤军,一月后死于台汗脑儿(今斋桑泊)。⁵ 这就是说,从帖坚古山往西,顺哈喇额尔齐斯河而下到斋桑泊也有路可通。

帖坚古等战役后,海都病死,笃哇受伤,元军渐占优势,由防御转为进攻,逐步控制阿尔泰山西北地区。大德十年(1306),海山军至也儿的石河,招降宗王秃满、明理铁木儿等。秃满是窝阔台第七子灭里

---

1 《海屯行记》,13~14 页。
2 布润珠(E. V. Bretschneider)《据东亚史料之中世纪研究》,伦敦,1910 年,卷一,14 页。
3 《元史》卷一三一《囊加歹传》,3185 页;卷一二八《床兀儿传》(3136 页)作铁坚古山;卷二二《武宗纪》(477 页)、卷一三八《伯颜传》(3335 页)作迭怯里古。
4 《史集》第二卷,商务印书馆,1985 年,19 页。J. A. Boyle tr., *The Successors of Genghis Khan*, p.27, n.74.
5 同上。

的曾孙。[1] 蒙哥汗二年(1252),灭里被分迁于也儿的石河。[2] 也儿的石河成为灭里一系的领地。海都、笃哇相继死,察八儿和宽阇嗣窝阔台和察合台兀鲁思汗。至大元年(1308),元军屯田于金山以北,淇阳王月赤察儿移军于阿答罕、三撒海之地。[3] 阿答罕一作汉塔海,[4] 似在喀喇额尔齐斯河西的罕达海图河附近。察八儿被元军和察合台后王战败,三年(1310)率诸王举族内附,宽阇也与元朝通好,知枢密院事、钦察亲军都指挥使脱火赤拔都儿进驻于察八儿旧地。[5] 今大青山后的汪古部主阔里吉思于成宗时被笃哇俘虏,死后葬于卜罗。其子尤安袭位,就在这年遣王府官员乘传往卜罗收尸归葬先茔。过戍边,月赤察儿、脱禾出八都鲁(即脱火赤拔都儿)假卒五百人卫其行。达殡所卜罗,奉枢东还。[6] 卜罗即《西游录》的不剌,《西使记》的孛罗,《元史·地理志》的普剌,说明当年的驿路又恢复了。据波斯史料记载,也先不花任察合台兀鲁思汗时(约与仁宗同时),元军戍军驻于霍博河两岸,夏驻于也儿的石河的支流也孙木伦附近。[7] 这也可看出元朝的西北边境和交通情况。

---

1 《元史》卷二二《武宗纪》大德十年八月,478 页;卷二〇六《阿鲁辉帖木儿传》,4596 页。
2 同上,卷三《宪宗纪》二年夏,45 页。
3 同上,卷一一九《月赤察儿传》,2951 页。
4 同上,卷一二八《土土哈传》,3134 页。
5 同上,卷一一九《月赤察儿传》,2951 页;卷一一七《牙忽都传》,2909 页;卷一三八《康里脱脱传》,3324 页。
6 刘敏中《赵王先德加封碑》,《中庵集》(元刊本)卷四,叶 11b 至 12a。
7 转引自 B. B. Бартольд:Очерки Истории Семиречья, Академик B. B. Бартольд Сочинения II. Часть 1 引拉施特书续撰者手稿。

二　南西伯利亚各部间的东西交通

我国古代的北方民族,很早就同南西伯利亚各部有密切联系。后者与西域各族也有往来,阿拉伯人的著作中很早就有关于他们的记载。《史记·匈奴列传》和《汉书·苏武传》早已出现的"丁零",实际上是南西伯利亚突厥语族各部的共名,在《隋书》中称为铁勒,已分衍于东起贝加尔湖以南,西至里海和伏尔加河流域。[1] 铁勒诸部中的突厥、纥骨,皆源于叶尼塞河上游。[2] 他们先后建立了包括整个漠北的汗国,后者早就以"鬲昆"或"隔昆"之名见于《史记》和《汉书》的《匈奴传》。8 世纪时,有五个回鹘人出使南西伯利亚地区,记录了所见各部的名称,而以藏文本留传至今。[3] 其详尽程度较之同时的《通典》诸书有过之而无不及,足见我国畏吾儿和藏族人民对这些地区早已有深入的了解。

辽以辖戛斯(即纥骨)为属国,并派官监临谦谦州。西辽于八刺沙衮建都后,又回师征吉利吉思,也派官监临谦谦州,说明西辽与辖戛斯和谦谦州有直接的交通联系。1207 年,成吉思汗命长子朮赤征"林木中百姓",溯色楞格河及其支流德勒格尔河北上,降德勒格尔汗山南及其以北锡希锡德河(Shisishid)等地的斡亦剌部(Oyirad),华克穆和乌鲁克穆河的秃巴思部(Tubas,即谦谦州),贝克穆河的撼合纳部(Qamqana=Qabqanas,合卜合纳思),乌斯河的乌思部(Urs=Ursut,兀

1　《隋书》卷八四《铁勒传》。
2　《周书》卷五〇《突厥传》,纥骨作契骨;《旧唐书》卷一九五、《新唐书》卷二一七作黠戛斯。
3　伯希和所得藏文文书 1283 号,参见巴科《八世纪回鹘五人出使亚洲高原北部记》,*Journal Asiatique*,1956 年 244 卷 1 期。

儿速惕），以及叶尼塞河和巴坎河流域的吉利吉思（Kirgis）部，安加拉河的昂可剌部（Angqara），还有贝加尔湖附近的八剌忽（Barqu＝Barqun，巴儿浑）、不里牙惕部（Buriyat）、火里（Qori 豁里）、秃麻（Tumat 秃马惕）等部。1217年，尤赤领兵再征吉利吉思，追击至亦马河（今鄂毕河上游），招降了叶尼塞河以西的脱列思（Töles＝Tö'eles，脱额列思）、秃合思（Tuqas）、克什的迷（Keshdim）、帖良兀（即帖良古惕 Telenggüt）及其以北的亦必儿失必儿（Ibir-Shibir），也儿的石河以西的巴只吉惕（Baǰigid）等部。成吉思汗封八邻部贵族豁儿赤为镇守林木百姓万户，管辖吉利吉思以西直至也儿的石河的蒙古赤纳思千户及帖良古惕和脱列思等部。秃巴思、撼合纳、乌思、吉利吉思、昂可剌则成为幼子拖雷的属民。至元七年（1270），元世祖任刘好礼为吉利吉思等五部断事官，治益兰州（苏联图瓦自治州乌鲁克穆河南支流埃列格斯和麦日盖河汇合处），在此设置驿传的住舍。[1]

十三年（1276），蒙哥子昔里吉与岁哥都（蒙哥弟）子脱铁木儿等王叛乱。次年为伯颜所败，昔里吉等遁也儿的石河附近的八邻万户，脱铁木儿由此进袭吉利吉思之地。[2] 脱铁木儿又遭元军打击，挟持刘好礼西行，逾雪峨岭（《中国历史地图集》拟为今萨彦岭），过铁壁山口，去会合也儿的石河的其他叛王，可见两地之间已有通途。后刘好礼脱逃，东至菊海（一说为贝加尔湖）与戍兵接，"得乘传至昌州"。[3] 可知菊海与昌州有驿路可通。八邻万户似已在窝阔台后王控制之下。蒙哥汗即位，为防止他们的反抗，曾派也可那颜和两土绵（Tümen

---

1　参见周清澍《元朝对唐努乌梁海及其周围地区的统治》，《社会科学战线》1978年第3期。
2　J. A. Boyle tr., *The Successors of Genghis Khan*, p.267.
3　《元史》卷一六七《刘好礼传》，3925页。

万)人马往吉利吉思和谦谦州。[1] 海都叛元,常从北面向吉利吉思进攻。故杨瑀说:"朔方缣缣州……与怯里吉思(吉利吉思)为邻境,过此即海都家望高处也。"[2]

1291年,元朝为对付海都,"于乞里吉思以至外剌之地,起立六站,数内乞里吉思、帖烈因秃、憨哈那思、外剌四处各设一站,兀儿速设二站"。[3] 乞里吉思,即吉利吉思,在阿巴坎河与叶尼塞河交汇处及其下游。帖烈因秃即帖良古惕,疑"因"乃"困"形近之误,可能有一部分人居吉利吉思南,乃于此设一站。兀儿速即乌思,在乌斯河。憨哈纳思即憾合纳,在贝克穆河。外剌即斡亦剌,在华克穆河源及德勒格尔汗山以南。这就新辟了一条从吉利吉思→帖良古惕→乌思→憾合纳→斡亦剌的驿道,往南同岭北通往大都的驿道相接。乌鲁克穆河以北的图兰城曾发现过至元二十三年(1286)印记的犁镜,可能是随这条驿道开辟时运来。今叶尼塞河和鄂毕河畔的米努辛斯克和托木斯克,曾分别发现过八思巴字牌符,如米努辛斯克接近斡亦剌→吉利吉思驿道的终点,那么从此到鄂毕河的托木斯克一带似也有驿路可通。[4]

《元史·成宗纪》大德五年(1301)下提到"称海至北境十二站",这条驿道可能与上一条道同时设置。通了驿道,元朝在与海都对吉利吉思、八邻等地的争夺战中渐占上风。1293年春,大将土土哈奉诏进取吉利吉思,由谦河冰上顺流行军数日,至吉利吉思,尽收其五部之众,并留兵镇守。海都领兵来攻,土土哈败之于谦河。大德元年

1　志费尼《世界征服者史》下册,690页。
2　杨瑀《山居新语》,《知不足斋丛书》本。
3　《永乐大典》(8)卷一九四一九《经世大典·站赤》,中华书局,1986年,7213页下。
4　参见《元朝对唐努乌梁海及其周围地区的统治》。

(1297),床兀儿袭父土土哈职,领北征军,率师逾金山,攻八邻之地,与帖良古惕军战于答鲁忽河。[1] 床兀儿回军至阿雷河(今鄂毕河支流阿列依河),与海都所遣援八邻部之孛伯拔都军相遇,大战于附近山上。[2] 同时,玉哇失所领之阿速军北上追击八邻、帖良古惕等部至亦必儿失必儿之地。大德二年(1298),从宗王药木忽儿、丞相朵儿朵怀击败附从海都的八邻部人,又与海都援兵战于撒剌思河(今鄂毕河上游支流恰雷什河)。[3] 在此以前,都阿思民遭海都部掳掠,元朝赐钞赈济。[4] 四年(1300),又赐"八怜脱列思所隶民户六万五千余锭"。[5] 都阿思和脱列思都是《元朝秘史》中脱额列思的异译,是分给八邻万户长的属民。三年(1299),皇侄海山奉命总兵北边,曾驻守莽来(今鄂毕河上游卡通河东喀喇莽鼐岭)。[6] 五年(1301),元军在击败笃哇军以后,曾聚集赤纳思之地论功。[7] 赤纳思即八邻万户中的赤纳思千户,也应在八邻部等附近。可见元军已达到鄂毕河流域。

从上述战事可知,海都从自己的领地,渡也儿的石河,慑服八邻万户下的脱列思、帖良古惕、赤纳思等部,活动于撒剌思、阿雷、答鲁忽河等处,并东进至谦河,与元朝争夺吉利吉思。元朝也开辟了从漠北

---

[1] 原文为:"八邻之南有大河曰答鲁忽,其将帖良台阻水而军。"帖良台(Teleng[gu]tai)即帖良古惕,译音不全,并加上男性人名语尾-tai,误认为是人名。答鲁忽河疑即鄂毕河。(台或为古形近之误)
[2] 虞集《句容郡王世绩碑》,《道园学古录》卷二三,叶 10b。
[3] 《元史》卷一三二《玉哇失传》,3209 页。传文将两事置于"成宗在潜邸"前后,误。药木忽儿等叛从海都和笃哇,元贞二年(1296)冬率众来附,成宗因此改元大德,见《元典章》卷一《大德改元诏》。药木忽儿等向海都等进攻,在大德二年(1298)元军失利之后。原文"海都将八邻、帖里哥歹",即八邻、帖良古惕部,误作人名。
[4] 同上,卷一八《成宗纪》至元三十一年十二月,389 页。
[5] 同上,卷二〇《成宗纪》大德四年五月,431 页。
[6] 同上,卷一一八《特薛禅传》附《蛮子台传》,2916 页。
[7] 同上,卷一二八《床兀儿传》,3136 页。

到吉利吉思和北境的两条驿道,由此向八邻万户境反击,驻军于莽来和赤纳思等处。由于战争,也发展了从漠北经极北境到窝阔台汗国的交通。

三 从河西走廊通往中亚的道路

成吉思汗在世时,就已占领金朝黄河以北广大地区,降畏兀儿、哈剌鲁、阿力麻里,灭西辽、花剌子模,最后灭西夏,使这片广大地区置于蒙古统治之下,东西连成一片。元朝全国统一,河西走廊传统的丝绸之路重新畅通。

(一)天山南北路驿道

打通河西通往畏兀儿地的道路,应该从 1226 年成吉思汗最后大举进攻西夏开始。畏兀儿主亦都护巴而朮阿而忒的斤"从太祖征你沙卜里、征河西,皆有大功"。[1] 你沙卜里即今伊朗东北境的尼沙普尔。"征河西"是说他西征回来后,又从他以哈剌火州(今吐鲁番)为中心的国土出发,东向河西走廊进攻西夏。除畏兀儿军外,由西征返回的部分蒙古军也由这条道路进军。向觉明师指出:扈从成吉思汗西征的耶律楚材就是从畏兀儿随军到达河西走廊的。1225 年夏至到冬至,他在高昌(哈剌火州);1226 年端午他到了肃州(今甘肃酒

---

[1] 虞集《高昌王世勋之碑》,《道园学古录》卷二四,叶 7b。

泉）。¹ 昔李铃部从蒙古将阿答赤"往招沙州（今甘肃敦煌）"，进兵"围肃州"，这支军队必然是经畏兀儿西来的。² 再如大将速不台也参加了这次战争，"取下撒里畏吾儿、的斤、寺门等部，又掠西蕃边部"，又"攻下德顺、镇戎、兰、会、洮、河诸州"。³ 撒里畏吾儿又称黄头回纥，的斤又作赤斤，分布在河西走廊西端及祁连山南，从此掠西蕃边部，再进兰、会等州，似乎是绕到更南的青海北部，直到兰州才发起对西夏所属州郡的进攻。

1227 年蒙古灭西夏，删丹（今甘肃山丹）被分给察合台。按竺迩"隶皇子察合带部"，1228 年奉命镇删丹，"置驿张掖、酒泉"，"自敦煌置驿抵玉关，通西域"。⁴ 初步开通了从删丹到以阿力麻里为中心的察合台领地的驿道。

1236 年，窝阔台以中原诸州民户分赐诸王、贵戚，茶合带（即察合台）分得太原府民户。⁵ 为了将从太原收到的租赋递运到察合台西北的领地，又接通了从太原到山丹的驿路。这条驿路具体是哪年设置的，史无明文，但元世祖曾说："彼处站赤，乃茶合觯兄所立"，应"专令递运租赋"。⁶

---

1 耶律楚材《西游录》注者向达《前言》，6 页。
2 程钜夫《魏国公先世述》，《程雪楼集》（宣统陶湘影刊洪武本）卷二五，叶 17a;《元史》卷一二二《昔里钤部传》，3011 页。
3 王恽《兀良氏先庙碑》，《秋涧先生大全文集》卷五〇，叶 3a;《元史》卷一二一《速不台传》，2977 页。
4 元明善《雍古公神道碑》，《永乐大典》(5) 卷一〇八八九，4507 页上;《元史》卷一二一《按竺迩传》，2982 页。
5 《元史》卷二《太宗纪》八年丙申秋七月，35 页。
6 《永乐大典》(8) 卷一九四一七《站赤二》，7202 页下。"察合觯兄"或作"察合台阿哈"，"阿哈"蒙古语意为兄，乃窝阔台合罕对察合台的称呼。后成为元朝诸帝沿用对察合台后王的专称。

中统元年(1260),忽必烈即位于开平(今内蒙古正蓝旗东五一牧场),与其弟阿里不哥争夺汗位。大将浑都海依附阿里不哥,挟持耶律铸之妻及其子希亮西行。浑都海战死后,希亮被主将哈剌不华带往窝阔台汗国领地。他的后一段行程,看来就是按竺迩所辟驿路的走向。即从焉支山(一名删丹山,在删丹县南五十里),经甘州(今甘肃张掖)、肃州(今甘肃酒泉)、沙州(今甘肃敦煌)北川,伊州(今新疆哈密),"涉雪逾天山",至北庭都护府(别失八里)、昌八里(即彰八里)、马纳思河(今新疆玛纳斯河),由此往北到达窝阔台后王的领地叶密里城和火孛(即霍博)。[1] 从这段行程可以看出从删丹到天山北路的行程。过哈密后,直接过天山到达北庭,可能是同今七角井越博格达山再向西转的公路走向相近。从别失八里到马纳思河,与丘处机、海屯的行程一致,再西越天山而南,可达察合台兀鲁思中心阿力麻里。哈剌不华是去投靠窝阔台后王,所以从此直接去了叶密里和火孛。

1260年,察合台的曾孙阿只吉在开平"率西道诸王"与大臣劝进,奉忽必烈为大汗。[2] 阿只吉承袭了察合台在山丹州和太原的分地。[3] 忽必烈为了与海都对抗,任命八剌(木阿秃干之孙,也孙脱阿之子)为察合台兀鲁思之汗。但八剌后来与海都讲和,在他及其子笃哇在位时,与海都结成联盟,长期与忽必烈为敌。因此忽必烈承认阿只吉为

---

[1] 危素《故翰林学士承旨资善大夫知制诰兼修国史赠推忠辅义守正功臣集贤学士上护军追封涞水郡公谥忠嘉耶律公(希亮)神道碑》,《危太朴续集》卷二,叶 6a 至 7a。
[2] 《元史》卷四《世祖纪》,63 页。据卷一〇七《宗室世系表》(2716 页),阿只吉是察合台之孙,合剌旭烈之子。据《史集》(第 2 卷,159~167 页),合剌旭烈是察合台之孙,木阿秃坚第四子,而阿只吉是木阿秃坚次子不里之子。
[3] 同上,卷六〇《地理志》,1452 页:山丹州,"元初为阿只吉大王分地";卷一四《世祖纪》二十三年夏四月庚子……有旨:"太原乃阿只吉分地。"(288 页)

察合台后王的首领,领兵镇守畏兀儿以西地区,作为抗击笃哇的主力。[1] 至元十八年(1281),根据阿只吉的请求,忽必烈"命太原五户丝就输太原,自太和岭至别十八里置新驿三十"。[2] 太和岭是阿只吉在太原分地时驻夏之地,他从这里将太原民户的五丝户收入运往自己正在镇守的别失八里。由于"旧站消乏,不能增新站物力",所以这年又请求"增与物力",新增驿站三十,保证递运他的租赋。[3] 至元二十二年(1285),阿只吉又"请于别失八里立站以便使客来往",得到准许。[4]

元朝政府也加强了这条道路的驿站建设。至元十五年(1278),"授八撒察里虎符,掌别失八里畏兀城子里军站事","授朵鲁知金符,掌彰八里军站事"。[5] "畏兀城子"似指畏兀儿境内别失八里、哈剌火州等地的驿站,就是说这条驿路是从哈密经哈剌火州后过博格达山到达别失八里。七年后阿只吉又请于别失八里立站,是他作为察合台兀鲁思主专用的驿站,我倾向于这条驿路与耶律希亮西去的路线相同。彰八里军站当指管辖天山北路直到笃哇管区前线的军站。

耶律楚材从西域归来,就是从别失八里到天山南路的哈剌火州,抵达河西走廊的肃州。中统四年(1263),耶律希亮奉世祖玺书召"驰驿赴阙",由苦先城(《元史·地理志》作苦叉,今新疆库车)至哈剌火州,宿柳中(《元史·地理志》作鲁古尘,今鲁克沁),经鐵堠子(今鄯善东北七克台),宿伊州(今哈密),涉大漠以还。这具体地指明了河西走廊通往天山的经行情况。这条驿路,是畏兀儿通往内地的要道,也

---

1 《史集》,第2卷,13~15、338页。
2 《元史》卷六三《地理志·西北地附录》,1569页;卷一一《世祖纪》至元十八年夏四月甲午,231页。
3 《永乐大典》(8)卷一九四一七《站赤二》,7202页下。
4 同上,卷一九四一八《站赤三》,7206页上。
5 《元史》卷六三《地理志·西北地附录》,1569、1570页。

是元朝通各宗藩国的要道。至元十七年(1280),据和州(即哈剌火州)的报告:"民户祇应往来使臣首思,以故困乏",请求"优增物力,庶几休息"。[1] 说明哈剌火州等站来往人等很频繁。二十年(1283),立别十八里、和州等处宣慰司,即正式在畏兀儿地区设地方政府,所以同时"立畏兀儿四处驿"。[2] 两年后又增设畏兀儿驿六处。[3]

由此可见,从沙州出发,经哈密,可以越博格达山,由独山等地走天山北路去别失八里;也可由哈剌火州去别失八里或直接去彰八里,都可到察合台、窝阔台、钦察、伊利各汗国,与西方沟通。

(二)塔里木盆地南沿驿道

马可波罗于元世祖时从欧洲西来,由巴达克伤(Badakhshan)经帕米尔高原到今新疆境内,途中经可失哈耳(Cascar = Kashgar,今喀什市)、鸦儿看(Yarcan,今莎车)、斡端(Cotan = Khotan,今和田)、阇鄽(Ciarcian = Charchan,今且末南)、罗不(Lop,今若羌),穿过沙漠,行三十日抵达沙州。[4] 这就是汉、唐时出玉门关,经罗布泊南,沿塔里木盆地以南去西域的道路。由于地处沙漠,自然环境的变迁使具体路程也随着时代而改动。

在此以前,这条路好像已有了驿路。至元十年(1273),忽必烈同意派玉工使用铺马、金牌往失呵儿、斡端等产玉地,用驿传递运。[5] 大

---

1 《永乐大典》(8)卷一九四一七《站赤二》,7201 页下。
2 《元史》卷一二《世祖纪》至元二十年四月丙戌、三月辛巳,253、252 页。
3 同上,卷一三《世祖纪》至元二十二年四月,275 页。
4 A. C. Moule and Paul Pelliot, *Marco Polo: The Description of the World*, London, 1938, pp. 141~154.
5 《永乐大典》(8)卷一九四一七《站赤二》,7199 页上。

约与马可波罗来华同时,有两个中国人从大都开始去西方旅行。他们都是聂思脱里派基督教教士,一个是名叫马儿可思的汪古人,另一个是名列班骚马的畏兀儿人。他们经唐兀城(指宁夏中兴府,今银川市),到达斡端和可失哈耳,这段行程与马可波罗相同。离开可失哈耳他们却到了塔剌思河海都汗的驻地。[1] 马可波罗抵上都几个月后,忽必烈接到中书省的报告,得悉有一个汉人循马可波罗的道路到达沙州,报告说:"王孝忠等以罪命往八答山采宝玉自效,道经沙州,值火忽(定宗贵由之子——引者)叛,孝忠等自拔来归,命于瓜、沙等处屯田。"[2] 八答山即巴达哈伤,马可波罗盛称其地产红宝石和蓝玉,所以王孝忠等长途跋涉前往开采,从那里回沙州,一定是走马可波罗同一条路。

在马可波罗的前一年,元朝已在于阗(即斡端)、鸦儿看两城立水(?)驿十三。[3] 1276年,命别速觔等二人为都元帅,领蒙古军二千人,河西军一千人守斡端城。[4] 出于军事上的需要,1282年"别速带请于罗卜、阇里辉(即阇鄽)立驿"。1286年立罗不、怯台(今且末东南哈迪勒克)、阇鄽、斡端等驿。[5] 次年,又"以河西爱牙赤所部屯田军同沙州居民修城河西瓜、沙等处。立阇鄽屯田","发河西、甘肃等地富民千人往阇鄽地,与汉军、新附军杂居耕植"。[6] 足见这时从沙州经罗不、怯台到阇鄽的道路是常利用的。1288年,"合迷里(今哈密)民饥,

---

1 История Мар Ябалахи III и Раббан Саумы, Москва, 1958, стр.67.
2 《元史》卷九《世祖纪》至元十三年正月,177 页。
3 同上,卷八《世祖纪》至元十一年正月,153 页。
4 同上,卷九九《兵二·镇戍》,2539 页。
5 同上,卷一二《世祖纪》至元十九年九月,245 页;卷一四《世祖纪》二十三年正月己卯,285 页。
6 同上,卷一四《世祖纪》至元二十四年七月,299 页;十二月丁卯,303 页。

种不入土,命爱牙赤以屯田余粮给之"。¹ 可知沙州在当时是从南北二路进入河西走廊的门户,东西交通的枢纽。敦煌石窟保留的文化遗迹一直延伸到元朝,这并不是偶然的。

至于南路的西段,成吉思汗时已经利用。屈出律篡夺西辽古儿汗位后,对可失哈耳、斡端等地的穆斯林倍加迫害。哲别领军征屈出律汗时,他正在可失哈耳,闻讯就逃往帕米尔高原以西的巴达哈伤,被蒙古军擒杀于撒里宽(苏联境伊咱巴德东萨雷科尔湖)附近山中。² 屈出律被斩后,哲别派人传其首级于可失哈儿、押儿牵(即鸦儿看)、斡端诸城,当地居民因此"望风归附"。³ 成吉思汗在西征以后,派出达鲁花赤镇守各城,其中也有兀丹(即斡端)和乞思合儿(即可失哈儿)。⁴

元修《析津志》录天下站名,载有从奉元(今陕西西安)经河西走廊至沙州的站名,在沙州下注:"自此至兀端至〔五〕千余里。"⁵ 可见有元一代,这条驿道占有很重要的地位。

(三)经亦集乃至和林的驿道

前已提到,克烈部王汗被乃蛮亦难察汗驱赶到西辽,后从西辽经畏兀儿和西夏回来,西夏似指其黑水城(元名亦集乃),即从别失八

---

1 《元史》卷一五《世祖纪》至元二十五年十一月丙申,317 页。
2 《史集》,第 1 卷第 2 分册,247~253 页。
3 《元史》卷一二〇《曷思麦里传》,2969 页。
4 《元朝秘史》,263 节。
5 《永乐大典》(8)卷一九四二六《驿站二》,7293 页上。后一"至"当因袭前一"至"误五为至。

里、哈剌火州进河西走廊,然后顺弱水北上,过黑水城回到克烈部的。王汗败亡,其子亦剌合走西夏,过亦即纳(即亦集乃)城,至波黎吐蕃部。又逃到斡端、可失哈耳、苦叉等地,可见从蒙古经亦集乃、河西也可去塔里木盆地以南以西各地。[1] 成吉思汗征西夏,1209 年之役,即由黑水城北关口入河西。[2] 1226 年,自雪山起程,取黑水等城。[3] 此处提到的雪山(茶速秃),如指称海以南的雪山,又似南下哈密所经者,暂且存疑。

这条道路,为马可波罗的记述所证实。他从沙州到甘州后,说他曾同他父、叔三人在此住过一年,并说他们离甘州马行十二天到亦集乃城,离亦集乃北行四十天,越过无人沙漠到达哈剌和林。[4] 下文将要谈到,从亦集乃去和林就是所谓纳怜驿道。

四　从内地通往中亚的道路

(一)从大都经蒙古的驿道

前已介绍了从蒙古到中亚的道路,这本来是我国西北民族地区性的道路,由于蒙古统一了许多国家,以和林为首都,因此从中原经蒙古也可到达中亚各地。陈得芝同志对这个问题有精湛的研究,现摘

---

1 《史集》,第 1 卷第 2 分册,184~185 页;王国维《圣武亲征录校注》,叶 64b。
2 《元史》卷六〇《地理志》,1452 页。
3 《元朝秘史》,267 节;《元史》卷一《太祖纪》,23 页。
4 A. C. Moule and Paul Pelliot, *Marco Polo: The Description of the World*, London, pp.160~161.

取其说作简单说明。

元太宗正式建立驿站制度,设置了和林到中原的驿道,每七十里左右设一站,由一个千户负担站役,共设三十七站。从和林也可乘驿通往察合台封地,再转拔都封地。元朝有三条从中原通往岭北的驿道,即帖里干、木怜、纳怜道。

"帖里干"蒙古语意为"车",由大都、上都、应昌(今内蒙古克什克腾旗达里诺尔西南),折西北至克鲁伦河上游,转西行到鄂尔浑河上游的和林地区。"木邻"蒙古语意为"马",此道由大都出发,到上都西南第二站李陵台,经兴和路境至丰州(今内蒙古呼和浩特东白塔村),过天山(大青山),经净州(今内蒙古四子王旗西城卜子村)、砂井(今内蒙古四子王旗红格尔公社大庙西南),经汪吉河(今翁金河)上游到和林。[1] 从此既可以越阿尔泰山西行,也可以直接斡亦剌至吉利吉思道或称海至北境到叶尼塞河地区、鄂毕河上游八邻万户地区以至额尔齐斯河以西地。

13世纪的旅行家,《西游录》《北使记》《长春真人西游记》《西使记》的作者都是通过上述道路到达西域的。而西域各族及欧亚各国人民在元代大批旅居中国,其中不少成为载入史籍的大臣和名人,他们或因被俘、归降,或因出使传教,先到达漠北,然后才来到中原的。因此,这条中西大道是中国历史上具有历史意义的东西通道。

(二)由东胜经宁夏至河西走廊的路线

蒙古军占领金中都、西京以后,就开辟了从东胜穿过鄂尔多斯高

---

[1] 陈得芝《元岭北行省诸驿道考》,《元史及北方民族史研究集刊》1977年第1期。

原向西夏或向金鄜延地区进军的道路。1221 年八月,木华黎领军至天德(金丰州军名,今呼和浩特东白塔村),驻青冢(即昭君墓),由东胜渡河而西。[1] 汉将石天应从征陕右,也说是"假道西夏,自东胜济河"。[2] 1252 年,忽必烈领兵征大理。冬十二月渡过黄河。次年春,过夏州(今内蒙古乌审旗南)、盐州(今陕西定边),出萧关,驻六盘山。八月至临洮。[3] 刘秉忠随忽必烈出征,留下了《过丰州》《云内道中》《过东胜》《过盐州》等诗篇。[4] 可见忽必烈也是从丰州出发,选择由东胜渡河的路线。1258 年,蒙哥征四川,也是由东胜渡河,到达六盘山。

其实,在灭西夏以后,已经打通了从东胜到西夏中兴府(元改宁夏路,今宁夏银川市)的道路。耶律楚材于"丙戌(1226)冬,从下灵武"。"丁亥九月望,过夏国新安县"。[5] 新安县元代又称"旧新安州",在兀郎海山下,距黄河约七十里,"西至宁夏路七百里"。[6] 耶律楚材在新安作诗后,又在东胜写诗二首。路经云内州,被西征时留后的云内元帅贾搏霄召宴于城西。然后过青冢,到天德。[7] 可见他在灭西夏后,由灵武顺黄河经新安到了东胜、天德,走的是与今包兰铁路接近的路线。

元世祖时,马可波罗东来,经宁夏(Egrigayia,也里海牙,宁夏的蒙

---

[1] 《元朝名臣事略》卷一《太师鲁国忠武王》,叶 5b;《元史》卷一一九《木华黎传》,2934 页。
[2] 《元史》卷一四九《石天应传》,3526 页。
[3] 程钜夫《平云南碑》,《程雪楼集》卷五,叶 1a。
[4] 《藏春诗集》(明天顺刊本)卷三,叶 14ab、15a。
[5] 《湛然居士集》卷三,叶 15a;《元史》卷一四六《耶律楚材传》,3456 页。
[6] 《永乐大典》(8)卷七五一一《大元仓库记》,3399 页下。
[7] 《湛然居士文集》卷三《过东胜用先君文献公韵二首》,叶 14b;紧接《过夏国新安县》二首,叶 15a;卷七《除戎堂》,叶 4b。集中在天德作的诗甚多,然不能判断哪首是此行所作。

古语称呼),到达天德军(Tenduc),也是走这条路。[1] 同时,马儿可思和列班骚马从大都出发去耶路撒冷朝圣,先到达大都和唐兀之间马儿可思的家乡 Koshang,并在此附近晋见了汪古部领主君不花和爱不花。伯希和考定 Koshang 就是东胜。离开东胜,他们先达唐兀城(即夏都中兴府)。[2] 约 1322 年,又有一个意大利人、方济各会教士鄂多立克由海路到中国。1325 年,他从大都先到传说中长老约翰(指汪古部首领的祖先)领地的东胜城,再经甘肃、吐蕃回到意大利,他也说是从东胜到了甘肃。[3]

这就是说,元代仅有的几个留下游记的旅行家,陆路都不是走从关中西去的传统丝绸之路,而是走这条北面的驿路。可见这条驿路在当时至为重要。可惜东胜至中兴府(宁夏路)的驿道在史籍中没有明确记载,我们只能凭借片言只语去推断。

延祐三年(1316)通政院的报告说:"纳怜二十三站消乏",其中有"晃忽儿月良九站","哈温至东胜一十四站"。[4] 说明以东胜为起点的十四站属于前述通往岭北三道之一的纳邻站道。晃兀儿月良在至元三年(1266)的文件中作黄兀儿于量,说它在"西夏之西,近川"之地。[5] 这就可以推论,东胜至哈温一十四站是东胜至西夏的站,晃忽儿月良九站是从西夏西去的站。纳邻站的名称初见于至元三年(1266)右、左丞相的报告中,提到"铺马使臣经过本路州来索诸物"之事。十月又提到中兴等地添设站的问题,并报告黄兀儿于量等站缺

---

[1] Marco Polo: *The Description of the World*, pp.178~184.
[2] 参看《汪古部统治家族》,《文史》第 9 辑,124~125 页。
[3] 《鄂多立克东游录》,何高济译,中华书局,1981 年,81~82 页。
[4] 《永乐大典》(8)卷一九四二一《经世大典·站赤六》,7234 页上。
[5] 同上,(8)卷一九四一七《经世大典·站赤二》,7196 页上。

铺马的情况。[1] 看来这条驿路行旅很多。为了加强这条驿道，第二年四月，使臣奉圣旨谕东胜达鲁花赤……纳怜站民，仰从应理（今宁夏中卫），下至东胜站十所，准备水手和驿船。接着决定东胜州立三站，西夏中兴宣抚司立七站，设置了从中兴到东胜的十个水驿。[2]

《经世大典》所载腹里各路站赤名，东胜有水站五处，即：只达温站、白崖子站、九花站、怯竹里站、梧桐站。[3] 明《边政考》列举河外地名，从东胜州至贺兰山，沿河有东胜州、忙合仓、梧桐树、革足结站等名。[4] 忙合仓即元朝的忙安仓，确实在东胜以西黄河北岸。[5] 梧桐树即梧桐站，怯竹里站即革足结。据《河源记》，朱思本说："自洮水与河合，又东北流，过达达地，凡八百余里。过丰州西受降城，折而正东流，过达达地，古天德军中受降城、东受降城凡七百余里，折而正南流，过大同路云内州、东胜州与黑河合。"[6] 这里指出几个古城名，看来当时还能指认。加上西夏的新安等城，很可能是设站的地方。可惜元代驿站多用蒙古名，因此很难对应。但可以肯定，延祐三年（1316）的东胜至哈温一十四站，就是由元初十站发展而来。

至于从大都到东胜和中兴府西去的路程，也是值得探讨的。

《析津志·天下站名》所载大都向西北行一路的驿道是："大都，正北微西，昌平，西北八十榆林，……一路西行至雷家站，九十宣德，一

---

1 《永乐大典》（8）卷一九四一七《经世大典·站赤二》，7196页上。
2 同上，（8）卷一九四一七《经世大典·站赤二》，7196页下。
3 同上，（8）卷一九四二二《经世大典·站赤七》，7243页上。
4 张雨《边政考》（北平图书馆善本丛书本）卷七，叶5a中。
5 《永乐大典》（4）卷七五一一《大元仓库记·忙安仓》，3399页下。《明太祖实录》（台湾中研院史语所影印本，1962年，第2册）卷四四（0858页），洪武二年八月丙寅，明将李文忠败元兵于大同后，曾奉诏攻庆阳，"进兵至东胜州，至莽哥仓而还"。证明莽哥仓（即忙安仓）在东胜西。
6 《元史》卷六三《地理志·河源附录》，1566页。

百二十夏永固,正南九十天成,六十白登,六十牛皮岭,正西五十大同。"丘处机从西域归来,就是从云中(今大同),东过杨河,历白登、天城、怀安,渡浑河,至宣德。两者路程相同,大致与今京包线相当。

从大同往西没有明确记载,《析津志》载东胜所辖站,除五处水站外,还有下水、白登两处牛站。另外又说:"东胜至白登",有五处牛站人户不敷。还列出十四处牛站所在的站名:"东胜、段家村、下水、木大祖、丰州、三庄、八撒、徒道子、上泉、白登县、台头、夏永固、两家店。"[1] 白登在今山西阳高南,可能这条路是从白登经下水去东胜。白登县以上十站看不出是按顺序排列的,甚至有的根本不在一条路上。顺帝时,黄溍提到,东胜州有吴滦、永兴马、牛三驿。[2] 这两站也见于《经世大典·站赤》大同所辖站名中。吴滦作吴鸾村站。

这些站中我只能肯定下水的今地。丘处机从漠北回到丰州,"七月朔复起,三日至下水"。下水又名奄遏下水,是一个"海子",在下水镇郭外。[3] 这就是今内蒙古凉城县的岱海。早在1232年窝阔台汗时,已在这里设置了马站。[4] 此外,1953年丰镇县马家圐圙乡三泉村出土"常乐站印"一方。[5] 常乐站也见于《站赤》大同路所辖站名,如果从大同取道今凉城境下水去东胜,也就不能不经常乐站。

大同除了可接从大都东来的驿道外,还可连接察合台后王封地的驿道。从太和岭出发,"东北七十广武,七十安银子,九十九西安社,九十五大同"(《析津志》)。由此去东胜,这就是太和岭到别失八

---

1 《永乐大典》(8)卷一九四二六《析津志》,7290页下。
2 《辽阳等处行中书省左丞亦辇真公神道碑》,《金华黄先生文集》卷二四,叶13a。
3 王国维《长春真人西游记校注》(清华学校研究院刊《蒙古史料四种》,1926年)下卷,叶14ab。
4 《永乐大典》(8)卷一九四一六《经世大典·站赤》,7192页上。
5 李逸友《介绍两方元代官印》,《文物》1965年第12期。

里的驿道。

（三）由奉元经河西走廊的传统丝绸之路

蒙元时期全国大统一后，传统的河西走廊的道路重新畅通无阻。从内地去河西走廊，沿途大多是人烟辐辏之地，即使在割据时期，各段短途的交往还是频繁的，传统的道路从未废弃，所以要寻认此路历程并不困难。

值得注意的是，元朝从奉元到河西走廊的驿路，起始不久就同传统的走向不同。《析津志》所载奉元一路驿站是："奉元，正西五十〔里〕咸阳，五十兴平。"而兴平之下则注明："至此分路。"其中正西一路，由武功至凤翔，接正北小川至兰州，再西转至西宁，所以此路并非通往河西走廊的正式驿道。从凤翔往正西又有一路，经临汧、汧阳，驿道则通往巩昌、临洮。唯有正北一路，可"由乾州至沙州"。现转录如下：

> 兴平，正北九十乾州，七十永寿，八十五泰知房，九十邠州，正北偏西百八十宁州，百八十庆阳，二百环州，二百五十萌井，西北三百五十灵州，一百二十鸣沙，应理州，百八十野马泉，百六十永昌府，正西北六十辛汜，百六十青寺，百三十甘州，舍站，忙不剌，肃州，赤斤，瓜州，沙州，自此至兀端五(?)千余里。

由此可见，从关中到河西走廊，驿路先由南向北到灵州（今宁夏灵武），再大体沿今公路南下，渡河至应理州（今宁夏中卫），正西循今直达武威的铁路线稍北,直接到达永昌。[1] 这条路较由凤翔西去两条路都要绕远,也没有地理条件的优越性,元朝的驿道何以要采取这种走向,很可能是为了分散驿站的负担。因为西北、西南各族及域外各国人民东来,或有人从中原西去,都要集中到关陇的通道上来,而陇右地瘠民贫,如大批旅客汇集在一条路上,驿站的铺马和饮食很难供应。如果凤翔以西临汧至临洮道专走通往乌思藏的僧俗人等,凤翔正北小川至兰州、西宁道专走今青海等诸王、驸马和各族使人,那么来往于河西走廊的大量旅客只好另辟蹊径了。

(四)纳邻道和兀鲁思两道

中兴府以下一段,前引纳怜二十三站中的"晃忽儿月良九站",也就是"西夏之西,近川黄兀儿于量站、塔失八里站、揽出去站"等站,这里只提供了三个站名。他们是从中兴西行进川(沙漠)通行的驿道。

此外,至元二十五年(1288)的报告中有"中兴府、朵儿灭站、麻沙、应去里、也孙帖里温五站"名。[2] 朵儿灭,《元史》作朵儿灭该,《史集》作 drsǎkāi,《蒙古源流》作图尔默格依(Türmegei),《元朝秘史》作朵儿篾该(Dörmegei-balaqasu),旁译为灵州,即灵州的蒙古语名称。[3] 麻沙即鸣沙州(今宁夏中宁东北鸣沙州)。应去里,《河源志》《耶律希亮碑》作应吉里州,即应理州(今宁夏中卫)。也孙蒙古语意为九,帖里温意为头,也孙帖里温似即《元史·太祖纪》之"黄河九渡",成吉思

---

[1] 《永乐大典》(8)卷一九四二六《析津志》,7293 页上。
[2] 同上,(8)卷一九四一八《经世大典·站赤三》,7208 页下。
[3] 《元史》卷一三《世祖纪》至元二十二年五月戊子,277 页;《史集》,第 1 卷第 2 分册,317 页;《〈蒙古源流〉笺证》卷四,叶 3b;《元朝秘史》,267 节。

汗灭西夏,即由此取"应里等县"。中兴府以下三站,完全与前引《析津志》萌井以下相同。两路交会于灵州(朵儿灭)、再南下鸣沙(麻沙),应理(应去里)到永昌府,进入河西走廊。1226年耶律楚材从肃州到灵武;1260年耶律希亮从灵夏渡河,过应吉里城(未过鸣沙),至西凉(今甘肃武威)、焉支山(今甘肃山丹东)、甘州(今甘肃张掖);马可波罗到沙州后,经肃州、甘州、额里折兀(Ergiuul,西凉),[1] 到达也里合牙(今宁夏银川市);[2] 鄂多立克从东胜城到甘肃,都是走这条驿道。

从以上分析,得知由东胜西行的北路和由奉元兴平北上的南路交会于灵州。然后从灵州南下渡河西行,进入甘州所管的驿道。然而这不是纳邻道。"纳邻"蒙古语意为小,即小道。《元史》明确记载:北方立站,帖里干、木怜、纳怜共一百一十九处,其中帖里干五十七,木邻三十八,纳邻二十四,与总数相符。[3] 但我们还见到有"纳怜四十七站""纳邻一道二十三站"的记载,那么应该如何解释呢?[4] 这里先引用一段原文进行剖析:

〔天历二年〕通政院言:"纳怜四十七站消乏……都省差官与……同诣二十四站,给散讫钞一万一千三百锭。哈必儿哈不剌一十八站……计九千锭,潭秃等五站……计二千锭,兀(迷)〔速〕秃一站三百锭。"

---

1 《元朝秘史》,265节,额里折兀(Erije'ü)旁译"西凉",即此 Ergiuul。
2 Marco Polo: *The Description of the World*, pp.150~181.
3 《元史》卷五八《地理志·岭北等处行中书省》,1383页;《永乐大典》(8)卷一九四二一《经世大典·站赤》,7236页上。
4 《永乐大典》(8)卷一九四二一《经世大典·站赤》,延祐元年十二月三日、三年四月二十六日、天历二年四月十四日,7232页下、7234页上、7237页上。

这就是说,纳怜四十七站,已散发了哈必儿哈不剌(十八)、潭秃(五)、兀速(一)等二十四站。四十七减二十四,还有二十三站。前引"纳怜二十三站",有"晃忽儿月良九站,哈温至东胜一十四站",与二十四站站名无一相同,相加正好是四十七站。我们知道,东胜至哈温及晃忽儿月良等站在东胜州和宁夏路境内,设站时东胜州达鲁花赤、中兴路宣抚司皆参与其事,应该认为是这两地所管的站,而其余则由甘州管理。所谓北方立站中的纳怜二十四站是专指甘州纳怜站,不包括东胜和宁夏路的纳邻站在内,故有以上数字的不同。

纳邻道在西夏以西的驿站有黄兀儿于量、塔失八里、揽出去等。顺帝时亦辇真任通政院使,人称他"巡视驿传","不惮险远",历答失八剌哈孙、晃火儿月连之地。[1] 晃火儿月连即黄兀儿于量;"八里"是突厥语,"八剌哈孙"是蒙古语,都是城的意思,答失八剌哈孙即塔失八里。所谓"险远",很可能是指今天从贺兰山后直通亦集乃的道路。

甘州管理的纳邻二十四站,似以亦集乃为中心。英宗至治元年(1321),纳怜道哈剌兀孙脱脱禾孙客灭拙觯言:"哈剌温立哈必儿哈不剌一十四站,初无田土可耕,自薛禅皇帝时官给马匹草料、站户口粮。"哈剌兀孙就是亦集乃,都是黑水的音译,前者是蒙古语,后者是西夏语。哈必儿哈不剌等十四站,即上文哈必儿哈不剌十八站中的大部分,由亦集乃驿站官员请示供给问题,当然是属于亦集乃路境内的驿站。这些驿站设在这里,地处沙漠,所以连草料也缺乏。亦集乃专设有"辨诘驰驿使臣"的脱脱禾孙,证明亦集乃是驿站的关会之地,由此可北去和林。这就是所谓通北方立站三道之一的纳怜道。

至治二年(1322),乃蛮台任甘肃行省平章政事。甘肃每年从兰

---

[1] 黄溍《亦辇真公神道碑》,叶 12b 至 13a。

州籴粮供应亦集乃,甘州距兰州和宁夏都是千余里,而甘州到亦集乃路又千余里,而宁夏距亦集乃仅千里,所以下令自宁夏直接运亦集乃。[1] 这证明了纳邻道就是走与今天宁夏通额济纳旗公路相当的路线。

延祐元年(1314)的一个文件说,甘肃纳怜驿是由"蒙古军人应当,专备军情急务",所以只让悬带金银字牌面,通报军情机密重事的使臣通用。其余使臣,都由兀鲁思两道汉站递送。运送葡萄酒也按前些年的规定,由骆驼搬运到汉站接递赴大都。[2] 陈得芝同志《元岭北行省诸驿道考》引用这段文字,将兀鲁思两道理解为帖里干道和木邻道。这就同下文运葡萄酒的事实有矛盾。葡萄酒产于畏吾儿地区,从河西走廊运进后,怎么会再乘行从上都东北或西北去和林的驿站呢?至元十二年(1275)的文件中提到有"甘州所管长行站、纳怜站"。两兀鲁思道即长行站,甘肃行省既管纳邻站,也管长行站或兀鲁思道。

何谓两兀鲁思道,我的初步推想是指甘州至宁夏道和甘州至奉元道。两路沿河西走廊西行,就是通往西域的丝绸之路。而纳怜道则是从肃州北上达亦集乃,既可如马可波罗所说去和林,也可东行直接到宁夏。为保证和林同内地"军情急务"的联系,所以才禁止其余使臣和运送葡萄酒占用这条驿道。

元朝的东西交通,不仅恢复了传统的丝绸之路,还开辟了从漠北经阿尔泰山到西方的道路,甚至还有从南西伯利亚往西的道路。经河西去西域,有通过河西走廊的古道,也有从宁夏直达亦集乃转瓜、沙

---

[1] 《元史》卷一三九《乃蛮台传》,3351页。
[2] 《永乐大典》(8)卷一九四二一《经世大典·站赤》,7232页上。

州的捷径。从内地出发,不仅有从关陇出发的汉唐旧路,又开辟经河套、过宁夏到河西的新路。蒙古统治者将亚洲大部及南俄许多民族、国家归于一统,国际联系变成了国内交通,因此,13 至 14 世纪,来往于东西间行旅之频繁和道途之多,可以说达到了空前的规模。

(写定于 1985 年 4 月,原载《元史论丛》第 4 辑,中华书局,1992 年)

马可波罗书中的阿儿浑人和纳失失

意大利威尼斯人马可波罗,元世祖时旅华十七载,回国后口述著名的《寰宇志》。这本书开拓了欧洲人的眼界,引起了他们对神秘的东方、伟大的中国的向往。近两个世纪以来,由于东西方交流日益频繁,西方学者更重视对此书的研究,有关马可波罗书的译本、校本、考证和研究已不计其数,伯希和的遗著《马可波罗注释》三卷是集大成的研究成果。马可波罗所叙述的经历,已得到中国史料充分的证明;而他以一个外国人的眼光,记述了许多为本国人当时忽略的事实,还可补充元代史料的不足。他的书中难免有记忆错乱、叙事不确之处,研究者也有类似考证丞相孛罗即马可波罗的错误,终究马可波罗的回忆绝大多数可得到证实。特别是我国学者杨志玖先生从《永乐大典》中发现一段记载,提到前往阿鲁浑大王处三位使者的名字,和马可波罗自述他离华时同行的阿鲁浑三位使者的名字完全一样,他所叙说的离华原因和时间从而也在汉文史料中得到实证。本文拟就偶然接触到的几条史料,对伯希和、杨志玖两位马可波罗研究权威曾探讨过的问题,做一点小小的补充。

一　关于阿儿浑人

1983 年,杨志玖先生在《南开史学》发表了《元代的阿儿浑人》一文,[1] 引用了马可波罗途经天德军(Tenduc,丰州,今内蒙古呼和浩特)一段话:

> 此州由基督教徒统治,我已言之;惟亦有不少之偶像教徒及摩诃末信徒,又有一种名曰 Argon 者,其意犹法文之 Guasmul,换言之,混血儿,盖天德州之偶像教徒与摩诃末教徒所生者也。其人较土著人为美,技能较高,故颇有权势,且善于经商。[2]

伯希和曾对此 Argon 做过专门研究,[3] 同杨先生一样,为证明此 Argon 就是元代史籍中常见的阿儿浑,都举出《元史》卷一二二《哈散纳传》的一段文字为证:

> 哈散纳,怯烈亦(Kereyit)氏,太祖时从征王罕有功,命同饮班朱尼河之水,……管领阿儿浑(Argun)军,从太祖征西域,……

---

[1] 《元史三论》,人民出版社,1985 年,226~236 页。
[2] 杨先生指出:冯承钧译《马可波罗行记》"系根据一种讹误的版本",张星烺译《马哥孛罗游记》又"作了错误的汉译",所以译文据亨利·玉尔及亨利·戈耳迭本《马可波罗游记》1929 年第三版第一卷第五十九章 284 页英译本重译。此处借用杨先生的译文。可参看:牟里(A. C. Moule)& 伯希和(P. Pelliot)汇校英译本《马可波罗寰宇志》(Marco Polo: The Description of the World, London, 1938),182 页。
[3] 伯希和《蒙古时代华北的一个回回人的城市》,《亚洲报》(Journal Asiatique)1927 年刊,下册 261~279 页。冯承钧译《荨麻林》,《西域南海史地考证译丛》三编。又见 Notes on Marco Polo(Paris, 1959), 32. Argon, 48~51 页。

> 至太宗时,仍命领阿儿浑军并回回人匠三千户,驻于荨麻林,……

可是,马可波罗只提到天德军有阿儿浑人,而《哈散纳传》是说"阿儿浑军……驻于荨麻林",说的还不是同一地方。所以伯希和解释说:"马可波罗所指者仅为〔天德的〕回教杂种人,而恰在经过哈散纳管领阿儿浑军并回回人匠三千户之荨麻林地方说到此种人。"[1] 杨先生也说:"荨麻林与丰州相距非遥,……荨麻林是在他的东行范围之内,他所见到的 Argon 人,当即荨麻林或其附近的阿儿浑人,当然也不排斥在丰州有阿儿浑人的存在。"接着又说:"从上节所引《马可波罗书》和《元史·哈散纳》两段记载可以看出,在北方的天德州(丰州)和荨麻林一带,都有阿儿浑人的踪迹,而且人数不会太少。否则不会引起马可波罗的注意。"[2] 这段话反映出杨先生眼光之敏锐,因为在常见的《元史·世祖纪》中,就有史料证明杨先生的推测。在忽必烈与阿里不哥争夺汗位,进行军事部署时,曾经调动过丰州和荨麻林的阿剌浑军:

> 〔中统二年(1261)冬十月庚子〕昂吉所管西夏军,并丰州、荨麻林、夏水阿剌浑皆备鞍马甲仗,及孛鲁欢所管兵,凡徒行者市马给之,并令从军,违者以失误军期论。

"昂吉"就是《元史》卷一二三附其父《也蒲甘卜传》中的昂吉儿,

---

[1] 《西域南海史地考证译丛三编》,65 页,注 5。
[2] 《元史三论》,233、234 页。

卷一三二还有重出的《昂吉儿传》，两传都说张掖人也蒲甘卜领西夏军从木华黎出征，病卒，昂吉儿袭领父军。昂吉儿传记中的具体记事从至元六年（1269）开始，这段记载可补本传的缺漏。

"阿剌浑"就是阿儿浑。钱大昕《元史氏族表》卷二《色目》人有："阿鲁浑氏，亦称阿儿浑氏，亦称阿剌温氏。"杨先生经过认真研究，指出"除称阿儿浑外，又有阿鲁浑、阿鲁温、阿剌温、阿儿温、阿鲁虎、合鲁温等名"，从正史、别集、方志、金石中查出该族人达六十七人。既然阿儿浑可译作阿鲁浑、阿剌温（突厥词 Arγun，元朝汉译常在辅舌音 r 之后加以前后音节的元音，故将儿读成鲁或剌），故阿儿浑也可读成阿剌浑（Araγun）或阿鲁浑（Aruγun）。为何杨先生竟漏掉此《元史》开头就出现的阿剌浑。此次征调军队，证明丰州即马可波罗所说的天德军（Tenduc）有阿儿浑人存在；也佐证《哈散纳传》所载，确有阿儿浑军"驻于荨麻林"。

两地之中还有一个"夏水"，夏水又作下水，就在丰州附近，累见于元代文献。还在太宗四年壬辰（1232）六月，就曾颁发过在"西京、下水、弘州三处置立马站"的圣旨。[1]

元朝建立中书省以后，丰州、下水、西京等处属于腹里大同路。当时"中书省所辖腹里各路站赤"，其中"大同路所辖站二十六处"包括"牛站二处"，即下水站和白登（今山西阳高县东南）站。[2] 而《大都东西馆马步站》的名单中，其中"牛站所"就有"下水、木大祖、丰州"等处。[3]

丘处机应成吉思汗之邀赴中亚，1223 年返回时，六月二十二日

---

1 《永乐大典》卷一九四一六《经世大典·站赤》。
2 同上，卷一九四二二《经世大典·站赤》。
3 同上，卷一九四二六引《析津志》。

"至丰州",停留数天后,"七月朔,复起,三日至下水。元帅夹谷公出郭来迎,馆于所居。……有鸡雁三,七夕日师游郭外,放之海水中,少焉翔戏于风涛之间,……。是月九日,至云中(今大同)"。[1]

从今呼和浩特市往东南方向的大同走,按当时行程三日计,正是经今凉城县的岱海。除此以外,在此范围内,再没有相当"海水"的地方。故可以断定,下水就是今天的岱海。关于下水,王国维还注出几条有关的史料。一条见于《辽史》卷二九《天祚帝纪》:

〔保大四年(1124)秋七月〕上遂率诸军出夹山,下渔阳岭,取天德、东胜(托克托县旧城)、宁边(清水河县下城湾)、云内(托克托县古城乡白塔村)等州,遇金人战于奄遏下水。复溃,直趋山阴(山西山阴)。

这里所说的奄遏下水,地理位置同岱海相当,也就是下水。

在下水迎接丘处机的"元帅夹谷公",他侄子的《墓志》尚存,记载他的故里就在下水,是西京所辖的一个镇。《墓志》说:

公讳唐兀歹,小字奠住,……有居西京下水镇深井村,因以为家……。父灰郃,伯通住……。会天兵起朔方,遂相与归命太祖承吉嗣皇帝,因署通住为千夫长,灰郃副焉。……累立大功,太祖愈加奖重,擢通住为山西路行省兼兵马都元帅。[2]

---

[1] 《长春真人西游记》卷下。
[2] 李庭《故宣授陕西等路达鲁花赤夹谷公墓志铭》,《寓庵集》卷六。

到了明朝，下水仍叫"奄遏下水海"，在大同"府城西北二百里，水潮无常，纳大洞、小洞、大汇、小汇四河及银海水诸细流"。[1] 地理位置和描述正是今天的岱海。"奄遏下水"似是非汉语民族地名，汉人略称为下水或夏水，都是译音。从中统二年（1261）调动军队的命令得知，除荨麻林以外，丰州和夏水镇都有迁居于此的阿儿浑人。

马可波罗还说，天德"有质量很好的用骆驼毛制成的驼毛呢"。[2]《元史》卷八九《百官五》有管领诸路怯怜口民匠都总管府，至元七年（1270）立。它的下属在丰州有两个匠局：丰州毛子局，秩正七品，大使、副使各一员，典史、司吏各一人；管理丰州捏只局，头目一员，掌织花毯。至元十七年（1280）置。毛子局和捏只局很可能就是生产马可波罗描述的那些毛织品。

马可波罗其余有关天德的记述，除了他把传说中的长老约翰——克烈部的王罕，与汪古部的首领阿剌兀思剔吉忽里混为一人外，都有史料可以证明。如他说："所有长老约翰的后裔都是大汗的臣民，首府城市名天德军。长老约翰家系的后嗣之一是这省的王，……他的名字叫 George"。[3] George 就是阎复为他撰写碑文的高唐忠献王阔里吉思。[4] 又说："这些领主们（阔里吉思等），被成吉思汗的后裔大汗看成是贵族的血统。……他们常将自己或同族的女孩，嫁给统治那地区的诸王——长老约翰血统的后嗣。"马可来华时，的确已有成吉思汗之女阿剌海、拖雷女独木干、忽必烈女月烈、贵由女叶里迷

---

1 《寰宇通志》（《玄览堂丛书续集》，第 68 册）卷八一《大同府》。
2 牟里、伯希和《马可波罗寰宇志》，182 页。
3 同上，181 页。
4 George 是基督教徒常用名，George 在叙利亚语中读作 Giwargis（Georges），聂斯脱里派基督教由叙利亚传入蒙古高原，在突厥—蒙古语中读成 Körgüz 或 Görgüz。伯希和《唐元时代中亚及东亚之基督教徒》，见冯承钧译《西域南海史地考证译丛》，69 页。

失、真金女忽答迷失、宗王阿只吉女回纥等,下嫁给汪古部的首领。"他(George)仍是一个基督教长老,所以这里的大部分人民也都是基督教徒"。这也在来华传教的孟帖戈维诺1305年致教皇的信中有同样报导,他也将阔里吉思写作George,说他是长老约翰的后裔,并称George王及其臣民原来都信仰聂思脱里派基督教。[1] 马可还说George王,是长老约翰以后第六代领主。如长老约翰是指阿剌兀思,再传长子不颜昔班,三传侄镇国,四传次子孛要合,五传孛要合子爱不花,爱不花六传子阔里吉思,恰好是六代。他还知道George及其子民被称为汪古(Ung),有别于称为忙豁勒(Mongul)的鞑靼人(Tartar)。[2]

二 关于荨麻林和纳失失

拉施特书在介绍忽必烈合罕的"夏季驻所开平府城"时说:有三条道路从驻冬地(大都)通往该处。……另一条是抚州(误译为涿州)去的路,……在此城附近有另一城,名为SYMALI,此城大多数居民为撒麻耳干人,他们按撒麻耳干的习俗,建起了很多花园。[3]

伯希和《蒙古时代华北的一个回回人的城市》一文,是专为考证拉施特提到的此SYMALI城而作。为了证明SYMALI就是荨麻林,他检出元代有关荨麻林的五条史料作证,其中:

---

1 张星烺编注《中西交通史料汇编》第1册,220页。
2 牟里、伯希和《马可波罗寰宇记》,181~183页;参看周清澍《汪古部事辑》(1~5),《文史》9、10、11、12、14辑。
3 拉施特《史集》,第2卷,余大钧、周建奇译,234页。

（二）《元史》卷八五《百官志》云："兴和路荨麻林人匠提举司，提举一员，同提举一员，副提举一员，照略案牍一员。"

（五）《元典章》，成于一三三一年者也。其卷七官制门从五品内，有荨麻林人匠提举。又从七品内，有荨麻林纳（尖尖）〔失失〕局大使。又从八品内，有荨麻林纳失失副使。

今细检《元史》和《元典章》，伯希和对荨麻林匠局的引用还有遗漏。《元典章》他引自《吏部·官制·职品》，从五品《匠职》除"荨麻林人匠"提举司"提举"外，据文意应还有荨麻林人匠"提举司达鲁花赤"。《元史·百官志》明言兴和路荨麻林人匠提举司有提举、同提举、副提举各一员，《元典章》此处正是说明这些匠职的职品。但他只举出从五品的提举，在正七品《匠职》中，还有弘州、荨麻林两处人匠提举司"同提举"。在正八品《匠职》三十七处"副提举"中，还有弘州、荨麻林两处人匠提举司"副提举"。[1]

伯希和所引《元史》卷八五《百官志》只记载兴和路荨麻林人匠提举司，《元典章》所载荨麻林纳失失局并无交代。《元史》卷八九《百官五》"昭功万户都总使司""宫相都总管府"所辖"织染杂造人匠都总管府"属下，记载着荨麻林纳失失局的组织情况和设置经过：

弘州荨麻林纳失失局　秩从七品。二局各设大使一员、副使一员。至元十五年（1278）招收析居放良等户，教习人匠织造纳失失，于弘州、荨麻林二处置局。十六年并为一局。三十一年，徽政院以两局相去一百余里，管办非便，复为二局。

---

[1] 《元典章》（1976年台北故宫博物院影印本）卷七，叶12上、叶16下、叶21下。

现存的《永乐大典》还保留一条珍贵史料,正是《百官志》这条记载的原始根据:

弘州荨麻林纳失失局　至元十五年(1278)二月,隆兴路总管府别都鲁丁奉皇太子令旨,招收析居放(浪)〔良〕等户,教习人匠织造纳失失,于弘州、荨麻林二处置局。

十六年十二月奉旨,为荨麻林人匠数少,以小就大,并弘州局,秩从七品,降铜印一颗,命忽三乌丁通领之,置相副四员。

十九年,拨西忽辛断没童男八人为匠。

三十一年,以弘州去荨麻林二百余里,轮番管办织造未便,两局各设大使、副使一员,仍令忽三乌丁总为提调。

大德元年(1297)三月,给从七品印,受荨麻林局。

十一年,徽政院奏改受敕,设官仍旧制,各置大使一员,副使一员。[1]

马可波罗在离开天德军之后,接着说:

经过该省,朝东向契丹国骑行七天。沿途发现许多城市同村落。那里有崇拜摩诃末的人,也有偶像教徒,以及一些聂斯托里派基督教徒。他们依靠做买卖和手艺为生,制造精美的叫做纳失失(nascisi)同纳克(nac)两种金丝织的锦,还有许多种丝织

---

[1] 《永乐大典》卷一九七八一局字韵《荨麻林局》引《元史·百官志》。此《元史·百官志》较今本《元史》增加不少内容,类似档案,当系《经世大典》之误。

品。正如我们有许多种羊毛织物一样,他们也有多种金和丝线织的丝织品。[1]

伯希和认为此 nascisi 即波斯语的 nasīj,汉译为纳失失。这是一种由回回人传入中国的金丝织物,《元史》卷七八《舆服志》或作"纳石失",注释说:"金锦也";又说"红组金,译语曰纳石失"。因此他根据上引史料得出结论:纳失失"应为荨麻林人匠之特制品,质言之,从撒麻耳干徙此之回回人匠所制之品。此种考证又可阐明马可波罗之文。马可波罗昔从天德,质言之,从归化城(今呼和浩特)赴宣化府之道中,曾言有回教侨民纺织名曰 nasich 及 naques(nasij & nah)之金锦。案从归化至宣化,其行程恰须经过荨麻林也"。[2]

前引《元典章》记载:正七品匠职,有人匠提举司"弘州、荨麻林两处"同提举;正八品有"弘州、荨麻林两处"副提举;从八品匠职除荨麻林纳失失局副使外,还有弘州锦院副使。《元史》卷八五《百官志》工部尚书管下,除兴和路荨麻林人匠提举司外,又有"弘州人匠提举司",同样设"提举一员,同提举一员,副提举一员,照略案牍一员"。下辖"纳失失、毛段二局,院长一员"。《经世大典》所载,匠局名干脆叫弘州荨麻林纳失失局,两地的纳失失局是联成一体的,并详述起初如何分设二局,后并为一局,再分两局的过程。文牍中出现的主事人别都鲁丁、忽三乌丁、忽辛都是穆斯林惯用名。弘州和荨麻林两地都有回回人,擅长织造波斯特产的金锦——纳失失。这使我联想起太宗时中书右丞相镇海"置局弘州"的事:

---

1 牟里、伯希和《马可波罗寰宇志》,183 页。
2 《西域南海史地考证译丛三编》,77 页。

> 镇海,怯烈台氏(Kereyitei),初以军伍长从太祖同饮班朱尼河水。……拜中书右丞相。……先是,收天下童男童女及工匠,置局弘州。既而得西域织金绮纹工三百余户,皆分隶弘州,命镇海世掌焉。[1]

所谓"收天下童男童女及工匠,置局弘州"说得很笼统,在镇海的《神道碑》中则说明了这些工匠的来历:

> 丞相名镇海,……破曲出〔律〕(即乃蛮王子屈出律,篡夺西辽末主位)国、汪国鲁国(Uiγur—Ui'ur,畏兀儿?)……征塔塔儿、钦察、唐兀、只温、回回……皆有功。承命辟兀里羊欢为屯田,且城之,因公名名其地,曰镇海,又曰称海,俾公守焉,局所俘万口居作,后以其半不能寒者移弘州,孙塔哈察袭监弘州长及其局。……为设提举以司之,亦以公子孙世其职。[2]

《神道碑》是至正年间许有壬应镇海五世孙的请求而作,事隔久远,所述征战的地区、民族,难免时、地错乱。但能肯定他曾征伐西辽、回回等地,掠回不少俘虏。因此其领地称海有来自"西域"回回地区的阿鲁浑等族"织金绮纹工",善织西域的特产金锦——纳失失。他同回回的关系颇深。《黑鞑事略》称:"〔太宗时〕其相四人:曰……,曰镇海,回回人,专理回回国事。"王国维在此加注说:

1　《元史》卷一二〇《镇海传》。
2　许有壬《元故右丞相怯烈公神道碑》,《圭塘小稿》卷一〇。

《西游记》又言,至回纥昌八剌城,其王畏午儿与镇海有旧,是镇海与回纥素有渊源。……余颇疑《〔蒙鞑〕备录》之回鹘人田姓,即镇海矣。此书云镇海回回人,决非无根。[1]

从镇海和哈散纳两人的传中可以看出,他俩都是客烈部人,都随成吉思汗从征王罕有功,同饮班朱尼河水。《镇海传》说他当时是"军伍长",可能哈散纳是他麾下的"军伍"之一。《黑鞑事略》说蒙古的"军马将帅"有"十七头项",其中虽没列镇海之名,但他的《神道碑》则明确说:"公旧部及降虏千人……世所谓十七投下,此其一也。""头项"就是投下。可以推想,哈散纳所部属于镇海的投下,称海的人匠"其半不能寒者"南迁,可能就分迁在弘州、荨麻林两地。弘州由镇海"孙塔哈察袭监弘州长及其局。……为设提举以司之",由他的"子孙世其职"。"设提举以司之"应即后来的"弘州人匠提举司"。所谓"局",应是本传所说由"西域织金绮纹工三百余户"所设的局,也就是纳失失局。还有哈散纳"领阿儿浑军,并回回人匠三千人驻于荨麻林",可能也是从称海南迁的另一部分人,他们分驻在另一个地方。这纯属大胆假设,能否定论,尚有待具体史料证明。

(原载《元史论丛》第 8 辑,江西教育出版社,2001 年)

---

1 《黑鞑事略笺证》(《王国维遗书》本),叶 2a 至叶 3a。

论少林福裕和佛道之争

　　早年读《佛祖历代通载》和《至元辨伪录》,书中频繁出现少林长老福裕之名,在元宪宗朝的佛道辩论中每役必在,而且名列首位。后来读《程雪楼集》中的《嵩山少林寺裕和尚碑》,这碑专门记录福裕的生平,对其上述主要事迹或只字不提,或模糊不清,叙事也忽前忽后,反复颠倒。少林寺塔林的石刻福裕碑文虽略有增加,仍不足以显示他一生的主要事迹。[1] 因此后人读此碑后颇有误会,如明赵崡认为他不配有那么崇高的封赠,说:"福裕无他异行,至赠仪同三司,胡俗乃尔。"[2] 清初孙承泽则说:"裕公少林僧也。元人赠大司空、开府仪同三司,追封晋国公,宜当日仁虞院司鹰者皆带中书衔也。"[3] 他将僧人视同养鹰人,仅因蒙古统治者的宠遇,遂将贵戚勋臣专有的高官显爵轻易授予这类人。

1　程钜夫《嵩山少林寺裕和尚碑》(以下简称《裕和尚碑》),《雪楼程先生文集》(涉园陶氏景刊洪武刻本)卷八,叶6b;《大元赠大司空开府仪同三司追封晋国公少林开山光宗正法大禅师裕公之碑》(以下简称《裕公之碑》)石刻,见叶封《嵩阳石刻集记》卷下,《石刻史料新编》(台湾新文丰出版公司,1979年)第2辑,第14册。
2　《石墨镌华》卷六《元赵孟頫裕公和尚碑》。
3　《庚子销夏录》卷七。

事实不然，蒙古统治者不同于中原历代王朝的一个特点，就是否认士大夫阶层必居各种人之首，只承认他们是传统的儒释道三教之一，而且是最后才认识到他们的价值，但始终没获得超越释道的优厚待遇。至于福裕本人，他既是大寺院的住持，又是全国或地区的佛教领袖，在震动中原的佛道辩论中，得到大汗欣赏和支持的主角正是福裕，这种宠遇和地位享有上列封赠是当之无愧的。

一 少林"开山"大禅师和蒙古国的佛教首领

程钜夫的《裕和尚碑》简单地提到福裕出长少林寺的原委，说："其住少林也，万松、海云二老实为之主。"说明他出任住持并非少林寺内部的安排，而是受蒙古国当时承认的佛教领袖万松和海云的指派。

万松行秀（1166—1246），俗姓蔡，出家于邢台净土寺。曾赴燕京潭柘、庆寿等寺参究，后至磁州参雪岩满公二年，尽其底蕴，闻名于"两河三晋"。据僧传记载，他曾应章宗之召，到中都入宫说法。后特诏住持西郊仰山栖隐寺，曾与秋猎时道经该寺的章宗相遇并向他进献诗偈。再后来他改驻城中报恩寺，是受到皇帝礼遇的高僧，在金朝统治区佛教界实居领袖地位。[1]

在蒙古占领中都后，万松能抓住机缘，与蒙古统治者拉上关系。

---

[1] 《佛祖历代通载》（《北京图书馆古籍珍本丛刊》第77册，据元刻本影印）卷二〇；《湛然居士文集》（中华书局，1985年）卷一三《释氏新闻序》；明河《补续高僧传》卷一八《万松老人》；喻谦编《新续高僧传四集》卷一七《释行秀传》。后二书见《高僧传合集》，上海古籍出版社，1991年。

他先结识金燕京留守政府的左右司员外郎耶律楚材。[1] 耶律楚材在危城中经人推荐,拜万松为师。中都陷落后,金政府已不复存在,耶律楚材乃专心向万松苦参禅法,"冒寒暑无昼夜者三年,尽得其道"。[2] 1218年耶律楚材被成吉思汗征召,留用为身边侍从,随从西征。元太宗窝阔台继承汗位,耶律楚材更得宠信。二年(1230),万松已闻名于窝阔台,奉诏主持万寿寺。三年,蒙古设处理中原事务的中书省,由耶律楚材总领中书省事务。同时,万松已被视为中原佛教的首脑。

第二位是海云。在蒙古占领燕京后,成吉思汗委付木华黎"建行省于云、燕以图中原"。1219年,木华黎出兵云、朔,于岚州(今山西岚县北)俘获临济宗中观和海云印简(1203—1257)师徒,并当作战利品"分拨直隶成吉思皇帝"。成吉思汗得悉这老、小二长老"实是告天的人",传令"好与衣粮养活者,教做头儿",让他俩集合更多僧众专心"告天",为他祈福。木华黎署中观为慈云正觉大禅师,海云为寂照英悟大师,所需皆由官府供给。次年,中观示寂。十九岁的海云成为蒙古统治者熟知的长老,先后得到窝阔台汗和太祖皇帝二皇后的赏赐并奉以光天镇国大士称号。1239年冬,复主持大庆寿寺。1242年,接受忽必烈大王的邀请,远赴漠北帐下。途经大同,邀"博学多才艺"的僧子聪(刘秉忠,1216—1274)同行,并将他推荐给忽必烈。[3] 蒙哥即汗位,"以僧海云掌释教事"。[4] 而刘秉忠则留在忽必烈身边,"参帷幄之密谋,定社稷之大计",极得宠信。[5] 中原的佛教日益得到蒙古统治

1　《湛然居士集》卷九《戏陈秀玉》。
2　同上,卷八《万松老人评唱天童觉和尚颂古从容庵录序》。
3　《有元庆寿海云大士》,《佛祖历代通载》卷二一。
4　《元史》卷三《宪宗纪》元年辛亥。
5　同上,卷一五七《刘秉忠传》。

者的重视。

蒙古国从成吉思汗开始,就陆续指定了管理中原和各地方僧、道的首领,他们也能随着蒙古占领地的扩充,从被征服地区获得权益并扩大自己的影响。实际上,福裕是受"教做头儿"的佛教领袖派遣,充当新占领区的接收大员。碑中铭文透露,他南渡时曾带"参从渡河,凡三百指"。有随从三十人跟着上任,这种浩大声势绝非普通寺院长老所能有,或许是为了恢复战后僧众流亡的荒废寺院,或许是为了保障他的安全,说不定少林寺养成练武的传统还与这批人有关系。他不只是少林一个寺院的住持,至少河南府的寺院都在他的辖下。所以他先"暂息缑氏之永庆",又重建或修复"嵩阳诸刹",而且还常留在洛阳白马寺讲经,"经岁不弛"。少林寺恢复重建后,另有"二百四区,群废尽起",可见他的职责不限于住持少林一处寺院。

《裕和尚碑》没有记载福裕"住少林"的年代,只说是"属少林煨烬之余",福裕的同时人王恽也说是在"板荡后",[1] 应该是指1234年蒙古灭金前后,这时河南历经战火,破坏严重。在福裕住持少林寺以前,少林寺是金朝统治下的一个寺院,大体可分为两个时期。1215年以前,少林寺是金南京路境内的一所寺院,所以自金大定元年(1161)起,先后由郑州普照寺宝公和尚的弟子、徒孙等担任少林寺住持。他们的互相承替,看来纯属寺院的内部事务。1215年贞祐南渡后,章宗放弃了中都(今北京),迁往南京(今河南开封),这时的少林寺已近在京畿,万松的弟子志隆随宣宗南迁到开封,与木庵性英先后当上了少林寺的住持,志隆可能多少是托庇其师的余荫。但此时万松仍滞留

---

[1] 《裕和尚碑》;王恽《雪庭裕公和尚语录序》,《秋涧先生大全文集》(下文简称《秋涧集》)卷四三。

已被蒙古占领的燕京,志隆等能否出任住持是属于金王朝的事,肯定与万松无关。福裕同他们有根本区别,他是受蒙古新王朝佛教首领委派前来接收少林寺的,并兼有管理地方和全国佛教事务的重责,身份地位已大不相同,从少林寺福裕碑篆额看,除御赐封爵外,还称为"开山"大禅师,即肯定他是新朝少林寺的开山之祖。

少林长老福裕颇受远在漠北的蒙古汗廷重视。1245 年,当时还是普通宗王的忽必烈,曾给福裕下降令旨,让他明年在少林寺举行盛大的"资戒会"。1248 年,定宗贵由又下诏令他前往哈剌和林,担任太平兴国寺住持。值得注意的是,这两次令旨或圣旨都与派遣他住持少林的海云有关。1242 年,忽必烈曾邀请海云"赴帐下,问佛法大意"。1247 年,贵由即位,颁诏命海云统领汉地僧侣;太子合赖察(哈剌察儿,Qaračar,太宗第四子)又请海云到和林,延居太平兴国禅寺。[1] 显然,福裕为忽必烈所知及贵由让他住持和林太平兴国寺,极可能是因有此前到达漠北的海云所推荐。

宪宗元年(1251),福裕被"召至北庭行在"。三年(1253)癸丑冬,蒙哥皇帝颁发圣旨授予福裕"都僧省"的名义。[2] 世祖即位后又命他"总教门事"。《裕和尚碑》只字不提曾任"都僧省"之事,而发生在何时《裕公之碑》也叙述不清。担任这类重要的职务居然含混带过,难怪后人读此碑时认为福裕没资格受如此崇高的封赠。福裕后来相继

---

[1] 《有元庆寿海云大士》。
[2] 确切年代据少林寺《元圣旨碑》。此事《裕和尚碑》不载,仅见于《裕公之碑》石刻,置于"宪宗召诣帐殿"之后,"俾总领释教,授都僧省之符"。有人拟定在 1251 年宪宗即位时。但原文"授都僧省之符"之后又说:"得废寺二百三十有七区",后者张伯淳《大元至元辨伪录随函序》(《佛祖历代通载》卷二一),事在丁巳年(1257)。据《裕和尚碑》,"总教门事"在"世祖即祚"之后,我怀疑"都僧省"同"总领释教"或"总教门事"是两种职务,后者类似宪宗元年授予海云的"掌释教事",不应同时另授福裕。

住持大都的大万寿寺和上都的大龙光华严寺,这是两所京都所在全国佛教领袖常驻的大寺院。[1] 当前有关元代少林寺的讨论,都注意到福裕住持少林时,少林下院分建五少林之事,实际上他是仰仗出身于万松住持的万寿寺,而后又以哈剌和林、大都、上都的太平兴国寺、大万寿寺及华严寺等皇家寺院或京师大寺院住持的身份提高了少林寺的地位,使少林寺在元朝产生前所未有的影响。

二　佛道辩论的发难者和主持人

福裕一生的主要事迹是发动佛道之争。由于宗教的歧见、经济利益的争夺,最后发展为牵动两朝皇帝、宗王、大臣和佛、道两教领袖的国家大事,斗争长达四十年。而福裕正是这场争斗初期的发难者和主持人,并最终获得胜利。他平生的丰功伟绩,为少林寺带来的直接利益和深远影响,以及在元朝的崇高地位,无不是由于这场斗争中所起的决定作用。奇怪的是,程钜夫的碑文竟略去了这段元初宗教和政治史上的重要事件,仅在时过境迁的世祖即位后,含糊地加上一句:"因论辩伪经驰驿以闻,火其书。"其事何指,令人摸不着头脑。

福裕的主要对手,是盛行于中原地区的全真道,当时,该教处于其他宗教和道教内部各派的绝对优势。金海陵王正隆和世宗大定年间,王重阳创全真道教,教旨"大抵以刻苦自励,淡泊寡营为主"。它初创时吸取各种学说和宗教的优点,"其逊让似儒,其勤苦似墨,其慈

---

[1] 《裕公之碑》:庚申(1260),请福裕主万寿寺,"始终万寿十四夏";虞集《佛国普安大禅师塔铭》(《道园学古录》卷四八);丙辰之岁(1256)始城上都,戊午(1258)作大龙光华严寺,至温主之。至温于至元丁卯(1267)去世,由少林福裕继任。

爱似佛",[1]颇受民众的欢迎和信仰。蒙古伐金,据有燕京等地。全真教主丘处机应成吉思汗之召觐见于西域,为道士争取到免除差发、徭役的特权,丘处机本人也受命掌天下道教。全真教倚仗自己的特权保障,"大辟玄门,遣人招求俘杀于战伐之际。或一戴黄冠而持其署牒,奴者必民,死赖以生者,无虑二三巨万人"。凡是学道之人,"复其田租,蠲其征商"。[2] 在此后三四十年间,"为之教者独全真道而已","黄冠之人十分天下之二,声焰隆盛,鼓动海岳"。在多年的战乱中,处于四民之首的"士","业废者将三十年,寒者不必衣,而饥者不必食"。[3] 不仅未仕者出仕无门,连已在金朝出仕的官员也失所业,包括被人"呼运使、呼侍郎"的旧官,为了生活,只得给蒙古官员推车,甚至"混于杂役,堕于屠沽"。出家为道,既可免俘杀、奴役之苦,又能"免跋焦(薙发),免赋役,又得衣食"。[4] 士大夫"当金季俶扰,纲常文物荡无孑遗,其时设教者独全真家,士之慕高远,欲脱世网者,舍是将安往乎?"[5]他们在不得已的状况下,"往往窜名道籍"。士人这个备受社会尊崇的阶层的加入,壮大了全真教的声势;而教内有这批有知识的人策划和主持,更加速了全真教实力的扩张。如全真教掌教李志常本人也是"儒家者流",为了避难,乃"决意学道"。[6] 在他住持期间,全真教的势力发展到顶点。

自从金南渡迁汴京以后,全真教因丘处机等远游西域,得以结交

---

1 陈垣《南宋初河北新道教考·教徒之制行》;辛愿《陕州灵虚观记》,李道谦编《甘水仙源录》(《道藏要籍选刊》第6册,上海古籍出版社,1986年)卷九。
2 姚燧《长春宫碑》,《元文类》卷二二。
3 元好问《清真观记》,《遗山先生文集》卷三五。
4 王国维《黑鞑事略笺证》。
5 王恽《真常观记》,《秋涧集》卷四〇。
6 王鹗《玄门掌教大宗师真常真人道行碑铭》,《甘水仙源录》卷三。

蒙古的最高统治者成吉思汗，勃然兴起。继续掌教的李志常等，更加推波助澜，其势发展迅猛。而这时的佛寺名蓝，大多衰败荒芜，往往被全真占用，改作道观。据释家的指责：全真道徒曾"毁灭释迦佛像、白玉观音、舍利宝塔，谋占梵刹四百八十二所"。他们还抓住全真的一个把柄，即"传袭王浮伪语《老子八十一化图》"。李志常将《老子八十一化图》广泛刻印散发，远近传播，鼓吹李老君（老子）胜过其他宗教。他认为先向朝廷宣传，上面有人信服，则其余下面的百姓自然闻风信从。乃派道人将图本遍散朝廷近臣。释家抓住蒙古汗廷倾向佛教的心理，指责全真是"惑乱臣佐"。[1]

　　宪宗五年乙卯（1255），由于佛道两教的直接利害冲突，终于引发了和尚向道士发动猛烈的攻势。这时佛教的声势已逐渐恢复。早在1248年，定宗贵由下诏令福裕前往哈剌和林，担任太平兴国寺住持。蒙哥即汗位时，又曾被"召至北庭行在"。福裕可能长期驻锡在和林。1255年八月，他正在和林"建寺"，看到道士散布的图本，认为是"谤讪佛门"，通过学士安藏献呈阿里不哥大王，诉其伪妄。大王披图验理，向蒙哥汗转奏。蒙哥召集福裕及道士李志常于大内万安阁下，与丞相钵剌海[2]、亲王、贵戚等、译语合剌合孙[3]并学士安藏，为了辨明真伪，亲自主持辩论。福裕又向蒙哥上表，系统地揭露道家的伪妄，并拉上备受蒙哥汗宠信的克什米尔僧那摩联名共奏。蒙哥披览后，是非

---

[1] 祥迈《大元至元辨伪录》（《北京图书馆古籍珍本丛刊》第77册，据元刻本影印，以下简称《辩伪录》）卷三。

[2] 即《元史·宪宗纪》元年任命"掌宣发号令、朝觐贡献及内外闻奏诸事"的"孛鲁合"，卷一三四有传，译孛鲁欢（Boruqai），蒙古怯烈氏，宪宗即位，拜中书右丞相。至元元年（1264），以党附阿里不哥论罪伏诛。

[3] 《元史·世祖纪》译和礼霍孙，至元五年授翰林待制，累迁翰林承旨，十九年拜中书右丞相。

曲直已完全同意表文的说法,乃于九月二十九日,从君脑儿发布圣旨,断言"那坏佛的先生们依理要罪过者"。

第二年丙辰(1256)五月,那摩大师再一次和福裕以及中原各大寺院的长老同上哈剌和林,准备与李志常等共对朝廷辩论。这次道士一方李志常等并没有来。

第三年丁巳(1257)秋八月,福裕等再上和林。阿里不哥传达圣旨,已预判道家的《八十一化图》及其余文字都是"谤佛"。只不过"若不就彼广集对辩,辞穷自屈,乃讼国家强抑折伏"。这等于法官已先有结论,只等被告到庭"自屈",不要埋怨是"强抑折伏"而已。

宪宗八年(1258)戊午,蒙哥发布圣旨:令僧、道二家同赴开平辩析。当时忽必烈以大汗长弟之尊,掌管汉地军国重事,建城于漠南开平。七月,忽必烈承蒙哥的委托,普召释、道两宗,包括福裕为首的僧人和张真人为首的道士,于上都宫中大阁下座前对论。僧方有那摩、拔合斯八和西蕃等国师,河西国、外五路、大理国僧,以及汉地长老和太保聪公等三百余僧人,儒士窦汉卿、姚公茂等,丞相等官员二百余人,共为证义。二家自约,"道胜则僧冠首而为道,僧胜则道削发而为僧"。

辩论结果以判定道家的失败而结束。当年七月十一日,以忽必烈大王的名义由开平府发布两道令旨:其一是蒙哥曾委付布只儿为首的断事官原判,道士所占寺院应退三十七处,重申仍令交付少林长老。其二是据少林长老状告,由蒙哥所断的圣旨,凡全真道雕造的说谎文书《化胡经》……《辨正谤道释经》《辟邪归正议》《八十一化图》等随处宫观所有伪经,以及刻书的原板,在张真人(志敬)听读圣旨后,派人就云台观追取,辇载到燕京,于大悯忠寺正殿之西南,面对百官一律烧毁。照此原则,凡有转刻到碑幢并塑画在壁上的,通知各处道士就近磨坏、刮刷。

《辨伪录》还说:参加抗论的道士有樊志应等十七名,辩论失败后,那摩大师派随路僧官,监送他们到燕京,将道士星冠袍服挂在长竿上,晓谕大众。并令道士将所占寺宇、山林、水土四百八十二处,交付释家。福裕这时却显得大度,与僧商议:"若尽要了,恐讥恃力。"他主动退让二百八十处,只取回二百零二处。《裕公之碑》所说"得废寺二百三十有七区",大概是指蒙哥原判退还的三十七处和忽必烈新判退还的约二百处。[1]

从上述《大元至元辨伪录》的记载可见,福裕是元宪宗时佛道抗辩的发难人,作者祥迈讳其法号,尊称为"少林长老",指明他是每次辩论中汉地佛方"为头"的领袖。

三 佛胜道败的原因

在佛道争斗中全真道终于惨败,对全真教上层来说,自有其导致重挫的主观原因。

王重阳创教时,本来主张除情去欲,清静无为。继丘处机出任掌教的尹志平说:"丹阳师父(马钰)以无为主教,长生真人(刘处玄)无为、有为相半,至长春师父(丘处机)有为十之九。"[2] 他这段评述反映出全真从金末至蒙古时期,与全真道日益受到统治者的重视和信众骤增相适应,由主张遁世的"无为"演变为倾向世俗的"有为"。1251

---

[1] 以上见《辨伪录》。断事官布只儿即布智儿,《元史》卷一二三有传,官名全称"大都行天下诸路也可扎鲁忽赤"。

[2] 尹志平《清和真人北游语录》,《道藏·正乙部》。

年蒙哥汗即位,任命李志常"掌道教事"。[1] 自他以下"十八大师光膺宝冠云帔,下至四方名德,亦获紫衣师号之宠"。[2] 信徒从平民到豪富、地方官员,争相奉献,加上统治者的赏赐,据有大量的社会财富,以致全真的"宫观相望",极尽奢华。甚至在僧道辩论失败十余年后,王磐还描述说:"今也掌玄教者,……居京师住持,皇家香火焚修,宫观徒众千百,崇墉华栋,连亘街衢。京师居人数十万户,斋醮祈禳之事,日来而无穷。通显士大夫洎豪家富室,庆吊问遗往来之礼,水流而不尽,而又天下州郡黄冠羽士之流,岁时参请堂下者,踵相接而未尝绝也。"

他们竭力广招徒众、扩大地盘和道观财产。信徒由平民又扩及地方世侯和各级官员,形成一股颇具影响的社会力量。丘处机死后,继任掌教尹志平、李志常曾发起为丘处机举行隆重的葬礼,又在终南山祖庭为祖师王重阳举行盛大的会葬,并扩建重阳万寿宫。当时群众聚集数以万计,出面捧场的人有当地官员、豪门巨室,其声势之浩大,动员群众之广泛实前所未有。全真教的"道宫虽名为闲静清高之地,而实与一繁剧大官府无异焉"。[3] "匹夫一言,乡人信之,赴讼其门,听直其家","以二三钜万之人,散处九州,统驭其手"。[4] 在蒙古统治之外,如同存在一个无形的第二政府,不能不引起统治者的警惕和猜忌。

当时金朝遗民聚集全真门下,认为丘处机能感化成吉思汗,所造《老子八十一化图》,印证了化胡之谶。僧方乘机借题发挥,攻击全真

---

1 《元史》卷三《宪宗纪》。
2 王恽《真常观记》。
3 王磐《创建真常观记》,《道家金石略》,615~616 页。
4 姚燧《长春宫碑》。

是"惑乱臣佐",异族统治者难免引起联想,认为所谓化胡是贬低和讥刺自己。

全真领袖人物因恃有圣旨、金牌,驰驿四出,宣称可通管僧尼,凭借权势,利用战乱时各地佛寺焚毁或僧众逃空之机,改寺为观,甚至抑僧为道。据释家诉告,侵占寺庙达四百余处。道家触犯了僧人的实际利益,激化了僧道的矛盾,终于导致释方的伺机反击。

从客观来说,蒙古统治者倾向于信仰佛教也注定了道士的失败。

按《至元辨伪录》的说法,蒙哥即位时,"初铸国宝,先赞佛门",宣布凡僧人都免除徭役,尊礼克什米尔的那摩国师。1256 年九月,蒙哥准备亲自主持佛道辩论,就先对僧界领袖发表看法:"我国家依着佛力,光阐洪基,佛之圣旨,敢不随奉。而先生每(道士们)见俺皇帝人家归依佛法,起憎嫉心,横欲遮挡佛之道子。……今先生言道门最高;秀才人言儒门第一;迭屑人(基督教士)奉弥失诃,言得生天;达失蛮(伊斯兰教师)叫空谢天赐与;细思根本,皆难与佛齐。"他举手做比喻说:"譬如五指,皆从掌出,佛门如掌,余皆如指。不观其本,各自夸衒,皆是群盲摸象之说也。"这说明蒙哥已事先表态支持僧的一方。[1]

另一位是受蒙哥委托主持佛道辩论的忽必烈。他是最有权力的宗王。1252 年,他奉命南征信仰佛教的大理国,次年夏,"出萧关,驻六盘"。听说建藩永昌的阔端后王蒙哥都处有一位乌思藏高僧,即"洞达五明法王大士萨思迦·扮底达(Saskiy-a bandida)",或称萨思迦·公哥监藏(Saskiy-a Kun-dgah-rgyal-mtshan),遂派遣使者到西凉,请求前来会见。蒙哥都对使者说:大师前两年"已入灭",现有其侄八思巴(即前文的拔合斯八)在此,年方十六,"深通佛法,请以应命"。

---

[1] 祥迈《辨伪录》卷三。

于是派人护送八思巴驰骑前往他的驻地。忽必烈闻讯,派遣一百名骑兵迎接。[1] 从此,八思巴留在忽必烈身边,大得宠信,被尊为国师。据说忽必烈这次回师途中,看见秦川三教庙宇中,"以老君处中,佛却傍侍",于是对左右说:"老子世人中贤,其教少用,未达圣人之理,难超生死之津,共佛同坐,于理不堪,况乃僭尊,愈为不可。"认为老子没资格与佛平坐,更不能"僭尊"。第二年,他派遣长老志公乘驿随处改进,将"以老君处中"的堂观"通四十九处,塑者碎之,画者洗之,所有乖戾,并与迁革。于河中、京兆、绛州、平阳府四处,立碑旌其伪妄"。佛道辩论尚未展开,忽必烈已开始采取扬佛抑道的措施。

蒙哥汗之下,除忽必烈以外,以他的幼弟阿里不哥的权势最大,福裕对道士的诉状,就是通过学士安藏呈献阿里不哥大王的。阿里不哥同样是偏向僧方,收到福裕的投诉和附送上的《八十一化图》,立即"披图验理",得出"阅实其虚"的结论,并向蒙哥转奏,断言道士是在"诈冒,破灭佛法"和"败伤风化"。

从释家一方来说,自从成吉思汗降服畏兀儿、灭西夏,窝阔台招降土番,忽必烈征大理,蒙古统治者接触到中原以外的各族佛教。罗致来的各族高僧,让大汗、诸王皈依佛教,直接影响到蒙古对各种宗教的政策。福裕等中原寺僧有他们的支持,已大不同于往昔。

那摩,或译罗麻、兰麻、南无,迦叶弥尔(克什米尔,Kashmir)人。据说他曾隐于大雪山下学佛法,修头陀苦行十三年。窝阔台汗时与其兄斡脱赤投附蒙古,定宗贵由奉以为师。宪宗蒙哥尊为国师,总管天下释教。1253 年,驻锡燕京。次年,住持拖雷家族分地真定的

---

[1] 《库腾汗——蒙藏关系最早的沟通者》,《元史论集》,人民出版社,1984 年。

大龙兴寺。[1] 这段经历,使他既能出入大汗左右,又了解中原情况,因此福裕趁在和林建寺之便,拉上他一同状告全真并一起主持佛道的争辩。

八思巴在1251年萨思迦·班第达去世后,已受伯父之命代领僧众,成为乌思藏各教派之首萨迦派的首领。1258年,忽必烈让八思巴以国师之尊,出席佛道辩论,迫使道士承认失败。

安藏(?—1293),全名安藏扎牙答思,1255年福裕在和林控告全真"谤讪佛门",是通过学士安藏呈献阿里不哥大王。蒙哥召集福裕和道士李志常于大内万安阁下质问时,出席人也有学士安藏。他是出生于别失八里的畏兀儿族人,九岁从师学佛经,十五岁兼习儒、释二家之书,通各族语言文字。十九岁被征召入侍。有佛学著作《宝藏论玄演集》,陆续将《尚书》《资治通鉴》《难经》《本草》等汉文经史、医学名著译成蒙古文。他"以佛法见知"于蒙哥汗,自然会支持福裕一方;精通蒙古语,能在大汗、宗王面前传递释家的意见;又能"孔、释兼融",了解中原的文化,为佛门立论和找道家的弱点都颇得力。[2]

1258年,蒙哥委托忽必烈在上都普召释、道两宗高僧和道长对论。释的一方,除汉僧外,还有克什米尔来的那摩国师、乌思藏的萨迦派首领八思巴国师、西蕃(藏族)国师、河西(西夏)国僧、外五路(畏兀儿)僧、大理国僧,形成各族僧侣对仅传播于中原之全真道的联合大围剿。这些外族僧人,大多为蒙古汗室和贵戚大臣所信奉,经常在他们左右,语言相通,能说得上话。那摩和八思巴贵为国师,在大汗、宗

---

1 《元史》卷一二五《铁哥传》;《南无大师重修真定府大龙兴寺功德记》,《常山贞石志》卷一五。
2 程钜夫《秦国文靖公神道碑》,《雪楼程先生文集》卷九,叶3a。

王前的分量更非道家可比。汉人中刘秉忠（太保聪公）是忽必烈的心腹，也加入同道士张真人等"抗论"的"僧"众中。

福裕是这场佛道争论的发难人并获得最后胜利，其个人的才智和能力也起到决定性的作用。碑文说他"九龄入学"，"日了千言"，可能是谀墓之词，但至少说明他少年时有机会接受教育，且资质较佳。他"幼遭世变"，在乱世中得机会"亲炙万松师"十年之久，勤奋学习，在"深入佛海"又"游戏翰墨"的万松众弟子中，"独能秀拔丛林"。他儒、释典籍兼修，"三阅藏经而成诵"，"通群书，善翰墨，吟咏提倡，普说几十万言"，著有《语录》和《诗集》出版。[1] 其才资在当时的环境下是非常罕见的，理所当然地成为众僧中的杰出代表。他在和林，既能与文化素养甚高的前中书令之子耶律铸结为诗友；又因久驻漠北，可能略通蒙古语并能与蒙古上层直接交流，这一点也比常在中原的道士占有优势。另一个佛教领袖海云，在戊戌选试时曾对蒙古丞相说："山僧不曾看经，一字不识。"事实虽不至如他所说那么绝对，至少是文化不高，因而才会对蒙古官员说得如此夸张。在佛道辩论中，福裕能引经据典与儒士出身的道士雄辩，正说明他文化素养较高。

1251年蒙哥即汗位，曾召福裕到"北庭行在，所居累月，其言上当帝心"。就是说他已能面见大汗并能直接对话，如王恽所说："于是款龙庭而振举宗风。"赞扬他身"在方外，实为不凡"，能"通习吏用，见诸行事"。处事善于机变，"当机应物"，故能"弘阐家教，因缘会合，倾动一时，以无碍妙辩，现当机应身"。[2] 在和林，他常光顾大臣之子耶律

---

[1] 《裕公之碑》；王恽《雪庭裕公和尚语录序》。
[2] 王恽《雪庭裕公和尚语录序》《雪庭裕和尚诗集序》。

铸的西园,而后者的宗教信仰是倾向于道教的。[1] 他主动结交畏兀儿族的学士安藏,通过他陈文阿里不哥;他懂得拉上大汗尊信的国师那摩联名向蒙哥上表,以便增加自己控告道家的分量。

福裕在住持万寿寺时,善于经营,获得田产"都南柳林闲田二顷余",又想出开办"药室、浴宇、贾区"赢利的办法。[2] 由此也可看出他的精明能干。

就当时的实际情况说,并无所谓平等的辩论,实际形同审问。举例来说,1255年福裕向蒙哥上表时,蒙哥是向李志常"对面穷考,按〔八十一化〕图征诘",面对皇帝的当面质问,李志常吓得"一词罔措,拱身叉手",岂敢反驳,只能"推以不知"而已。

又如那摩大师在德兴府当着忽必烈面前,向道士们宣读蒙哥汗的圣旨,要求道士赔偿玉泉山被打碎的白玉观音。福裕先与执结,全真代理掌教张志敬"妄欲支吾",即意图声辩,就被忽必烈身边的人殴击骂之,头面流血。不仅没追究打骂别人的人,反而归罪被打得头面流血的张真人"全无愧耻",实在是全不讲理。

至于辩论的形式,只是释氏一方向道家质问和指责,不是平等辩论。福裕以道教的《老子化胡经》,特别是李志常主持新制的《八十一化图》为突破口,该图肯定要画诸如高鼻深目之类明显体貌特征的"胡人",藉此话柄,激怒"胡僧"对全真派的敌视,使深得蒙古统治者宠信的异族僧侣卷入这场斗争中,大大加强了福裕一方取胜的砝码。

佛道持论的结果是佛胜道败,迫使道家焚毁所谓伪经。道家讳

---

[1] 耶律铸《双溪醉隐集》卷三;《耶律楚材父子信仰之异趣》,《陈垣学术论文集》第1集,中华书局,1980年。

[2] 《裕公之碑》。

言受辱的事实,心有不服也不敢公开抱怨,所以无法看到当时的反驳意见。后代人无所顾虑,能客观评论。如钱大昕据《焚毁诸路伪道藏经之碑》石刻写读后感说:"佛老之行于中国久矣,道经固多伪托,佛书亦华人所译,往往窃取老庄之旨,而其徒常互相訾謷,人主又因一时好尚而左右焉。魏太武信寇谦之而焚佛经,元世祖崇帝师而焚道藏,皆非卓然不惑于异端者也。释祥迈撰《至元辨伪录》,侈陈其事,意在排摈全真,适足供士君子之噢嗾尔。"[1] 陈垣先生也认为:"《化胡经》本寓言,自东晋以来,屡有损益,人知其伪久矣,何待于辩,即辩亦何与全真?"[2]

虽然局外人可以这么说,道士却不能承认"知其伪"。正如释道辩论时,福裕呈送蒙哥的表文中说:道家称老子已成仙,但《庄子》中有秦佚吊唁老子的记载,实际上老子早已死亡,论证道家"不真"。道士说:庄周写的是寓言,不能信以为据,抗议福裕的表文毁谤李老君。这就被福裕抓住了把柄,跟着说:《庄子》既然是寓言,但被道家奉为经典,可见你们的整部《道藏》就没有实话。道士只好认输。

四　佛道之争的第二阶段

忽必烈即帝位的中统元年(1260),尊戊午年参加僧道辩论的八思巴为国师,又升号为大宝法王。藏传佛教在元朝"百年之间,朝廷所以敬礼而尊信之者,无所不用其至"。[3] 由于忽必烈对佛教的重视,

---

1　《潜研堂金石文跋尾》卷一八。
2　《南宋初河北新道教考》,中华书局,1962年,56页。
3　《元史》卷二〇二《释老传》。

"至元初,立总制院,而领以国师","掌浮图氏之教,兼治吐蕃之事"。[1] 至元初不知具体是哪一年,不过,畏兀儿人乞台萨里,在至元十二年(1275)确已出任释教都总统,同知总制院事。此人早年学佛法,通经、律、论,其师为他命名万全,故以"全"为姓,或译音作"泉"。后来升总制院使,号正宗弘教大师。[2] 总制院必须由非汉传佛教僧人担任的"国师"掌领。十七年(1280),又立都功德使司,专掌帝师所统僧人并吐番军民等事。二十五年(1288),总制院改称宣政院,秩升从一品,由"帝师领之",院使中"位居第二者"须由帝师推荐的僧人担任。宣政院列为四大国家最高机关之一。[3] 总制院、都功德司、宣政院等管理佛教事务的国家机构,都由"番僧"出任长官,中原的寺院和僧侣再也不能插足管理。

总制院官中,脱思麻地区的藏族人桑哥,早年从胆巴大师受戒,"继为帝师门人",是一个不出家的喇嘛。大约在至元十七年(1280),擢升为总制院使。他再次掀起扬佛抑道的高潮。同年二月,僧方争取到世祖下诏,令"真人祁志诚等焚毁道藏伪妄图经文及板"。夏四月,僧人又控告:"长春道流谋害僧录广渊,聚徒持挺,殴击僧众,自焚廪舍,诬广渊遣僧人纵火。且声言焚米三千九百余石,他物称是。"此事由中书省接手办理,辩称是道家诬告,道士甘志泉、王志真款伏后就诛,此外劓刖、流窜者凡十人。

十八年(1281)九月,都功德使司脱因小演赤奏言:"往年所焚道家伪经板本《化图》,多隐匿未毁。其道藏诸书,类皆诋毁释教、剽窃

---

1 《元史》卷八七《百官志》;卷二〇五《桑哥传》。
2 同上,卷一三〇《阿鲁浑撒理传》;赵孟頫《赵国公谥文定全公神道碑》,《松雪斋文集》(康熙城书室刻本)卷七。
3 《元史》卷一一《世祖纪》;卷八七《百官志》。

佛语，宜加甄别。"于是命枢密副使张易等官员、释教总统合台萨哩等及在京僧录司，教、禅诸僧，同赴长春宫无极殿，与正一天师张宗演、全真掌教祁志诚、真大道掌教等考证真伪。合台萨哩就是前述的乞台萨里，代表"在京僧录司"出席的就是道家指控遣僧人纵火的僧录广渊。[1] 被告摇身变成了审判官。"教"派"诸僧"中，起到重要作用的胆巴大师就是桑哥的师父。胆巴是藏族地区突甘斯（mDo-khams，或译朵甘思）旦麻人。正是他看到道藏《化胡经》和《八十一化图》，认为是"幻惑妄诞"而奏闻。[2]

此次释道辩论达数十日之久，结果除《道德经》外，其余道教经典都被判为伪经。[3] 十月己酉，枢密副使张易等的上奏："参校道书，惟《道德经》系老子亲著，余皆后人伪撰，宜悉焚毁。"[4] 三天后诏谕天下，又有泉总统、渊僧录与众人一同被派往长春宫分拣"伪经"。当天集百官于悯忠寺，尽焚道藏伪经杂书。再令泉总统与中书省客省使前往各处强制焚毁伪经，泉总统也就是乞台萨里。广渊又是执法人之一。照《至元辨伪录序》的说法，除烧毁所谓伪经外，还要让"道士爱佛经者为僧，不为僧道者娶妻为民"。[5]

至元二十一年（1284）三月，总制院使桑哥以奉诏的名义，下谕翰林院，将戊午年僧道持论及至元十八年（1281）焚毁道藏伪经始末，撰文竖碑，以圣旨的名义宣传道经作伪并丑化道家。执笔人翰林院臣

1　王磐等《圣旨焚毁诸路伪道藏经之碑》，《佛祖历代通载》卷二一；祥迈《辨伪录》卷三。
2　王磐等《圣旨焚毁诸路伪道藏经之碑》，《佛祖历代通载》，卷二二，大德七年，胆巴金刚上师。
3　王磐等《圣旨焚毁诸路伪道藏经之碑》，《佛祖历代通载》卷二一。
4　《元史》卷一一《世祖纪》。王磐等碑文中为首的官员枢密副使无名，因撰碑时张易已被诛。
5　祥迈《辨伪录》卷三。

王磐等声明,他们乃根据"释教总统合台萨哩所录事迹"敷衍成文。[1]

二十四年(1287)闰二月,复置尚书省,桑哥出任平章政事,十月,晋升尚书右丞相,兼总制院使,领功德司事,由管理佛教事务机关的长官兼任掌握国家最高权力的右丞相,实为旷古所未有,当然更加强了僧方对道家的打击。同时佛教已逐渐建立完善的国家管理机构,其首长被"蕃僧"所垄断,中原地区原有的佛家首脑皆退居陪衬地位。

五 杨琏真加罢道为僧及其为祸江南

戊午年以前佛道之争只涉及中原地区,开始是汉地僧人发动同全真道士抗辩,到戊午年才卷入许多汉族以外的僧人。元朝建立后,藏传佛教获得蒙古统治者的崇信,当时人所谓的"蕃僧"大量东来,他们占据僧俗两界的高位,而且将势力扩展到江南。

在元军发动灭宋战争的过程中,"河西僧人杨胜吉祥(即杨琏真加)行军有功,因得于杭州置江淮诸路释教都总统所,以管辖诸路僧人,时号杨总统"。[2] 据明商辂《续通鉴纲目》记载,时间是在宋端宗景炎二年二月,即至元十五年(1278)。《至元辨伪录》还替他鼓吹:"江南释教都总统永福杨大师琏真佳大弘圣化,自至元二十二春,至二十四春凡三载,恢复佛寺三十余所。如四圣观者,昔孤山寺也,道士胡提点等舍邪归正,罢道为僧者奚啻七八百人,挂冠于上永福帝师殿之梁

---

[1] 王磐等《圣旨焚毁诸路伪道藏经之碑》。
[2] 林景熙《霁山集》卷三《梦中作四首》章祖程所作注。

栱间。"¹ 四圣观全名四圣延祥观，事实上是南渡初绍兴十三年（1143）皇家拨内帑所建的道观，又赐拨杭、嘉、湖、润等州田地、山荡若干顷为产业。元灭宋，世祖让正一道张留孙留侍京师。至元十八年（1281），命他兼主四圣观。杨琏真加居然恃宠将皇帝赏给玄教大宗师的道观诬指为寺，罢道为僧七八百人，或被逐出，"云萍东西，无所于寄"。² 桑哥等利用掌握的朝中大权，推波助澜，将打击道家的矛头扩大到江南。以前表面上还保持平等辩论的形式，这时则干脆运用政府权力直接进行宗教迫害，如元末人所描述："至元间，释氏豪横，改宫观为寺，削道士为髡。"³ 僧人重蹈道家的覆辙并大有过之。连道士以外的旁观者也不满他们的"豪横"了。

杨琏真加在任十来年内，并不止于扬佛抑道，还重赂丞相桑哥，二人"表里为奸"，干了许多坏事，激起江南的民愤。至元二十一年（1284）九月，世祖同意让杨琏真加发掘宋诸帝陵寝，将所得金银宝器修建寺庙。次年正月，正式通过桑哥向世祖进言，毁会稽宋宁宗攒宫和钱唐郊天台为寺，"以为皇上、东宫祈寿"，得到皇上的敕准。二十五年（1288），以宋宫室建成一塔、五寺庙，奉诏以水陆地一百五十顷供养。⁴ 他掘墓后仍不罢休，又"下令裒陵骨，杂置牛马枯骼中，筑一塔压之，名曰镇南"。当时人就听说，西蕃人"其俗以得帝王髑髅可以厌胜致巨富"。⁵ 忽必烈曾经问帝师："造寺建塔有何功德？"帝师回答

1　张伯淳《大元至元辨伪录随函序》。
2　任士林《四圣延祥观碑铭》，《松乡先生文集》卷二。
3　陶宗仪《发墓》，《南村辍耕录》卷一三。
4　《元史》卷一三《世祖纪》，269、271 页；卷一五《世祖纪》，309 页；宋濂《书穆陵遗骼》，《宋文宪公集》（四部备要本）卷三。
5　周密《杨髡发陵》，《癸辛杂识别集》卷上；陶宗仪《发墓》。

说:"福荫大千。"于是兴建护国仁王寺。[1] 显然他同样相信喇嘛的厌胜之术,用佛塔镇压亡魂,防止前朝复辟再起。

世祖在下诏以江南废寺土田悉付总统杨琏真加修寺的同时,又"从桑哥请,命杨琏真加遣宋宗戚谢仪孙、全允坚、赵沂、赵太一(谢太皇太后、全太后母家人和皇室赵氏宗族)入质"。[2] 这同对付死人厌胜一样,加强了对活人的防范。"当是时天下骚然,江淮尤甚"。[3] 桑哥、杨琏真加等并未有所收敛,反而夸大形势之严重,让皇帝只信赖他们,以便从中渔利。

二十八年(1291)正月,僧方又发起对道家的压制,通过"皇帝明命",由大云峰寺长老迈吉祥撰述《至元辨伪录》,"奏对天颜睿览,颁行入藏流通"。就在同一月里,由于桑哥的"专权黩货","其奸赃暴著非一","百姓失业,盗贼蓬起,召乱在旦夕"。[4] 反对他的人不仅有汉人、南人的在朝官员,部分蒙古勋贵对他的贪婪和恃权专横也强烈不满,忽必烈终于在听取多次揭发后,将桑哥罢官,并在下狱后伏诛。桑哥的倒台势必连带揭露出杨琏真加的罪行。五月,朝廷遣脱脱等人追究杨琏真加等盗用的官物。六月,宣谕江淮民恃总统杨琏真加势力抗拒缴租者,依例征输。十月,敕没入杨琏真加等人之妻,并遣送京师。[5]

随着桑哥、杨琏真加的垮台和罪行被揭露,中原民众终于发泄出对所谓"西僧"的怨恨,将帝师的弟子描写成:"为其徒者。怙势恣睢,日新月盛,气焰熏灼,延于四方,为害不可胜言。"[6] 尤其是杨琏真加在

1　《佛祖统纪》卷四八。
2　《元史》卷一一四《世祖纪》至元二十三年春正月癸未,285 页。
3　同上,卷二〇五《桑哥传》,4574 页。
4　同上,卷二〇五《桑哥传》,4575~4576 页。
5　同上,卷一六《世祖纪》,346、348、352 页。
6　同上,卷二〇二《释老传》,4521 页。

江南人民中恶名昭著。元朝灭宋，处事较平稳，杀戮破坏较小，对亡宋帝室也较金灭北宋时优待得多，本来颇得江南民心。由于忽必烈几度重用权臣敛财，将江南看成一块肥肉，派人前往过度盘剥掠夺，以致"天下骚然"，骚动造成忽必烈对汉人更大的猜忌，也就只限于信任杨琏真加之类蕃僧敛取更多的财富。为了追求速效，就想出发掘宋皇室陵寝，掠取金银财宝的主意。本来对多数南宋遗民而言，已逐渐适应和接受新的统治者。汉人将挖坟掘墓看成最不能容忍的事，而杨琏真加除了发掘宋诸陵之在钱塘、绍兴者及其大臣冢墓共一百零一所外，据民间材料记载，竟将"各陵墓发掘殆尽"，连杭州孤山林和靖处士墓的尸骨也不能幸免。掘开理宗陵墓后，倒悬其尸树间，为的是沥取水银，如此三日，竟失其首。有人说理宗的头颅是被杨琏真加截以为饮器。事败后，饮器也被籍没入官，转赐给帝师。[1] 更有甚者，二十三年（1286）春正月，元廷又同意"以江南废寺土田为人占据者，悉付总统杨琏真加修寺"。杨琏真加借此名义，攘盗诈掠诸赃为钞十一万六千二百锭，田两万三千亩。成宗大德三年（1299）最终查明，江南诸寺有五十余万佃户，本皆编民，都被他"冒入寺籍"。[2] "杨总摄等倚恃权势，肆行豪横，将各处宫观、庙宇、学舍、书院、民户房屋、田土、山林、池荡及系官业产，十余年间尽为僧人等争夺占据"。[3] 夺占各界人等赖以为生的产业，这又触及广大民众和其他宗教的利益。起初仅是对杨琏真加等的不满，逐渐演变成民族的仇恨。他们咒骂杨总摄等"怙恩横肆，势焰烁人，穷骄极淫，不可具状"。用宋陵尸骨修建的白塔建成后，"杭民悲戚，不忍仰视"。当时的南宋遗民因他是削发僧，不称其名，

1　周密《杨髡发陵》；陶宗仪《发宋陵寝》《发墓》，《南村辍耕录》卷四、一三。
2　《元史》卷一四、一七《世祖纪》，285、362 页；卷二〇《成宗纪》，428 页。
3　《庙学典礼》卷三。

咒呼为"杨髡""髡胡""妖髡"。本来是杨琏真加少数人干的坏事,南宋遗民已迁怒于和尚和外族官员。如陶宗仪所说:"释焰熏天,墨毒残骨。"[1] 按他的理解,由于释家的气焰嚣张才造成江南的灾难。

中国古代人民总是将善良的希望寄托在英明的君主身上,杨总摄败露后,时人高兴地想象说:"祸淫不爽,流传京师,上达四聪。天怒赫赫,飞风雷号令,捽首祸者北焉。"[2] 实际上,杨琏真加的所作所为,是得到忽必烈的批准和支持。发掘诸陵,"实利其殉宝也"[3]。处罚桑哥一年以后,二十九年(1292)三月,"省、台诸臣乞正典刑以示天下,帝犹贷之死"。并下诏"给还杨琏真加土田、人口之隶僧坊者"[4]。掘墓和掠夺来的财富,以及抑道建寺等,应该是事先获得世祖同意、事后又大部上缴,有功于弥补国库的收入。三十年(1293)二月,忽必烈任命其子宣政院使暗普为江浙行省左丞,表明他仍偏袒杨琏真加。但三个月后,"以江南民怨杨琏真珈",忽必烈不得不顺应民意,罢免其子暗普江浙行省左丞的职务。[5]

六 教、禅之争及西僧对汉地原有佛教首领的抑制

杨琏真加在江南还发起一场佛教内部的教、禅之争。《佛祖历代通载》载:至元二十五年(1288)正月,"江淮释教都总统杨辇真迦集江

---

[1] 陶宗仪《发宋陵寝》《发墓》。
[2] 同上。
[3] 《南村辍耕录》附录:明成化己丑(1469)彭玮跋。
[4] 《元史》卷一七《世祖纪》,362 页。
[5] 同上,卷一七《世祖纪》,370、372~373 页。

南禅、教朝觐登对"。据杭州径山云峰妙高传描述:"至元戊子(二十五年,1288)春,魔事忽作,教徒谮毁禅宗。师闻之叹曰:'此宗门大事。吾当忍死以争之。'遂拉一二同列趋京,有旨大集教、禅庭辩。"据传文描述:"宣进〔忽必烈〕榻前与仙林、诸教徒返复论难。""林辞屈。上大说。众喙乃熄。禅宗按堵如初。"[1] 由于杨琏真加所作所为,不仅当时人切齿痛恨,晚至明清,仍有人对他的劣迹深感厌恶。如《四库全书总目》为《佛祖历代通载》写提要时,就这件事评论说:杨琏真加"穷凶极恶,乃没其事迹,但详述其谈禅之语,竟俨然古德宗风,尤不免颠倒是非,不足为据"。[2] 这位提要的作者对书中意思还没看清楚,一见杨琏真加之名就来了火气。陈垣先生解释说:"此径山长老云峰妙高与教家在世祖面前辩论禅宗之旨,与杨琏真加无涉。"[3]

陈垣揭示"谈禅"不是杨琏真加是正确的,但念常回避他作恶的事迹确是事实,一则是讳言杨琏真加的秽行,有掩盖同是佛门家丑之嫌;而所谓"众喙乃熄,禅宗按堵如初",纯粹是吹牛。陈高华教授揭示,据天台宗教史的描写:"江淮释教都总统杨琏真佳集江南教、禅、律三宗诸山至燕京问法。禅宗举云门公案,上(忽必烈)不悦。云梦泽法师说法称旨,命讲僧披红袈裟右边立者,于是赐斋香殿,授红金襕法衣,锡以佛慧玄辩大师之号,使教冠于禅之上者自此。"[4] 据当时杭州宋遗民揭露:"乙酉(二十二年,1285)杨髡发陵之事,起于天长寺僧福闻号西山者,成于剡僧演福寺允泽号云梦者。"这位得忽必烈宠遇的"云梦泽法师",正是发掘宋陵的首犯之一。起初天长寺西山福闻

---

1 念常《佛祖历代通载》卷二二;《续传灯录》卷三六;《径山妙高禅师》,《卍续藏》第 83 册。
2 《四库全书总目》卷一四五《子部·释家类》。
3 陈垣《佛教史籍概论》,科学出版社,1955 年,140 页。
4 陈高华《略论杨琏真加和杨暗普父子》,《元史研究论稿》;《佛祖统纪》卷四八。

"欲媚杨髡","起发陵之想。泽一力赞成之,遂俾泰宁寺僧宗恺、宗允等,诈称杨侍郎、汪安抚侵占寺地为名,出给文书,将带河西僧及凶党……部领人夫发掘"。[1] 其传文承认,他通过从玄门(道教)、禅宗"归侵"和占据宋故宫旧址兴建起许多寺院:"迁广福,起废归侵,刻石犹在。……孤山以玄门废,师起而寺复。……国清以禅宗革,师出而论定。……基故宫以创兴源,而规画之,而阐扬之。……一皆崇以栋宇。入以土田。"在众寺院中,他"相形势以恢演福,而指授之,而振起之"。[2] 正是这时,"演福寺允泽云梦"已在发掘宋陵时与杨琏真加结成同伙。禅是汉化的佛教,被与"教"接近的藏传佛教视为异端,这次"大集教、禅庭辨",可能又是云梦泽替杨总摄策划的,争取到有抑禅崇教倾向的忽必烈亲自主持,而居中担任翻译的又是"泉总统"乞台萨里。

事实上,忽必烈抑禅崇教是平宋后的一贯宗教政策,早在至元八年(1271),翰林侍讲学士徒单公履奏行科举,"知帝于释氏重教而轻禅",就说"科举类教,道学类禅"。[3]《佛祖历代通载》卷二二提到:"帝平宋已,彼境教不流通,天下拣选教僧三十员,往彼说法利生,由是直南教道大兴。"又说:"帝诏东昌大师演教。帝大悦,赐以宝玉拄杖。"关于此事,释大䜣有较详细的说明:

> 唐太宗时,有玄奘法师者,躬往身毒……得经、律、论,归授其徒窥基为笺疏释之,世传为慈恩宗(即法相宗)云。国朝……笃尚佛教,又益信慈恩之学。先是其学盛于北方,而传江南者无

---

1 周密《杨髡发陵》。
2 《续佛祖统纪》卷一《法师允泽》,《卍续藏》第 75 册。
3 《元史》卷一四八《董文忠传》,3502 页。

几。至元廿五年,诏江淮诸路立御讲三十六家,求其宗之经明行修者分主之,使广训徒。时东昌德公被选,世祖召见,赐食与衣。奉旨来建康,住天禧、旌忠二寺,日讲《法华》《惟识》《金刚》《华严大疏》等经。三十一年,又赐号佛光大师。

"东昌大师","名志德(1235—1322),号云岩,姓镏氏,世居般阳莱州掖县,后徙居东昌",故称为"东昌德公"。他习慈恩宗旨于真定龙兴寺法照禧公,"尽得其蕴"。[1] 这说明在教、禅庭辩的同年,忽必烈曾派遣慈恩宗教僧志德等南下,意图易禅为教。

另有记载:"至元间,有贤首宗讲主,奏请江南两浙名刹易为华严教寺,奉旨南来。""贤首宗讲主"不知指何人,他抵达苏州承天寺时,寺中住持觉庵梦真禅师升座说法,"博引华严旨要,纵横放肆剖析诸师论,解是非若指诸掌"。表明禅宗长老也熟悉华严佛典,其渊博深奥甚至令这位讲主"闻所未闻",只得叹服说:"承天长老尚如是,矧杭之巨刹大宗师耶?因回奏,遂寝前旨。"[2]

事实不然,如"镇江普照寺沙门普喜,号吉祥,山东人,精究慈恩相宗,研习唯什、师地、因明等论"。世祖创立江淮三十六家御讲所,普照就居其一,奉诏主持镇江普照寺。"后入寂……建塔丹徒,镇江之民多有图像祠之"。[3] 志德和普喜都是奉诏派往江南的教僧。

教禅争斗的结果虽然是教冠于禅之上,教方的代表云梦允泽得到忽必烈的青睐,但遭到民众的切齿痛恨。下面的故事很可能是群

---

[1] 《金陵天禧讲寺佛光大师德公塔铭》,《蒲室集》(北京图书馆出版社影印元刻善本)卷一二;《释鉴稽古略续集》(《大正藏》本)卷一壬戌至治二年下,"佛光大师"条。
[2] 《增集续传灯录》卷四《苏州承天觉庵梦真禅师》。
[3] 《释鉴稽古略续集》卷一戊子至元二十五年下,"吉祥禅师"条。

众的想象和编造,但反映出当时民众的感情。据说:"方移理宗尸时,允泽在旁,以足蹴其首,以示无惧,随觉奇疼一点,起于足心,自此苦足疾凡数年,以致溃烂双股,堕落十指而死。"另一个发起掘墓的天长寺僧福闻"既得志,且富不义之财,复倚杨髡之势,豪夺乡人之产。后为乡夫二十余辈俱伺道间,屠而脔之"。陶宗仪发表感慨说:"妖髡就戮,群凶接踵陨于非命,天之祸淫者亦严矣。"[1] 传说杨琏真加与此二僧曾刻石像于飞来峰佛像中,后人知其来历,或"枭之",或"椎落其首","置溺溲处以报之",仍要发泄痛恨之情。

七　至元间道家的支撑和成宗的新举措

全真自戊午年辩论失败后,除退还所占寺产和烧毁部分经书外,在群众中仍有广泛的影响。释家指责全真,自佛道辩论以来,"其徒窜匿未悛,邪说诐行屏处,犹妄惊渎圣情"。[2] "惊渎圣情"实际是仍在争取最高统治者的谅解和同情。被打得"头面流血"的张志敬仍掌管着全真教,寿终于至元七年(1270),由翰林学士王磐撰写《道行碑》对他的业绩大加赞扬:"及师掌教,大畅玄旨,然后学者皆知讲论经典,涵泳义理,为真实入门。"碑文评论他的人品说:"师德度深厚,颓然处顺,强悍者服其谦恭,骄矜者惭其退让。""京师贤士大夫及四方宾客,所与游者,靡不得其欢心。"所以,得其死讯,"京师士大夫,远方道俗奉香火致奠者填塞街陌,累月不已"。说明他仍得到士大夫和广大道

---

[1] 周密《杨髡发陵》及同卷《二僧入冥》条;陶宗仪《发宋陵寝》。
[2] 张伯淳《大元至元辨伪录随函序》。

俗群众的信仰。王磐正面肯定："全真之教,以识心见性为宗,损己利物为行",并非什么"邪说诐行"。[1] 戊午年辩论失败受罚落发者共十七名,大都天长观有十二名,其中为首的"道录樊志应",仍以道号重玄子、法号渊静通虚大师的名义,继续"扶翊道纪,综核玄务",并未落发。"一时名公,如李敬斋(治)、赵虎岩(著)、翰林王慎独(鹗)、左辖姚雪斋(枢)、鹿庵王承旨(磐)、少傅窦公(默)、冀国王公(庆端),爱其风度才识,缔方外交"。其中有戊午年辩论时"共为证义"的姚枢(公茂)、窦默(汉卿),也有《焚毁道藏碑》的主要执笔人王磐。樊志应并未"窜匿",仍受朝中名公所喜爱,时相交往。[2]

虽经至元年间的扬佛抑道,北方的全真教仍在多次打击之下支撑着。南方的正一教,其龙虎山的第三十五代天师张可大,当1259年忽必烈率兵围鄂时,已与蒙古接上关系。元灭南宋,命其子张宗演领江南道教。在立《圣旨焚经碑》昭示全国之后,除《道德经》外,其余经书都判为伪书,一律焚毁。在桑哥执政时期,更加紧打击道家。但忽必烈仍未间断延请张天师进行宗教活动,如至元二十四年(1287),遣使持香币诣龙虎、阁皂、三茅设醮,召天师张宗演赴阙;二十五年(1288),命天师张宗演设醮三日。二十八年(1291)春正月,命玄教宗师张留孙置醮祠星三日。[3] 忽必烈深悉正一道在江南民间的影响,内心虽倾向重佛轻道,但作为政治家懂得仍有利用之必要,桑哥、杨琏真加等只不过恃皇帝的宠信,企图从中渔利而已。

---

[1] 王磐等《玄门掌教宗师诚明真人道行碑铭》,《道家金石略》,601页。
[2] 王恽《真常观记》,《秋涧集》卷四〇。陈垣认为"冀国王公"指王善,据《元史》卷一五一《王善传》,善癸卯年(1243)已卒。至元间"入翰林与诸老伍"的人是其子王庆端,死后赠冀国公,谥忠穆。
[3] 《元史》卷一四,259页;卷一五,318页;卷一六,343页。

接着桑哥被罢官处死,忽必烈认识到没必要再打击全真教。当年十二月,全真教的真人张志仙,被忽必烈派遣持香诣东、北海、岳、济渎致祷。[1]

成宗即位改元元贞,元年(1295)春正月,正式下诏:道家可复行《金箓》《科范》。[2] 自从颁布圣旨焚毁道教伪经以来,连道士作醮祠等法事也被禁止。成宗虽已在京师开禁,犹恐外地尚未普遍知晓。诏书还宣布大江南北信道、信儒可自由选择;"凡金箓、科范,不涉释言者,在所听为"。声明先皇对"开醮祠"早有成命,只不过被犯法臣桑哥阻挠没能实施。对各种宗教的宽容是成吉思汗以来蒙古统治者的一贯政策,而三教在中原并存早已被人们接受,甚至有三教合流的趋向。成宗鉴于忽必烈听信桑哥等人,凭主观喜恶厚此薄彼所造成的不良影响,即位后就颁发道士信教传教自由的诏书。姚燧形容:"方是诏下,四海之人,感激奋言。"[3] 好像不仅是道士欢迎,而是大快人心。

同年二月,"以醮延春阁,赐天师张与棣、宗师张留孙、真人张志仙等十三人玉圭各一"。[4] 道教三派掌教得到同样的宠眷,尤其是全真嗣教主张志仙享有前所未有的荣誉。九月,张志仙进而向成宗请求为长春宫立碑,以说明太祖皇帝去世那年曾有诏,将丘处机所居太极宫,用他的长春真人称号,改名为长春宫。"至是六十九年,人已无知受名所自",所以请求陛下"晓之词臣,俾刻金石"。意图向世人昭示,全真道和丘处机是太祖皇帝肯定的,谁也不许攻击和诬蔑。奉诏

1　《元史》卷一六,354 页。
2　同上,卷一八《成宗纪》,390 页。
3　姚燧《长春宫碑铭》,《元文类》卷二二。
4　《元史》卷一八《成宗纪》,391 页。

撰写碑文的词臣姚燧发表感慨说:"始吾以为经厄之余,丘氏之学熄矣,陛下嘘而然之,俾屯者以亨,塞者以通,梗其道者除之,取其业者还之,丛是数美于〔张志〕仙之身。又冠之以宝冠,荐之以玉珪,被之以锦服,皆前嗣教者所亡。"[1] 有趣的是,奏请为长春宫立碑的为首官员守司徒阿剌浑撒里,曾从国师八思巴学浮屠法,旁通藏、汉各种语言,官至中书平章政事,正是前述释教总统乞台萨里之子。

这些年中,僧人恢复侵地后,反而仗势侵占道家的产业,现在又被迫归还。如大德元年(1297)有旨,由江浙行省拨官地重建四圣延祥观,退还原属道观的田地、山荡等产业。上述新举措宣告压制道家的时代结束。

张志仙的前任掌教祁志诚,在至元十七、八年(1270—1271),代表全真参加考证道经真伪,并被迫在百官监督下焚毁道藏伪经。他卒于至元三十年(1293)十一月,成宗大德三年立《道行碑》,由张志仙立石。碑文的作者正是《焚毁伪道藏经碑》的撰碑人之一李谦。[2] 同时又下诏"宜加美谥"给祁志诚,而《赠祁真人制》与前几年写《大元至元辨伪录随函序》的作者竟是同一个翰林院臣张伯淳。[3]

成宗在大德三年(1299)五月,又决定罢江南诸路释教总统所。接着又厘正杨琏真加冒入寺籍的五十万户编民。[4] 这当然有平息江南民愤的意图。

---

1 姚燧《长春宫碑铭》。
2 李谦《玄门掌教大宗师洞明祁公道行之释教碑》,《道家金石略》,699页。
3 张伯淳《赠祁真人制》,《全元文》(11),169页。
4 《元史》卷二〇《成宗纪》。

八　福裕碑文讳言佛道辩论

中国的传统,子孙徒众为先人、师长竖碑纪念,内容多是极尽赞美之词,故读史切忌轻信溢美的碑传文。程钜夫撰写的福裕碑文,与常见的惯例相反,舍既有官撰记载不用,将他发起佛道之争并取得胜利的事迹和功绩皆模糊略过。《至元辨伪录》等官方文献明确指出,从1255年在和林建寺时开始,福裕首先上书蒙哥汗,要求追究道家的"伪妄"。他与李志常辩论时,曾五次向其提出质问,咄咄逼人。从此他无役不在,如张伯淳所说,是"少林裕长老率师德诣阙陈奏",接着又率中原各寺院长老与道士抗辩。1258年开平的佛道大辩论,也明文说"众和尚每"是以"少林长老为头"。[1] 祥迈在至元二年(1265)草拟《辨伪录》时,描述当时全真道"意欲剪除百氏,独擅一宗"。赞美福裕说:"爰有典教宗师少林和尚者,祖庭柱础,梵宇栋梁。心质直而无私,性渊澄而深博。"将福裕之功绩和皇上并提:"嘉圣主之神聪,美少林之雅对。"将他与全真掌教对比,赞扬他为佛门所做的贡献:"愤志常之奸狡,嘉少林之甄明,荡化胡之秽谈,返遏占之寺宇。"[2]

福裕领导佛道两教的争斗,最后大获全胜。如此风光的事迹,为何撰碑人和少林寺僧保持沉默?原因是在福裕身后,事情的性质已发生根本的变化。两教抗辩的主事者从福裕为首的汉僧,转变成以帝师、国师为首的"西僧",从乞台萨里、脱因小演赤到桑哥、杨琏真加,他们身兼中央和地方佛教机构的首脑,掌管着国家权力,先是扬僧抑道,继之以扬教抑禅,形成外族僧人对中原宗教的压抑。桑哥、杨琏

---

[1]　祥迈《大元至元辨伪录》卷二。
[2]　祥迈《大元至元辨伪录序》《大元至元辨伪录后记》,《大元至元辨伪录》卷一、二。

真加等更发展为对宋帝室的亵渎和迫害,以至对平民的掠夺。宗教矛盾已变质为以西僧为一方同以中原人民为一方的民族矛盾。

至于福裕,当年确曾风光一时。据《裕和尚碑》载:至元八年(1271)春,诏天下释子大集于京师,师之学徒居三之一。陈高华教授将此事与佛教界另一件大事联系起来,即同年冬,忽必烈曾召集北方佛教的代表人物,即所谓"禅、教师德","就燕都设会,令二宗论议"。[1] 前文提到的二十五年禅、教庭辩并非创举,实际上平宋战争前已经开始。忽必烈倾向于扬教抑禅,这当然不利于出身曹洞禅宗的福裕,这位佛道辩论的胜利者已换位为教、禅之争的受害者。世祖即位后曾命福裕"总教门事",但同时在中统元年(1260),尊八思巴为国师。接着在至元初,建立总制院,由国师管领。总制院是正式的国家机构,法定"掌浮图氏之教",何况主事者是皇帝顶礼膜拜的国师八思巴,福裕的"总教门事"显然只能是空头名义。至元八年(1271),天下释子大集于京师,虽然福裕的学徒居三之一,如果这次他的确是参加禅、教二宗的论议,那么他所面对的却是忽必烈倾向于支持的教宗,其结果必然是归于失败。《裕公之碑》称他庚申年(1260)以后在京"始终庆寿十四夏",即至少住持到至元十年(1273)。因此他最后几年,实际上是以"倦于接纳"为借口,无颜再出头露面了。只好离京回到少林,十二年(1275)因"微疾"而"告终"。

同样,王恽应福裕弟子之请于至元三十一年(1294)为他的《语录》和《诗集》作序时,就绝口不提佛道辩论的事。成宗即位,开始纠正世祖时偏信桑哥等西僧打击其他宗教或教派的政策。世祖认为由

---

[1] 《重建十方栖岩禅寺之碑》,《山右石刻丛编》卷二五。参陈高华《略论杨琏真加和杨暗普父子》。

俗界管治僧人,"殊失崇敬",因此在全国设立宣政院、总统所、僧录、僧正、都纲司等机构,锡以印信,行移各路,主掌本教事务。和尚变成官,仗势欺人,"以敲朴喧嚣、牒诉侄偬为得志,不夺不厌"。仁宗居储宫日,目击其弊,武宗去世,立即下旨:"罢总统所及各处僧录、僧正、都纲司,凡僧人诉讼,悉归有司。"并对宣政院和西番僧有所抑制。[1]

从以上历史背景的分析可见,至元十二年(1275)福裕刚去世时,朝廷和少林僧众不为他立碑当别有隐情。直至他身故近四十年后的皇庆元年(1312),仁宗时才下诏令程钜夫为他撰碑,实际上是要改正世祖时扬佛抑道、扬教抑禅的偏颇,对曾遭压抑的道家和禅宗表示抚慰。因此,可能在撰写碑文前已确定了基本原则,既要赠予福裕大司空开府仪同三司并追封公爵的荣誉,但又要略去他与全真抗争的事实,以免再激发各教之间的不和。

当年桑哥、杨琏真加等借崇佛为名在江南的劣迹,已触犯了南宋遗民的民族感情和引起他们的故国之思。撰碑人程钜夫和书写人赵孟𬱖都是南人,后者还是宋帝室后裔,他们怎能容忍桑哥、杨琏真加借扬佛抑道之名的所作所为呢?程钜夫早在至元二十六年(1289)桑哥专政时,就从江南入朝上疏,指责桑哥"惟以殖货为心",直截了当地指出:"今权奸用事,立尚书钩考钱谷,以剥割生民为务,所委任者率皆贪饕邀利之人,江南盗贼窃发,良以此也。"赵孟𬱖曾向蒙古大臣、近侍阿鲁浑撒里和彻里揭发桑哥的罪行,通过他俩扳倒了桑哥。[2] 程钜夫正是奉初即位的仁宗之诏为福裕撰碑,在当时形势下不愿也没必要宣传福裕往昔佛道辩论中的事迹,石刻中多出的几句可能是收

1　《元史》卷二四《仁宗纪》,539 页;《佛祖历代通载》卷二二。
2　同上,卷一七二《程钜夫传》《赵孟𬱖传》。

入文集时所删除,或是寺僧竖碑时增添。赵孟頫书写的碑拓是书法爱好者的重点收藏,但评论者对此碑的书法无不感到失望,清初人甚至发出这样的疑问:"文敏(孟頫谥号)为元朝第一,此碑奉敕书,不当假手,乃觉肥懊少风力何耶?"[1]

《裕公之碑》内容虽略有补充,但增添有限。从少林僧众角度看,到这时再宣扬佛道辩论的往事已没多大意义。桑哥、杨琏真加的扬佛抑道已超出宗教争论范围,而且禅僧从主角变成配角,从受宠者变成被教宗打击的对象。江南人民痛恨"释氏豪横""释焰熏天",将少数"西僧"和云梦泽等败类干的坏事都算在所有和尚的头上,何况这都是福裕身后发生的事。佛教本来主张与世无争,如今事过境迁,没必要重提佛道之争,与所谓西僧扯在一起,惹上"豪横"的臭名,也不见得光彩,不如撇清这段历史为好。

(原载《清华元史》第1辑,商务印书馆,2011年)

---

[1] 叶封《嵩阳石刻集记》卷下。

卢挚生平及诗文系年再检讨

卢挚,字处道,号疏斋,又号嵩翁、崧麓有樵者。他是元朝的重要文人,然而《元史》无传,元代文献中不见有关他的碑传文资料,也没有文集流传。1984年,李修生先生编著的《卢疏斋集辑存》(下文简称《辑存》)出版,内容包括:研究性的前言;卢挚身世的探讨;诗文、散曲的评介;卢挚年谱;辑录的文、诗、词、曲各一卷。凡他人涉及卢挚的诗文也收入附录中。《辑存》首次将这位元代文豪散佚的作品汇辑,有便于读者的研究和欣赏,也对其生平描绘出一个轮廓。[1] 近读彭万隆先生《元代文学家卢挚生平新考》一文,得悉自李著问世以来,又有七八篇论文,或再考卢挚生平,或补辑诗文,研究越来越深入。[2] 本文试图在吸取李、彭诸先生研究成果的基础上,略做补充,解读若干尚未阐明的问题,改正某些误解,力求理清卢挚生平和所作诗文的系年顺序,对其宦游地和交往人物作更深入具体的报导。由于文中涉及的问题太多,彭文提到的成果我尚未悉数拜读,史料与推论与前人相同处,恕

---

1 李修生辑笺《卢疏斋集辑存》,北京师范大学出版社,1984年。
2 《元代文学家卢挚生平新考》,《浙江工业大学学报》2012年第1期。

我不能一一注出。意见相左处,只有必须辩证与对方分歧时才引述原文。本文部分问题的解读,并无明确史料根据,仅凭某些线索推论,错误难免,敬请指正。

一 出身和早年经历

据卢挚自述:"遭际先朝(世祖朝),服勤帷幄,多历年所,擢置侍从。"据此研究者得知他出身于忽必烈的侍从。然而前文还说:"挚在稚幼,特蒙世祖皇帝天地大造,教育作成。"说明他"稚幼"时已在忽必烈身边,长大后,经过"服勤帷幄,多历年所",才被擢任为侍从。[1]

"侍从",蒙古语称为怯薛,是在大汗左右,轮番直宿卫,并"服劳侍从执事之人"。蒙古国初建时,由蒙古各千、百、十户长和白身人之子,各带弟一人,再各带伴当(蒙古语那可儿)十、五、三人组成。[2] 对于被征服的敌对部落,如铁木真为了报冤仇,将蔑儿乞部"尽绝殄灭了","其余妻子每,可以做妻的做了妻,做奴婢的做了奴婢"。将拾来的孩子给母亲做养子。日后铁木真称成吉思汗,所收养子皆成为怯薛和治国骨干。[3]

以卢挚同时人为例,一类是官员之子。廉希宪之父布鲁海牙,年十八,随其主畏吾儿亦都护内附,充宿卫,后任真定诸路廉访使和断事

---

1 《移岭北湖南道肃政廉访司乞致仕牒》《为潭学聘姚江村书》,《全元文》(11),江苏古籍出版社,1998年,4、7页。
2 《元朝秘史》卷九,乌兰校勘本,中华书局,2012年,224节,291~292页。
3 同上,卷三(112、114、119节)、卷四(135、137节),93、94、99、125、128页。

官,故廉希宪以拖雷家族分地真定长官之子的身份,"入侍世祖潜藩"。[1] 汉人中的耶律希亮,由于他是左丞相耶律铸之子,中统四年(1263),"命为速古儿赤必阇赤"。[2] 董文用、文忠兄弟因真定路藁城奉庄圣太后(蒙哥、忽必烈母)汤沐,庚戌(1250),太后使藁城令董文炳择子弟为质,三弟文用随文炳谒太后于和林,成为忽必烈潜藩主文书的侍从(必阇赤)。壬子(1252),文忠年二十二,也"入侍世祖潜藩"。[3]

另一类是出身奴隶,自成吉思汗以来,在不断的争战中养成一种风习,往往收养被征服者的孤儿,作为家内奴隶。一方面,为主人服役家内各种劳动;另一方面则被视为家庭成员,随着主人地位的上升而上升。忽必烈称帝后,亲信的侍从皆地位显赫,但在汉人社会中,史书中的传主和作传者皆讳言出身奴隶之事,但从字里行间仍能看出。如至元三年(1266)初,立制国用使司,以色目人阿合马为使。他是从费纳干掳来,成为弘吉剌部主按陈的奴隶,其女察必出嫁忽必烈,阿合马实际上是作为媵者——陪嫁入宫,成为大汗的侍从,因得宠而另建尚书省并让他主持。[4] 参知政事兼制国用副使张惠,也是蒙古军征蜀时俘虏的四川人,时年十四岁,在杭海为奴若干年后,尽通蒙古等各族语言,"丞相蒙速速(孟速思,《元史》卷一二四有传)爱而荐之,入侍世祖藩邸",成为忽必烈的侍从。[5]

---

[1] 《元史》卷一二五《布鲁海牙传》,中华书局点校本,1976 年,3070 页;《元朝名臣事略》,中华书局,1996 年,卷七之三《平章廉文正王》,125 页。
[2] 危素《翰林学士承旨资善大夫耶律公神道碑》,《危太朴续集》(嘉业堂丛书本)卷二,叶 8b。
[3] 《元朝名臣事略》卷一四之二、之三《内翰董忠穆公》《枢密董正献公》,279、287 页。
[4] 周良霄译《成吉思汗的继承者》(《史集》第 2 卷),天津古籍出版社,1992 年,351 页。
[5] 《元史》卷一六七《张惠传》,3923 页。

忽必烈在藩邸,曾"命近侍阔阔、柴祯等五人"从王鹗学。[1] 卢挚可能是柴祯一类近侍,他来自涿州,柴祯来自易州。[2]

太祖八年癸酉(1213)秋七月,成吉思汗平定了山后诸州,避开居庸关的天险,从紫荆关领兵大入,拔涿、易二州。攻涿州时,由于"州兵殊死战,昼夜急攻四十余日"才攻克。[3] 史天倪、天泽之父秉直率里中老稚数千人,诣涿州军门降。远近闻而附者,十余万家。寻迁之漠北。我猜想,柴祯、卢挚应是涿、易二州这类俘降人的后代。忽必烈遣使聘请王鹗是在甲辰年(1244),按李修生先生的推断,这时卢挚仅两岁,我估计可能更小,他不可能与柴祯、阔阔是同一批跟汉儒学习的侍从。据袁桷撰白恪碑,卢挚之父名卢顺,官中书架阁管勾。[4] 柴祯应是与卢顺同辈人,卢挚可能是忽必烈的第二代家奴。

卢挚曾说:"挚由诸生,承乏侍从。""诸生"在明清科举制度下指取得最低级功名的生员,元初还没实行科举,"诸生"意为儒生,即一般读书人。而据前文所引,他在"稚幼"时,已由世祖皇帝"教育作成",这说明两个问题:一,他任侍从前不是来自民间;二,世祖不止养育了他,还"教育作成"了他。

潜藩时的忽必烈,很重视对王子和身边侍从的儒学教育,除王鹗外,又令蒙古生十人,从赵璧受儒书。1247年召见张德辉,德辉又"奉旨教胄子孛罗等"。[5] 至于延请教授世子真金的人就更多,见于记载

---

[1] 《元史》卷一六〇《王鹗传》,3756页。
[2] 《(弘治)易州志》(《天一阁藏明代方志选刊》第7册,上海书店,1962年)卷一二,叶20b。
[3] 《元史》卷一《太祖纪》,16页;《元朝名臣事略》卷一之一《太师鲁国忠武王》引张匡衍撰《行录》,3页。
[4] 袁桷《同金太常礼仪院事白公神道碑铭》,《清容居士集》(四部丛刊初编)卷二七,401页下。
[5] 《元史》卷一五九《赵璧传》,3747页;卷一六三《张德辉传》,3823页。

的有姚枢、窦默、李德辉、王恂等人。[1] 除世子、蒙古生以外,也包括色目和汉人,如廉希宪和柴祯。[2]

中统二年(1261)八月,以许衡为国子祭酒,试图创建国学,但实际上仅注意到贵族侍从的教育。世祖任命王恂为太子赞善,诏"简拔卫士子,廪以官帑,俾师事王恂"。其中应有卢挚这批从"稚幼"时"教育作成"的少年。见于史载的就有卢挚称为"知旧"的不忽木。[3] 不忽木入学时年十二岁,按不忽木"大德四年(1300)薨,年四十六"推算,他入学时相当于至元三年(1266)。卢挚年长不忽木约十岁,估计早在中统二年已居于师事王恂的学生之列了。

至元四年(1267)九月,翰林学士承旨王鹗等请行选举法,但因"有司难之,事遂寝"。同时中书左三部与翰林学士又请"依前代立国学,选蒙古人、诸职官子孙百人,专命师儒教习经书,俟其艺成,然后试用"。虽然否定了面向全民的科举取士制度。但仍能从"勋旧之家,人材辈出,以备超擢"。[4] 顾嗣立称卢挚是"至元五年进士"。[5] 世祖未行科举,顾说与史实不符,但也不会无根编造,康熙时他可能看到某种记载,正是此次从蒙古人、诸职官子孙、侍从在国子学学成的诸生中选拔人才,卢挚中选出仕,他误解为传统科举制度下的进士。卢挚自

1　《元史》卷一五八《姚枢传》《窦默传》,3712、3730 页;卷一六三《李德辉传》,3815 页;卷一六四《王恂传》,3844 页。
2　同上,卷一二五《布鲁海牙传》,第 3070 页;《元朝名臣事略》卷七《平章廉文正王》,125 页。畏吾人布鲁海牙,任拖雷诸子封地真定路长官。其子廉希宪,年十九,即由布鲁海牙亲送入质,成为忽必烈的侍从,也与阔阔师事王鹗。希宪生于辛卯年(1231),年十九入质和从王鹗学应在 1249 年。
3　《元史》卷四《世祖纪》,73 页;卷一六四《王恂传》,3844 页;《元朝名臣事略》卷四之三《平章鲁国文贞公》,61 页;卢挚《寄康军国书》,《全元文》(11),6 页。
4　《元史》卷六《世祖纪》,116 页;卷八一《选举一·科目》,2017 页。
5　顾嗣立《元诗选》三集,中华书局,1987 年,乙·卢承旨挚,104 页。

称"年及弱冠,疵贱姓名已登仕版"。[1] 也就是说,至元五年(1268),卢挚在"年及弱冠"时,已由侍从中的"诸生"选"登仕版",即以怯薛歹出任随朝官员。

李修生先生据卢挚的大德四年(1300)《乞致仕牒》,自称"未及六十",因而按当年五十九岁断定他生于1242年。[2] 未及六十,不一定是五十九岁。如果我假设卢挚以侍从中选之说得以成立,那么至元五年是1268年,按李说已二十七岁,似年过弱冠太多,我意以两种年龄推断折中为宜。

二 任太府监令史等职(1268—1276)

如果卢挚确是至元五年由怯薛出任随朝官员,但我们尚未发现有关他任何官职的史料,只知卢挚曾出任太府监令史,时已在至元十三年(1276)。由于太府监所收各路所贡布,每匹长三丈,惟平阳路加六之二,怯薛侍从们争欲领取平阳布。因此卢挚向监官建议:如将尺寸长的截短与他郡相等,则不会争夺了。各宫殿的器皿每年髹漆,以及拭尘垢、杂用等都要用布,千余匹还不够,所截余布就可供这类用途。监官同意了卢挚的意见。有人将此事报告忽必烈,忽必烈诘问监官。监官仓皇莫知所对,归罪于挚,下令问斩。符宝郎耶律希亮得知此事,将实情上奏。忽必烈令董文忠谳审,证实原来太府监收到的

---

[1] 卢挚《移岭北湖南道肃政廉访司乞致仕牒》。
[2] 李修生集笺《卢疏斋辑存》前言,3页。

布端外有羡尺,卢挚获免于罪。[1]

卢挚由侍从出身,任职于掌内府钱帛出纳的太府监,但在大卿、太监、少监、丞和首领官经历、知事、照磨之下,仅是一个小吏员令史,考满后才是正八品。[2] 同样出身侍从并经忽必烈"教育作成"的人中,不忽木初出仕即任利用监从四品的少监,即仅次于监卿和太监之下的主管官员。[3] 董文忠和耶律希亮出仕就任"掌宝玺、金银符牌"的符宝郎。至元十八年(1281)改设典瑞监,当时还在任的董文忠即出任首长典瑞卿。原因是同样出身怯薛侍从,任官的高低视其出身"根脚"而定。不忽木"世为康里部大人",耶律希亮乃左丞相耶律铸之子,董文忠是忽必烈封地守臣的质子和身边多年的侍从。卢挚之父卢顺可能也出身侍从,但官职为中书省掾属,不过是正八品的架阁库管勾。[4] 难怪卢挚在荐人状文中自称"起身素士",即自认为出身低微,相应初列仕版时官职较低。[5]

卢挚何以因误传"盗布"一事差点被处极刑呢?据前引姚燧撰《神道碑》还说:"时患多盗,敕:'苟犯,皆杀无赦。'在在系累,充牣犴狱。"这道敕令也见于《世祖纪》,发布时间是至元十一年(1274)十一月,由于"盗诈者众",须严刑竣法治理,连累卢挚因误传"盗布"差点被处极刑。[6]

---

1 危素《故翰林学士承旨耶律公神道碑》,《危太朴续集》卷二,叶 8b;姚燧《金书枢密院事董公神道碑》,《国朝文类》(四部丛刊初编)卷六一,叶 11。
2 《元史》卷九〇《百官六·太府监》,2292 页;《元典章》卷一二《吏部·官制二·内官外转》,中华书局点校本,2011 年,234 页。
3 《元史》卷一三〇《不忽木传》,3163 页;卷九〇《百官六·利用监》,2293 页。
4 同上,卷八五《百官一·中书省掾属》,2125 页。
5 《荐前河北河南道肃政廉访副使任乞僧状》,《全元文》(11),3 页。
6 《元史》卷八《世祖纪》至元十一年十一月癸巳(170 页),敕:"京师盗诈者众,宜竣立治法。"

当忽必烈发现处置卢挚的错误后,谴责侍臣说:"方朕怒际,卿曹皆结喙,非董八(文忠)启沃朕心,则杀是非辜,必窃窃取议中外矣。"《耶律希亮神道碑》则说是将御史大夫塔察儿等召来,让之曰:"此事言官当言而不言,向非秃忽思(耶律希亮的蒙古名),几误诛一人。"忽必烈对几乎被误杀的卢挚自然会留下深刻印象,如姚燧所说,他是为公节省,"惜毁成端,断羡以给,非身利而为也"。卢挚可能因祸得福,不久,就得到委以下江南搜罗遗书的重责。总之,卢挚的出身,据其自述,他经历了世祖皇帝"教育作成",成为有文化的"诸生",再出任侍从,再进而出仕随朝官员的三个阶段。

三 出任翰林院属官,籍江南诸郡在官书板

至元十二年(1275)九月,秘书监焦养直等奏请:"临安秘书监内有《乾坤宝典》并阴阳一切禁书,及本监应收经籍、图书、书画等物。"又奏:江南诸郡多有经史书籍文板,都应如数收拾,不教失散。为此忽必烈颁旨给正在进军南宋的伯颜,"括江南诸郡书板及临安秘书省《乾坤宝典》等书"。[1] 十三年(1276)二月,设浙东西宣慰司于新降附的临安,以秘书监焦友直为宣慰使,并奉命括宋秘书省禁书图籍。[2] 忽必烈对此事非常重视,继又派出翰林编修王构、翰林直学士李槃、淮西行省参知政事董文炳、宋内侍王坴、中书省左右司郎中孟祺等人,赴

---

[1] 《秘书监志》,浙江古籍出版社,1992年,卷五,100页;《元史》卷八《世祖纪》,170页。前者作九月二十九日,后者作九月丙申,实为同日。
[2] 《元史》卷九《世祖纪》,179页。

临安搜括故宋图籍礼器。[1]

至于江南诸郡的经史书籍文板,似乎当时没来得及收拾。只有姚燧偶尔提到:"宋社既墟,诏令湖南宪使卢挚以内翰籍江南诸郡在官四库精善书板,舟致京师,付兴文署。"[2] 由于文中卢挚系官衔"湖南宪使",李修生编《卢挚年谱》将此事系于大德八年(1304)卸任湖南道肃政廉访使时。我在校读《元史》时,常见有叙某人前事,使用后来官称的情况。至元十三年(1276),伯颜受宋末帝降,可以说"宋社既墟"。十六年(1279),二王彻底失败。卢挚下江南收书,最晚只能在至元二十年(1283)前,不能到成宗大德末年才想起至元十二年(1275)世祖的圣旨。据《元史·姚燧传》,正好是大德九年(1305),姚燧出任江西行省参知政事,有人上书,请求将平宋时宋人"有死城郭封疆者,有深隐甘冻饿者,有孝义率乡闾者",应予表彰。追溯到"至元初年,翰林学士疏斋卢公巡行江南,谕有司求野史。此时南国初归,讳言节义,而翰林公归往匆匆,势必遗逸"。[3] 由此可见,卢挚"巡行江南"确在至元年间。

早在至元九年(1272),忽必烈已仿效宋秘书省设秘书监,"其监丞皆用大臣奏荐,选世家名臣子弟为之"。宣德府蔚州(今河北蔚县)人赵璠,早年降蒙古有功,中统初任顺天宣慰使和初设的燕南道提刑按察使。子秉温,事世祖潜邸。至元十年(1273),立秘书监,授秘书少监,购求天下图书。卢挚"巡行江南"收书应在他领导下。而赵秉

---

[1] 《元史》卷九〇《百官六·秘书监》,2296 页;卷九《世祖纪》至元十三年冬十月丁亥,185 页;《秘书监志》卷五,至元十三年十二月,100 页;袁桷《翰林承旨王公请谥事状》,《清容居士集》卷三二,叶 11;《元史》卷一五六《董文炳传》,3672 页;卷九《世祖纪》至元十三年二月丁未、三月丁卯,179、180 页。

[2] 姚燧《读史管见序》,《牧庵集》(四部丛刊初编)卷三,叶 1a,25 页上。

[3] 王炎午《上参政姚牧庵》,《吾汶藁》(四部丛刊三编)卷一,叶 9a,叶 8b。

温正是他女婿赵宽之叔,赵宽之父秉让之兄。[1]

元曲家白朴有一首词《沁园春》,序云:"至元丙子(十三年,1276),予识道山于九江。"[2]道山即降元的南宋江州守将吕师夔,至元十三年(1276)秋七月,以江东江西大都督知江州兼行省参知政事。白朴来到九江并与他结识。另有一首词《贺新郎》说:"望晴川炉峰瀑布,浪花溢浦,老我三年江湖客,几度登临吊古。"[3]"炉峰瀑布"指李白诗"日照香炉生紫烟"的庐山瀑布,"浪花溢浦"就是白居易《琵琶行》所谓"住近湓江地低湿"的九江湓浦。白朴已是多次登临这些胜景并寓居此地三年的老江湖。《贺新郎》赠词的物件正是"风流年少"的卢郎卢挚,可证卢挚在三年后的至元十五六年也来到江州。

白朴因何熟识卢挚并赠词与他?原来白朴是金枢密院判官白华之子,其弟白恪娶卢氏,正是卢挚之父中书架阁管勾卢顺之女,卢挚之妹。[4]

卢挚在江州写过《双调·折桂令》一首,"陶谢醺酣,香消莲社,禅悦谁参"句,正是借用慧远等于庐山东林寺结白莲社,同修净土业的典故,陶、谢即指曾入社的陶渊明和谢灵运。"琵琶冷江空月惨,泪痕淹司马青衫",也没忽略浔阳江头的白居易,充分抒发了曲题《浔阳怀古·江州》的诗意。[5]

不过,《年谱》认为白朴与卢挚在九江相会,是因"卢挚赴任江东

---

[1] 苏天爵《元故承德郎真定路总管府判官赵公墓碑铭》,赵宽"配涿郡卢氏,翰林学士承旨挚之女"。《滋溪文稿》,中华书局,1997年,卷一八,陈高华、孟繁清点校本,301页。
[2] 《天籁集》(文渊阁四库全书,以下简称四库,第1488册)卷下,叶15,644页下。
[3] 同上,650页上。
[4] 袁桷《朝列大夫同金太常礼仪院事白公神道碑铭》,白恪娶卢氏,"翰林承旨挚之女弟"。《清容居士集》卷二七,叶4b。
[5] 《折桂令·浔阳怀古》,《类聚名贤乐府群玉》,上海古籍出版社,1982年,卷四,143页。

提刑按察副使",这就不太说得通,一则是将卢挚出任江东按察副使提前,二是从大都往建康(今南京)赴任不会路过九江。至元十五六年卢挚因何来到九江与白朴相会?如果照姚燧所说,他因"籍江南诸郡在官四库精善书板""巡行江南",当然会来到江西九江等地。故江西安福人王炎午在多年后上书本省参知政事,回忆至元间卢挚巡行到江西的往事。而他所说的"至元初年"实指至元间平宋初年,而卢挚参与的"括江南诸郡书板"全部行程也可确定在这几年内。

此行卢挚是什么身份呢?白朴词开头就赞:"喜气轩眉宇,看卢郎风流年少,玉堂平步。"卢挚这时约三十余岁,已擢任翰林官员,既自感得意,也令人羡慕。但原词"阙题",后补题为"赠卢学士",将词中的"玉堂平步"理解为出任翰林学士,此前他仅是正八品的令史,虽因其学识得以转官翰林,不可能骤升为翰林学士。故姚燧泛称他为"内翰"。至元二十八年(1291),卢挚出任陕西汉中道按察副使,某地方长官归葬安西,因他是"昔太史属",家人乃请他作《墓志铭》,"太史属"也就是说他曾任翰林国史院的属官。[1]

白朴词末还有句"想君还东观图书府",说明卢挚此行确是为"括江南诸郡书"而来,目的是充实"东观图书府",也正是姚燧所说的兴文署。王恽曾作七绝一首:"米家书画满江船,月贯长虹夜色鲜。欲识广收多蓄意,北归分赐到诸贤。"说明卢挚此行收获甚丰,除了充实秘书监的收藏外,翰林院之类的文官也得到分赏的书画。[2]

至元十八年(1281)十月末,典瑞监卿兼佥书枢密院事董文忠病故,十二月六日归葬其乡高里先茔。[3] 墓志铭由卢挚撰写,墓志文现

---

[1] 卢挚《大中大夫潭州路总管张公墓志铭》,《全元文》(11),19页。
[2] 王恽《卢处道处觅书》,《秋涧先生大全文集》(四部丛刊初编)卷三四,叶12b。
[3] 姚燧《佥书枢密院事董公神道碑》,《国朝文类》卷六一,叶11。

仅存《元朝名臣事略》所引两段。墓志铭是随棺埋于地下之物,须在安葬前写成刻石,撰写时间必定在这年十一月间。董文忠对卢挚有救命之恩,交情不同一般,现在他身为翰林院官员,难怪董文忠的墓志由他执笔。关于卢挚的"盗布"案,《元朝名臣事略》是引用姚燧的《神道碑》,卢挚《墓志》引文没涉及此事,但最后一段对董文忠的高度评价却是采用《墓志》的文字,开头就说:"公于诛赏大政,往往预闻,是非予夺,毅然不回,要归公论。"[1] 这段话应是他亲身经历的体会。

四 出任燕南河北道提刑按察副使(1283?—1285?)

卢挚自述:世祖将他"擢置侍从。居无何,选任方岳"。据目前所知,他首次选任外官是出任燕南河北道提刑按察副使。

苏天爵《元故尚医窦君墓碣铭》说卢挚曾"贰宪燕南"。"贰"本义为副手、副职,引申为辅佐。"贰宪"连称,解为御史台(宪台)长官的副手。分驻各地的提刑按察使(后改肃政廉访使)则称宪使,"贰宪"也是副使的别称。李修生先生所编《年谱》,将"贰宪"理解为两次出任燕南宪使。后一次定于大德八年(1304),由于《年谱》前文已断定卢挚在至元十五年(1278)与白朴相会于九江,是赴任江东按察副使,因此将前一次出任按察副使系于至元十二年(1275)"分置燕南河北道"时。[2]

苏天爵的原文是:"真定窦氏以医术名。……君讳行冲,……会皇孙梁王开国云南,诏选尚医从行,近臣以君应诏。……久之,君以亲

---

1 《元朝名臣事略》卷一四之三《枢密董正献公》引涿郡卢公撰墓志,291 页。
2 《元史》卷八六《百官二》,2180 页。

老求还其乡,……君年既高,遂厌世事,买地郡城之东,辟为小圃,筑亭于中。……集贤学士卢公挚时方贰宪燕南,表其亭曰'静深'。"[1]

苏天爵这段文字叙事时序颠倒。"集贤学士卢公挚时方贰宪燕南"一句,这"集贤学士"又是前事用后来的官称,其意并非"以集贤学士出为燕南河北道肃政廉访副使"。"时方贰宪燕南"应理解为他当年正出任燕南提刑按察副使,曾给窦氏表其亭。苏天爵的文章,将筑亭与他告老回家,"厌世事"而采取的休闲举措联系起来,使人误认为,亭是他从云南回来后所筑。有若干史料可以证明,早在他赴江东道以前,卢挚人已在真定,首次"贰宪"燕南河北道提刑按察司。

卢挚曾致信不忽木,自称与他"辱在知旧"。我猜想有两种可能,其一同是出身侍从,由世祖"教育作成";其二是同官燕南河北道提刑按察司。至元十五年(1278),不忽木出为燕南河北道提刑按察副使。十九年(1282),升提刑按察使。[2] 如前所述,至元十三年(1276)卢挚任太府监令史,因盗布案差点被处死。至元十五年前后,卢挚正巡行江南,与白朴相会于九江,不可能与不忽木同官燕南。可能是至元十九年不忽木升按察使后,卢挚被任命为副使。

燕南河北道,置司于真定路。[3] 因此卢挚为以医术知名的真定窦氏"表其亭",并与世侯真定史氏结交。保定刘因曾给总帅史侯子明(即史枢)作《友松轩铭》,申明是因史枢"友人涿郡卢处道为请铭"。[4] 史枢是当地显贵家族成员,权真定万户史天安之子,丞相史天泽之侄,刘因是地方贤达,都是地方官接纳的对象,因此,史枢的友人卢挚代他

---

1 苏天爵《元故尚医窦君墓碣铭》,《滋溪文稿》卷一九,310页。
2 《元史》卷一三〇《不忽木传》,3166页。
3 同上,卷八六《百官二·肃政廉访司》,2180页。
4 《静修先生文集》(四部丛刊初编)卷二〇,叶5b。

请名士刘因写"铭"。史枢以万户从丞相伯颜伐宋,宋平,署安吉州安抚使。十四年(1277),因病回到真定。直到二十三年(1286)才出任山东东西道宣慰使。次年病故。[1] 十四年至二十三年史枢居家真定,卢挚只能在真定为官时与他结交,可见他出任燕南河北道提刑按察副使正在此时。

刘因另有一篇《王孝女旌门铭》,孝女与刘因同是保定容城县人,礼部下令旌表,由"内翰卢公署其门曰'孝女王氏'"。[2] 内翰卢公即卢挚,卢挚既推荐刘因为史枢作《友松轩铭》,又一同表彰孝女,可见关系不同一般,可能二人原籍涿州和容城是乡邻,最可能是卢挚出任地方官有机会与他交往。不忽木以刘因学行举荐于朝,如果当时不忽木与卢挚同居燕南提刑使、副之职,当然举荐人还应有卢挚。刘因至元三十年(1293)卒。[3] 他"贰宪燕南"与刘因结交不可能在这年之后,"内翰"是用姚燧对卢挚此前巡行江南时的称谓。

卢挚在真定,择真定尉赵宽为婿。赵宽乃中山、真定二路达鲁花赤赵瑨之孙,其父秉让,乃赵瑨第五子,留居真定。赵宽早年丧亲,卓然克自树立,虽生大家,而无纨绮之习。出任真定尉,真定居燕南孔道,使者旁午,迎劳护送,不失其节。治盗有方。可能正值卢挚在真定出任按察副使,得到他的器重,以女归焉。[4]

1　《元史》卷一四七《史枢传》,3485页。
2　《静修先生文集》卷二〇,叶5a。
3　《元史》卷一七一《刘因传》,4010页。
4　苏天爵《元故承德郎真定路总管府判官赵公墓碑铭》。

五　出任江东建康道提刑按察司副使(1286—1289)

刘因有赠《卢学士按察江东》诗。[1] "隐居教授,不求闻达"的容城名士刘因,只能在卢挚任职燕南河北道时,因在其提刑按察司治下与他结交,此诗应该是卢挚卸职燕南改任江东建康道时,刘因赠给卢挚的送别诗。

白朴词《水龙吟》序:"送张大经御史就用公九日韵,兼简卢处道副使使宁国置按察司时。"[2] 据《元史·百官志》,江南诸道行御史台于至元二十三年(1286),迁于建康,因此将江东道提刑按察司移置宁国。具体年月日是:"至元二十三年五月甲戌,徙江东按察使于宣州。"[3] 宣州南宋改宁国府,元改宁国路。[4] 由此可肯定:白朴词中所谓卢挚"副使使宁国置按察司时"是在至元二十三年。

从大都往建康赴任,沿运河南下或北上,必经扬州,故扬州留下卢挚的游踪和诗篇,他的系列《双调·折桂令》怀古曲之一,《广陵怀古·扬州》应作于初来扬州时。[5]

另一首《折桂令》曲《扬州汪右丞席上即事》,是卢挚在江淮行省右丞宴席上所作。江淮行省治所原已迁杭州,至元二十三年七月,行省丞相建议迁回扬州,次年春正月已迁回,改江浙行省为江淮行省。如果卢挚是二十三年初到任,那么此曲不是来时所作。二十六年(1289)二月,江淮行省又徙治杭州,这时卢挚似还未卸任。[6] 因此他

1　刘因《卢学士按察江东》,《静修先生文集》卷九,叶 9b。
2　《天籁集》卷上,叶 12a,638 页上。
3　《元史》卷八六《百官二》,江南诸道行御史台,2179 页;《元史》卷一四《世祖纪》,289 页。
4　同上,卷六二《地理五》,1499 页。
5　《类聚名贤乐府群玉》,卷四,141 页。
6　《元史》卷一四、一五《世祖本纪》,290、295、320 页。

可能因公干或访友曾游扬州。汪右丞名惟贤(1249—1306),巩昌二十四城便宜都总帅汪德臣次子,年甫弱冠,任巩昌等处同知便宜都总帅,历任江淮等处行中书省右丞,继任陕西行中书省平章政事,死于大德十年(1306),任江淮行省右丞应在至元间,与卢挚任江东道按察副使同时,并相遇于江淮行省回迁扬州这几年间。[1] 宴会在"六月凉秋"举行,"江城歌吹风流""按锦瑟佳人劝酒",一片歌舞升平的景象,"客去还留",留连忘返。[2]

(一)在建康路及其邻境

卢挚到任后,作《西溪赞》,自注:"西溪公,名博文,字子冕。……顷由礼部尚书、大名总管,为御史中丞,行台江南云。"[3] 王博文出任江南行御史台御史中丞是"至元二十三年上"。[4] 此文是他任江东按察副使时,对同时上任的上司的颂辞,是卢挚在此任上能确定年代的作品。二十四年(1287),姚燧时任翰林直学士,有《寄卢处道诗》,应是从大都寄往卢挚江东按察司任所。[5]

江东提刑按察司以建康为名,治所在建康,以避行台移治宁国路。二十六年(1289),行御史台自建康再移扬州,按察司又回到建康。二十九年(1292),行台还治建康,这时按察司已改称廉访司,又

---

1 《大元故荣禄大夫大司徒汪公之墓志》,《甘肃漳县元代汪世显家族墓葬》简报之二,《文物》1982年第2期。
2 卢挚《折桂令·扬州汪右丞席上即事》,《类聚名贤乐府群玉》卷四,146页。
3 《西溪赞》,《全元文》(11),13页。
4 《至正金陵新志》卷六《官守志二·题名·行御史台·御史中丞》,叶34a,《宋元地方志丛书》(3),台湾大化书局,1820页下。
5 《牧庵集》附录《年谱》,叶9a。

再迁宁国路,建康路径隶行台按治。¹ 在卢挚按察副使任期内,建康路尚在他的辖区内,故在此地区有关他的事迹和诗文甚多。

建康是南朝古都,卢挚的怀古系列不会缺失。他的《折桂令·金陵怀古·建康》,以"记当年六代豪夸"开头,从南陈降隋的尚书令江总起,借用"玉树后庭花""商女不知亡国恨"等名诗句,演绎在金陵发生的历史故事,发思古之幽情。² 意犹未尽,他又在其咏丽人系列中,作曲《折桂令·丽华》,吟叹台城"胭脂井金陵草凄,后庭空玉树花飞"的往事。³

卢挚在金陵也有访妓的风流故事。他仰金陵佳丽人杜妙隆之名,欲见不果,行程匆匆,就题写词《踏莎行》于壁。⁴

邯郸人张之翰,在京历任监察御史、翰林待制等职,出任知松江府事,故与卢挚先后到江南任官。⁵ 有《江城子》词一首,是寄给卢挚的,词中提到:"去年雪里送君时","及至金陵,还却值君归。"⁶ 似乎是卢上任一年后寄出。

至元二十五年(1288)春,卢挚巡行本按察司治下的溧阳州,墟市离山麓不到三十里,按地方习俗,凡"隆阜胜川"被称为"洞天福地"又登录在祀典的,按察司官员遵礼应前往拜谒,于是他有登句容句曲山(茅山)之行,结识山中崇禧观主邹心远。茅山上峰有道士的元符万宁宫,又名宗坛,宗坛师松溪方丈许某,次日请他"为神明之观"。卢

---

1 《至正金陵新志》卷六《官守志·本朝统属官制》,叶 13a,1810 页上。
2 《类聚名贤乐府群玉》卷四,143 页。
3 杨朝英辑《朝野新声太平乐府》,中华书局,1987 年,卷一,16 页。
4 夏庭芝《青楼集》,孙崇涛等笺注本,中国戏剧出版社,1990 年,"杜妙隆"条,114 页。
5 《(嘉庆)松江府志》卷三六《职官表》"至元二十二年"后,"阙年—张之翰",叶 4a,中国方志丛书,华中地方第 10 号,台湾成文出版社,1970 年。卷四〇《名宦传》有传,叶 19b。
6 张之翰《江城子·寄卢副使处道》,《西岩集》(四库全书珍本)卷一一,叶 3a。

挚临行,赋诗《游茅山五首》为别,序以赠之。又作《题邹尊师松鹤图》七律一首。[1] 这年除日,卢挚再登茅山。二十六年(1289)春正月朔,举祝釐之典,赋诗七律《茅山作》。在茅山度过元旦,直到四日后才同许松溪和邹心远告别,并留诗五首。[2]

卢挚与地方官也有交谊。建康路的溧阳县,至元十六年(1279)升为路。[3] 总管元淮,本是一书生,在福建任地方官,"用武安民",收剿反抗元朝的少数民族和"草寇"有功,于"甲申冬"(至元二十一年,1284)"来守官溧阳"。他有一首七律《上江东道宪使疏斋卢副使》,赞扬负有"观风闻俗化梗顽"使命的提刑按察使到任后,"贪吏风闻应丧胆,书生日见尽开颜"。按察使的职责是治贪吏,喜结交书生则是文人卢挚的特点。"吟来蓟北文章贵,治得江东讼谍闲"。后一句肯定了他的政绩,前一句则是赞美这位来自蓟北涿州的文臣的诗文创作。卢挚曾赠诗给溧阳路的道录徐松隐,元淮也有次韵而作的诗。[4]

卢挚也曾到建康路邻境游览并结交朋友。他的《折桂令》曲怀古系列就有游镇江的《京口怀古》,以刘备、周瑜和孙权在镇江北固山群英会的故事,感叹历史的分久必合。[5] 北固山甘露寺内宋人建有多景楼,卢挚曾作咏多景楼诗,已不传,今存王奕作七律《和卢疏斋多景楼韵》。诗中恭维卢挚:"北固英雄前去古,中原文献后来贤。"[6] 王奕,浙

---

1 《游茅山五首》,《元诗体要》(四库第1372册)卷一四,叶5b,687页;《题邹尊师松鹤图》,《元诗选》三集乙·卢承旨挚,115页。
2 《茅山作并序》《岁旦后四日留别宗坛师松溪许君、邹君心远五首》,《元诗选》三集乙,113、115页。
3 《元史》卷六二《地理五》,1502页。
4 元淮《历涉》《上江东道宪使疏斋卢副使》《次卢疏斋赠溧阳道录徐松隐韵》,《金囦集》,叶1a、11b,《涵芬楼秘笈》第十集,1926年商务印书馆影印本。
5 《双调·折桂令·京口怀古·镇江》,《类聚名贤乐府群玉》卷四,142页。
6 王奕《玉斗山人集》(四库第1195册)卷一,叶18a,637页上。

江玉山人,与文天祥、谢枋得为友,枋得被强迫北行,王奕曾以诗送行。宋亡,建斗门书院。这类亡宋遗民,何以能与元朝所派北来官员结交,不得其解。另一浙江永嘉人俞德邻(1232—1293),迁居镇江路丹徒,入元,屡荐不起,一时名士咸敬慕之,也同卢挚颇有交谊。德邻送他的朋友程道大回新安,临行赠诗四首,兼简身在宁国按察司治所的卢挚。[1]

卢挚与无锡的僧人也有交往。浙江妙坦禅师西游吴中,从觉庵真公于承天寺,后来领无锡之保宁寺,又迁慧山等寺,卢挚累次跟他游慧山,并为他的居室题写门匾名"竺西"。因此人们以"竺西"为号称呼他。[2]

江东建康道所管太平路治当涂,城东南青山西麓有李白的墓,卢挚当然不会错过,瞻仰之余,作七绝《题太白墓》:"大雅清风久不闻,一杯聊为洗荒坟。朱弦三叹无今古,说与江东日暮云。"[3] 表达他的敬仰。

(二)在宁国路宣城

元曲家白朴赠张大经御史《水龙吟》一首,也寄赠初迁宁国的按察司副使卢挚。[4] 卢挚身在治所宣城,也创作了其系列《折桂令》怀古

---

[1] 《送程道大归新安兼简宪使卢处道学士四首》,《佩韦斋集》(四库第1189册)卷五,叶6a,40页上。
[2] 黄溍《天童坦禅师塔铭》,《金华黄先生文集》(四部丛刊初编)卷四一,叶27a。
[3] 蒋易辑《皇元风雅》(四部丛刊初编)前集卷一,叶3a。
[4] 《天籁集》卷上,叶12,638页上,《水龙吟》序:"送张大经御史,就用公九日韵;兼简卢处道副使使宁国置按察司时。"

曲之一——《宣城怀古·宁国》。[1] 宣城内有陵阳山,故宣城古称陵阳,据《县志》称:"冈峦盘曲,为县之镇。"卢挚曾作曲《喜春来·陵阳客舍偶书》,时间是春初,应是他客居宣城寓所感兴之作,用"梅擎残雪芳心奈,柳倚东风望眼开"的词句抒发"喜春来"的心情。[2]

卢挚在宣城,与当地文人交游,常以诗酒相聚。宣城儒士汪泽民(1273—1355),延祐五年(1318)登进士第。至正三年(1343),除国子司业,参与修辽、金、宋史。书成,迁集贤直学士,后以礼部尚书致仕,退居宣州。[3] 晚年与张师愚同编《宛陵群英集》,收宋至元的古今体诗二十八卷。汪泽民在延祐元年(1314)推行科举时,领江浙乡荐,署宁国路儒学正。这时距卢挚卸任廉访使离开宣城不久,所编《宛陵群英集》收有多首他与当地名士唱和的诗篇。

宁国路太平人汪珍,字聘之,隐居黄山下,博学工诗,人称南山先生,"卢挚雅重之"。[4] 现存汪珍作《疏斋先生赋湖阴曲书以为赠予遂赋一首》,从诗题得知,卢挚曾作《赋湖阴曲》并书写赠送汪珍,可惜今已失传。《湖阴曲》原为唐温庭筠怀古感兴之作,诗序说:"王敦举兵至湖阴,明帝微行,视其营伍。由是乐府有《湖阴曲》,而亡其词,因作而附之。"卢挚的诗应是仿温诗再"作而附之",从汪珍诗可揣知这类诗的内容。如汪珍诗开头:"一虎穴中卧,六龙江上飞。""一虎"指谋反的权臣王敦,"六龙"指乘骏马微行暗察王敦营垒的晋明帝。"鼓声逢逢天四黑,五骑爬沙行不及"。"五骑"指王敦派出五骑追赶明帝不

1　《类聚名贤乐府群玉》卷四,143 页。
2　《乐府群珠》,卢前校,商务印书馆,1955 年,卷一,4 页。
3　宋濂《元故礼部尚书谥文节汪先生神道碑铭》,《宋学士文集·銮坡前集》(四部丛刊初编)卷三,叶 7b。
4　汪泽民《宛陵群英集》(四库第 1366 册)卷一,叶 9b,962 页上,汪珍小传。

及。"天上宝鞭人未识"则指明帝留下的宝鞭。王敦所据于湖故城在今当涂县东南三十余里,是卢挚携文士常游处,故有感而作《湖阴曲》。如汪珍在全诗之末发出的感慨:"江风夜卷湖阴水,明月腥氛当一洗。荒亭千古寄兴亡,目断苍烟湿衰苇。"[1]

宣城县城南二里有响山,当鳌峰正南,两岸对峙,中瞰响潭,下俯宛溪。[2] 李白来游,曾作五古《九日登山》,有句"筑土接响山,俯临宛水湄"。卢挚作七言古《记响山之游》,现存潘从大依韵奉答诗一首。[3] 从大宣城人,宋景定壬戌(三年,1262)进士,也是一位南宋遗民,应是同游响山者之一。[4]

在响山下响潭之上,也有一处子陵钓台,卢挚曾来游,并作《题子陵钓台》骚体诗一首,现存。[5]

宣城人王璋,字敬叔,有古体诗《题丛隐轩》一首,诗序说:"吴宽居所居燕坐之处,有老桂临窗,最为嘉树。"卢挚取西汉淮南王刘安的《楚辞·招隐士》,借用首句"桂树丛生兮山之幽",名其轩曰"丛隐"。[6] 吴宽居不知何许人,卢挚应其请求为其轩命名,聚集当地文人燕坐吟诗,这也是公余寻乐的一种方式。

卢挚的五言诗《载酒访王敬仲昆季登楼赋诗得见字》,诗题提到的"王敬仲"是王璋之兄王圭,字敬仲,昆季并以诗名。首句"城南有

---

1 《宛陵群英集》卷三,叶16,988页下。
2 《(嘉靖)宁国府志》卷五,叶8a,天一阁藏明代方志选刊,上海古籍出版社,1962年。
3 潘从大《疏斋用前韵记响山之游依韵奉答》,《宛陵群英集》卷三,叶3,982页上。
4 《(嘉庆)宁国府志》卷六,叶19b,《选举表》,"潘从大 景定壬戌方山京榜",中国方志丛书,华中地方87号。
5 卢挚《题子陵钓台》,《元诗体要》卷一,叶5b,494页下。
6 《宛陵群英集》卷一古体,叶3b,959页上,王璋《题丛隐轩》。

幽人",说明他们就住在城南。[1]《元诗选》在王圭的诗中,首选《和戴帅初陪廉宪副游三天洞韵二首》。[2] "廉宪副"即廉访副使廉希贡,布鲁海牙之子,廉希宪之弟。至元三十年(1293)十二月到任,元贞三年(元贞无三年,疑为二年之讹)十二月离任。[3] 除王圭外,王璋、汪鑫都有与廉希贡同游三天洞的诗,这种现象说明外来官员喜与地方名士交游,卢挚与廉希贡出任副使皆在至元末,他载酒访王家兄弟的诗似在首次来宁国时。

宁国路儒学正吴福孙,因"江东宪司治宁国,涿郡卢公临按之暇,略其势分而与之游,数以诗篇相倡答"。[4]

据孔齐回忆:其父退之于至元末年补江东廉访司书吏,"宪使卢公疏斋雅相推重,一游一燕,未尝不与先君同处。或赋诗词,必先书以见示"。[5]

宣城各处名胜,留下了卢挚的足迹和诗篇。如北门外的天宁寺,他曾作《朱履曲·天宁北山禅老招饮于双松精舍》一首。[6] 居然在僧舍招来歌妓,"春意满禅林葱蒨,艳歌听倚竹婵娟",并开起老和尚的玩笑:"脂粉态前生缘业,笑渠侬一划心邪,才诵罢《楞严》礼释伽。管甚空色梦,你且近前些,与这老双松作个娇侍者。"[7]

北宋诗人梅尧臣(1002—1060),字圣俞,就是宣城人。因他官至

---

[1] 《元诗选》三集乙·卢承旨挚,107 页。
[2] 同上,三集甲·王处士圭,96 页。
[3] 《(嘉庆)宁国府志》卷二,《职官表·职官上》,叶 97a。
[4] 黄溍《上海县主簿吴君墓志铭》,《金华黄先生文集》卷三八,叶 17b。
[5] 孔齐《至正直记》,上海古籍出版社,2012 年,卷四"先君教谕"条,135 页。
[6] 《(嘉庆)宁国府志》卷一四,《营建志》寺观 宣城县 天宁寺,在北门外稍西,创建莫考,明洪武中废。叶 1b。
[7] 《类聚名贤乐府群玉》卷四,153 页。

都官员外郎,故世称"梅都官"。卢挚的七绝《梅都官宅》,是他谒游圣俞旧宅时,诗人以"临风怀谢公(南齐宣城太守谢朓)"的心情,用"一上高斋忆谢公"的诗句表达对前辈诗人的敬仰;结尾"诗家政有都官宅,肠断荒山落叶风"两句,叹息诗人已不在,仅余故宅在荒山落叶中了。[1] 他另有五古《宣城南郊何氏游集》一首,描写他岁暮往游"自得野趣"的经历,但不知何氏是谁?[2]

宁国路所辖宁国县,县西百里石镜山,"有石如镜,足以鉴物"。[3] 卢挚的五律《石镜精舍》应是来游时所作。汪泽民也有咏石镜的诗,如卢挚诗所说,如此奇观,"谁能惮行役",都不远百里到此一游。[4]

在同属宁国路的旌德县,卢挚作《书梓山寺经堂》五律一首。[5] 梓山在县东南二里,正对县署、学宫。上有资福禅寺,又名梓山瑜伽寺,宋开宝间建。熙宁间,王安石子王雱任旌德县尉,曾在梓山寺圣母池石壁上刻所书"兰亭胜事"四大字。如此胜景,卢挚不会错过,寺内有"诸梵室",当是他所书"经堂"。[6]

(三)在徽州路等处

江东道所辖"为郡有六",卢挚常出宣城往其他路县巡视。徽州路治歙县,因徽州古称新安郡,歙县曾置歙州,故后人称歙县为新安,

---

1 《元诗选》三集乙·卢承旨挚,116页。
2 《天下同文集》(雪堂丛刻本)卷四二,叶130b。
3 《(嘉庆)宁国府志》卷五,叶21b。
4 《元诗选》三集乙·卢承旨挚,108页。
5 《天下同文集》卷四二,叶131a。
6 《(嘉靖)宁国府志》卷四,叶26a;《(嘉庆)旌德县志》卷一《疆域·山川》,卷四《典礼·寺》,卷六《职官表》,卷一〇《杂记》,中国方志丛书,90、371、495页。

或称歙郡,卢挚在此曾作五言古诗《春晚歙郡高斋》。[1] 在春天的寒食和清明,他皆曾作《清平乐》词,前者题为《行郡歙城寒食日伤逝有作》,后者题为《歙郡清明》。[2]

杨公远是与卢挚交往较多的歙县名士。公远字叔明,善画梅,有诗集《野趣有声画》两卷,其中有与卢挚交往的诗三首。其一是《上疏斋卢按察》,大概是为干谒来歙巡视的按察司官员而作,故以"歙境争先觐使星"的诗句开头。其二《诗谒按察使疏斋赐贱号二大字赋诗以谢》,就是他以诗谒卢挚,求得为他书写名号两大字,再以七律诗相谢,用"得坐春风才半日,胜居尘世已千年""两字光芒关不住,私心犹敢觅新篇"的诗句,极尽吹捧之能事。其三《饯卢按察》,显示已能将卢挚请到家中宴饮了。饮后又赠以"历遍山城留好句,苏回民瘼快舆情。人言但有官如此,世道应无事不平"之类的肉麻诗句,不仅吹捧卢挚的诗写得好,简直是百姓的大救星。[3]《四库全书总目提要》作者认为,宋亡时他年已四十九,入元未仕,循例应称为宋朝"遗民",但他"入元以后,干谒当路,颂扬德政之诗不一而足,其未出仕当由梯进无媒","今系之元人,从其志也"。[4]

徽州名士吴梦炎,字文英,号南窗。歙县丰南人。宋景定五年(1264)举于乡。江南内附,先任休宁教谕,转任紫阳书院山长。紫阳书院始建于南宋淳祐间,理宗赐名"紫阳书院",以祭祀朱熹,宣扬朱

---

1 《天下同文集》卷四二,叶130。
2 同上,卷四八,叶160b、161a。
3 杨公远《野趣有声画》(四库第1193册)卷下,叶42b,771页;叶43a,771页;叶44a,772页。
4 《四库全书总目》,中华书局,1965年,卷一六六《野趣有声画》,1424页上。

熹理学思想为主旨。梦炎又新修文公祠,编刻文公传及谥议,勤于化导。[1] 他将自己的亭舍命名"野舟",寄信到宣城请卢挚赋诗。卢挚回赠七绝诗两首:"雨暗中天傅说星,韦郎幽草涧边生。无人说与雷州客,万古春潮尽未平。""紫阳何限舞雩春,底事扁舟托兴新。试为扣舷歌此曲,晚风吹恨满烟津。"[2] 同是歙县人的名士和诗人方回也为梦炎的"野舟"题诗,诗序称:文英将筑亭于所居的溪上,卢挚给他的亭题写扁名"野舟",并解释说:卢的诗是"取韦苏州七字、寇巴东十字"。[3] 韦苏州即卢挚诗中的韦郎,也就是唐朝曾任苏州刺史的诗人韦应物。傅说星是一颗与尾宿相邻、亮度接近尾宿九星的星,古人称为"傅说(yuè)星"——以商王武丁的贤相傅说为名。稍能背几首唐诗的人,只要看到"幽草涧边生""春潮"等熟悉的辞句,就知出自韦应物的名篇《滁州西涧》,并会联想起他描写幽雅自然风光的全诗,尤其是末句"野渡无人舟自横"。所谓"取韦苏州七字",实际是暗用未引的末句,隐喻吴梦炎的"野舟"。寇巴东指北宋宰相和诗人寇准,因他曾知归州巴东县,故称"寇巴东"。真宗乾兴元年(1022),寇准被贬为雷州司户参军,次年客死雷州,故卢挚诗称他为"雷州客"。十字即取他《春日登楼怀旧》五律诗中的颔联:"远水无人渡,孤舟尽日横。"卢挚诗的巧妙处,不止直接咏赞他的"野舟",而且借用前人的名句,或明或暗地阐明他将亭命名"野舟"的诗情画意,也表彰他借扁舟寄托乐道遂志的情趣。

---

[1] 《徽州府志》卷一二之二《人物志·宦业一》,叶59a;卷三之一《营建志·学校》,叶41b。中国方志丛书,华中地方第235号。

[2] 卢挚《紫阳文学吴掾颜燕室野舟自歙走书宣城丐予诗》,《永乐大典》(9),中华书局,1980年,卷九〇〇,叶9a。

[3] 方回《题吴山长文英野舟五首梦炎并序》,《桐江续集》(四库第1193册)卷一六,叶24b,423页。

卢挚也察访并举荐地方士人,新安张桂,有隐德,又以事继母孝著称,"江东按察使卢公挚、江浙参政燕公楠咸论荐之"。[1]

徽州路最南面的婺源县,据柳贯《婺源州重建晦庵书院记》,具体提到:"至元二十六年,江东按察副使卢公挚行部次县。"[2] 卢挚自作的五言律诗《婺源县斋书事》,〔元〕蒋易编《皇元风雅前集》、〔明〕偶桓编《乾坤清气集》和〔清〕顾嗣立编《元诗选》皆已选入。[3]《永乐大典》残卷中也收录此诗,而且多出一段诗序:"二月初九日晓坐婺源县斋,淡圃李翁、遁斋吴丈、县文学江君天泽、张君叔重雨中见访。……"[4] 一可说明他来的时间是春二月,二可知当时婺源名流有李淡圃、吴遁斋、江天泽、张叔重等人,可见他除公事外,平常与他们有来往,而且亲密融洽。

江天泽名矗,字天泽,号古修。宋咸淳七年(1271)进士,授某州司户参军,寻不仕。所著有《古修文集》。[5]

张叔重,婺源人,至元丁亥进士,曾出任怀孟路经历。丁亥是至元二十四年(1287),当时尚未开科举,疑叔重是前宋进士,故作为当地名士,与卢挚交往。[6]

婺源龙陂人程直芳,字道大,号前村,是当地硕儒,对《易》、蔡传《尚书》《诗》《春秋》等诸经皆有研究著述,尤精邵子之学,所著有《玄

1　贡师泰《题新安张吴先世碑后》,《全元文》(45),194页。
2　《婺源州重建晦庵书院记》,《柳待制文集》(四部丛刊初编)卷一五,叶20a。
3　《皇元风雅》前集卷一,叶3b;偶桓编《乾坤清气集》(四库第1370册)卷一一,叶5a,371页下;《元诗选》三集乙,112页。
4　《永乐大典》(29),卷二五三八《卢疏斋诗》,叶20b。
5　方回《江天泽古修文集序》,《全元文》(7),137页。
6　《新安名族志·前卷·张》,黄山书社,2007年。

玄集》。¹ 前文提到俞德邻从丹徒送程道大归新安诗四首,声明"兼简宪使卢处道学士"。说明他与卢挚也有交往。²

至元二十一年(1284),江南行御史台"访求耆德",江东道共访得九人,以婺源县人汪复为首。汪复字晞颜,登宋景定三年(1262)进士。汪复被元朝征召,潜使请辞。后来卢挚继任按察副使至县,强请见,劝请出仕。³

婺源在宋元之际,有两件影响全国的人和事。其一,婺源是集理学大成的朱熹祖籍,虽然其父"因仕留闽",但他"世籍徽之婺源",因此婺源和全徽州路都以朱熹为荣,如歙县的书院即以其号紫阳为名。婺源县人汪元圭,原任饶州路总管府治中,归休里居。至元十九年(1282),出任婺源县尹,发起兴建以朱熹之号为名的晦庵书院。二十六年(1289),本道提刑按察副使卢挚巡行到婺源,嘉奖元圭的义举,视察书院的动工并建成,再命有司呈请行中书省,著额为"晦庵书院"。汪元圭也呈行省,聘请名进士里人吴觉、江雷为山长,建屋百楹,捐田六顷,书万卷。⁴ 吴觉字孔昭,号遁翁。⁵ 即前文卢挚诗引中的"遁斋吴丈",山长江雷应作江霝,即"江天泽"。

另一件是婺源发源的民间信仰五显神。传说是唐光启(885—887)年间,有五神人降临于婺源城北王姓民家园林中,自称受天之命,

---

1　《新安文献志·先贤事略》(四库第1375册)卷上,叶29b,16页下。
2　《送程道大归新安兼简宪使卢处道学士四首》,《佩韦斋集》(四库第1189册)卷五,叶6a,40页上。
3　洪炎祖《汪常簿复传》,《新安文献志》(四库第1376册)卷八七,叶27,436页下。
4　方回《饶州路治中汪公墓志铭》,《全元文》(7),430页;柳贯《婺源州重建晦庵书院记》,《全元文》(25),271页。婺源县元贞元年升州,此前卢挚"行部"时称县,书院撰记时称州。
5　方回《桐江集》补遗,19,41页。

当食此方。邑人立庙虔供祈祷,莫不应验。宋大观三年(1109),赐庙额为"灵顺"。宣和五年(1123),五神分别封通贶、通佑、通泽、通惠、通济侯。其显灵之事,屡闻于朝,此后累有褒封,南宋时从二字增至八字。淳熙元年(1174),进封显应、显济、显佑、显灵、显宁公,俗称五显。[1] 卢挚到婺源,为了"观省吴楚俗",也去拜谒城西的五显祠,作五古一首,记述他前往"荐币尊故常,揭虔烦史祝"。[2]

信州鹅湖的鹅湖寺是朱熹和陆九渊相会论辩讲学之处,元信州路是江东建康道辖区,卢挚曾巡游到此,题写"鹅湖"二字,有"养吾李谨思明通"作《补疏斋题鹅湖》五律一首。[3] 从作者署名看,谨思字明通,号养吾。据载,他是饶州路鄱阳人吴存的乡先生和前辈,可见谨思是辖区鄱阳的南宋遗老和学者,也同卢挚有交往。[4]

六 出任陕西汉中道提刑按察司副使(1290—1292)

卢挚在江东道任满后,转调陕西汉中道提刑按察司,仍任副使。

卢挚有七绝二首,诗题《以时中概止善义者,吴友夹谷尚书士常昔者之诗也,抚卷感喟,因扩充之》。夹谷士常名之奇,字士常,女真人。平宋时,随大军南下,先后任行省官、佥江南浙西道、江北淮东道提刑按察司事。至元二十五年(1288),任吏部尚书,故称"夹谷尚

---

1 《三教源流搜神大全》,上海古籍出版社,1990年,卷二,叶6a,19页上;罗愿《新安志》,《宋元方志丛刊》(8),中华书局,1990年,卷五,叶12a,7664页上。
2 卢挚《谒灵顺五显祠》,《(康熙)婺源县志》,中国方志丛书,华中地方第676号,卷一二《艺文》,叶15b。
3 《补疏斋题鹅湖》,《天下同文集》卷四二,叶135a。
4 危素《吴仲退先生墓表》,《危太朴续集》卷四,叶12a。

书"。二十六年卒。"为文章尤简严有法,多传于世"。¹ "时中"出自《中庸》"君子之中庸也,君子而时中";"止善"出自《大学》"大学之道,在明明德,在亲民,在止于至善"。"抚卷感喟"应在之奇去世后,卢挚读他的旧诗有感,故用"只应吏部时中意,无负廉车止善名"的诗句怀念故友。² 廉车指按察使、廉访使等官员坐的车,也是这类官员的代称,"廉车止善名"就是赞扬夹谷之奇为政亲民,止于至善。这诗如作于之奇卒后不久,可认为是他卸职回京时,知友人已故感念而作。夹谷士常平宋时即南下江南,可能在卢挚来江南搜书时结识,故称他为"吴友"。

至元二十九年(1292),赵孟頫出任同知济南路总管府事,一位往年在京师结识的朋友田润之,也来到山东任廉访司幕府长,从游既久,出示一卷由疏斋卢挚书写的作品给他欣赏,内容是潘某记田君居室夷斋之文。³ 卢挚的墨宝也可能是至元二十七年(1290)江东道按察副使任满返京时所写。

卢挚往陕西赴任,有人为他送行,也有他送人的诗。为他送行的是前任陕西汉中道按察副使陈思济,作《送卢处道提刑陕西》七律一首,汉武帝曾派直指使衣绣衣至各地巡捕群盗,卢挚出任陕西道按察副使,故诗中称他"绣衣直指上长安","三辅舆情应日望,九秋一鹗上霄抟"。"三辅"本是指西汉京畿右内史——长安尹等三个职官,治所皆在长安城中,故后人泛称长安为三辅。将卢挚比喻为鸟中"一鹗",即出类拔萃的大臣,意思是今后陕西的百姓可指望他成就一番事业。⁴

---

1 《元史》卷一七四《夹谷之奇传》,4061页。
2 《永乐大典》(71)卷七二四二,《卢疏斋诗》,叶18b。
3 赵孟頫《夷斋说》,《松雪斋文集》(四部丛刊初编)卷六,叶3b。
4 《元诗选》二集丙《秋冈先生集》,322页。

五古《送程中丞介甫赴云南行台》则是他所作送人诗。[1] 程中丞名思廉,字介甫。至元二十七年(1290)五月,立云南行御史台,任思廉为御史中丞。本传说:此前思廉"迁陕西汉中道按察使,以母老不赴"。而他的神道碑则说:"陕西行省举公兴元路总管。明年,进陕西汉中道大使。"并未"不赴"。总之,思廉早已任官陕西。[2] 由此可见,这年五月前,卢挚已卸江东道官职,并到陕西接任副使的职务,故有送同官按察使赴云南行台的诗作。

卢挚到任后,与提刑按察司佥事畅师文共事,至元二十八年(1291)二月,诏改提刑按察司为肃政廉访司,陕西汉中道"精汰旧官",独副使卢挚与佥事师文仍旧留任。[3] 元人笔记记载一个故事:卢挚一次同畅师文巡视到巩昌,总帅汪公殷勤邀请"至家小饮"。[4] 这个"总帅汪公",疑是汪惟和,他袭父汪德臣巩昌等处便宜都总帅之职。至元二十六年(1289)率所部北征,二十九年(1292)二月,复任原职,兼巩昌府尹。[5] 汪家是当地世侯功臣,地位显赫,也以与他俩结交为荣,可见朝廷派往地方的按察司官员之重要。

同时,本道前按察副使、成都路总管、诸蛮夷部宣慰使张庭瑞,于至元二十七年四月病故,次年三月将葬于安西府,"前事一月",因卢挚是"本部使者",昔日是"太史属",即曾任翰林国史院的属官,故家

---

[1] 《天下同文集》卷四二,叶 132a。
[2] 《元史》卷一六三《程思廉传》(第 3830 页)与《河东廉访使程公神道碑》(《国朝文类》卷六七,叶 1b)皆称至元二十六年立云南行御史台,点校本据《世祖纪》至元二十七年五月己巳条、卷八八《百官志》校正。
[3] 《元史》卷一六《世祖纪》,345 页;许有壬《大元故翰林学士畅公神道碑铭》,《圭塘小稿》(三怡堂丛书)卷九,叶 9b。
[4] 陆友仁《研北杂志》(丛书集成影印宝颜堂秘笈本第 2887 册),卷上,14 页。
[5] 《元史》卷一五、一七《世祖纪》,320、360 页。

人请他撰写《墓志铭》。[1]

陕西周至道教圣地楼观,有《大宗圣宫重建文始殿记》碑,碑文后有名贤题咏,其中有卢处道《说经台登望次玉局翁韵》七绝二首,应是卢挚出任陕西汉中道按察副使时所作。苏轼的《永和清都观谢道士求诗》自称"玉局翁",卢诗即步东坡此诗东韵。[2]

凤翔屯田长官程达,是当地的世袭长官,其墓碑由卢挚撰写,可惜碑文已失传,我们仅能从姚燧为其子介福所撰神道碑得知。[3]

大德三年(1299)陕西汉中道肃政廉访司迁凤翔前,京兆是廉访司治所。卢挚有曲《咸阳怀古·京兆》应是此任期中所作。[4]

他在京兆,与当地名士颇有诗书往来。五古《寄博士萧徵君维斗》,是寄赠京兆人萧㪺的。[5] 萧㪺字惟斗,元朝累次征辟不赴,"隐于终南山下,凿土室以居之",故称徵士。诗中"秦中幽胜地,乃在终南山","侃侃古君子,亹亹泉石间",就是描述他"读书南山者三十年"的生活。[6] 另一首《寄徵士韩从善》,寄给同是京兆人韩择,择字从善,称"士大夫游宦过秦中,必往见择,莫不虚往而实归焉"。故诗称"西州有佳人","揽衣欲从之"。[7]

卢挚有《送赵左丞之湖广省》七绝二首,首句"十年关陇得春偏",

---

1 《大中大夫潭州路总管张公墓志铭》,《全元文》(11),19页。
2 朱象先《古楼观紫云衍庆集》卷下,《道藏要籍选刊》(7),上海古籍出版社,1989年,517页中。
3 《武略将军知弘州程公神道碑》,《牧庵集》卷二四,叶2a。
4 《折桂令·咸阳怀古·京兆》,《类聚名贤乐府群玉》卷四,140页。
5 《国朝文类》卷三,叶6a;《元诗选》三集乙·卢承旨挚,106页。
6 《元史》卷一八九《萧㪺传》,4325页;苏天爵《元故集贤学士国子祭酒太子右谕德萧贞敏公墓志铭》,《滋溪文稿》卷八,114页。
7 《元诗选》三集乙·卢承旨挚,107页;《元史》卷一八九《韩择传》,4826页。

似说赵左丞已在关陇任官十年,现在出任湖广行省左丞。[1] 卢挚记述与前湖南宣慰使赵淇"朋游"的官员中,有一位湖广行省"左丞赵公伯华",也是"契予尤深者",此人应是卢挚在陕西和湖南任内有机会交往的赵左丞。[2]

至元二十九年(1292)八月二十八日,是元世祖的生辰。[3] 卢挚作词《春从天上来》一首,用"九重天上,万岁声中","歌舞帝力神功"的词句,为忽必烈庆寿。[4]

七 出任河南路总管(1293—1295)

卢挚自称:"予自秦移洛",由廉访副使改任地方大郡长官,自谦恐怕才拙不堪重任。他宿留于华州,在渭南城外隐者郝家做客约一月之久。徜徉云台峰,游览天宁,扣白云宫、紫微观之门,过华岳观,酌醴泉,祭玉女祠,造访真常真人刘道宁的宫观。穷深幽讨,找到清华观。卢挚后来为清华观撰写碑文,前一段记述此行经过,并描写华山胜景,是一篇精美的游记。后两段则详述清华观的传承和沿革。[5]

引起卢挚兴趣的是中峰山麓的云台宫,他认为,若要登高,就必须去云台。曾作《云台醉归》曲一首,称"万古潼关过客,尽清狂得似

---

1 《元诗选》三集乙·卢承旨挚,116页。
2 卢挚《湖南宣慰使赵公墓志铭》,《全元文》(11),21、23页。
3 《元史》卷四《世祖一》:"以乙亥岁八月乙卯生。"即生于元太祖十年(1215)八月二十八日。
4 《全金元词》,中华书局,1979年,726~727页。
5 卢挚《华阴清华观碑》,《全元文》(11),21、24页。

疏斋"。叙写自己从"灏灵宫畔云台,日落秦川,半醉归来"的情景。[1]

东峰的清华观"岧厦屋于灌木丛薄间",虽规模逊于云台,但蜿蜒纡余,而擅登望之胜。他作五律咏《青华观西轩》:"平生林壑趣,聊复此窗间。"[2]

卢挚何时"自秦移洛"碑文没说明,如按三年(至元二十七至二十九年,1290—1292)一任估计,那么他于至元三十年(1293)已接任新职。三十一年(1294)四月,成宗即位,卢挚以少中大夫河南路总管的名义,作《河南府路进贺皇帝陛下登宝位表》,说明此前他已到洛阳就职。[3] 同年五月,成宗遣使者祠祭中岳中天大宁崇圣帝,并令卢挚"以守臣在列",代皇帝拟撰祝词。次年改元元贞,三月,又遣使致祭,有明文记载,成宗"践祚以及元年秩于骏岳",卢挚皆以地方官的身份参加。元贞二年(1296)二月,成宗第三次"遣使者走仪币供祀事"于中岳,冲素崇道法师吴全节等使臣对卢挚说:皇上践祚以及元年祭祀中岳,你都曾参与,虽然现今已"满代寓是邑",此次祭祀,"将刻石以贲盛礼",仍请他撰文作记。[4] 说明元贞二年他已任满,寓居于此。

卢挚怀古曲系列之一《洛阳怀古》应是上任河南路总管时所作。[5] 而歌咏美人的《绿珠》,坠楼的故事也发生在"洛水流东"的洛阳,同样是此时的作品。[6]

他的诗反映与地方官员的交往。河南路属河南江北行省所辖,左丞夹谷坚贤之祖是与刘伯林等最早降元的汉将,父龙古带是蒙古

---

[1] 《折桂令·云台醉归》,《类聚名贤乐府群玉》卷四,147 页。
[2] 《天下同文集》卷四二,叶 131a。
[3] 《全元文》(11),1 页;《圣元名贤播芳续集》卷之一,叶 3b 至 4a。
[4] 卢挚《皇帝遣使代祀中岳记》,《全元文》(11),11、12 页。
[5] 《折桂令·洛阳怀古·河南》,《类聚名贤乐府群玉》卷四,139 页。
[6] 《蟾宫曲(即折桂令)·绿珠》,《朝野新声太平乐府》卷一,17 页。

灭金后镇守汉中地区的军政长官,世祖朝坚贤袭父职。[1] 卢挚在陕西汉中道任期内必与夹谷家族打过交道,今调河南,坚贤居行省左丞要职,作为本省下级官员,联络感情必不可免。他在一首答夹谷的五言古诗中说:"十年皇华使,咨度愧清衷。"是说他已任十年按察或廉访副使,可推知他最早出任燕南河北道副使是至元二十年(1283),三任共整整十年。"承命甫为郡,虑无理人术",是说奉命接任地方长官总管的职位,恐怕没有治民的本领,最后向他表决心:"矢心报知己,言语讵能毕。""期公山水间,千秋恒若一。"诗题中的"郡斋",即河南府路总管府中他的住舍,故作诗的时间、地点皆可由此判定。[2]

卢挚也与总管府下属包铁壁唱和,曾为他的古梅诗卷题写七绝一首,戏称他为"铁壁仙人"。[3]

卢挚不乏闲情逸致的消遣作品。如他在洛西地区执行劝农公事时,曾为王居仁的"山堂春晓图"题写五言古诗一首,以"招邀具鸡黍,笑言在农务。我来忝符竹,行田课耕助"的诗句,表达"行农"的乐趣,在偏僻的山区能欣赏此绘画佳作,"抚卷怀清风,长吟山郭暮"。[4] 北宋有画家王居正,河东(今山西永济)人,师周昉仕女,略得其闲冶之妙。现有他的《纺车图》藏北京故宫博物院。卢挚所谓王居仁疑为王居正之误。

在河南府总管任内卢挚也与歌女交往,曾作曲赠歌女刘蕙莲,自称"好客呵风流太守",夸赞她"问何人树蕙芳洲?便春满词林,香满

---

1 姚燧《兴元行省夹谷公神道碑》,《国朝文类》卷六二,叶 14b。
2 《郡斋书事兼答汴梁夹谷左丞》,《天下同文集》卷四二,叶 131b。
3 《题部从事铁壁包君古梅诗卷》,《永乐大典》(35) 卷二八〇八《卢疏斋集》,叶 17a。
4 《行农洛西题王居仁山堂春晓》,《元诗选》三集乙·卢承旨挚,106 页。

歌楼"。将她的名嵌入曲中。另一首《赠歌者刘氏》也应是赠蕙莲所作。[1]

成宗即位后，次年改元元贞，元年（1295）元旦，卢挚作《清平乐》词一首，歌颂"元贞更号。日月开黄道"。末尾三句："嵩高万岁声中，洛浦海花香里，人间第一春风。"表达了洛阳同声祝贺之忱。[2]

同年，他还作了一首《迎佛会歌》，歌前引言说："皇帝继天位，……元贞元年□月八日，诏迎佛于京师大镇国寺，遵旧典也。是日，……太后、太妃出驾于郊，施赏金帛，欢沃众心。百辟卿士，扬鞭于道，约其不齐，咸蹈仪轨。士女扶老携幼，轩车接武，耸瞻如林。……"云云。这长段生动描写，全似亲眼所见，他也自称："臣幸观盛美，无以形容，乃稽首而作歌。"可惜录载这段文字的《天下同文集》缺月份。[3]按元朝惯例，"用每岁二月八日迎佛，威仪往迓"。[4] 因此，这年元旦改元朝贺和二月迎佛，我怀疑卢挚临时回到了大都。

卢挚有一篇《朱诚甫赞》，大约作于这年前后。朱诚甫，安阳人，胡祗遹的弟子，以士人出任监察御史，"不畏权势强御，直言不忌"，现在"出佥浙东廉访司事，中外以得人为贺"。[5] 卢挚的赞词说："昔冠惠文，绳直于南；移察天台。""冠惠文"即戴惠文冠这种法冠，意指他曾任监察御史，在南台以耿直著称。《至正金陵新志》所载官守题名中，

---

[1] 《折桂令·赠歌者蕙莲刘氏》《折桂令·赠歌者刘氏》，《类聚名贤乐府群玉》卷四，148页。
[2] 《天下同文集》卷四，叶25a。
[3] 《迎佛会歌》，《天下同文集》卷四，叶26a。复查四库全书本第1366册609页上，字不缺，正是"二月"。
[4] 《元史》卷二〇二《释老传》，4521页。
[5] 胡祗遹《送朱佥事诚甫浙东之任序》，《全元文》(5)，239页；卢挚《朱诚甫赞》，《全元文》(11)，14页。

有监察御史朱承务,至元二十二年(1285)上。¹ 可能因罢官佚名,仅剩承务郎官衔。下文又说:"谔议抗章,折巨奸而排孔壬。"² "巨奸"和"孔壬",皆指桑哥。桑哥至元二十四年(1287)出任尚书省平章政事,二十八年(1291)"以罪罢"。³ 朱诚甫因触犯桑哥罢官,又在桑哥败后复职,"移察天台",指他出任浙东廉访司佥事。至元二十八年,改按察司为肃政廉访司,正是罢桑哥之后,诚甫复职为廉访佥事。卢挚应在任江东按察副使时与诚甫结识,得悉桑哥垮台,朱诚甫与权贵抗衡并获胜,故作此赞。

元贞元年(1295)三月十八日,成宗遣使"秩于骏岳",他又回到洛阳,以河南府路总管的身份参与祭典。同年九月五日是成宗生日,他又作词《鹧鸪天》一首为皇上祝寿。愿将他的"清风颂,镌向崧崖最上头"。⁴

八　河南路总管任满移家登封(1296)

卢挚自称:"元贞丙申,予满河南,即移家登封。"上文说他这年二月祭中岳时已"满代",估计是元贞元年底任满,二年初就由河南府路治所洛阳移寓属县登封,也就是中岳嵩山所在地,故使臣能就近请他撰文。

1　《至正金陵新志》,卷六,叶48b,1827页下。
2　《朱诚甫赞》,《全元文》(11),14页。
3　《元史》卷一四《世祖纪》至元二十四年闰二月,296页;卷一八,二十八年春正月,343页。
4　《天下同文集》卷四,叶25b。

卢挚致不忽木的信中，谈到移家登封的详情。他"受代后，侨寓僻左"。说地处嵩山山麓，历史上有许多高人隐居于此。首先提到唐朝有自己的"远祖卢鸿大谏征君"，住在距东郭一舍而近的今卢川，征君宅遗址犹存，地名卢岩，皆以卢鸿的姓命名。以下他历数从唐到宋的人物，直到金季冯叔献（冯璧，1162—1240）、雷希颜（雷渊，1184—1231）、元裕之（元好问，1190—1257）诸人，皆徜徉其中。李修生先生根据这段有关卢鸿的记载，认为各书记载卢挚的籍贯涿郡，仅是他的族望，"至少从唐代开始，他的远祖已在河南居住"。[1] 卢鸿"其先幽州范阳人"，也就是涿州人，"徙洛阳"，"庐嵩山"。唐玄宗征召他至东都，拜谏议大夫，固辞，仍还山。故卢挚称他为"大谏征君"，正史列传于"隐逸"。[2] 涿州是卢姓蕃衍聚居之地，自东汉卢植（？—192）以后，《涿州志》人物传中，名人辈出，唐朝卢姓人占多半。一州县中由一姓独大实属罕见。[3] 史料中充斥"涿郡卢挚"之类记载，并无他父祖或本人移居河南的记载。只不过他在登封看到来自涿州的卢鸿遗迹，有感而发，泛称为远祖，实际并非卢鸿的直系子孙。

卢挚描述自己的悠闲生活，"所庐占幽胜而极清深"。不管是缙绅缝掖，缁黄刍荛，不问他是有身份或有学问，也不管他是和尚道士、平头百姓，不加选择，一律平等交往。经常从他学者五六人，精舍闲馆，随所之适，诸生横经就列。由于当地僧道较多，羽流、禅客等皆徐徐而来，环立拱听，逐渐有改宗名教儒家学说的意向。嵩山民众都说：冯〔璧〕、雷〔渊〕而往，圣贤的学说和思想，在此岩壑间久已绝响。"不图今日，复见斯文"。他自谦"曷能步武冯、雷"，在卸官退居的情况

---

[1]　《卢疏斋集辑存》，前言，3页。
[2]　《新唐书》卷一九六《隐逸》。
[3]　《汲县志》第六编，民国二十五年铅印，中国方志丛书，华北地方第135号。

下,不得不适应"悦宽闲而恬寂寞"的生活,放闲于山水间。[1]

他描写嵩山南麓的风光:"老我嵩南画满楼。楼外头,乱峰云锦秋。"自比东晋的谢安,诗称"谢公东山卧,有时携妓游",这是借用李白的诗句:"谢公东山三十春,傲然携妓出风尘。"[2] 虽已归隐,仍不忘风流潇洒。

登封城南的箕山,与嵩山隔颍河相望,卢挚也曾前往游览。传说箕山是尧时许由隐居处,因此他作感怀曲说:"巢由后隐者谁何？试屈指高人,却也无多。"[3] 但现在却轮到他了。

有几首反映田园生活的作品应是在登封时所作。如《田家》,用通俗朴素的语言描写:"奴耕婢织生涯,门前栽柳,院后桑麻。有客来,汲清泉,自煮茶芽。稚子谦和礼法,山妻软弱贤达。守着些实善邻家。"既表示对农耕生活的惬意,更满足于家庭和睦、邻里友善的愉快。结论是"无是无非,问甚富贵荣华"。[4]

另一首《闲居》更写得生动有趣,前两段是:

> 雨过分畦种瓜,旱时引水浇麻。共几个田舍翁,说几句庄家话,瓦盆边浊酒生涯。醉里乾坤大,任他高柳清风睡煞。
>
> 恰离了绿水青山那答,早来到竹篱茅舍人家。野花路畔开,村酒槽头榨,直吃的欠欠答答。醉了山童不劝咱,白发上黄花乱插。

---

1 《寄康军国书》《荐前肃政廉访副使任乞僧状》,《全元文》(11),6、3页。
2 《南吕·金字经·嵩南秋晚》,《类聚名贤乐府群玉》卷四,138页。
3 《折桂令·箕山感怀》,《类聚名贤乐府群玉》卷四,145页。
4 《蟾宫曲·田家》,《阳春白雪》,中华书局,1957年,卷二,23页。

末段说自己"学邵平坡前种瓜,学渊明篱下栽花。旋凿开菡萏池,高竖起荼蘼架。闷来时石鼎烹茶。无是无非快活煞,锁住了心猿意马"。[1]

如卢挚所说,登封"地素多释老",他当然会游览闻名的少林寺,作赠达禅师五律一首。诗序说:当日得到面壁庵,参观了达摩祖师面壁修行的石影。诗中描写达禅师:"古刹东风里,逢僧一解颜。收经出深竹,披衲下空山。"还陪他"聊看石影闲"。[2] 达禅师即少林寺住持月岩永达,记录他生平的《宣授少林住持达公禅师塔铭》和《□庭大少林禅师住持第八代嗣祖传法沙门月岩长老碑铭并序》尚存。《塔铭》称:"至元二十八年辛卯,受少林之命,一居四载。"接着"退之归隐,一居六年"。后来,"庚子(大德四年,1300)八月,祖庭复命,辞不能止,勉为从之"。这就是说,达禅师至元二十八年(1291)受命为住持,三十一年(1294)退隐。六年后的大德四年(1300)再任住持。卢挚诗中"何妨病居士,明日到田间",证明是他罢官后归田时所作,即他移家登封的元贞二年(1296)。《月岩长老碑铭并序》却说达禅师功成身退后,"遁去莒镇之归隐,韬光息足迹",似乎是说他已归隐于山东泰安州的莒镇。[3] 卢挚的诗证明,六年间他并非全离开少林,卢挚曾在元贞二年面见退隐的达禅师。

登封马叟飞卿不知是何等人,应是当地有影响力的人物,卢挚出席了他的寿席,当场赋《蝶恋花》词,并让"山倡"歌唱劝酒以助酒兴。"箕颍田园,嵩少屏风里",形容他家地处箕山下、颍水阳,许由归隐的胜境,嵩山和少室山如在屏风里。"快唤巢由同一醉,君家好个人间

---

1 《沉醉东风·闲居》,《朝野新声太平乐府》,卷二,78 页。
2 《少林寺赠达禅师》,《天下同文集》卷四二,叶 131a。
3 转引自叶德荣《宗统与法统——以嵩山少林寺为中心》,广东人民出版社,2010 年,336 页。

世"。将马家夸为仙境,实际上也寄托卢挚在此归隐的理想。[1]

高登封也应是当地的老儒,卢挚作七律《题高登封所藏史丞相手帖》,称"登封大夫汉师儒,颍水洗出商山须",比喻他像须眉皓白的商山四皓。"袖携尺素照秋碧,何年沧海遗神珠",就是说他拿出所藏史丞相手帖供他欣赏。史丞相即史天泽,宪宗二年(1252),忽必烈在潜藩,以天泽为经略使,治理河南。中统元年(1260),授河南等路宣抚使。二年,以河南经略宣抚使史天泽为中书右丞相,河南军民并听节制。至元六年(1269)九月,史天泽出任河南行中书省平章政事。[2] 由于他多次任官河南,河南人以收藏他的手帖为荣,卢挚也满怀敬意题诗于手帖。[3]

《见山楼诗卷》不知是何人所作,卢挚有《题见山楼诗卷》七言古诗一首,中有"朝来见画思远策"句,此卷似乎是一帧诗画卷。前四句似指诗画内容,首句"营州少年猎城下",出自唐诗人高适的《营州歌》:"营州少年厌原野,皮裘蒙茸猎城下。"中间四句似赞美楼主人。"从教辽东无管宁",据《三国志·魏书》,管宁避乱辽东,"常着皂帽,布襦袴",甘守清贫。"沧波政须濯吾缨"出自《楚辞·渔父》:"沧浪之水清兮,可以濯吾缨。"后四句是发表自己的感想,最后两句"少姨寄我瑶华音,蓬莱水浅嵩云深",借用初唐四杰之一杨炯的《少室山少姨庙碑铭》的解释:"少室山者,山岳之神秀者也。"所谓"少姨庙",据《汉书·地理志》:"嵩高少室之庙也。其神为妇人像者,则古老相传云:启母涂山(即夏禹妻)之妹也。"总之,说明卢挚题诗时正僻居"嵩

---

[1] 《蝶恋花·登封马叟飞卿寿席即事赋词为马卿祝且俾山倡歌以侑尊》,《永乐大典》(183)卷二〇三五三,《卢挚词》,叶17b。
[2] 《元史》卷四《世祖纪》,岁壬子,中统元年五月、七月,二年五月,至元六年九月,58、66、67、70、123页。
[3] 《元诗选》三集乙·卢承旨挚,110页。

云深"的登封。[1]

卢挚在嵩山仍与官员有来往,《赠陕西李廉使古意》二首,疑是他赠给在陕西结识的现任廉访使,开头"娟娟秦关月,偏照嵩山云",前句似指李廉使在陕西,后句则说自己在嵩山。"嵩云初未闲,下有幽栖人",更是隐喻自己。[2] 如我的猜测不错,那么《送李廉使西归洛阳》也是送同一人。[3]《用韵答李肃政承之》诗题中指明李肃政名号为"承之",末句"相望邈河关",说明此诗仍是卢挚在河南所作,与关中的李承之邈邈相望。[4] 另一首《戏赠李廉访参道》,诗引已举"承乏(之)肃政"之名,无疑是他为同一人而作。[5] 这四首五言古诗,写作时间约在卢挚任河南路总管和移居登封期间。

前引卢挚寄给不忽木的信中还说:现在有暇从事文墨。过了秋天直至今日,近作诗文已有二十余篇。除了前述的诗词外,还应外地人请求作诗撰文。如为河南路总管府知事张子中所写的饯行诗序说:子中任满卸职时访我于山中,闻子中将回卫州,我是个避世遁客,集陶渊明诗成章,远寄为他饯行,称之为"吾友","兼叙高义,永以为好",充满情义。这二十六句五言古诗集陶诗另成新作,须要很高的技巧,而运用"劲风无荣木,于我若浮烟。与子相遇来,倾盖定前言""一朝辞吏归,悠然见南山。从我颍水滨,虚室有余闲"等名句,恰当地表达自己追求的高尚境界,并愿与子中共勉。"良才不隐世,来会在何年",寄托对他的期望,并希望重逢。[6]

---

1 《元诗选》三集乙·卢承旨挚,111页。
2 《赠陕西李廉使古意二首》,《元诗选》三集乙·卢承旨挚,109页。
3 《乾坤清气集》卷二,叶2a,287页上。
4 《天下同文集》卷四二,叶131b。
5 《元诗选》三集乙·卢承旨挚,110页。
6 《集句饯张知事子中并序》,《元诗体要》卷八,叶22a,604页上。

卢挚从陕西来河南时，暂住渭南清华观中，与观主张志希及其副手赵敬信等结识，这年暮，志希、敬信不畏严寒和道路崎岖，造访他于山中。卢挚接受他们的邀请，撰写了前引的《华阴清华观碑》。

卢挚自称，满代后"寄迹民伍"，有机会"侧听舆议"，许多人都说前河北河南道廉访副使任乞僧，职御史日，为人廉洁精悍，办事果断敏锐，临事正直敢言，不为权势所挠。到了河南出任一道副使，监临相、卫数州，郡县畏服，部内清整。至于发廪赈民之类事宜，符合古人奉使大体，得到内外同声称赞。前些年因婚媾之间，因循诖误。卢挚所谓婚媾"因循诖误"不知是什么具体内容，但乞僧在刑部获谴，罢官回家，已经几年。像他这种材局器干，言论风采，足为能臣的官员，中遭沉废，诚为可惜。[1] 卢挚所说乞僧"职御史日"，是在江南行御史台，至元二十一年（1284）上任。[2] 几年后，卢挚出任江东道按察副使，二人这时已结识，故卢挚了解他的为人和办事作风，挺身出面写状保荐。

卢挚在登封，心情是矛盾的。一方面向往古代高人归隐的田园生活，写了上述赞美的诗文，别后仍想念这里的庐舍，"吾爱吾庐，欲倩林泉，纳下樵渔"。[3] 甚至自号"嵩翁"或"崧麓有樵者"。[4] 元贞二年（1296）二月，冲素崇道法师吴全节代祀岳渎，请任满寓居嵩山的卢挚撰写《皇帝代祀中岳记》，当然对卢挚有所了解。吴全节代祀岳渎回京，成宗问他："所过郡县，有善治民者乎？"全节回答说："臣过洛

---

1 《荐前河北河南道肃政廉访副使任乞僧状》，《全元文》（11），3页。
2 《至正金陵新志》卷六《官守志二·题名·监察御史》：任乞僧 至元二十一年上；叶48b，1827页下；四库本将汉名当作蒙名，胡改为"任且桑"，见卷六下，叶15a。
3 《折桂令·颍川怀古·颍州》，《类聚名贤乐府群玉》卷四，141页。
4 郁逢庆《书画题跋记》卷二，《唐拓化度寺邕禅师塔铭》（四库第826册）跋，卢挚自号"嵩翁卢挚"，620页下；刘时中《水仙操·西施》引子中的卢挚号"崧麓有樵者"，《类聚名贤乐府群玉》卷一，1页。

阳,太守卢挚平易无为,而民以安靖。"成宗说:"吾忆其人。"因此即日召拜集贤学士。[1] 卢挚欣然回朝接受新职。

我认为事实没这么简单,在此以前和以后,卢挚"满代"多次,并没有移家别处,准备长期隐居。前引《荐任乞僧状》开头就说:"挚起身素士,拙于自谋,满代来寄迹民伍。"即任满后不仅没有升官,甚至没转调任何官职,只能留在登封,混迹于老百姓队伍中。原因是"起身素士",没有背景,又不会自找门路。这些牢骚话根本无法证明他是自愿归隐。《沉醉东风·退步》一曲反映出他的不满和消极情绪,将人生视为"南柯梦清香画戟,北邙山坏冢残碑","为功名枉争闲气,相位显官高待则甚底,也不入麒麟画里"。[2] 北邙山在洛阳北郊,是东周以来皇陵、大臣、名人雅士墓葬集中的地方。意思是说,为了争功名枉受闲气,即使争得相位显官,也不过是坏冢残碑而已。

这年十一月,卢挚自称山中人,给当朝平章政事不忽木写信,极力文饰在此生活之闲适。他在信中,美言赞颂不忽木:"年未四十,位极人臣。"自己作为"知旧","其向慕为何如?"知旧之一成为"社稷大臣",能"得时行道,众所属望"。另一位则"受代后,侨寓僻左",自称"悦宽闲而恬寂寞",肯定话不由衷。所谓"揣分揆力","不敢冒昧徼觊",只不过是故作谦虚。卢挚托人将近作古文一、古诗五抄送给不忽木,实际上是希望他帮助自己回朝启用。卢挚说自己的诗文,"虽不足以当清庙之瑟",但绝不至于等同齐人滥竽,下里巴人的歌曲。[3] 也就是说自己并非庸才。

姚燧有一首七律《大都寄卢处道》,这首诗很值得研究。首联"家

---

1 虞集《河图仙坛之碑》,《道园学古录》(四部丛刊初编)卷二五,叶11a。
2 《朝野新声太平乐府》卷二,78 页。
3 《寄康军国书》,《全元文》(11),6、7 页。

弟去冬温室见,玉音问汝死耶非",姚燧是独生子,"家弟"我猜是姚枢之子姚炜,作为大臣之后,多出身侍从,与皇帝、皇太子、太孙皆能接近。"温室"是汉宫殿名,即姚炜在宫内见到新即位的成宗,"玉音问汝死耶非"是说新皇帝还能记起卢挚,问他还在不在?现在哪里?"问汝死耶非",姚燧将这种犯忌讳的话置于诗句中,是跟卢挚开玩笑,但从转述"玉音"的角度,说明皇帝心中还有他,是对卢挚的荣宠。下一句"因知洛下思常切",我理解是卢挚在洛阳常思念在京都的朋友。[1] 这首诗印证了吴全节传所说,成宗还能记起他。

总之,我从卢挚对任乞僧的同情,怀疑他同样犯"因循迋误"获谴,被迫移家登封。通过他上书"知旧"当朝宰相不忽木,又有朋友姚燧、姚炜兄弟的帮助,加上代祀使臣、真人吴全节的赞扬,卢挚得以回京出任集贤学士。

九 回朝任集贤学士(1297—1299)

不知是由于道人吴全节的誉扬,还是因给"知旧"中书平章写信起了作用,卢挚约在致信不忽木的次年春,回朝出任集贤学士。消息传到他曾任江东道按察副使的治所宣城,城南王氏昆季中的王璋寄给他七律诗一首,诗中开头说:"洛下秋来传近作,日边使至报除书。"[2] 这是说他看到从洛阳传来卢挚的近作,又从京师来的使者获知他除授集贤学士的报告。可见几年前他在江东道结交的朋友,仍时

---

1 姚燧《大都寄卢处道》,《牧庵集》卷三四,叶1b。
2 王璋《闻疏斋卢公拜集贤之命以诗寄贺》,《宛陵群英集》卷七,叶14a,1029页上。《元诗选》三集乙·王圭·敬仲集附:王处士璋所收题为《寄贺卢疏斋拜集贤》,100页。

刻关注他的动态,得悉他除集贤学士后,连忙寄诗表示祝贺。

卢挚任江东按察副使时,与南宋遗老歙县人方回(1227—1305)交往。这时方回因送人入都,寄诗给卢挚和其他翰林院学士。七言古诗《送邱子正以能书入都呈徐容斋(琰)、阎靖轩(复)、卢处道集贤、翰林三学士》,实际是以诗推荐邱子正的信。大德元年(1297),成宗欲金书大藏经,赵孟頫应召住持,"许举能书者自随,书毕,所举廿余人皆受赐得官"。[1] 可能是邱子正在南方听到消息,托方回找当朝学界权威打通关节。难怪方回在诗中大谈书法,估计卢挚等人为此出了力。七律《送周汉东入都并呈徐学士子方(琰)、阎学士子静(复)、卢学士处道》,同样是送人入都寄诗给他们三位。[2]

方回还有五古一首《和陶〈咏二疏〉为郝梦卿画图、卢处道题跋作》。[3] "二疏"指西汉宣帝时的疏广、疏受叔侄。《咏二疏》是陶渊明的作品,主旨是赞扬历史上"功成者自去"的人:"游目汉廷中,二疏复此举。高啸还旧居,长揖储君傅。"叔侄俩贵为太子太傅和少傅,任职五年后即辞职回乡。陶渊明歌颂二疏的行为和品德,也是表明自己的志趣。《和陶咏二疏》则是苏轼所作,由郝梦卿画图。卢挚题跋于上。卢挚的跋语可能包括他的七绝《二疏》:"优游窥见性中天,无奈前星杳霭边。何物貂铛杀萧傅,不然谁识仲翁贤。"[4] "貂铛"指宦官弘恭、石显。"萧傅"指同是太子太傅的萧望之,太子即位为元帝,萧望之与弘恭、石显结仇,"贪位不去",终被谮杀。故方回所和五古中有句:"汉元潜震宫,广、受忽高举。心已料恭、显,定至杀萧傅。"疏广和

1　杨载《大元故翰林学士承旨赵公行状》,《松雪斋文集》卷末附。
2　方回《桐江续集》卷二四,叶 22b、23b,532、533 页。
3　《桐江续集》卷一五,叶 8b,402 页上。
4　《二疏》,《永乐大典》(28)卷二四〇八引《卢疏斋集》,叶 12a。

疏受身居高位时,已预料弘恭、石显会谗害萧望之,宋人王楙评论说:"萧、疏事体一同,然安危不同者,去就之势异也。"[1] 所以卢挚称"不然谁识仲翁(疏广的表字)贤"。

卢挚在集贤学士任内,只留传少数应酬文字。文宗时任陕西行御史台中丞的张养浩(1270—1329),济南章丘人,山东按察使荐为东平学正。游京师,献书于平章不忽木,辟为礼部令史。[2] 因他伯祖张万、祖父张山兄弟年过九十,求当朝名流写诗,卢挚为他作七绝一首。[3]

集贤院的同僚赵克敬,二子分别名遹祖、述祖,又请卢挚给二人再起字为承宗和绍宗。由程钜夫作《赵克敬二子字说》。[4]

仁宗延祐二年(1315),制赠侍御史赵简之父楫荣禄大夫、大司徒,并命程钜夫撰碑文表彰他先人之墓。碑文提到,赵楫官织染司提举致仕后,"张梦符(名孔孙)书其堂曰'余庆',李受益(谦)为之记,卢处道(挚)为之铭"。赵楫逝于大德癸卯(七年,1303)正月,正是卢挚卸任湖南廉访使职动身还朝时,因此,卢挚为赵楫的余庆堂作铭文应在他生前,即大德初任集贤学士时。[5] "余庆堂铭"今已不存。

大德二年(1298)春正月,成宗"以翰林王恽、阎复、王构、赵与票、王之纲、杨文郁、王德渊,集贤王颙、宋渤、卢挚、耶律有尚、李泰、郝采、

---

1 王楙《野客丛书》,中华书局,1987年,卷四《萧疏二傅》条。
2 卢挚《济南张氏昆仲年逾九十,其孙养浩求诗》,《永乐大典》(9)卷九〇〇《卢疏斋集》,叶9a;《元史》卷一七五《张养浩传》,4090页。
3 姚燧《朝列大夫飞骑尉清河郡伯张君先墓碣》,《牧庵集》卷二六,叶9a。
4 程钜夫《赵克敬二子字说》,《雪楼程先生文集》(以下简称《雪楼集》,清宣统阳湖陶氏涉园影印明洪武刊本)卷二三,叶15b。
5 程钜夫《魏国赵氏先德之碑》,《雪楼集》卷五,叶10b。

（杨）麟"皆耆德旧臣，清贫守职，特赐钞二千一百余锭"。[1] 这体现了成宗对翰林、集贤院文臣的眷顾。这是卢挚唯一一次出现于《元史》本纪，列名翰林、集贤院"耆德旧臣"中。

卢挚回到大都，得以居这些文坛领袖之列。前面提到的吴公全节，官封特进上卿，与他"雅相友善，交游之贤"，有阎复、姚燧、卢挚、王构、陈俨、刘敏中、高克恭、程钜夫、赵孟頫、元明善、袁桷等人。[2]

（一）大德二年奉使代祀岳镇海渎

这年，成宗遣使秩祀海、岳、河伯。二月，派卢挚以集贤学士的身份与近侍阿闾赤出使，祭祀中岳嵩山和桐柏县淮渎后，往南前去祭祀南岳和南海。[3]

当时，姚燧从大都翰林院被"迫南归"，"闲退于郢（宋郢州，元改安陆府，治今湖北钟祥）"。大德二年（1298），挈家游长沙。卢挚出祝海、岳，过长沙，与姚燧同馆于宣慰使和尚的爱裔堂。堂名是姚燧命名，卢挚认为堂名未尽厥美，于是二人又一同商定改名为"世臣"。姚燧又作《赠疏斋》三绝句送给他。[4] 他俩诗词的频繁交流和文字间不客气的修改，足见他们友谊之深厚。

---

[1] 《元史》卷一九《成宗二》，大德二年春正月己酉，417 页。郝采、杨麟，二人不见于元文献，当为郝采麟（郝经之子，官集贤直学士）之误，"杨"字衍。
[2] 虞集《河图仙坛之碑》，《道园学古录》卷二五，叶 12a。
[3] 《代祀南岳记》。原文为："走望中岳、淮、南岳、南海、崧、桐柏竣事。"《全元文》"南海"下置顿号，"桐柏"下置逗号，不恰。李修生先生疑中岳、南岳误，改为中镇、中岳。此句逗号应点于"南海"后，逗号前指此行总任务，"崧"即嵩山，与桐柏乃中岳、淮渎所在，意思是这两项任务已峻事，将继续前往南岳、南海。《全元文》（11），13 页。
[4] 刘致《牧庵集》附录《年谱》，叶 13。

宣慰使和尚是平宋名将湖广行省左丞相阿里海涯之子,畏兀儿人,号麓堂,时任湖南道宣慰使、监潭州(治今长沙市)军。[1]

三月丙申(十日),卢挚到达衡州。丁酉(十一日),"奠于南岳司天大化昭圣帝"。接着又往广州,以三月癸丑(二十七日)至翌日甲寅,奠于南海广利灵孚王。[2]

《元诗选》有卢挚《宝陀寺》七绝一首。[3]《大德南海志》引用了这首诗,并介绍南海妙高台、宝陀寺等名胜,说明此诗的由来:

> 妙高台,在南海县灵洲宝陀寺。去城六十里,有宝陀山,架亭其上,江水环绕,景趣可人。南宦者,必舣舟登览焉。东坡诗云:"灵峰山上宝陀寺,白发东坡又到来。前世德云今我是,依稀犹记妙高台。"石刻犹存。涿郡卢挚代祀南海,回舟次灵州,登妙高台,读东坡诗,遂和其韵:"老子扁舟日暮回,眼花不甚见如来。凭谁借取罗浮月,挂向胥江玉镜台。"[4]

由此可见,卢挚此诗正是这次代祀南海,登宝陀山上宝陀寺所作。诗中的罗浮也是山名,在今广东省惠州市博罗县西北境东江之滨,西距广州二十公里。胥江即扶胥江,就在南海神庙外,乃珠江的一段,东连狮子洋,下接虎门,背靠广州,是古代出入广州的海路交通重地,经此放洋出海,可以抵达南海各国。

---

1 姚燧《湖广行省左丞相神道碑》,《国朝文类》卷五九,叶 7 至 8a。
2 卢挚《代祀南岳记》,《天下同文集》卷五,叶 29。雪堂丛刻本误作大德三年,彭万隆据四库本和下引《广州志》文校正。《(嘉靖)广州志》卷三五《代祀南海神记》,叶 14~15。
3 《元诗选》三集乙・卢承旨挚,《宝陀寺》,116 页。
4 《永乐大典》(30)卷二六〇三"妙高台"条引《南海志》,叶 12a。

卢挚还有一首七绝《无题》:"一滴春风万斛香,玉仙初试郁金裳。遥知林下罗浮月,不照花中妩媚娘。"[1] 诗中的"罗浮月"也应该指此罗浮山,故此诗也应是卢挚这次代祀南海之行所作。

卢挚作词《南乡子·寄广东肃政使钦公,兼赠别赵景山知事》一首,词中有句"前岁曾逢旧使君",知此诗是祀南海后二年所作,元朝每道廉访司设知事一员,赵景山似被任命为广东廉访司知事,既是送别,也是寄赠前年南下结识的"钦公"。李修生先生所据《代祀南岳记》误作大德三年代祀,故推定作于五年,实应定于四年。"下足扶胥江上雨"中的"扶胥江",也就是前引诗中的胥江。[2]

"钦公"名钦察,名列《广州志》元代职官广东道肃政廉访使之中,时间是大德二年(1298)任,正是卢挚代祀南海那年。小传云:"钦察,畏吾人也,累官繁剧,以清直著名。大德二年,任广东廉访使,长于发摘,且有惠爱,不可干以私。因与帅府官交讼,省台及委官莅问,不礼于公,以是忿懑郁郁不食而死。丧归之日,仕民哀悼,请侑祀于廉吏祠。"[3]

卢挚在广州,还得到广东宣慰使兼都元帅的款待。元朝在行省之下,设宣慰司"掌军民之务,分道以总郡县","有边陲军旅之事,则兼都元帅府"。设于广州的广东道宣慰使司,正是兼都元帅府的一处,故称宣慰使为"广帅"。[4] 广帅在饯别席上请来"歌者江云"助兴。卢挚作曲一首,首句"问江云何处飞来",将歌者名嵌入曲中,后半阕

---

[1]《永乐大典》(36)卷二八一一《卢疏斋集》,叶16a。
[2]《南乡子·寄广东肃政使钦公兼赠别赵景山知事》,《永乐大典》(149)卷一四三八一《卢疏斋集》,叶30b。
[3]《(成化)广州志》,《北京图书馆古籍珍本丛刊》(38),书目文献出版社,卷一五《宦迹》,叶19b,1018页上。
[4]《元史》卷九一"宣慰司""宣慰使司都元帅府",2308、2309页。

几句:"准备下新愁送客,强教他眉黛舒开。楚楚离怀,香动罗襦,梦绕金钗。"¹ 诗人还真能自作多情。

彭万隆正确指出,卢挚"贰宪燕南"是出任燕南河北道按察副使的意思,他举证"诏皇曾孙松山出镇云南"在至元三十年(1293)七月,窦行冲从云南归里筑亭,才由卢挚"表其亭曰'静深'",因此断定"卢挚以集贤学士贰宪燕南应在大德二年四月代祀岳镇海渎回朝后任",即肯定他已于四月回朝。

即令如此,彭万隆估计卢挚"任岭北湖南道肃政廉访使是在大德三年七月左右",其间仅有一年,不可能外派完成一任廉访副使的职务。前引吴澄谈到他的仕履是:"卢公由集贤出,持宪湖南。"否认其间他曾经"贰宪燕南"。

(二)祀南海后转往会稽代祀南镇

大德二年(1298),卢挚以集贤学士的身份代祀南岳、南海,次年夏,往长沙履任湖南岭北道肃政廉访使。有迹象表明,二年三月末祀南海后,卢挚曾在杭州逗留,因此他不可能同时"贰宪燕南"。

卢挚有一次应江浙行省李参政的宴请,地点是杭州白塔寺,席上有乐府歌喉伴唱,酒醉而归。次日又同游西湖,在舟中招待春宴,应李参政的请求,饮后作《鹊桥仙》词。² 这位李参政名世安,字彦豪,蒙古名散尤䚟,西夏人,平宋名将李恒之子。"元贞、大德间,……参江浙、

---

1 《折桂令·广帅饯别席上赠歌者江云》,《类聚名贤乐府群玉》卷四,147页。
2 《鹊桥仙》词序:"浙省李参政燕予杭之白塔寺南庑,乐府赐春宴者引喉赴节于尊俎之间,遂醺然而归,翌日,载酒西湖,春宴已伺于舟中矣。大参公谓予不可无词,饮后赋长短句以赠。"《元诗体要》卷八,叶22a,604页上;《永乐大典》(19)卷二二六五,叶8a。

河南二省。秩满,升湖广左丞,供刘平章西征馈饷"。[1] "刘平章西征"指湖广行省平章政事刘国杰出兵镇压贵州少数民族反元起义,事在大德四年(1300),李世安任参政应在这年前。张伯淳也说:李恒"之子世安今为江浙等处行中书省参知政事,前翰林院学士张伯淳与参政公有都门过从之雅"。[2] 张伯淳成宗即位前后任翰林直学士,在京与李世安结识。元贞间外任庆元路总管府治中。大德四年,返京拜翰林侍讲学士。此期间与世安同在浙江,故受托写《墓田记》。[3]

在杭州和西湖宴请卢挚的人物既明,李世安在江浙任参政只能限定大德四年以前。元贞二年(1296),卢挚任满河南,就移家登封,次年回朝任集贤学士,大德二年奉诏出祀岳镇海渎。三月在广州祀南海。三年赴湖南任廉访使,只能在彭万隆先生所谓"贰宪燕南"期间到杭州。那么卢挚因何到了杭州呢?原来我国古代有所谓岳、镇、海、渎,列入国家祭典。隋唐以后,逐渐明确五岳、五镇、四海、四渎,卢挚此次代祀,除中岳和淮渎外,负责南路,祭南岳和南海后,还应祭祀南镇。南镇在绍兴会稽山,因此他在祭南海神后,还得折返到浙江会稽祀南镇,因而有机会到杭州会见李世安,游览西湖。下文据《番禺县志》,卢挚于大德九年(1305)再次出祀南岳、南海,然后再往会稽祭祀南镇,有揭傒斯诗可证,那么他若干首咏杭州、西湖的词曲,应是往祭南镇往返途经时所作。至于卢挚祭海、镇是否仅此两次,有关西湖的词曲乃何年所作?只能凭此猜测。他的《折桂令·钱塘怀古·杭州》似应在初到杭州时所作。[4] 由此类推,张可久所作《湖上怀古次疏

---

1 吴澄《元故荣禄大夫江西等处行中书省平章政事李公墓志铭》,《全元文》(15),635页。
2 张伯淳《元故平章政事李武愍公墓田记》,《全元文》(11),217页。
3 程钜夫《翰林侍讲学士张公墓志铭》,《雪楼集》卷一七,叶1b至2a。
4 《折桂令·钱塘怀古·杭州》,《类聚名贤乐府群玉》卷四,142页。

斋学士韵》和《怀古疏翁索题》两曲应与卢的怀古曲作于同时。[1]

卢挚与曲家四明人任昱(字则明)结识可能也在此行中,作《喜春来·和则明韵》与任昱唱和。曲中有句"春来南国花如绣,雨过西湖水似油",描写春天的西湖。[2] 应是他大德二年(1298)三月祭南海神后,折往祭南镇时赶上杭州的暮春。

中统、至元初使宋的郝经,归大都后病故。其子郝采麟,"以文学行治权置侍从",出任集贤直学士,准备徙其父之厝安葬于孟州河阳县,请同官集贤的卢挚撰写神道碑铭。而据阎复所撰郝经墓志铭,具体指明"迁窆"是"大德三年春",而《神道碑》和《墓志铭》是郝采麟同时邀请卢挚和阎复分别撰写的,时间应在大德二年秋或冬,他和采麟同官集贤院时。[3]

山西运城有石刻《陕西等处都转运盐使司新作孔子庙记》,明文载"集贤学士太中大夫卢挚撰",知此文也是他集贤学士任内所作。此孔子庙于"大德戊戌之冬落成",庙记乃"是岁十二月廿有六日记",故能肯定大德二年年底卢挚仍任职于集贤院。[4]

---

1 张可久《折桂令·湖上怀古次疏斋学士韵》《四块玉·怀古疏翁索题》,吕薇芬、杨镰校注《张可久集校注》,浙江古籍出版社,1995年,59、369页。
2 《乐府群珠》卷一,4页。
3 卢挚《元故翰林侍读学士国信使郝公神道碑铭》、阎复《元故翰林侍读学士国信使郝公墓志铭》,《郝文忠公集》卷首;《全元文》(11),17页;(9),295页。
4 胡聘之编撰《山右石刻丛编》卷二八,叶36a至37b。

十　出任岭北湖南道肃政廉访使（1299—1302）

大德三年（1299），卢挚在年前南下代祀岳镇海渎回京后，又接到新的任命，即前引吴澄所说："由集贤出，持宪湖南。"[1] 即出任岭北湖南道肃政廉访使。

（一）告别京师及旅途

京师文人之间的交往常有歌女做伴，如张怡云"能诗词，善谈笑，艺绝流辈，名重京师"。赵松雪（孟𫖯）、商正叔（衟）、高房山（克恭）等名画家皆绘《怡云图》以赠，"诸名公题诗殆遍"。[2] 卢挚南行前，还在送行宴席上听张怡云夫妇演唱。他当即作《蝶恋花》词一首，用"明日扁舟人欲去，晓风吹作潇湘雨"的词句，表达惜别的心情，指明此次"南迈"之行的目的地正是湖南。[3] 程钜夫也作《蝶恋花》以和。词中首尾"长忆山中人共住，出处无心，只恨云无语""相逢认得怡云否？"都将怡云的名字嵌入。[4] 张埜也作《南乡子·赠歌者怡云和卢处道韵》一首。张埜字埜夫，号古山，邯郸人，官至翰林修撰，即前引《江城子·寄卢副使处道》作者张之翰之子。词作收入《古山乐府》。[5]

据刘致所作《姚燧年谱》，在大德三年（1299）己亥项下，自称"致时为湖南宪府吏，疏斋除湘南宪，致乘传请上至武昌与先生会"。[6]

1　《送卢廉使还朝为翰林学士序》，《全元文》(14)，92页。
2　《青楼集笺注》，"张怡云"条，64页。
3　《蝶恋花·予将南迈席间赠合曲张氏夫妇》，《永乐大典》(183)卷二〇三五三，叶17b。
4　程钜夫《蝶恋花·戏题疏斋怡云词后》，《雪楼集》卷三〇，叶20b。
5　《古山乐府》下，《疆村丛书》，1922年归安朱氏刻本，叶6b至7a。
6　《牧庵集》附录《年谱》，叶14a。

"先生"指姚燧,即会合姚燧迎候卢挚到来。

刘致到武昌后,又前往鄂州与卢挚会合。元人笔记记载一个"处道(卢挚)赴湖南宪,舟次鄂州驿"与刘致会合后的故事。夜间,卢、刘二人坐在当地白云楼上,"更阑烛尽",既没可观赏的,也无话可谈了,卢挚想起在陕西汉中道共事的畅师文,现已调至山南江北道肃政廉访司分司任职,住处离此不远,就一同往访,见面后饮酒,畅师文还闹了呕吐的笑话。[1]

鄂州元升安陆府,在距武昌西北数百里的汉水东岸,是元朝"襄阳汉江水路"中的重要驿站。卢挚从大都去湖南,何以会舟次汉江水路的鄂州驿呢?从他写的怀古等词曲分析,原来他是沿大都到汴梁的驿路南下,到汴梁后选择"西南由洧川至襄阳"的驿路,然后转"襄阳汉江水路"。

从大都到汴梁,途中有彰德站。终点是汴梁,他写过两首折桂令词——《邺下怀古·彰德》和《夷门怀古·汴梁》。[2] 卢挚生平从此南下任官或出使不止一次,因此不能断定这两曲是此行所作。

从汴梁西南行,正西六十里到洧川,再前是许州,即古颍川郡,卢挚作折桂令《颍川怀古》。这里处颍水北,西距登封百余里,卢挚面对"颍水东流,嵩岳西去,临眺踌躇"。回忆当年"游宦三川故都"洛阳,观赏"龙门风物"。[3] 想起临行前的诗句:"前度归田崧下住",怀念当年在嵩山的田园生活。在欣赏"艺绝流辈"的张怡云演唱时,仍不忘当年"野店荒村,抚掌琵琶女"的表演。[4]

---

[1]　陆友仁《研北杂志》卷上,17 页。
[2]　《类聚名贤乐府群玉》卷四,140 页。
[3]　《颍川怀古·颍州》,《类聚名贤乐府群玉》卷四,141 页。
[4]　《蝶恋花·予将南迈席间赠合曲张氏夫妇》。

许州以西是钧州的阳翟,他作《折桂令·阳翟道中田家即事》,开头一句"颍川南望襄城",表明他的行程又向西南前往襄城。[1] 襄城向西南再经五站就到了南阳,南阳南下经一站到了新野,卢挚在此作《折桂令·寒食新野道中》,可见他于三月清明节前的寒食途经新野。新野过两站就是襄阳,在此作《折桂令·襄阳怀古》。[2] 改由"襄阳汉江水路",乘船经安陆府(鄂州)到汉阳,"合川江(长江)于武昌"。[3]

卢挚与姚燧会见后,一同欣赏畅师文收藏的樊宗师《绛守居园池记》。樊宗师字绍述,唐人,元和年间,授著作佐郎,历任绵、绛二州刺史。作诗文力求奇古,多艰涩难解。尤以这篇《绛守居园池记》为典型,"艰深奇涩,读之往往昧其句读,况义乎哉!"[4] 宋王晟、刘忱做过注释。元赵仁举注、吴师道、许谦补正本经四库全书著录。卢挚称:"唯绍述辞衷夷艰",所以也学他,写了不到四十字的艰涩跋语。后题:"友洛畅子纯甫,钟奇好古,稽樊记刻久,跋以柳城姚燧端父,涿郡卢氏子挚。"[5]

他在武昌与姚燧、刘致会聚,也与当地官员交往应酬。湖广行省平章政事刘国杰建甲第于武昌,请姚燧为其中三堂命名为清风、垂绅、益壮,并写"记",又让三人分题为三堂作赋,姚燧得"清风",卢挚赋"垂绅",刘致赋"益壮"。

湖北道肃政廉访司佥事李庭咏,字德隆,至元末出任江南行御史

1　《乐府群珠》卷三,141 页。
2　《类聚名贤乐府群玉》卷四,147、144 页。
3　《天下站名》,熊梦祥《析津志辑佚》,北京古籍出版社,1983 年,124~125、127、130 页。
4　陶宗仪《南村辍耕录》,中华书局,1959 年,卷一二"园池记"条,143 页。
5　《跋樊宗师绛守居园池记》,《永乐大典》(14)卷一〇五六《卢疏斋集》,叶 21a。

台御史和都事。¹ 其父号梅轩，由澧州路澧阳县主簿"谢事"归家。庭咏任官湖北，画家钱选绘墨梅寄赠。² 他认为此画符合父亲的自号，"因以为梅轩翁寿"，请"荆楚大夫士形诸歌咏者"，联成巨轴。恰逢卢挚路过武昌，也请他题诗于画梅之左。³

据《牧庵年谱》，这年十二月，姚燧曾将所作《寄疏斋·赠平章刘公·绿头鸭》一曲发往已到长沙就任的卢挚。内容是姚燧回忆陪卢挚同访武昌歌妓王仙儿，称她"色技皆可观"，卢挚为她另起名，字"云居"。开头几句："笑疏斋，老来犹未情疏。似嫌呼、缑山笙鹤，表彰特号云居。"借用王子乔吹笙登缑氏山乘鹤成仙的典故，夸赞卢挚"善形容、世间有几，写绰约、天外无余"，表述了姚、卢等文人的风流韵事，也是记送别卢挚的宴会。姚燧以"我怅离群"的心情，"来食武昌鱼，对芳酒"，佐以"金缕，丝竹"。好友终将赴任离去，"看明日、片帆东下，江渺正愁予"，不免乐中生悲。⁴ 卢挚在武昌所作《折桂令·武昌怀古·旧鄂州》，除怀古外，后半阕："有越女吴姬楚酒，莫虚负老子南楼。身世虚舟，千载悠悠，一笑休休。"应同是描述与姚燧等聚会时的情景和心情。⁵

---

1 《至正金陵新志》李庭咏：御史，至元二十九年上；都事，至元三十年上。卷六，1829 上、1824 下。
2 钱选（1239—1299），湖州人，宋景定间乡贡进士，与赵孟頫等合称为"吴兴八俊"，以花鸟画成就最高。
3 《题李德隆所藏吴兴钱选墨梅并序》，《永乐大典》(36)卷二八一三《卢疏斋集》，叶 8b；姚燧《旧德堂记》，《牧庵集》卷六，叶 8b。
4 《绿头鸭·又寄疏斋》，《永乐大典》(149)卷一四三八三，《姚牧庵集》，叶 25a 至 b。
5 卢挚《折桂令·武昌怀古·旧鄂州》，《类聚名贤乐府群玉》卷四，144 页。南楼在今武昌蛇山上。《大元混一方舆胜览》：武昌路〔景致〕有："南楼，庾亮在武昌，诸佐吏秋夜共登处。"（四川大学出版社，2003 年，638 页）即东晋庾亮出任江荆豫州刺史时已存在。宋黄庭坚有诗赞："鄂州南楼天下无。"

从武昌到岳州,由洞庭湖水路南下,经鹿角庙,[1] 在壁上题曲一首,思念起从此"万里别"的家人和朋友,描写自己半夜在"扁舟一叶"梦回时,只得"闷倚蓬窗睡些"。[2]

(二)乞致仕与莅任后的举措

卢挚到湖南上任后不久,由于不习风土,得疾屡次濒于危殆,申请求医归田,未蒙批准,又力疾治事八九月。大德四年(1300)"首夏",因病后"精力难以平复",尚未炎热,动辄自汗,对"南土气候不常"很难适应,再请致仕,又未获准。[3]

迨秋冬之交,方稍稍向平,于是举行祭先师孔子的释菜之典。冬十一月,为潭州路学聘请前宋进士、儒学提举姚云(号江村)任教,作为地方长官,信中谦称"后学",希望姚支持他作为"部使者"兴学的职责,"无负国家委任"。[4]

现存卢挚五古诗《岳麓书院舍菜礼成》一首,其"引"称:"二月初吉菜祀竣事,诗示僚友掾曹及文学诸生。"《与姚江村先生书》提到自己在大德四年"秋冬之交"病情好转时,在写信的"前月初吉",曾举行释菜之典,那么这次岳麓书院舍菜礼应在此后的次年二月,即大德五

1　鹿角庙又名洞庭庙,在岳州巴陵县境。《元史》卷三〇《泰定帝纪》致和元年夏四月甲寅(688页),改封洞庭庙神曰忠惠顺利灵济昭佑王。
2　《黄钟·节节高·题洞庭鹿角庙壁》,《朝野新声太平乐府》卷五,205页。
3　卢挚《移岭北湖南道肃政廉访司乞致仕牒》,《全元文》(11),5页。此文实刘辰翁代作,故又见《代卢挚乞致仕牒》,《须溪集》(四部丛刊初编)卷七,叶31a。
4　《与姚江村先生书》,《国朝文类》卷三七,叶13a;《天下同文集》卷一九题《为潭学聘姚江村书》,叶79a。

年春。[1]

卢挚对其他地方学者也颇尊重。江西庐陵人刘辰翁,宋景定进士,曾任濂溪书院山长。宋亡,"抆泪讴吟",托方外隐居,人称他的"文章居当世之第一流",有《须溪集》二百卷,其中就有《代卢挚乞致仕牒》一文,可见卢挚和南宋遗民也颇有交情,甚至私人的《乞致仕牒》这类公文也请他代作。[2]

茶陵人谭复,字见心,"诗文自得于心";对"四书、经、史、子、骚,各有论注";书法从钟、王,达北海;杂艺通达百家,《易》数尤精。著述七百篇,题为《詹詹集》。卢挚聘请他主持株洲的紫微书院。[3]

衡山县儒学教谕刘彭寿,本四川眉山人。其父渊,三领乡解,尝以《春秋》冠全蜀,卓行笃学,为士楷模。元初留居衡山,"父子授徒,从学云委"。卢挚和金岭北湖南道肃政廉访司事广平赵励,"一见辄遇以老成"。[4]

(三)结交同僚

卢挚与同僚之间,颇有文字往来。大德四年二月,程钜夫出任江南湖北道肃政廉访使。冬,作岁寒亭于武昌廉访司公署后,有诗文题

---

1 《岳麓书院舍菜礼成并引》,《元诗选》三集乙·卢承旨挚,109 页。
2 《元诗选》三集甲,56 页,刘辰翁小传称:"元大德元年卒,年六十六。"《中国历史大辞典》从而定其生卒年为 1234—1297,《乞致仕牒》作于大德四年,则辰翁已故。又说"宋景定壬戌(1262),年二十九",年六十六应卒于大德三年,仍在四年前一年。
3 刘将孙《茶陵谭见心墓志铭》,《全元文》(20),467 页。
4 欧阳玄《元故务郎建德路淳安县尹眉阳刘公墓志铭》,《圭斋文集》(四部丛刊初编)卷一〇,叶 35b;姚燧《太仓监赵君神道碣》,《牧庵集》卷二五,叶 18b。

咏一卷。¹ 卢挚应他的请求,在长沙自己的公署作词《摸鱼儿》题咏岁寒亭诗卷,下署:"大德辛丑(五年,1301)五月廿又二日书于长沙肃政公宇之澄清堂,涿郡卢挚顿首再拜。"注明书写的时间和地点。接着钜夫次卢挚词韵作《摸鱼儿》一首,开头"问疏斋,湘中朱凤何如?"杜甫古诗"君不见潇湘之山衡山高,山巅朱凤声嗷嗷",借杜诗将卢挚比作朱凤。下阕"疏斋老,意气经文纬武,平生握手相许"。既夸赞卢挚,又诉说相互的友谊。"记我度秦淮,君正临清句"两句,"清句"自注"宣城水名",即回顾自己度秦淮河到金陵行御史台履任,与他出任江东按察副使时结识,并订交为好友。² 姚燧赞赏程钜夫的《岁寒亭记》之余,也循卢挚例,赋《感皇恩》词一首。钜夫又次姚燧韵作《感皇恩》一首。³

前湖南宣慰使赵淇,号平远,乃南宋抗金名将京湖制置大使赵方之孙。父赵葵历任镇边将帅数十年,以两淮宣抚使、少师、冀国公致仕。赵淇在宋官尚书刑部侍郎,宋亡降元,世祖制授湖南宣慰使。出镇湖南仅七年,致仕后,凡莅湖南任官者,以民事相问,他都能诚恳说明利害。他的朋友间,"穷贵大贤"甚多,与卢挚交谊尤其深厚。二人有诗词唱和,今存卢挚《梅花引·和赵平远催梅》。⁴《永乐大典》又辑得卢挚《天仙子》词一首,也是"和赵平远折赠黄香梅之作",前有序说:已致仕的宣慰使赵公,其花园内黄香梅盛开,派人折枝送来,并赋

---

1 《雪楼程先生年谱》,《雪楼集》附,叶 5b。
2 《雪楼集》卷三〇疏斋词附《摸鱼子·奉题雪楼先生鄂宪公馆岁寒亭诗卷》,叶 16b;《摸鱼儿·次韵卢疏斋宪使题岁寒亭》,叶 16a。
3 同上,卷三〇牧庵词附《捧读雪楼宪使岁寒亭记击节之余扳疏斋例亦赋乐章》,叶 17a;《感皇恩·次韵姚牧庵题岁寒亭》,叶 16b。
4 卢挚《梅花引·和赵平远催梅》,《天下同文集》卷四八,叶 159b。

《天仙子》词相赠,故卢挚"用韵和之,聊答盛意"。[1]

大德十一年(1307)冬,赵淇逝世,家人仍派人远走宣城,求改任江东廉访使的卢挚写墓志铭。[2] 宣城人贡奎有《题赵平远、卢疏斋小像》诗,卢挚是出仕他家乡的前辈名宦,诗中有句"海天云暗涿州山,湘水春寒玉树残"。[3] "涿州山"指卢挚,"湘水"指生于衡山,殁于长沙的赵淇,将他和赵淇的小像合在一起,并列题咏,说明二人生前的关系不同一般。宋褧题《卢疏斋赵平远小像》诗表达更明确,开头就指出:"盛德不孤立,巨邦尊二贤。卢翁官察访,赵使职旬宣。"两人分任宣慰使或廉访使,是湖南所尊敬的"二贤"。比喻他俩契分交谊似元稹和白居易,襟期志趣似杜甫和郑虔。他们的关系"密迹通家好,留连对榻眠"。作者面对他俩的遗像感慨:"肖貌开光霁,并祀待他年。"[4]

卢挚与湖南宣慰司属官也颇有交谊,东平人都事张子敬秩满北归,他作《清平乐》词送行。[5] 张子敬吏员出身,由松江提控案牍擢任浙西宣慰司掾,至元二十八年(辛卯,1291),再辟为江浙行省掾。秩满,授湖南宣慰司都事,张伯淳和方回皆赠以序文和诗序,分别注明时间是元贞二年(1296)九月或十二月。[6] 那么他到任已在大德元年(1297),秩满应在卢挚到任不久。

《四库全书》从《永乐大典》中辑出《陈秋岩诗集》,据《提要》考

---

[1] 《天仙子·用韵和赵平远折赠黄香梅之作》,《永乐大典》(36)卷二八一〇,叶 8b。
[2] 卢挚《湖南宣慰使赵公墓志铭》,《全元文》(11),第 21 页;虞集《赵文惠公神道碑》,《道园学古录》卷一三,叶 8a。
[3] 贡奎《云林集》(四库第 1205 册)卷六,659 页下。
[4] 《燕石集》(四库第 1212 册)卷五,396 页下。
[5] 《清平乐·送张都事子敬秩满北归》,《天下同文集》卷四八,叶 160b。
[6] 《送张子敬湖南宣慰使都事序》,《全元文》(11),192 页;《送张子敬赴湖南宣慰司都事诗序》,《全元文》(7),66 页。

证,作者陈宜甫是世祖侍从,后从晋王甘麻剌镇戍北边,故与卢挚有同列侍从之谊。[1] 诗集中有《望乡歌寄卢疏斋》《次卢疏斋韵》寄赠卢挚与他唱和的诗,《同疏斋卢学士泊舟桃源县》,应是卢任湖南廉访使时他来游时所作。[2]

广西道廉访司佥事萧泰登,曾任湖南儒学提举,卢挚可能对他有所了解,为此上状,称他"廉足以服众,明足以烛奸"。"允为良材,实称乃职。若使久淹边远,不能尽展施为。如蒙擢置近里道分,唯复两台监察内任用,诚为相应"。因此推荐他为御史。[3] 据萧泰登家传,他出任江南行台监察御史是大德六年(1302),故卢挚推荐状正是他在湖南廉访使任上所作。[4]

卢挚与地方名流也有交往。潭州名士黄古山,将他的北郭别业命名"尘外江村",请疏斋作词,卢挚即写词《行香子》相赠,并对"古山君"加以赞扬。黄古山与乡里中樵夫、渔人一同歌吟这首词。[5]

(四)提携后进

翰林名臣,参加纂修《经世大典》并任修辽、金、宋三史总裁官的揭傒斯和欧阳玄,早年都曾得到卢挚的奖掖和提携。揭傒斯江西富州(今江西丰城)人,初游湖南,得见前宣慰使赵淇和宪使卢挚,辄加

---

1 《四库全书总目》卷一六六《陈秋岩诗集》,1434 页下。
2 《陈秋岩诗集》(四库第 1202 册)卷上,674 页;卷下,684、683 页。
3 卢挚《台荐御史萧泰登状》,《天下同文集》卷二四,叶 93b。
4 袁桷《萧御史家传》,《清容居士集》卷三四,叶 3a。
5 《行香子·潭名士黄古山,名其北郭别业曰尘外江村,属予赋词,与里中樵渔歌之》,《永乐大典》(50)卷三五七九《卢疏斋集》,叶 5a。

称许,卢挚尤爱其文。[1]

湖南浏阳人欧阳玄,弱冠,间至郡城,宪使卢挚"观所为文,大器重之,相与唱和,留连不遣去,荐为宪史,力辞不就"。[2]

吴澄说:"清江旧友彬溪杨信可,壮岁以能诗见知于卢疏斋学士。"[3] 杨信可是清江县彬溪人,清江是临江路倚郭县,即今江西樟树市临江镇。他的诗选入《元风雅》,其中有《和卢子仪寄怀卢肃政上巴陵王侯》五言诗一首,此"卢肃政"应指卢挚。他在诗中称卢挚为"石澴叟",说对他有知遇之恩:"人生有知遇,永怀不可忘。""忽忆石澴叟,别我半载强。昨者从湘中,岁晏归朔方。孤舟渡淮水,遗歌满沧浪。"[4] 这应是卢挚卸任半年后有感怀念而作。卢挚从湖南起行,经扬州渡淮,将于年底回到北方的大都,所述行程与下文相符。

杨信可在卢挚北上武昌时也到达武昌。揭傒斯初见卢挚的大德七年(1303)春,自称与临江杨信可"遇于武昌,居数月"。不仅赏识信可本人,而且在读其子湘来信后,"嘉其年弱而志大且甚好学也",许以女嫁未谋面的杨湘为婿。[5] 杨信可见知于卢挚,从其他人的诗文中也得到印证。可能杨信可在武昌时,曾参谒廉访使程钜夫,钜夫的词《浪淘沙·次疏斋韵题杨生卷》中的杨生,词中称为"西江杨处士",应就是杨信可。从词题得知卢挚曾作词题于杨信可的诗卷上,由于卢挚的赏识,也得到程钜夫的认可,故次韵《浪淘沙》一首。[6] 卢挚到达扬州,可能也向吴澄赞扬杨信可,吴澄多年后才结识信可,写诗一首相

---

1 黄溍《翰林侍讲学士谥文安揭公神道碑》,《金华黄先生文集》卷二六,叶17b。
2 危素《大元故翰林学士承旨圭斋先生欧阳公行状》,《危太朴续集》卷七,叶5b。
3 《与萧道士书》,《全元文》(14),63页。
4 《皇元风雅》后集卷五,叶9a;《元诗选》癸之戊下·杨信可,中华书局,2001年,636页。
5 揭傒斯《杨楚经字说》,《揭文安公集》(四部丛刊初编)卷一四,叶4b。
6 《浪淘沙·次疏斋韵题杨生卷》,《雪楼集》卷三〇,叶19。

赠:"往年疏斋老,同看广陵春。起予五君咏,字字春条新。归来西江上,始识诗中人。"¹ 吴澄除称赞信可"能诗"外,说他"又精探古今文字之本源,自编《钟鼎古韵》刊板,盛行于世"。还给他的《增广钟鼎韵》作序,序中说:"宋薛氏集古钟鼎之文为五声韵,……清江杨钧信可重加订正。"² 信可又请南昌学者熊朋来作序,朋来称他为"杨信父","名钧,以字行",可见他原名钧。³

顺帝时官至中书左丞的许有壬,曾游岳麓书院,登风雩亭,用卢挚诗韵作五言古诗一首。⁴ 卢挚在湖南时,有壬仅十余岁,不可能有交往,应是他后来游岳麓访朱熹、张栻遗迹时,因景慕前贤步卢挚诗韵而作,惜卢挚原诗已不存。

卢挚对下属吏员加以培养和鼓励。攸县人刘宗说,字傅之,早年在湖南任掾吏,卢挚出任湖南廉访使,宗说从他学诗,以擅长古体知名。卢挚尝夸奖他:"刘掾傅之天资高迈,他日纲维风宪,必斯人也。"⁵ 婺州路浦江人金德润,远游湖南,入廉访司府"学书狱,客东庑下",食宿、办案都在这里,"休沐未尝出"。卢挚时任廉访使,心感他的勤奋,选为桂阳吏。越三年,补湖南道宪府书吏。⁶

湖南道廉访司书吏长沙人文矩子,当卢挚任廉访使时,"敬其才

---

1 吴澄《赠清江杨信可》,《吴文正公集》,《元人文集珍本丛刊》(4),台湾新文丰出版公司,1985 年,卷四八,叶 2b,92 页下。
2 吴澄《增广钟鼎韵序》,《全元文》(14),283 页。
3 熊朋来《钟鼎篆韵序》,《国朝文类》卷三三,叶 7b。钧字漫漶,经修板误补为鉤。
4 许有壬《游岳麓书院登风雩亭寻朱张遗躅用疏斋卢先生韵》,《至正集》,《元人文集珍本丛刊》(7),卷三,叶 21a,40 页上。
5 欧阳玄《元故中奉大夫江南诸道行御史台侍御史刘公墓碑铭》,《圭斋文集》卷一○,叶 1。
6 宋濂《故绍兴路总管府治中金府君墓碣并序》,《宋文宪公集》(四部备要本)卷五○,叶 2b。

辨,遇之殊常人",矩子"以卢公为知己,乐从之"。¹

卢挚在湖南廉访使任上的作品,能肯定的有《折桂令·长沙怀古·潭州》和五言古诗《湖南宪幕牡丹》。² 有外出巡视时所作,如描述从岳阳往南、湘江以北景致的《中吕·普天乐·湘阳道中》:"岳阳来,湘阳路。望炊烟田舍,掩映沟渠。山远近,云来去。溪上招提烟中树,看时见三两樵渔。凭谁画出。"真写出一幅绝妙的图画。³ 他在衡州路作五古《游石鼓书院》,衡州城东三里有景致石鼓山,据朱熹《石鼓书院记》:"石鼓山据蒸湘之会,江流环带,最得一郡佳处,故有书院。"卢挚的诗句:"横序表林皋,瞻彼衡之南,息游迩城阙,宛在湘之浔。"正好描绘了书院所在的形胜。⁴ 他的《沉醉东风·秋景》:"挂绝壁松枯倒倚,落残霞孤鹜齐飞。四围不尽山,一望无穷水,散西风满天秋意。夜静云帆月影低,载我在潇湘画里。"好一幅潇湘的美景图画。⁵ 还有注明大德六年(1302)正旦作的词《木兰花慢》,勾画出湖南的历史传说,全湘风光,以歌颂"如许升平文物,仍逢混一山河"结束全词。⁶

---

1 吴澄《故太常礼仪院判官文君墓志铭》,《全元文》(15),571 页。
2 《类聚名贤乐府群玉》卷四,144 页;《乾坤清气集》卷二,286 页。
3 《类聚名贤乐府群玉》卷四,153 页。
4 《永乐大典》(95)卷八六四八,衡州府,叶 4a;《大元混一方舆胜览》卷下,670 页。
5 《朝野新声太平乐府》卷二,76 页。
6 《天下同文集》卷四,叶 25b。

十一　入朝为翰林学士(1303—1306)

(一)大德七年卸任返京

吴澄说:卢挚"由湖南复入为翰林学士"。[1] 由长沙返京,最先乘船到达武昌,揭傒斯所作诗序提到初见卢挚并得到他的"称许",是在大德七年(1303)卢挚卸任"移病归颍,舟次武昌"时,接着又到汉口找到卢挚的坐船,具体日期是正月十二日。[2] 李修生先生以揭傒斯此诗为据,认为卢挚是"家居河南,族望涿郡",并以卢挚所作《蟾宫曲·颍川怀古》为旁证,因曲中有句"吾爱吾庐,欲倩林泉,纳下樵渔"。[3] 颍川是大德二年(1298)卢挚奉旨南下祭祀海、岳和去湖南廉访司赴任必经之地。"吾爱"等句,正好印证他为何刚刚到任,就屡次备申宪台,以求医归田为请,原来他在赴任途中早就有"欲倩林泉,纳下樵渔"的念头了。"吾庐"指他在登封的临时住所,并非他的原籍。相传尧让天下于许由,由不受,逃避隐居于颍水滨,"归颍"意为归隐,没有回家乡颍川之意。许州(颍川)距登封约一百公里,与卢挚《寄康军国书》中所谓"遂来登封"暂居处不是一地。

卢挚在武昌,接受湖广行中书省郎中智受益的宴请。智受益,字仲谦,邓州南阳人,江西行中书省理问官满秩后,迁湖广行中书省郎中。[4] 席间还有湖广行省左丞李世安和武昌路总管安思诚。李世安

---

[1] 《送卢廉使还朝为翰林学士序》,《全元文》(14),92页。
[2] 揭傒斯《湖南宪使卢学士移病归颍,舟次武昌,辱问不肖姓名,先奉寄三首。大德七年》《正月十二日寻卢学士船至汉口留诗为别》,《揭文安公集》卷四,叶2a;卷一,叶3a。
[3] 《卢疏斋集辑存》,《前言》,3~4页,《卢挚年谱》,2页。
[4] 虞集《两浙运使智公神道碑》,《道园学古录》卷一三,叶11a。

即几年前在杭州赐春宴并载酒同游西湖的江浙行省参政。大德五年（1301），湖广平章刘国杰奉诏将诸翼兵讨贵州罗鬼女子蛇节等少数民族之乱，他在江浙和河南任满后，奉调"升湖广左丞，供刘平章西征馈饷"。由于他"生于宣德府龙门川，人称李龙川"，因此诗中称他为"左辖龙川李公"。[1] 宴席中应李左丞和安总管的请求，赋《最高楼》词一首，词序声明此行是"谢病北归"，词中自称"长沙客"，"宁食武昌鱼，未觉故人疏"。卢挚在品味美食、欢会故人之后，回到归舟时，又"唤醒乡关梦"。[2]

虞集作吴澄《年谱》：大德七年七月，至真州（今江苏仪征），卢挚作为"寓公"与其他官员率子弟至扬州，请吴澄讲学。[3] 可见卢挚此行返回"乡关"，是乘舟顺长江而下。他的词曲《黑漆弩》是此次东下途中所作。当客船停泊采石矶（今安徽马鞍山市西南长江东岸）时，他将此曲寄给故人，一位是江西湖东道清江廉访司分司佥事蒋长卿，[4] 另一位是芜湖县尹刘伯渊巨川。[5] 曲中有句，"湘南长忆崧南住，只怕失约了巢父"，说明卢挚赴任湖南廉访使前和卸任后，始终怀念当年嵩山南麓居住的"吾庐"，向往与隐居的巢父在林泉间樵渔的悠闲生活。卢挚的行程表明，揭傒斯所谓"移病归颍"，自己所说的"谢病北

---

1 吴澄《元故荣禄大夫江西等处行中书省平章政事李公墓志铭》，《全元文》(15)，634、635页。
2 《最高楼·智郎中席上即事并序。予谢病北归，鄂省郎中智仲谦为具见召，席间左辖龙川李公、鄂牧安侯思诚索诗，为赋〈最高楼〉兼贻仲谦郎中》，《永乐大典》(183)卷二〇三五三，叶17b。
3 《吴文正公集》，《元人文集珍本丛刊》(3)，卷首《年谱》，22页上。
4 刘将孙《清江分司蒋长卿佥事席上和韵》，《养吾斋集》(四库全书珍本)卷六，叶3a。
5 《(康熙)太平府志》卷一六《职官志三》，叶8b，"元—县尹—成宗大德间—刘伯渊字巨川"，中国方志丛书，华中地方第236号。

归",并非沿陆路北上颍川,而是如词中所云,从水路"载愁东去"。[1]

吴澄从大都返乡,五月至扬州,江北淮东道肃政廉访使赵完泽,以暑炽为由,强留他在郡学讲学。七月至真州,除宪使赵完泽(汉名弘道)外,寄寓于此的官员淮东宣慰使珊竹玠、工部侍郎贾钧、湖广廉访使卢挚、淮东佥事赵瑛、南台御史詹士龙、元明善等"诸寓公具疏致币","先后留先生,身率子弟诸生受业"。[2]《年谱》提到的其他"寓公":首先是珊竹玠,此人在四库本作"沙卜珠玠",乃四库馆臣妄改。珊竹(Saljiut-Saijiu)是蒙古尼鲁温部中氏姓之一,祖乌也而以开国功,官北京兵马都元帅。他本名拔不忽,汉人老师替他命汉名为玠,原任江东宣慰使(《吴澄年谱》作"淮东宣慰使",疑误),因病目辞官,家真、扬间,先后延请张翚、吴澄为诸子师。[3] 贾钧是世祖潜邸旧臣贾居贞次子,曾任佥淮东廉访使事、大德三年(1299)出任江南行御史台都事,这时可能已转任工部侍郎任满,寓居扬州。[4]《行状》还提到有廉访使赵弘道、赵瑛、江南行御史台监察御史詹士龙、元明善等人。贾钧是获鹿人,赵弘道是冀州人。詹士龙是藁城董文炳的义子,与卢挚都来自河北,同是在江淮任官的北人官僚。元明善与他同官翰林院,这批官僚关系密切,除教育子弟外,也愿留在扬州作寓公一起寻乐。

元好问曾著《唐诗鼓吹集》,郝天挺(字继先,号新斋)幼年从好问学,好问曾用这部诗集教他诗律,天挺"慨师承之有自",故为此集作

---

[1] 《晚泊采石,醉歌田不伐〈黑漆弩〉,因次其韵,寄蒋长卿佥司、刘芜湖巨川》,《永乐大典》(149)卷一四三八一《卢疏斋集》,叶30b。
[2] 《吴文正公集》卷首《年谱》,《元人文集珍本丛刊》(3),22页上;虞集《故翰林学士资善大夫知制诰同修国史临川先生吴公行状》,《道园学古录》卷四四,叶6b。
[3] 姚燧《有元故中奉大夫江东宣慰使珊竹公神道碑铭》,《江苏通志稿》,《辽金元石刻文献全编》(2),北京图书馆出版社,2003年,艺文志三·金石一九,43页。
[4] 《元史》卷一五三《贾居贞传》,3625页;《至正金陵新志》卷六,1824页下。

注。书成,请姚燧作序。天挺和卢挚曾分别任陕西汉中道廉访使、副使,与卢挚有同官之谊,也请卢挚作跋,注明作于"大德七年癸卯六月"。时间正是卢挚寓居扬州时。[1]

郝经使宋时被拘于真州,作《立秋感怀》诗。卢挚来到拘留郝经的故地,有感而作《和郝奉使立秋感怀》。吴澄次韵作七律二首,前一首是追怀郝经当年被拘时的境况,后一首用"江上清风频入梦,淮南幽桂又听吟"的诗句,抒发他和卢挚唱和的心情。这诗的第二句"秋声忽忽动鸦林",完全符合诗题"立秋"的景象。接着卢挚又有和吴澄诗。吴澄再次韵卢挚和章以表谢意。[2] 可惜卢挚原诗皆已佚。

张可久有一首曲《双调·折桂令·疏斋学士自长沙归》,其中有句"夜醉长沙,晓过吴松","雁来红叶秋光,秋兴谁同。绝唱仙童,相伴疏翁"。[3] 似乎是说:卢挚从长沙归来,并不急于回大都,不仅从汉口东下扬州,甚至深秋还到过太湖以东的吴淞江,也就是在江南的天堂苏州地区(当时的平江路)。他的《吴门怀古·平江》很可能是此行所作。[4] 而他咏古八美人曲之一《西施》,不是写她在越国的事,而是从"建姑苏百尺高台"开篇,咏叹吴国灭亡,状写"吴王冢""伍员坟"的荒凉景象,地点都在苏州,很可能是在平江所作。[5]

卢挚在扬州,如前所述,吴澄作《送卢廉使还朝为翰林学士序》,说"由湖南复入为翰林学士",可见卢挚在真、扬等地逗留时,已接到"还朝为翰林学士"的任命。

---

1 施国祁《元遗山诗集笺注·补载》,人民文学出版社,1958年,731页。
2 《疏斋卢学士和郝奉使立秋感怀,余亦次韵二首》《又次韵谢疏斋和章》,《吴文正公集》(《元人文集珍本丛刊》4)卷四七,叶3,79页上。
3 《双调·折桂令·疏斋学士自长沙归》,吕薇、杨镰《张可久集校注》,368页。
4 《双调·折桂令·吴门怀古·平江》,《类聚名贤乐府群玉》卷四,142页。
5 《朝野新声太平乐府》卷一,16页。

杂剧女演员珠帘秀,时人称"为当今独步","驾头、花旦、软末泥等,悉造其妙"。[1] 与当代文人官员交往颇多。卢挚曾作《折桂令·醉赠乐府珠帘秀》,其中有句,"系行舟谁遣卿卿""客散邮亭",似乎是说,卢挚是暂寓旅途的邮亭中,珠帘秀是乘舟来赴约,在酒酣客散时作此曲相赠。[2] 另一首《寿阳曲·别珠帘秀》,用"画船儿载将春去也,空留下半江明月"词句描述离别的情和景,故事仍发生在江边。珠帘秀是现存元曲中与卢挚有赠有答的"歌者",她的《寿阳曲·答〔卢疏斋〕前曲》中也有"倚蓬窗""恨不得随大江东去"的词句。[3] 总之,他俩的赠答都是创作于舟船和大江的场景下,地点非长江与运河交会的真、扬州莫属。她和吴澄一样,得悉卢挚被任命为翰林学士,在《答前曲》中出现"憔悴煞玉堂人物"的词句。

(二)大德七年(1303)冬入朝履职

大约在大德七年冬,卢挚已回到大都,就任翰林学士。

姚燧于大德八年出任江西行省参知政事,冬十月,抵龙兴就职。同时,原潭州路道教道录吴澹轩移任洪州道录,向姚燧出示卢挚年前任湖南廉访使时赠别的诗篇。姚燧称他的现职为"内相",说明此时卢挚正在翰林院就职。[4]

---

1 《青楼集笺注》,82页。
2 《类聚名贤乐府群玉》卷四,148页。
3 《朝野新声太平乐府》卷二,45页。
4 姚燧《吴君澹轩以大德甲辰冬自潭移录道教于洪示内相疏斋前为潭宪日赠别之什燧赋跋之》,《牧庵集》卷三二,叶16。洪州南宋升隆兴府。元至元十四年(1277)置隆兴路,二十一年(1284)更名龙兴路。龙兴、洪州即今南昌。《新唐书·百官志》,开元二十六年(738),改翰林供奉为学士,别置学士院专掌内命。其后翰林学士号称"内相"。

安徽芜湖有一石刻,刻有卢挚所作七古《玩鞭亭》一首,附序言说:"里人董君敬叔,由史馆从事出宰于湖,其将行,燕客卢挚因书旧作赠别。"[1] 董敬叔名守礼,乃董文炳之孙,士元之子。[2] 守礼由"史馆从事出宰于湖",[3] 说明他与卢挚同供职史馆即翰林兼国史院,这时出任芜湖县尹。[4] 卢挚是涿州人,故自称"燕客",与藁城董氏同处河北,称守礼为"里人",也是世交。中统初年,董士元"以世家子选供奉内班",可能与卢挚因同是世家子并有同任侍从之谊。[5] 士元之叔文忠,不仅与卢挚同为侍从,而且还曾为他辩冤,有救命之恩。卢挚自署"书旧作赠别",时间是"大德乙巳正月廿又二日"。次年即"大德十年,天台周子镇得此墨迹,刻石于安徽芜湖"。[6] 周子镇是芜湖县教谕。[7] 芜湖元属太平路,在江东建康道治下,是从宣城前往行御史台所在建康必经之地。刻石的次年,卢挚才再次出任廉访使。二十年前他曾任按察副使,那时提刑按察司已迁至宁国路的宣城,玩鞭亭应是他旧游之处,"旧作"诗应作于当时。

---

1 《玩鞭亭》,《北京图书馆藏中国历代石刻拓本汇编》(48),中州古籍出版社,1989年,188页。
2 王恽《故武节将军侍卫亲军千户董侯夫人碑铭》,《秋涧集》卷五二,叶11a。
3 于湖是晋武帝所置县名,隋废。故址在今安徽当涂县东南,古人常以于湖指芜湖。
4 《(康熙)太平府志》卷一六《职官三》(叶8b):"元—县尹—成宗大德—董守礼字敬叔。"《(民国)芜湖县志》卷三八《古迹志·碑刻》(叶1下):"元翰林卢挚玩鞭亭诗碑在学宫戟门东壁。"中国方志丛书,华中地方88号。
5 《元史》卷一五六《董文炳附士元传》,3675页。
6 《玩鞭亭》诗序。
7 《康熙太平府志》卷一七《职官四》,叶20a。元芜湖县儒学教谕—成宗大德—周子镇。

（三）大德九年（1305）出使代祀南海、南镇诸神

大德九年四月，卢挚由成宗派遣，以"翰林学士通议大夫知制诰同修国史"的名义，与其他二使代祀南海等诸神。到达广州后，十九日甲午（五月十二日），"昭告于南海广利灵孚王"。[1]

祭神后，卢挚结识江西庐陵人刘梦说，字肖翁，"特加器重，问其名若字"，根据刘某名和字的出典说："傅岩之肖宜为和羹之梅。"乃赠以"梅垫"二字作他的号。梦说因此在家"种梅建亭"，自称"梅垫居士"。[2]

揭傒斯有《卢学士奉旨南祀海岳由钟陵相别闻尚宿留会稽有怀奉寄》五律一首，由诗题可知，卢挚此次南祀海、岳，曾与揭傒斯在建康钟陵（钟山）相遇，接着到了会稽。如诗中所说："钟陵一分手，几日过钱塘。五月山阴路，千峰海上凉。"[3] 卢挚此行从建康过钱塘江，到了会稽山阴道上，这不是祭祀湖南衡山南岳和广州南海神的路径，而是前往绍兴会稽山祭祀南镇。前述卢挚从湖南离任时，大德七年（1303）正月舟次武昌，问了揭的姓名，二人才初识，那么这次"南祀海岳"绝非大德二年（1298）那一次。如果没有第三次，应断定揭傒斯此诗乃大德九年奉旨祭祀南岳、南海后，再从建康转往会稽祭祀南镇时所作。

---

[1] 刘光远《谕祭南海神文》，《（同治）番禺县志》卷三〇《金石略三》，《辽金元石刻文献全编》（3），北京图书馆出版社，2003年，610页。

[2] 吴澄《故梅垫逸士刘君墓志铭》，《全元文》（15），613页。典出《书·说命上》：王（武丁）"梦帝赉予良弼"。"乃审厥象（用他精细的画像），俾以形旁求于天下。〔傅〕说〔作为奴隶〕筑〔墙于〕傅岩之野，〔与画像惟妙〕惟肖。〔找到后乃迎回〕爰立作相。"名"梦说"，意指他是帝王梦中的"良弼"。字"肖翁"，即与王梦中的傅说惟妙惟肖的人。和羹之梅：调和羹汤的佐料，用以比喻宰辅。语出《书·说命下》："若作和羹，尔惟盐梅。"盐咸，梅酸，羹须盐梅调和。

[3] 《揭文安公全集》卷一，叶10b。

卢挚所作词曲中,有若干首是有关杭州和西湖的,并有词曲家刘致、张可久、马致远、任昱等人同他唱和之作,卢挚因何来到杭州,研究者有各种猜测。我认为应是在祭祀南镇后,折返到杭州,流连杭州西湖风光时所作。如《折桂令·六月望西湖夜归》一首,描写西湖"玉镜晴波"的湖面,"数十处芙蓉画舸",望着盛夏六月十五的夜空,"月下婆娑,恰似姮娥"。[1] 他四月十九日在广东祭祀南海海神,折返到建康等地与揭傒斯等人会面,有所逗留,然后是"五月山阴路",往会稽祭祀南镇。六月在杭州逗留,故月望出现在杭州。

卢挚还有曲《湘妃怨·西湖》与朋友唱和。前文提到卢挚去湖南赴任时,前往武昌迎接他的湖南廉访司吏员刘致(字时中)这时也在杭州,与卢挚等人同游,并作曲相和。"刘时中乐府"载于《类聚名贤乐府群玉》卷一,开篇《水仙操》的引言说:苏东坡有诗句"若把西湖比西子,淡妆浓抹总相宜",填词者窃其意,演作社会上传唱的《水仙子》四首,仍截取"西施"二字为全诗结尾,盛行于歌楼乐肆间,曲家以无佳作为憾。卢挚(刘致称其号为"崧麓有樵者")以春夏秋冬四季风景赋曲四章,命名"西湖四时渔歌"。约定首句末尾用"儿"字,二句以"时"字为韵,每段都以"西施"二字收尾。邀同游者按约定同赋。[2] 兹节引卢挚《西湖四段》曲为例:

> 湖山佳处那些<u>儿</u>,恰到轻寒微雨<u>时</u>,东风懒倦催春事。……是个妒色的<u>西施</u>。
>
> 朱帘画舫那人<u>儿</u>,林影荷香雨霁<u>时</u>,……是个好客的<u>西施</u>。

---

[1] 《类聚名贤乐府群玉》卷四,149页。
[2] 同上,卷一,刘时中《双调·水仙操·西施》,1页。

> 苏堤鞭影半痕儿,常记吴山月上时,……酿清香飘桂子,是个百巧的西施。
> 梅梢雪霁月芽儿,点破湖烟雪落时,……是个淡净的西施。[1]

同赋者除刘致外,还有元代大曲家马致远东篱,他们都如约按限定的"儿""时""西施"并分四段描写了西湖四季的美景。[2]

另一位曲家张可久有多首和卢挚的曲,地点都在杭州。他在此后数年才出任小官,与卢挚唱和应在大德九年这次。《湖上怀古次疏斋学士韵》应是和卢挚的《钱塘怀古·杭州》。[3] 他还另有《南吕·四块玉·怀古疏翁索题》《越调·天净沙·怀古疏翁命赋》《越调·小桃红·忆疏斋学士郊行》《双调·折桂令·和疏斋学士韵》等篇。[4] 可能也是卢挚此行与他相遇时或日后追忆所作。卢挚有系列《折桂令》咏花作品,我无法判断是何时何地所作,然而其中《红梅》,有张可久《红梅次疏斋学士韵》;《木犀》有刘致《疏斋同赋木犀》,可能是此次杭州相聚时作。[5] 刘致早年与卢挚在湖南廉访司共事,也可能作于长沙。

大德九年六月,成宗"立皇子德寿为皇太子,诏告天下"。[6] 为此另建东宫。约在秋末,卢挚在东宫大殿上梁时已回到大都,受命撰写

---

1 杨朝英选《新校九卷本阳春白雪》,中华书局,1987 年,卷二,25 页。
2 《新校九卷本阳春白雪》卷二,26 页。
3 《双调·折桂令·湖上怀古次疏斋学士韵》,《张可久集校注》,369 页。
4 《张可久集校注》,59、282、255、393 页。
5 《类聚名贤乐府群玉》卷四《卢疏斋乐府》,146 页;卷五《张小山乐府》,172 页;卷一《刘时中乐府》,6 页。
6 《元史》卷二一《成宗纪四》大德九年六月庚辰,464 页。

《东宫正殿上梁文》。[1]

蒙古克烈部人勖实带,原任炮手军总管,是个武人。大德二年(1298)因足疾退职闲居,"大肆于学,手不释卷",改易汉名士希,字及之。与中书陈天祥,翰林学士承旨姚燧、卢挚、侍御史赵简诸老游,"名声籍甚"。[2] 陈天祥任中书右丞在大德九年;姚燧任翰林学士承旨在至大二年(1309);赵简于延祐二年(1315)冬,官居侍御史。[3] 勖实带结识卢挚并同游,应在他大德七年回京出任翰林学士时。

家居京师的张纲,平生佩服文人儒士,读书而不求官,治生而不谋富,有余财就购买鼎钟彝器,法书秘画,"明窗棐几,布列展玩","名公硕儒"都倾盖与他为友,其中就有卢挚。每逢休旬假日和令节,相率登门,"焚香煮茗,鸣琴觞酒,修然娱乐"。[4] 卢挚与张纲交游,应是他在京任集贤学士或翰林学士时。

十二　复任江东道肃政廉访使(1306—1308)

程钜夫有五古《次韵卢疏斋就以赠别二首》,诗中有句:"潇湘有佳人,朗月鉴秋水。思之不可见,旷若隔千祀。"意指卢挚和他同时任湖南或湖北廉访使,分别后"思之不可见"。据他的《年谱》,大德八年(1304)冬十一月,程钜夫被召拜翰林学士。九年夏六月,加商议中书

1　《全元文》(11),30页。
2　程钜夫《故炮手军总管克烈君碑铭》,《雪楼集》卷二二,叶7a。
3　《元史》卷一六八《陈天祥传》,3950页;《牧庵集》附录《年谱》;《至正金陵新志》,卷六,叶37a,1822页上。
4　苏天爵《张文季墓碣铭》,《滋溪文稿》卷一四,232页。

省事,专使驿召赴阙。冬至京师。[1] 如此诗所说:与卢挚"相逢在岁晏"。卢挚两年前已先期回朝出任翰林学士,老友有幸同在翰林院任职。钜夫诗"又言当远别,东去数千里",就是说卢挚年后又接受新的使命。如果不是被派往江浙等地另有任务,应是指他已接受江东建康道廉访使的任命。所以二人在翰林院的短暂聚首,只能是"金门幸回忆"了。[2]

色目诗人萨都剌曾作《和韵赠卢疏斋学士兼柬句曲唐别驾》七律一首,另本则题为《次学士卢疏斋题赠句容唐别驾》。从诗题可知,卢挚曾写过一首诗"题赠句容唐别驾",即赠句容县的同知唐某。可惜原诗已佚,仅有萨都剌这首《和韵赠卢疏斋学士》保存至今。诗中有句:"昔年奏对含鸡舌,今日登临向凤台。"应劭《汉官仪》:"尚书郎含鸡舌香伏奏事";"凤台"即今南京中华门内西南隅的凤凰台;意指卢挚前几年还在朝廷向皇上奏对,今天已登临江南行御史台所在地建康的凤凰山。萨龙光辑校本将此诗编年系于大德十年(1306)丙午,意味着十年卢挚已卸任翰林院职,抵达建康履新。卢挚任江东建康道提刑按察副使时,曾登临茅山并留有诗篇,故诗中开头有句:"疏斋落落谪仙才,句曲名山数往来。"尾联是"喜有闲居唐别驾,寻诗猿鹤莫惊猜"。[3] 句曲山即茅山,在句容县东南,现在又回到建康,就近探访在茅山闲居的句容县唐别驾(同知)"寻诗"。

卢挚在茅山可能得遇元曲家张可久,向他"索赋",可久应邀作

---

1 《雪楼集》附录《雪楼程先生年谱》,叶6a。
2 《次韵卢疏斋就以赠别二首》,《雪楼集》卷二八,叶1a。
3 《雁门集》卷一,上海古籍出版社,1982年,12页;《萨天锡诗集》(四部丛刊初编)后集题为《次学士卢疏斋题赠句容唐别驾》,句曲皆作句容,叶6a。

《中吕·红绣鞋》曲。¹ 雁荡山隐士李孝光看到卢挚题赠唐别驾的诗,也曾步韵赋诗一首。²

(一)大德十一年(1307)赴任至宁国

卢挚再次回到宁国,二十年前,他是提刑按察副使。这时提刑按察司已改为肃政廉访司,他出任首长廉访使。《宁国府志》称他"大德十一年为廉访使"应是他抵达宁国任所之年。对他的评价是:"才行兼优,威名籍甚。"³

姚燧于大德五年(1301)出任江东道廉访使,八年(1304)改任江西行省参知政事。十一年(1307),卢挚继任廉访使。他们在江东道任期内的施政和生活作风,在当地人心目中留下了深刻印象。顺帝时任户部尚书的贡师泰(1298—1362),正是廉访司治所宁国路宣城人。他回忆说:"予家江东,方七八岁时,见牧庵姚公、疏斋卢公按治之暇,辄率郡士大夫携酒肴、歌妓出游敬亭、华阳诸山,或乘小舟直抵湖上,踰旬不返。二公固不以为嫌,而人亦不以此议二公也。其流风余韵,至今江东人能言之。"贡师泰认为:元朝平定江南初期,"大抵先教化而后刑政,敦儒雅而鄙吏术,尚宽厚而去文深。"因此监察官员多由"老成文学之士"出任。⁴ 姚燧和卢挚尤为这类文人的代表,他们这种无为而治的作风反而缩短了与被征服地区人民的距离。

卢挚离开宣城往其他路县巡视时也是如此。歙县名儒唐桂芳,

---

1 《中吕·红绣鞋·茅山疏斋索赋》,《张可久集校注》,185页。
2 李孝光《次疏斋公书句曲唐侯韵》,《五峰集》(四库第1215册)卷一〇,183页上。
3 《(嘉靖)宁国府志》卷八上,叶15a。卢挚"大德十一年为廉访使"。
4 贡师泰《跋王宪使、朱县尹倡和诗卷》,《全元文》(45),199页。

即下文唐元之子,唐元从卢挚游,常一起同赋诗词,故桂芳熟稔当年情形。徽州路(古新安郡,文中作"兴安")黄山的"奇峰秀壑",是公卿、士大夫爱游的去处。当年江东廉访使卢疏斋先生按临时,"缙绅之徒,日与哦诗饮酒,颇不事事,不知咨诹采访",反而使"百年积弊立变俄顷"。[1]

(二)与友人同游唱和

卢挚在廉访使任上,常与友人、同僚、下属同游,并以诗篇唱和。一次,卢挚与友人一道欣赏唐初大书法家欧阳询的名拓《化度寺邕禅师塔铭》,以自号嵩翁作跋:时间是"大德十一年苍龙丁未秋九月十有七日",同观者有太原刘致和醴陵李应实,地点是"宣城寓居之疏斋"。[2]

元朝的制度,每廉访司设廉访使二员,蒙古、色目和汉人"相参选用"。[3] 卢挚与回回人廉访使奕赫抵雅尔丁(汉名丁太初)颇有交谊。至大二年(1309)八月,武宗立尚书省,任丁太初参议尚书省事,召回京师。卢挚作《折桂令》一首,于敬亭赠别丁太初宪使,用"且莫说邯郸道中,听吾诗目送飞鸿"的词句,表达依依惜别的心情。[4] 宣城文人

---

[1] 唐桂芳《江东行卷序》,《全元文》(51),661页。
[2] 《唐拓化度寺邕禅师塔铭》跋:"大德十一年苍龙丁未秋九月十有七日,嵩翁卢挚与太原刘致时中,醴陵李应实仲仁观于宣城寓居之疏斋。"《郁氏书画题跋记》(四库第816册)卷二,610页下。
[3] 《元史》卷八六《百官志二》,2180页;《宪台通纪》,浙江古籍出版社,2002年,"整治事理"条,40页。
[4] 卢挚《敬亭赠别丁太初宪使》,《乐府群珠》卷三,141页。

王璋也作《和疏斋韵送丁太初参议》七律一首。[1] 太初"幼颖悟嗜学","尤工其国字语",汉学也颇有修养,"两度鳞鸿""寄新词"给卢挚次韵相和,他收到后又作《折桂令》"复和以答"。[2]

《永乐大典》中现存卢挚短信一篇,是他寄给廉访司掾吏胡文友的,可看出他同下属的关系颇亲密。[3] 铜陵人胡伯恭(名愿)家住宣城,曾在外地任官,与他也颇有交谊。由于胡愿事母孝和"历仕每著廉能声",卢挚对他期望甚渥,命名他家的堂名"致乐"并题写牌匾,并写《致乐堂记》。[4]

嘉靖《宁国府志》还说:廉访使卢挚"尤好引接士类,一时慕之"。从现存记载看,他与管下"士类"交游、提携和诗文交流的事迹甚多。

卢挚再次赴任,他所"雅重"的汪珍作七律《迓卢疏斋肃政使》。头联说:"去年幕府雪晴时,诵得虀辛绝妙词。"即在卢挚卸任按察副使多年后,汪珍仍留意他的动态和新写的绝妙诗词。尾联"白发遗民思旧德,相看绣斧重褰帷","绣斧"典出《汉书·武帝纪》,武帝遣直指使衣绣衣,杖斧持节,至各地巡捕群盗。后人遂以"绣斧"指皇帝特派的执法人员。"褰帷"典出《后汉书·贾琮传》,贾琮出任冀州刺史,改变所乘车"垂赤帷裳"的旧典,为了"远视广听,纠察美恶",命御者撩起帷幔。"褰帷"后来就用来意指官员亲民、施行廉政。故汪珍的诗是说:自己作为南宋的遗老,不忘卢挚早年的恩德,欢迎皇帝特派的使臣再任本道廉访使。[5] 汪珍又作《上卢疏斋宪使》:以"翰林清切地,秉

---

1 《宛陵群英集》卷七,1029页上。
2 《太初次韵见寄复和以答》,《乐府群珠》卷三,142页;《元史》卷一三七《奕赫抵雅尔丁传》,3318页。
3 《寄胡文友廉掾》,《永乐大典》(149)卷一四三八一《卢疏斋集》,叶19a。
4 吴澄《致乐堂记》,《全元文》(15),216页。
5 《宛陵群英集》卷八·今体七言律,1034页下。

笔代王言"开头,是说卢挚在翰林院任职;"作屏分雄藩"是说他由翰林学士出任雄镇一方的要员。可证此诗也是他为再任江东廉访使的卢挚而作。[1]

  卢挚仰慕陶渊明,欣赏他的诗和隐居生活。他的一首古体七言诗选入《元文类》,但诗序已略,幸好保存在《珊瑚木难》书中。据卢挚《序》说:有王某拿叔厚[2]白描小像来求卢挚赞,当时他正在酒醉后,信笔写古体七言《题渊明归来图》,而句曲外史张雨随即将像和诗刻板流传。[3] 卢挚就职宣城,将旧作《题渊明归来图》诗赠送宋进士潘从大,从大依韵奉和一首。[4] 卢挚另有《和陶移居诗》,怀念从游之士,已佚。宣城人汪浡雷,字叔震,次韵一首作谢,诗尚存。[5] 宋名诗人梅尧臣之后宣城人梅叔章和王璋,都同卢挚有《次陶诗韵》诗唱和。[6]

  卢挚也与僧道结交。薛玄曦(1289—1345),字玄卿。年十二,辞家入道龙虎山,师事张留孙和吴全节。出游名山大川,至京师,周旋于名人和学者之间,接闻绪论,学日益粹。[7] 卢挚作诗寄给他,他也次韵以和。诗题称"卢疏斋廉使",应是卢挚第二次赴宣城履任后所作。诗句"西风吹老敬亭秋,回首江云近涿州","敬亭"是卢挚所在宣城的名山,也就是李白来此"独坐","相看两不厌"的敬亭山。"涿州"则

---

[1] 《元诗选》三集丙・南山先生集,178 页。
[2] 张渥字叔厚,淮南人,寓杭州。能用李龙眠法为白描,前无古人。《元诗选》三集庚,505 页。
[3] 《国朝文类》卷五,叶 6b;《元诗选》三集乙・卢承旨挚,作《题渊明归来图》,111 页;《珊瑚木难》(四库第 815 册)卷七,诗题为《渊明醉归图》,233 页。
[4] 潘从大《疏斋以旧作题渊明归来图诗见赠依韵奉和》,《宛陵群英集》卷三,981 页下。
[5] 《疏斋赐示和陶移居诗有怀从游之士,不鄙荒陋而俎豆之,辄次韵以谢不敏》,《宛陵群英集》卷二,974 页下。
[6] 王璋《梅叔章自安庆旧和卢疏斋次陶诗韵亦就答》,《宛陵群英集》卷一,959 页下。
[7] 黄溍《弘文裕德崇仁真人薛公碑》,《金华黄先生文集》卷二九,叶 7b。

是以他的籍贯拟其人。¹

圣裔衢州人孔涛,曾"举茂才异等",随岳父江东廉访司从事徐圣予来到宣城,先后向廉访使姚燧、卢挚执弟子礼,于是学益进,声誉益隆,被察举署宁国路儒学录。²

(三)巡行徽州路

在徽州路,歙县士人唐元(1269—1349),字长孺,号筠轩,所著《筠轩集》有《上宪使疏斋卢公》《疏斋卢公题郡学先贤阁余府推次韵命元同赋》等诗。³ 泰定四年(1327),唐元年五十八,"发已纷白",才被行省委任为平江路学录,历任教谕、山长等职,"以徽州路儒学教授致仕"。⁴

歙县士人吴希颜,字季渊,"受知宪使卢处道",得到卢挚的勉励以进学。后来从师吴澄及门,出任绍兴和靖书院山长。⁵

卢挚与会看相测字的术士也有交往。新安吴孔亨,"以相字名江西四十年,定犹豫,决吉凶成败,蓍龟有不及"。卢挚认为,西汉扬雄识奇字,仿《周易》体裁著《太玄经》,讲"阴阳比参""巡行六甲",提出以"玄"作为宇宙万物根源的学说,所以可称为玄。孔亨用古今字算命望相,究测阴阳五行,又是一种"玄",所以给他起名号"又玄"。⁶

---

1 薛玄曦《次韵卢疏斋廉使见寄》,《元诗选》二集下壬,上清外史薛玄曦,1360页。
2 黄溍《承直郎潮州路总管府知事孔君墓志铭》,《金华黄先生文集》卷三四,叶18a。
3 唐元《筠轩集》(四库第1213册)卷一,叶2b,430页;卷三,叶2b,461页。
4 杜本《徽州路儒学教授唐公元墓志铭》,《全元文》(32),64,65页。
5 吴澄《赠绍兴路和靖书院吴季渊序》,《全元文》(14),185页。
6 徐明善《赠又玄吴君序》,《全元文》(17),212页。

卢挚还命名吴孔亨所住之庵为"玄",并作"玄庵铭"。吴澄称孔亨为宗家子,指出他是"以人生所值干支配易卦起数论祸福"。认为卢挚"好为文章,于数则未暇学,予尝与之谈竟日夕,徜及幽微神妙,欣欣焉乐听忘倦。虽不知数,喜数者也"。[1]

卢挚作为廉访使,曾巡行视察到徽州路休宁县境,有一位曾任府、州同知的朱某,全家"五世聚居",当时称为义门。廉访司为了察实上报,给予表彰,"旌其门",故结识了朱别驾(同知的古官称)并对其家世有所了解,赠七言古诗一首。原来他的高祖是朱松的从兄弟,朱松即朱熹之父,曾任官吏部郎,故卢挚称之为"吏部公"。[2] 赞美朱别驾的家世"上窥吏部仙源通"。江南行御史台为此派忽都鲁沙专门前来调查。[3] 故卢挚诗中有句:"花门使者跃马至,为道通德入门崇。"诗序中他解释说:"花门使者,则指挚之旧友忽都鲁沙也。"[4] 忽都鲁沙,"大食国人",即今阿拉伯人,故称为"花门"。他父祖皆"事我世祖皇帝",本人可能与卢挚同出身侍从,所以二人是"旧友"。[5]

(四)巡行其他各地

今属江西的饶州路,元朝归江东建康道治理,卢挚有五古《席上答周饶州》一首,不知周饶州为何许人,也不知是否为他出任按察副

---

1 《玄庵铭后序》,《全元文》(14),317页。
2 《宋史》卷四二九《朱熹传》,12751页。
3 《至正金陵新志》卷六,叶54b,1830页下。四库本将阿拉伯人忽都鲁沙视为蒙古名,胡改为"和塔拉实克",见卷六,叶21b。
4 郑太和辑《麟庆集》戊卷,叶1a,《北京图书馆古籍珍本丛刊》114册,577页,书目文献出版社,1991年。
5 欧阳玄《元赠太傅马合马沙碑》,《圭斋文集》卷九,叶49b。

使或廉访使时所作?[1]

饶州路治所鄱阳县人吴存(1257—1339),字仲退,"少力学,有卓识","俊声四驰",与黎廷瑞等人并称"鄱阳五先生"。姚燧、卢挚、奥屯希鲁巡行各郡,到鄱阳,"皆勉之出仕"。后来曾出任饶州路学正、宁国路儒学教授。[2]

镇江人龚璛,历任平江和静、学道两书院山长,调宁国路儒学教授,秩满,迁信州路上饶县主簿。[3] 有《和王录事次卢疏斋送饶教诗》,可见卢挚曾作《送饶教诗》。[4] 元朝凡路府治所置录事司,设录事一员,王录事应为宁国路录事,次卢挚韵赋诗一首。龚璛当时应在宁国路任儒学教授,也和王录事诗,与卢、王一起送"饶教"。元制,路、府、上中州设教授一员,下州和县不置。[5] 因此"饶教"是饶州路教授,信州路上饶县不设教授。

饶州安仁县儒生高本祖,早年"受知于疏斋卢公",因而有机会经御史推荐任官,官至福建道宣慰使司都元帅府经历。[6]

卢挚与本路余干州的文士也颇有交谊,曾在鄱阳江行舟的夜里,作词《蝶恋花》一首,寄余干诸士,兼寄熊东采甫"。[7]

信州路贵溪县龙虎山是汉张道陵天师所居,乃道教圣地。据说张道陵在山东北的壁鲁洞,得制命五岳檄、《三皇内文》、召万灵及《神

---

[1] 《元诗选》三集乙·卢承旨挚,107页。
[2] 危素《吴仲退先生墓表》,《危太朴续集》卷四,叶12a。
[3] 黄溍《江浙儒学副提举致仕龚先生墓志铭》,《金华黄先生文集》卷三三,叶1。
[4] 龚璛《和王录事次卢疏斋送饶教诗》,《存悔斋集》(四库第1199册),331页上。
[5] 《元史》卷九一《百官七·诸路总管府》,2316页。
[6] 贡师泰《故承直郎福建道宣慰使司都元帅府经历高君墓志铭》,《全元文》(45),358页。
[7] 卢挚《蝶恋花·鄱江舟夜,有怀余干诸士,兼寄熊东采甫》,《天下同文集》卷四八,叶160a。

虎秘文》。¹ 卢挚也曾到此，作《壁鲁洞》二绝。²

卢挚与江东道邻境的文人也有交往。他在安庆路舒州驿楼，欣赏当地陈生所绘"墨未干"的墨梅，作七绝一首。³ 可惜陈生未留下名字。

江西临川人邹众，字仁举，命名其居室为"万里窗"，请卢挚为他书写门扁。并请程钜夫作《万里窗记》，注明作于至大元年（1308）。⁴

（五）褒奖办学

奖励兴学是廉访司的一项职责，宣城人贡士濬，创办南湖书院，延致南宋遗老名儒牟应龙、戴表元为师。宣城是廉访司治所所在地，姚燧、卢挚、邓文原先后出任江东道廉访使，岁时巡视必过书院，亲与士濬为客主礼，"褒奖再四以风厉四方"。⁵ 在徽州路，歙县的路学中有一座先贤阁，名扁由卢挚题写。⁶

当涂县城黄池镇，南宋末贡士刘应安创建书院，地方官报告朝廷，理宗赐名并亲书"丹阳书院"匾额，拨没收僧寺入官田二顷供给学生。元朝，僧人又夺回学田，致使书院廪食供应不足，无力养士，弦诵荒简。至大元年（1308），廉访使卢挚"议割天门书院之有余以补不

1　《汉天师世家》卷之二，《道藏要籍选刊》（6），610 页中。
2　《元诗选》三集乙·卢承旨挚，116 页。
3　《舒州驿楼观郡人陈生墨梅》，《永乐大典》（36）卷二八一三《卢疏斋集》，叶 8b。
4　《万里窗记》，《雪楼集》卷一二，叶 15a。
5　徐一夔《故同将仕郎杭州路西北录事司录事贡府君新阡表》，《始丰稿》（四库第 1129 册）卷一三，363 页上。
6　唐元《疏斋卢公题郡学先贤阁余府推次韵命元同赋》，《筠轩集》（四库第 1213 册）卷三，461 页。

足",并作《丹阳书院记》。恰逢卢挚离任而去,他的意见未能执行。[1]

卢挚有《赋得秋水芙蓉,题丹阳刘氏别业》七律一首,这个"丹阳刘氏",我猜想与创办丹阳书院的刘氏有关。[2]

《永乐大典》现存卢挚七绝二首,诗题说:"正月廿有八日,归自溧水,重过黄池,宿宣城,先寄吴氏贤伯仲诗韵。"[3] 序文可贵处是记载了月日,可惜没记是何年。"吴氏贤伯仲"可能也是黄池人,诗句"江左风流属故家"说明他们兄弟出身江东名门;"佳客曾来犬亦迎"则表白自己是吴家的常客。

(六) 表彰节义

前文提到:至元初年(1264),卢挚巡行江南搜求野史,当时南宋刚归附,讳言节义,"归往匆匆,势必遗逸"。[4] 事实恰如王炎午的期盼,大德、至大间的卢挚,已不讳言节义,以元朝高官部使、皇帝亲信侍从的身份,敢于表彰宋朝遗民的节义。

谢枋得(1226—1289),信州弋阳人,南宋抗元官员,《宋史》有传。元至元二十三年(1286),江南行御史台侍御史程钜夫以宋遗士三十人荐于朝,枋得在举荐名单中,得知被征,以丁内艰辞。以后几次下诏征召,皆不起。二十六年(1289)春正月,福建行省参政魏天佑又得旨,集守令、戍将逼他上道。夏四月,至京师,不食死。"所著杂著、诗

---

[1] 吴澄《丹阳书院养士田记》,《全元文》(15),145页;邓文原《丹阳书院田记》,《全元文》(21),65页。
[2] 《赋得秋水芙蓉,题丹阳刘氏别业》,《永乐大典》(3)卷五四〇《卢疏斋集》,叶15a。
[3] 《永乐大典》(149)卷一四三八一《卢疏斋集》,叶19a。
[4] 王炎午《上参政姚牧庵》,《吾汶藁》卷一,567页下。

文六十四卷,翰林学士卢公挚为之序引,深所推激"。[1] 由于书稿"藏于家,屡经兵燹,存者无几",直到明景泰间,才由同乡文人采辑得诗文十六卷"绣梓以传",可惜卢挚所作序引却遗佚了。[2]

南宋遗民谢翱(1249—1295),在宋末帝降元后,文天祥开府延平时,率乡兵数百人投奔,任谘议参军。后文天祥兵败死节。严子陵三十五世孙桐庐人严侣,雪夜与谢翱及其他友人登严子陵钓台(桐庐县城南十五公里富春山麓)西台绝顶,冒死哭祭文天祥。谢翱游历钓台南白云原,发愿死后葬于此。他还与朋友相约,效法春秋吴季札挂剑徐君墓的故事,对友人许可就必须信守,因此建议合故交名氏,作《许剑录》。元贞元年(1295),谢翱病故,无子,严侣与方凤等友人买地于钓台南葬之,在石刻未完工前,建许剑亭于墓右。[3] 而"许剑亭"题额,正是"宪使卢公挚高其义,为之书"。谢翱在夜祭文天祥时,曾作《登西台恸哭记》,恐引起官府注意,文中隐文天祥名为"故人唐宰相鲁公",隐友人名为友人甲、乙、丙。卢挚出身皇帝侍从,是元朝派往新征服地区的亲信,严侣竟敢请他题写亭名,而卢挚还能"高其义",满足了他的请求。[4]

(七)几件有至大纪年的卢挚作品

大德十一年(1307)冬,卢挚在湖南廉访使任上结交的朋友,前湖

---

1 李源道《故宋文节先生谢公神道碑》,《国朝文类》卷六七,叶 5b。
2 景泰五年刘隽《叠山先生文集序》,《叠山集》(四部丛刊续编)卷首。
3 宋濂《宋文宪公集》卷四八《谢翱传》(四部备要本),叶 12。
4 杨维桢《高节先生墓志铭》,《东维子文集》(四部丛刊初编)卷二六,叶 1b。参方凤《谢君皋羽行状》,《全元文》(10),670 页。

南宣慰使赵淇逝世于潭州住所。至大元年(1308)七月,其子弥宁等派人走书江东廉访使驻地,向他们的父执卢挚报丧,并请为诸孤在安葬其父前撰写墓志铭,这方墓志应于同年冬十二月附葬于宁乡县原塘坎山的墓前。[1]

卢挚自称:"选任方岳,敷历中外,垂四十年。"[2] 在我搜集到的众多资料中,很少有关他处理公务的记载。在《元典章》的官方文书中,发现有一件《违错轻的罚俸重要罪过》当是根据他的建议形成的,原文是:

> 至大元年十月,福建道廉访司承奉行台札付:
> 据江东建康道廉访司申:"准廉访司卢正议牒该:
> '追问照刷之际,往往一概责罚,人多玩视轻犯,甚非惩戒之意。当职所见,如字画差讹,数目谬误,当量情责罚。若违制违例,伤言害政,形迹可疑,侥幸显露,虽赃滥未形,其当该人吏重者罢役,轻者降等,主行掌判官轻者的决,重者勒停。似望官吏修谨,刑政清平。'申乞照详。"

《元典章》辑录的文件,是卢正议的牒文,经江南行御史台和江东道廉访司批准,由行台向所辖福建等廉访司颁发,这个卢正议正是卢挚,因为他的文散官官阶是正议大夫。[3]

至大二年(1309)秋八月,建康孔子庙重建落成,行御史台和建康

1　卢挚《湖南宣慰使赵公墓志铭》,《全元文》(11),21页。
2　卢挚《移岭北湖南道肃政廉访司乞致仕牒》,《全元文》(11),5页。
3　《元典章》,中华书局,2011年,六《台纲》卷之二,184页。洪金富点校《元代台宪文书汇编》已考订:"卢正议,即卢挚。"见中研院历史语言研究所,2003年,237页。

地方官民，修书派文学掾江宁贡师仁来宣城，请卢挚撰写《重修孔子庙碑》。碑文在写成二十二年后的至顺元年（1330）才刻石，由于建康是文宗潜邸所在，天历二年（1329）改名集庆，故拓本的碑名改为《集庆路孔子庙碑》。《至正金陵新志》删去碑文撰、书和篆额人的题名，署作者为"廉访使卢挚"，但卢挚文中却自称"退使"。拓本保留"前翰林学士通议大夫知制诰同修国史卢挚撰"的名衔，说明他这时已卸任廉访使。[1]

湖南宣慰司发起重修潭州三皇庙，至大元年（1308）秋动工，二年春完工。于是宣慰司和廉访司两府将始末记下来，派遣宣慰司掾吏吴思义来宣城请卢挚作"记"。卢挚曾出任湖南廉访使，遂写成庙记交来人携归刻碑。[2]

同年，易州人敬俨，出任江南行御史台治书侍御史。[3] 其父元长于大德九年（1305）九月亡故，因卢挚和"敬氏世有契"，即卢、敬二家原籍涿、易州，既是乡邻，又是世交，就派其子自强携带建康学者杨刚中撰写的行状来到宣城。[4] 声称"先君子葬已数年"，请求他撰写墓碣铭。这篇墓碣铭树建于延祐七年（1320）三月，这时敬俨已官居中书参知政事。近年这篇《元故太常博士敬君墓碣铭》在山东出现，由翰林学士承旨赵孟頫书，太子詹事郭贯篆额。由于是名家书写，受到书法界的重视，网上随处可见。卢挚所署名衔同样是"前翰林学士通议大夫知制诰同修国史卢挚撰"，证明他这时已卸廉访使职，也是用出

---

[1] 《至正金陵新志》卷九，叶 25，1890 页。《北京图书馆藏中国历代石刻拓本汇编》第 49 册有拓片，改名《集庆孔子庙碑》。

[2] 卢挚《三皇庙碑》，《永乐大典》(60) 卷五七七〇，叶 4b。

[3] 《至正金陵新志》卷六，叶 40b，1823 页下。

[4] 《至正金陵新志》卷一三下，叶 61b，2039 页上。杨刚中，建康人。行台移治建康，辟主江宁县学，升徽州路儒学教授。其甥进士李桓即敬俨女婿。

任廉访使前的翰林官衔。[1]

卢挚有一首五言诗,题为《嘉平十日,访文伯纯,遂偕施克刚、胡明初游眺鳌峰道院,饮韦炼师方丈,王敬叔继至,分韵赋得山字》。诗中有句:"解组访诗客,息驾依松关。"意味着他已辞官,作于"嘉平十日",即年末的腊月初十,年代应是《孔子庙碑》中自称"退使"的至大二年。[2] 所"访诗客"文伯纯,戴表元(1244—1320)称为"同年",即与戴同是宋咸淳七年(1271)进士。[3] 继至的王敬叔就是常与卢挚唱和的王璋。宣城城内隐起三峰,府治据第一峰,西南为第二峰,峰南别为鳌峰,上有道院,元大德中更名玄妙观。[4] 因离城不远,故诗称"羽流所栖处,稍出阛阓间"。韦炼师的"丈室俯寒英,芳气云窗闲"。他们聚饮"觞酌聊循环。"[5]

卢挚在江东道的政绩如何?元末江东道佥事北庭贵胄号雪林的诗集《江东行卷》,由唐桂芳作序,唐的主旨是吹捧请他作序号雪林的现任官,说他"与疏斋先生俱任风纪",先将卢挚描写为全才,而雪林诗、棋、书、画都超过他。但在为官方面,却"以疏斋善政为公劝",因此在徽州,"寥寥数十年间,仅有两绣衣为兴安山水出色也"。[6] 桂芳的赞语,对雪林难免当面恭维,对卢挚已无利害关系,显然是对他在江东道廉访使任内政绩较客观的评价。隋唐以后,朝廷派部使监郡宁国,宁国成为部使治所。其间《宁国府志》记载观察、廉访使"有德于

---

1 《元故太常博士敬君墓碣铭》,据拓本照片。
2 《元诗选》三集乙·卢承旨挚,108页。
3 《相逢行·赠文伯纯同年》,《剡源戴先生文集》(四部丛刊初编)卷二八,叶17a。
4 《(嘉靖)宁国府志》卷四,叶8b;卷五,叶2b;《(嘉庆)宁国府志》卷一〇,叶10a;卷一四,叶15b。
5 《元诗选》三集乙·卢承旨挚,108页。
6 唐桂芳《江东行卷序》,《全元文》(51),661页。

郡者"共六人,卢挚名列其中。[1]

卢挚在这任期内另一收获,是将近作诗文命名《疏斋文后集》,交德兴县人(属江东建康道饶州路)徐嘉善刊行,并请嘉善兄明善作序,序中称卢挚"一入翰林,复擢外史",因此可判断此序正是他由翰林再外任江东廉访使时所作。[2]

然而,至大二年(1309)八月卢挚为建康孔子庙撰碑,自称"退使","解组"后迟至腊月,仍"息驾"栖隐于当地,在宣城鳌峰道院与朋友分韵赋诗,没接新职,似乎不是正常任满,到底是自动辞职,还是被动罢官,不得而知。

此后卢挚又有两首纪年月日的《折桂令》曲,一首是因"庚戌除夜""肃政黎公"得孙,翌日招请卢挚,故作此曲庆贺。另一首作于辛亥年正月十日,皆已跨入至大四年(1311),相隔只有九天。前一首头句"映梅林修竹高邻",说明他与黎某是邻居。"庚戌除夜"即腊月二十九日壬申,翌日就是正月初一,下文是:"恰今旦开年,昨晚生孙。"不仅要"抚节邀宾",还要"快传语江东缙绅"。[3] 此"江东"是指江东建康道,黎肃政应是江东道廉访司的官员,也就是说,至大四年元旦卢挚还滞留在宣城。

卢挚另有《中吕·朱履曲·雪中黎正卿招饮,赋此五章,命杨氏歌之》,这位黎正卿应是除夕得孙的肃政黎公。[4] 那么,卢挚另一首

1　《(嘉靖)宁国府志》卷八上,叶14a。
2　徐明善《疏斋卢公文后集序》,《全元文》(17),233 页。明善自述:元贞时任行御史台吏员,大德九年以宪司掌故来江西。十一年卢挚赴任,作序应在此时。参《送王仲温湖广省郎中序》,《全元文》(17),195 页。
3　《折桂令·肃政黎公庚戌除夜得孙翌日见招作此以贺》,《类聚名贤乐府群玉》卷四,150 页。
4　《类聚名贤乐府群玉》卷四,152 页。

《中吕·折桂令·正卿寿席》中的"正卿"也就是肃政黎正卿。[1] 而《朱履曲》中命"杨氏歌之"的"杨氏"在其他曲中也频繁出现,如《中吕·朱履曲》,"访立轩上人于广教精舍,作此命佐樽者歌之,阿娇杨氏也"。"杨氏"无疑即此"阿娇杨氏"。曲中"你听疏老子,划地劝分司"两句,"疏老子"即疏斋卢挚,"分司"即指黎正卿。卢挚等聚会的广教精舍即广教寺,在"府北五里,敬亭山之南"。[2] 故曲中有"敬亭山索甚玄晖"一句,更证明故事发生在宣城。[3] 由此类推,《中吕·喜春来》中的"伶妇杨氏娇娇",都是指同一人。[4]

就在这年正月的初十日,卢挚游胡仲勉家园,作《双调·折桂令》一首,但不知此胡仲勉是何等人。[5]

十三 对卢挚晚年状况的揣测

关于卢挚有记时的文献至此为止,此后有关他的行踪与何年去世也不见明确记载,联系起他至大二年(1309)八月前已卸职,迟至四年初仍滞留宣城的不解现象,令人产生疑问。

卢挚在赴任湖南廉访使临行前,在有歌女陪唱的欢送席上,一面欣赏"梨园新乐府",但仍不忘"前度归田崧下住"。抵达武昌,题诗赞

---

1 《类聚名贤乐府群玉》卷四,150页。
2 《(嘉靖)宁国府志》卷四,叶8a。
3 《类聚名贤乐府群玉》卷四,151页。
4 《中吕·喜春来·赠伶妇杨氏娇娇》,《乐府群珠》卷一,4页。
5 《折桂令·辛亥正月十日游胡仲勉家园》,《类聚名贤乐府群玉》卷四,151页。

赏钱选所画墨梅,却说自己"客子含毫心独苦"。[1] 说明他到任后就"乞致仕",不仅自身有病,而且内心对此次任命并不满意。从湖南回京时,舟次武昌,揭傒斯前往谒见并作诗,称他是"移病归颍",他在智郎中席上作《最高楼》,也说"予谢病北归",可见他并非任满而是托病辞官归隐。沿江东下,"晚泊采石",醉歌表白,在"湘南长忆崧南住",只怕失却归隐的希望,至今仍是"黯别江滨","载愁东去"。到达扬州,从春到秋,只能长期逗留作寓公。

直至年末,才接到新任命,吴澄作《送卢廉使还朝为翰林学士序》,既是送行,也是祝贺。强调卢是翰林的最佳人选,他北行时听说:"征中州文献,东人往往称李〔谦〕、徐〔琰〕、阎〔复〕;众推能文辞,有风致者,曰姚〔燧〕,曰卢。"卢挚的文名"天下莫不闻"。但他具有较其他文臣更优越的条件:"事先皇帝(世祖),为亲臣三十年,朝夕近日月之光,朝廷事,宫禁事,耳闻而目见熟矣。"[2]

实际上,卢挚还朝任翰林学士仅二年。程钜夫被朝廷召拜为翰林学士,大德九年冬至京师,与他"相逢在岁晏","又言当远别,东去数千里"。不知是因何外出?但以无可奈何的口气,写出"留君我无辞,送君我无力"的诗句。[3] 张可久的一首《折桂令》可能作于他此行中,冒出一句"出蓝关迁客当寒",称卢挚为"迁客",借用韩愈《左迁至蓝关示侄孙湘》中的诗句,"雪拥蓝关马不前"。这是韩愈在"夕贬潮阳路八千"的情况下写的,何以要用在《和疏斋学士韵》的曲中?[4]

大德十一年(1307),卢挚再往江东,出任廉访使,请徐明善为他

1　前引《题李德隆所藏吴兴钱选墨梅并序》。
2　《送卢廉使还朝为翰林学士序》,《全元文》(14),92页。
3　《次韵卢疏斋就以赠别二首》,《雪楼集》卷二八,叶1a。
4　《折桂令·和疏斋学士韵》,《张可久集校注》,393页。

付刊的近作作序。明善赞扬他"天才奇远","凡为文,尽弃古今拙陋之意"。但又说:儒士文人都认为卢挚应该留在朝廷,"弘文佐理,必能耸圣代于唐、汉之上,以追焕郁之盛,不但名一家言,贲若于儒林、文苑而已也"。[1] 吴澄前文还说:夫翰林之职,不仅是写文章而已,"国有大政,进儒臣议之,此家法也"。就是说,卢挚还是一位能议大政的人才。旁人的看法正反映卢挚本人的思想,当然他会因不能留京重用而感失意。出身侍从的贵族子弟,很少有卢挚"弘文佐理"之才,但因出身根脚高贵,朝廷、宫禁要职皆由他们垄断,岂容他插足。

翰林院要职,多由出身东平、为"东人"称许的李、徐、阎等人担任,这种只能列入儒林、文苑的人多得是。吴澄、徐明善等人设想,翰林院中,有人不及知而能独知者,恐怕只有卢挚了。一旦有议不能决的事,"公援故事以对,言信而有证,听者乐而行者不疑,其与疏逖之臣……而于成宪无所稽者,相去万万也"。其实,翰林国史院的职权并非如外人想象,能"援故事"与皇帝或宰相直接商讨,参与决策,"凡宏规远范,深谋密虑"。在建立蒙古翰林院以后,甚至奉旨撰写诏敕的职责也大大缩小,仅剩一些无关紧要的文字工作,如"应制"撰拟祝文、册文之类礼仪文字,以及奉旨撰写碑文等。即令如此,卢挚在翰林学士任内,除奉旨再次代祀岳镇海渎外,并无太多表现。苏天爵与他同为河北人,诗文中多涉及卢挚,颇显推崇,但他所编《国朝文类》,入选卢挚翰林职责之作,仅有《东宫正殿上梁文》一篇。李谦、阎复等人文集同样失传,但选入《文类》的有关文字远比卢挚为多。

卢挚"一入翰林,复擢外史",是被人排斥,还是本人的原因,不得而知。许衡以国子祭酒教贵胄于国学,卢挚的好友姚燧等许门弟子

---

[1] 徐明善《疏斋卢公文后集序》,《全元文》(17),233页。

被召至京,成为贵胄的伴读或助教,与卢挚等出身近侍的人接触较多,故二人友谊甚深。然姚燧"颇恃才","故君子以是少之"。他也是久任外史,成宗即位后的元贞元年(1295),五十八岁才被任为翰林学士,召修《世祖实录》,书成。[1] 次年,据姚燧自称:被"迫南归,今闲退于鄂"。直到六年后的大德五年(1301),才被任命为江东道廉访使。[2] 从我所见有关卢挚诗文观察,他与翰林院文臣、尤其是所谓东人称许的文献大家毫无来往应酬,却与南人程钜夫、赵孟頫等为友,在地方,与山野文人甚至矢忠宋室的遗民交好。这种现象至少反映他同朝廷同类文臣、翰林大佬不太融洽。

另一个问题是至大四年(1311)以后卢挚的去向。

彭万隆据僧盘谷《访翰林承旨卢处道》诗,认为"卢挚乃拜承旨而入朝"。[3] 释盘谷诗题中卢挚确有"翰林承旨"的官衔,实际是当时常见的前事用后称。试分析这首七律,首联"銮江荆识过芜城,闻整琴书上玉京"。銮江是指扬州入长江的那段运河,芜城是古广陵城,南朝宋竟陵王刘诞据广陵反,兵败后城遂荒芜,因此得名芜城。广陵、芜城后来成为扬州的古称。颔联"范甲胸吞云泽阔,郢斤手握凤楼轻","范甲"乃借用北宋名臣范仲淹的典故,当他镇守延安时,西夏人称他为"小范老子","腹中自有兵甲"。范仲淹又写过《岳阳楼记》,登楼"观夫巴陵胜状,在洞庭一湖""浩浩荡荡,横无际涯",即诗中所谓"云泽阔"。有如孟浩然《望洞庭湖赠张丞相》的诗句"气吞云梦泽",隐喻他在湖南任廉访使。后句则说卢挚如郢匠挥斤一般,修理凤楼宫阙轻而易举,譬喻他回朝能熟练处理政事。故盘谷的诗似大德七年所

---

[1] 《元史》卷一七四《姚燧传》,4060 页。
[2] 《牧庵集》附录《年谱》,叶 12b、14b;《寿庞礼部母夫人诗序》,《牧庵集》卷三,叶 21a。
[3] 《元代文学家卢挚生平新考》,9 页。

作,卢挚从湖南经扬州回京途中,与他结识。[1] 在扬州与吴澄相会时,如吴澄所说是"还朝为翰林学士"。

翰林学士承旨是翰林国史院的最高官员,翰林老臣往往在高龄或致仕时才得到任命,因此在有关文字中不会忽略。然而在众多涉及卢挚的记载中,很少见称他为承旨。除盘谷外,我只看到两例,分别是他妹夫的《神道碑》和女婿的《墓碑》文。[2]《元故太常博士敬君墓碣铭》是卢挚应江南行台治书侍御史敬俨的请求而作,时间是至大二年(1309),卢挚所署官衔是"前翰林学士"。这篇墓碣铭树建于延祐七年(1320)三月,赵孟𬱖是书写人,敬俨是建碑人,都用后来的官衔"翰林学士承旨"或"中书参知政事"。[3] 可见卢挚实际仅仕至翰林学士。元末人陶宗仪对卢挚颇为敬仰,在其著作中多次提到他。在所著《书史会要》中介绍卢挚,说他"官至翰林学士"。《南村辍耕录》中也称为"翰林学士卢疏斋先生挚"。[4]《永乐大典》将郑太和所编《麟溪集》列入"国朝",实际成于《南村辍耕录》前的至正十年(1350),引用卢挚诗时,前附小传:"卢挚字处道,号疏斋,涿郡人,翰林学士。"也没承认他官至承旨。[5] 到了清朝,顾嗣立编《元诗选》,第三集乙集全选卢挚作品,作者名冠以"卢承旨挚"的官衔,加深了人们的错误印象。钱大昕补

---

1 《访翰林承旨卢处道》,《永乐大典》(110)卷一〇一一五引僧盘谷《游山诗》,叶24b。
2 袁桷《朝列大夫同佥太常礼仪院事白公神道碑铭》,白恪娶卢氏,"翰林承旨挚之女弟";《清容居士集》卷二七,叶4b;苏天爵《元故承德郎真定路总管府判官赵公墓碑铭》,赵宽"配涿郡卢氏,翰林学士承旨挚之女";《滋溪文稿》卷一八,301页。
3 《元故太常博士敬君墓碣铭》,据拓本照片。
4 《书史会要》(武进陶氏影印明洪武刊本)卷七,叶4a;《南村辍耕录》卷五《坐右铭》条,66页。
5 《永乐大典》(49)卷三五二八《国朝郑氏麟溪集》引卢挚诗,叶14b;《四库全书总目》卷一九一《集部·总集存目一》,《麟溪集》二二卷,别篇二卷,编修励守谦家藏本,1738页下。

编《元史艺文志》,著录卢挚《疏斋文集》,仍坚持他的官职是翰林学士。[1] 我猜想,翰林承旨很可能是卢挚致仕后安慰性的赠官,更可能是死后的封赠。因此后人只知他的实职是翰林学士,只有为他的亲人撰写碑文时,作者才加上封赠的官衔,以满足亲人炫耀出身高官之家的虚荣。

至大四年(1311)正月,武宗死,重视文治的仁宗继位,卢挚肯定回到了大都。证据之一是他曾同赵孟頫同饮于万柳堂。万柳堂是大都城外的宴游佳处,属畏吾贵族廉氏家族所有。一日,主人廉野云置酒堂中,招卢挚、赵孟頫同饮,席间,歌女刘解语花左手折荷花,右手执杯,歌唱元好问所制俗称"骤雨打新荷"的小石调曲"小圣乐",赵孟頫即席赋诗。[2] 这位廉野云,喜结交文人墨客到自己园中,吟诗赋曲,并请歌女陪唱。见于文集的有:姚燧《满江红》一首,称廉野云为左揆,应他的请求赋于主人南园。[3] 另一首是许有壬所作词《木兰花慢》,词序称:至大二年戊申八月二十五日,"游城南廉园,园甲京师"。他也称廉野云为左丞,已"未老休致"。同游者疏仙万户,即元代大曲家贯酸斋云石,廉野云的外甥。[4] 其母乃廉希宪长兄希闵之女,故廉野云应为希闵之子,有将野云视为廉希宪或其子廉惇之号,于二人事迹不合。[5] 再一篇是程钜夫的《遗音堂记》,皇庆二年(1313)正月,他看到左司畏兀公书写的"遗音堂"三大字,"以此名左丞野云廉公之堂",由

---

[1] 《补元史艺文志》卷四,卢挚《疏斋文集》,"涿州人,翰林学士";《辽金元艺文志》,商务印书馆,1958年,275页。
[2] 《南村辍耕录》卷九"万柳堂"条,110页。又见《青楼集笺注》"解语花"条,76页。
[3] 《满江红·廉野云左揆求赋南园》,《牧庵集》卷三六,叶1b。
[4] 许有壬《木兰花慢》,《圭塘小稿》卷一三,叶2。
[5] 欧阳玄《元故翰林学士贯公神道碑》,《圭斋文集》卷九,叶18a。

钜夫作《遗音堂记》。¹

赵孟頫于大德三年(1299)八月,改集贤直学士、行江浙等处儒学提举,直到至大三年庚戌(1310)十月,拜翰林侍读学士,才回到大都。² 四年正月,卢挚还在宣城,他俩能同饮于廉野云的万柳堂,应在至大四年卢挚返京之后。正是许有壬、程钜夫所记的至大二年和皇庆二年之间,也符合廉野云从左丞任上休致的时间。

元中期著名文人虞集,初来京任职时,颇得翰林院文坛首脑姚燧、卢挚、程钜夫、赵孟頫等人的欣赏,都以将来握天下文柄的人才期望他。大德六年(1302),虞集始以大臣荐,授大都路儒学教授。不久,卢挚回京,供职翰林院,可能在此期间与卢挚结识。至大四年(1311),虞集任集贤院所辖国子学博士,才有机会常与集贤、翰林院臣接触并进行文字交流。同年,卢挚回京,因此有更深的交往。³ 姚燧、程钜夫、赵孟頫分别于至大二年、四年九月和延祐三年出任翰林学士承旨,与虞集论文者,卢挚排名在程钜夫前,可推断至大四年九月前,卢挚不仅已回京复职,而且不久就告病致仕。虞集的《行状》特别强调:"涿郡卢公处道(挚)、清河元公复初(明善)素相善,有所述作,辄即公论定。"⁴ 元明善至大四年出任翰林待制,虞集因而得与他以及当年回京的卢挚同时切磋文章。

歙县人唐元之子桂芳,提到曾在江东廉访司任官的卢挚时,称"卢始以谈棋遇知圣主,号为国手"。我认为"圣主"不是指世祖,世祖

---

1 《遗音堂记》,《雪楼集》卷一三,叶 2。
2 杨载《大元故翰林学士承旨赵公行状》,《松雪斋文集》附录。
3 欧阳玄《元故奎章阁侍书学士翰林侍讲学士通奉大夫虞雍公神道碑》,《圭斋文集》卷九,叶 32a。
4 赵汸《邵庵先生虞公行状》,《全元文》(54),351 页。

因盗布疑案准备将卢挚处死,与同是侍从的董文用、耶律希亮相比,他绝非"遇知圣主"的人。

"圣主"应指仁宗。卢挚去世后,虞集作《题疏斋卢公像》五律一首,诗云:

> 持节江湖外,吟诗魏晋间。长庚垂野迥,病鹤倚秋闲。玉局谋堪弈,金銮遂不还。春来无宿草,点点涿州山。

首联是说卢挚历任湖南、江东廉访使,是一位独具风格的诗人。颔联借用苏轼"先生索居江海上,悄如病鹤栖荒园"的诗意,似指他因老病还乡。前一句长庚(太白星)隐喻卢挚,已坠落荒野亡故了。颈联印证了前引唐桂芳的话,卢挚是谈棋国手,皇上正摆局希望他能一起下棋,可惜他已不能再回朝廷效力了。尾联是说卢挚已故,只能遥望小到点点的涿州山怀念他。[1] 这首诗说明,卢挚回京后不久,就以病老致仕,终老于涿州。涿州确是卢挚的本贯,并非郡望。

卢挚有小令《金字经·宿邯郸驿》一首,另有两首《商调·梧叶儿·无题》,都是经邯郸道和邯郸驿时所作。京师的官员南下,黄河以南的人北上京师,这是必经之地,也是唐传奇《枕中记》卢生做黄粱梦的地方,卢挚也姓卢,过此能无感慨?前一首《宿邯郸驿》的口气,应是早年出京时所作,那时想做官:"时自嘲,虚名无处逃。"还想升官:"又来走这遭,须不是山人索价高。"[2] 如白朴遇见他时所形容,当时"卢郎风流年少,玉堂平步,车骑雍容光华远,不似黄粱逆旅"。[3]

---

1 虞集《题疏斋卢公像》,《道园遗稿》(四库 1207 册)卷二,387 页。
2 《类聚名贤乐府群玉》卷四,139 页。
3 《贺新郎·题阙》,《天籁集》卷下,650 页上。

《梧叶儿·无题》则口气、情绪全变了，可能是最后一次回朝时所作，从此"邯郸道，不再游"，决心致仕归隐，"平安过，无事居"，"低檐屋，粗布裾，黎禾熟，是我平生愿足"。[1]

延祐元年（1314），揭傒斯经卢挚等人推荐，出任翰林国史院编修官。但这并不能说明卢挚尚在朝廷供职，如前所述，大德七年（1303）卢挚回京时，二人才初识于武昌舟中，揭傒斯得到卢挚的称许，"其归朝，竟以翰属荐之"。推荐的时间是卢挚归朝时，形式是"函表荐之"，故正式任命已是几年后的事了。[2]

皇庆二年（1313）十一月，诏行科举。定于三年八月，"天下郡县举其贤者、能者、充贡有司"。延祐二年（1315）二月，会试京师。三月乙卯，廷试进士。夏四月辛巳，赐进士恩荣宴于翰林院。[3] 卢挚的《双调·沉醉东风·举子》一曲，描写举子"脱布衣，披罗绶。跳龙门独占鳌头。今日男儿得志秋，会受用宫花御酒"的喜庆场面。[4] 吕薇芬、彭万隆皆认为是为祝贺这首次科举而作，彭万隆因此断定："其卒当在本年或此后不久。"[5]我赞成他们的看法，然而这时卢挚已是以普通百姓的身份庆贺了。科举的实行，实际是由主管翰林院的大臣策划，主要有中书省平章政事兼翰林承旨李孟、中书参知政事领国子学许师敬、翰林承旨程钜夫等。[6] 具体操办者都是翰林院官员，贯云石于"仁

1　《雍熙乐府》（四部丛刊续编）卷一七，叶65b。
2　黄溍《翰林侍讲学士谥文安揭公神道碑》；欧阳玄《元翰林侍讲学士豫章揭公墓志铭》，《圭斋文集》卷一〇，叶29b。
3　《元史》卷二四、二五《仁宗纪》，558、568页。
4　《朝野新声太平乐府》卷二，77页。
5　吕薇芬《关于元散曲家卢挚的生平》，《人民文学论丛》（1），人民文学出版社，1984年，254页；彭万隆前引文，10页。
6　《元史》卷一七五《李孟传》，4084页；卷一七二《程钜夫》，4017页；卷二四《仁宗纪》皇庆元年八月己卯，553页；二年六月辛未，556页。

宗正位宸极,特旨拜翰林学士。……会国家议行科举,姚公(燧)已去国,与承旨程文宪公(钜夫)、侍讲元文敏公(明善)数人议定条格,赞助居多"。[1]《举子》一曲,如确是卢挚为这次科举而作,表明他是积极拥护者,而策划、操办人中无其名,可见他已致仕。涿州紧邻大都,卢挚极易亲闻甚至目睹现场盛况。上引文提到姚燧"已去国",因他是前任翰林承旨。卢挚没任过承旨,又回朝时间短暂,故没必要提到他了。

集贤直学士李源道(字仲渊),自录其五言诗请虞集作序。虞集序文说:五言诗"数十年来,人称涿郡卢公"。所以仲渊本来想请卢挚写序。但仲渊来朝任学士时,卢挚去世已久,只有赵孟𫖯深知之。[2] 延祐五年(1318),李源道由翰林直学士除云南肃政廉访使,那么所谓"来朝任学士"只能在这年以前。[3] 赵孟𫖯于延祐三年出任翰林学士承旨,六年告老南归,这时卢挚去世已久,因此可以断定,卢挚最多活到作曲庆贺举子高中的延祐二年。

十四　卢挚在文学等多方面的成就

卢挚因《元史》无传,也无碑、志等记载留传,所著文集又已散失,因而身后声名不彰。清康熙时顾嗣立编《元诗选》,辑出卢挚诗一卷,并辑录元人文献中涉及他的言论作卢挚小传。20 世纪元曲的研究得到重视,卢挚的生平和作品研究也提上日程,尤以李修生先生的《卢

1　欧阳玄《元故翰林学士贯公神道碑》。
2　《李仲渊诗稿序》,《道园学古录》卷六,叶 2a。
3　《送李仲渊云南廉访使序》,《道园学古录》卷六,叶 6b。

疏斋集辑存》为全面的研究成果,继至以诸多学者不断查漏补缺,使久被湮没的历史人物重新彰显于世。在我接触这一问题后,发现卢挚不仅是一个元曲家、文学家,而且是一位多才多艺的难得人才。

卢挚在生前就有《诗文集》,可能在出任江东道按察副使时已结集,书名《江东藁》,赠送给在江南行台结识的侍御史程钜夫。[1] 约在他再次赴宁国任江东道廉访使时,徐嘉善得到他的近稿,作为"后集"刊行。前集由卢挚自己作序,后集则请嘉善之兄徐明善作序。[2] 张雨有七律咏《卢疏斋集》,诗序说有宣城校官本,可见当时已有刻本。张雨还赞扬说:"读之一过,生气凛然,有怀哲人。"诗中有句:"难求冀北千金骨,空载江南数斛愁。"说明刊刻后卢挚已回到冀北逝世了。[3]《卢疏斋集》明初尚存,杨士奇《文渊阁书目》中有两部,分别装九册或八册,皆完全,估计约二三十卷。[4] 明成祖时收入《永乐大典》,近人已从残卷中辑出诗文数十篇。清人补编的各种《元史艺文志》,仅录书名《疏斋文集》,同样缺注卷数,内容更无从得知,可见《艺文志》作者皆未亲见原书。[5]

卢挚的文章力求复古,吴澄评论说:"古文出入《盘诰》中,字字土盆瓦釜,而倏有三代虎蜼瑚琏之器,见者能不为之改视乎?"[6] 成宗时吴澄北行归来,得悉文坛代表人物有五人,而其中"众推能文辞,有风

---

1 程钜夫《卢疏斋江东藁引》,《雪楼集》卷一四,叶 4b。
2 徐明善《疏斋卢公文后集序》,《全元文》(17),233 页。
3 张雨《卢疏斋集并序》,《句曲外史集》(四库第 1216 册)卷中,371 页下。
4 《文渊阁书目》,《丛书集成初编》(30),卷九,115 页。
5 黄虞稷《千顷堂书目》,上海古籍出版社,1990 年,补元代部分,58 页;倪灿、卢文弨《补辽金元艺文志》元代部分,130 页;钱大昕《补元史艺文志》卷四,275 页;《辽金元艺文志》,商务印书馆,1958 年。
6 吴澄《盛子渊撷稿序》,《全元文》(14),370 页。

致者,曰姚、曰卢"。将他与姚燧并列,被推崇为当代文宗。[1]

卢挚的文和诗皆崇尚复古,吴澄说:"比年涿郡卢学士处道所作古诗,类皆魏晋清言。"故前引诗称他"吟诗魏晋间"。[2] 时人对他的诗评价更高,苏天爵说:"我国家平定中国,士踵金、宋余习,文词率粗豪衰苶。涿郡卢公始以清新飘逸为之倡。"[3]

虞集说:"国初,中州袭赵礼部(秉文)、元裕之(好问)之遗风,宗尚眉山(苏轼)之体。至涿郡卢公稍变其法,始以诗名东南,宋季衰陋之气亦已销尽。"[4] 尤其肯定他的五言诗说:"五言之道,近世几绝,数十年来,人称涿郡卢公。"[5] 王逢按诗体列举元朝成就最高的诗人,说:"我朝疏斋、子昂(赵孟頫)能五言,曼硕(揭傒斯)善歌行,邵庵(虞集)长于律,三四公继作,一洒宋季之陋,并驱晋、唐。"[6] 陶宗仪甚至说:"元初,称能诗者以挚为首。"[7]

卢挚的词,吴澄说:"国初太原元裕之以此擅名,近时涿郡卢处道亦有可取。"[8] 王礼同意他的评论,甚至说:继元好问之后,卢挚的词"非寻常可及"。[9]

卢挚的曲,杨维桢说:"士大夫以今乐成鸣者,奇巧莫如关汉卿、庾吉甫(天福)、杨淡斋(朝英)、卢疏斋(挚)。"[10] 后世因此称他们为元

1　《送卢廉使还朝为翰林学士序》,《全元文》(14),92页。
2　吴澄《盛子渊撷稿序》。
3　苏天爵《书吴子高诗稿后》,《滋溪文稿》卷二九,495页。
4　虞集《傅诗序》,《傅与砺诗文集》(嘉业堂丛书)卷首,叶3b。
5　虞集《李仲渊诗稿序》,《道园学古录》卷六,叶2a。
6　王逢《梧溪集》(知不足斋丛书),汪泽民序,叶1b。
7　《书史会要》卷七,叶4a。
8　吴澄《张仲美乐府序》,《全元文》(14),323页。
9　《胡涧翁乐府序》,《全元文》(60),552页。
10　《周月湖今乐府序》,《东维子文集》卷一一,叶1b。

曲四大家。又发表评论说："我朝乐府辞益简,调益严而句益流媚不陋。"举出以卢挚和贯云石为代表,指出"自疏斋、酸斋以后"的作家,"小山局于方,黑刘纵于圆"。[1]

卢挚不仅在诗文创作上有很高成就,而且是当时的诗文权威评论家。徐明善说："涿郡疏斋卢公,天才奇运,评古今文得失,如金合范,矢破的。"认为："凡为文,全弃古今拙陋之意,虽抽英搴藻,穷极绚粲而与化工侔巧,不失自然,兹为妙矣。"[2] 现存卢挚评论文章的论文一篇,题为《文章宗旨》,主张复古："古今文章,大家数甚不多见。……宋文章家尤多,……而古作甚不多见。盖清庙茅屋谓之古,朱门大厦谓之华屋可,谓之古不可。大羹玄酒谓之古,八珍谓之美味可,谓之古不可。知此者,可与言古文之妙矣。"[3] 王恽(1227—1304)可说是卢挚的前辈文人,在他的著作《玉堂嘉话》中,引用卢挚论作文的话："当于易中求难,难中求易。"[4]《文章宗旨》论作诗,也强调复古,必须用"比兴"手法,有关"世教",认为："大凡作诗,须用《三百篇》与《离骚》,言不关于世教,义不存于比兴,诗亦徒作。"徐明善说："咨诹所至之,诗城骚国,江山澄丽。兰茝芳洁,楚辞晋句,领览未尽,若有待也。"

卢挚是全面的文学家,也重视史学。至正三年(1343)三月,中书右丞贺太平力赞修辽、金、宋三史,任总裁官。[5] 当时还是诸生的危素上书右丞,提出："传天下者必有正统,今主宋者曰宋正统也,主金者曰金正统也。"现有史官卢挚、太常徐世隆、集贤王约,以及张枢、修端

---

1 《沈生乐府序》,《东维子文集》卷一一,叶4a。
2 徐明善《疏斋卢公文集后序》,《全元文》(17),233页。
3 《文章宗旨》,见陶宗仪《南村辍耕录》卷九,107页。
4 《玉堂嘉话》,中华书局,2006年,卷四,113页。
5 《元史》卷一四〇《太平传》,卷四一《顺帝本纪》,3368、868页。

等人之说,"纷然而不一"。[1] 修三史的过程中,所谓正统之争非常激烈,原来史官卢挚之说列为首位,可惜他的论说没留传下来,也不知主张如何。

元人孔齐所列"国朝文典",除《大元通制》《皇朝经世大典》等官修书和其他史部书外,赵松雪(孟頫)、姚牧庵(燧)、卢疏斋(挚)等十余人的文集也列入其中,认为"皆为异日史馆之用,不可阙也"。[2]

卢挚兼通文史,也多才多艺,他几乎兼擅古代文人的琴棋书画等才艺。僧盘谷诗说他"闻整琴书上玉京",这里如果不是泛指文人随身之物,那么可说他会抚琴。谈棋,他"号为国手"。书,陶宗仪的《书史会要》是一部介绍书法家的专著,卢挚列名其中,如前所引:"元初,称能诗者以挚为首",又说"亦能书"。苏天爵家藏杂帖一卷,收藏当时以行草知名者的书法作品,宋本对卷中所有杂帖发表评论,其中就有卢挚,认为:"卢疏斋如丛桐野屋,绘画风雷,虽复骇人,却非尘俗。"[3] 本文提到他与人的交往,往往是有人向他求写门匾或题字之类,有时他录前人或自己的诗赠人,这都反映他的书法在当时颇有名气。至于画,不见他会绘画的记载,但可说他懂画,懂得欣赏。他的诗部分是因欣赏画而作,如《采薇图》《题渊明归去图》《六州歌头·题万里江山图》《题李伯时九歌图》《题王居仁山堂春晓》等。

可以说,对卢挚的研究,使这位被湮没的历史人物彰显于世,必将丰富中国文学史和历史研究的内容。

(原载《中华文史论丛》2014 年第 4 期)

1　《上贺相公论史书》,《危太朴续集》卷八,叶 20a。
2　《至正直记》,上海古籍出版社,2012 年,卷一,《国朝文典》条,65 页。
3　《跋苏氏家藏杂帖》,《国朝文类》卷三九,叶 16a。

金代职官

女真贵族建国前后的官制　在父权部落制时期,女真各氏族长称谋克,副职称蒲里衍(蒲辇);部落长称孛堇,另有一个军事首长称猛安。建国时,部众增多,孛堇之上,又出现了统领数部的忽鲁。

金景祖乌古迺受辽封为生女真部族节度使,建立了松散的部落联盟,被各部贵族推选为"诸部长",始置官属,官员都称勃极烈。太祖阿骨打袭其兄诸部长位,称都勃极烈。阿骨打建国称帝,以弟吴乞买(太宗)为谙班(尊大之称)勃极烈,国相撒改为国论(贵)勃极烈,不久升国论忽鲁勃极烈,其他宗室也相继封为乙室、忽鲁、移赍、阿灵、阿舍、昃、迭勃极烈。勃极烈既有部落贵族议事会的性质,也是新王朝辅佐皇帝的统治机构。太宗天会十年(1132),以太祖孙亶(熙宗)为谙版(版是班的异译)勃烈极,相当皇太子,皇子宗磐为国论忽鲁勃极烈,相当宰相,宗幹为国论左勃极烈(左相)、宗翰为国论右勃极烈(右相),减少了名额,但职位更明确了。

一　省和尚书省

太祖进军燕京,辽中书令、知枢密院事左企弓等归降,保留了他们的汉制官职。次年,建枢密院于广宁府,以刘彦宗知枢密院事,同中书门下平章事,加封侍中。太宗再占燕京,仿辽南面官制,以汉官治汉地,建尚书省及所辖诸司府寺;会宁府朝廷则仍用女真官制。

熙宗即位,决定统一改用辽、宋官制。设三师(太师、太傅、太保)、三公(太尉、司徒、司空),皆正一品,以国论忽鲁勃极烈宗磐、国论左勃极烈宗幹、国论右勃极烈宗翰分任太师、太傅、太保,领三省事,权力极大。一般由太师兼尚书令,尚书左丞相兼门下省侍中,右丞相兼中书令,实际上是尚书省执政,中书省、门下省附属于尚书省。

海陵王正隆元年(1156),罢中书、门下两省,止设尚书省,作为中央的最高行政机构,成为金代的定制。尚书省设尚书令一员,正一品,往往是荣誉官衔;左、右丞相各一员,平章政事二员,皆从一品,相当于宰相;左丞、右丞各一员,正二品,参知政事二员,从二品,是宰相的副贰,是佐治尚书省事的执政官。

尚书省之下,分置左司、右司。金初各置侍郎一员,天眷三年(1140)改为郎中,正五品;员外郎各一员,正六品,各掌本司奏事。左、右司分别总察吏、户、礼或兵、刑、工部受事付事。

熙宗天会十五年(1137),废刘豫齐国,置行台尚书省于汴京。天眷元年(1138),以河南地还宋,改燕京枢密院为行台尚书省。三年,又移置汴京。定行台官品皆低于中台一等。

尚书省之下分吏、户、礼、兵、刑、工六部。金初与左司、右司通署,天眷三年始分治。各置尚书一员(正三品)为长,下设侍郎、郎中、员外郎、主事等官。

金章宗明昌五年(1194),河决阳武,以参知政事马琪行尚书省事往治之。六年,对北边各部用兵,左丞相夹谷清臣行省于临潢府,左丞夹谷衡行省于抚州。承安二年(1197),以户部侍郎温昉行六部尚书于抚州。凡遇有此类军事或其他重大事故,常派相臣或六部官员外出坐镇,称行尚书省(简称行省)或行六部尚书(简称行部)。金末兵乱,行省越设越滥。

二　军事官制

金王朝是在征服战争中兴盛和扩展起来的,军事长官的地位很重要。金太祖征服女真和周邻各部后,军队迅速发展到数万人,于是猛安(或称亲管猛安)之上置军帅(或称猛安),军帅之上置万户,万户之上置都统。先后设咸州军帅司(升都统司)、南路(改东南路)、奚路(改六部路)等若干都统司,每司统五六万人。天辅五年(1121)太祖征辽,以忽鲁勃极烈完颜杲为内外诸军都统。占领燕云汉人地区后,循辽制立枢密院于广宁府,不久迁燕京,以刘彦宗知枢密院事,后又兼领汉军都统。

太宗天会三年(1125),发兵侵宋,设都元帅府。以谙班勃极烈完颜杲兼领都元帅,移赉勃极烈、西南西北两路都统宗翰兼左副元帅,南京、汉军两路都统司监军宗望为右副元帅,下设元帅左监军、右监军、元帅左督监、右督监。各路金军仍设都统,在元帅府指挥下统领本路军作战。

海陵王废除都元帅府,仿汉制改为枢密院,成为中央最高军事机构。定制以枢密院使一员为长官,从一品,"掌凡武备机密之事",下设副使、签书枢密院事、同签枢密院事等职。泰和六年(1206)征宋，因行兵又改都元帅府，兵罢，仍称枢密院。承安元年(1196)，继设行省以后，命签书枢密院完颜匡行院于抚州。金宣宗南迁以后，沿河诸城置行枢密院、行元帅府，大者加"便宜"、小者加"从宜"的名号。

武卫军都指挥使司　掌防卫都城，警捕盗贼。原为京师防城军，大定十七年(1177)改武卫军。长官为都指挥使，下设副都指挥使、判官。

统军司　金太宗时，置统军司于大名府、乌古迪烈路和婆速路。海陵王罢大名统军司，改婆速路统军司为总管府。另置山西、河南、陕西三路统军司。世宗增置山东东西路统军司于益都。各司以元帅府监军、都监任统军使，分统天下之兵。下设副统军、判官、知事、知法等官。

招讨司　海陵王改乌古迪烈路统军司为招讨司，后移置泰州，改名东北路，又设分司于金山。加上置于桓州的西北路招讨司，置于丰州的西南路招讨司，恢复了辽代镇守边陲的三处招讨司，以重臣知兵者任招讨使(正三品)，下设副招讨使、判官、勘事官等。

宣抚司　泰和五年(1205)，以平章政事仆散揆为河南兵马宣抚司，对宋备战。六年，置陕西路宣抚使，节制陕西元帅府右监军、右都监兵马公事。后设司共十处，即山东东西、大名河北东西、河东南北、辽东、陕西、咸平、隆安、上京、肇州、北京十路。宣抚使，从一品；副使，正三品。

宣宗末年招募义军，以三十人为谋克，五谋克为千户，四千户为万户，四万户为副统，两副统为正都统，恢复了金初的名称，又设一总领提控，所以当时称元帅为总领。

三　府、台、司、院、寺、监

金初基本上以完颜氏皇族掌握政权,故设大宗正府专掌纠率和敦睦宗族事宜。首长判大宗正府事,从一品,官阶相当于丞相和枢密院使。下设同判大宗正事、同签大宗正事、大宗正丞等官。泰和六年(1206),改名大睦亲府,官名也做了相应更改。

宫师府　为皇太子专设的官署。设太子太师、太子太傅、太子太保,正二品;太子少师、太子少傅、太子少保,正三品;"掌保护东宫、导以德义",多为荣誉头衔。下设詹事院,由太子詹事(从三品)、少詹事"掌总统东宫内外庶务"。以下还有左右卫率府机构,"赞谕道德、侍从文章"的僚属左、右谕德,左、右赞善,以及其他掌管皇太子各种生活需要的官员。

御史台　中央最高的监察机关。首长为御史大夫(正三品,后升从二品),副职为御史中丞。"掌纠察朝仪,弹劾官邪,勘鞫官府公事。凡内外刑狱所属理断不当,有陈诉者付台治之"。下设侍御史、治书侍御史各二员;殿中侍御史二员,朝觐时负责监督朝仪;监察御史十余人,负责纠察内外官员非违,刷磨各衙门察帐并监督祭礼及出使等事。

登闻检院　隶属于御史台,负责向皇帝进告尚书省、御史台理断不当事。又有登闻鼓院,负责向皇帝进告御史台、登闻检院理断不当事。各设知院、同知院事一员。承安二年(1197),登闻鼓院改由谏官兼任。

谏院　专司向皇上进谏的机构,设左、右谏议大夫(正四品),左、右司谏,左、右补阙,左、右拾遗。

三司 泰和八年(1208),将户部独立为三司,意指兼管户部中的劝农、盐铁、度支三科事,成为中央最高的财经机构。宣宗初年罢。长官三司使,从二品。以下有副使、签三司事、同签三司事、判官、规措审计官等。

劝农使司 劝课农桑的机构。官员有劝农使(正三品)、副使。兴定六年(1222)改为司农司,兼管采访公事,官员改称大司农(正二品)、司农卿、司农少卿。并于陕西、河南、归德、许州各置行司农司。

殿前都点检司 主管侍卫亲军及宫中事宜。官长为殿前都点检,正三品,兼侍卫亲军都指挥使。下设殿前左、右副都点检(皆兼侍卫亲军副都指挥使)、殿前都点检判官,殿前左、右卫将军,殿前左、右卫副将军,符宝郎,左、右宿直将军,左、右振肃等官。辖宫籍监、近侍局、器物局、尚厩局、尚辇局、鹰坊、武库署、武器署等官署。

宣徽院 主管朝会、燕享、殿庭礼仪及宫廷饮食生活等事。设左、右宣徽使(正三品),同知、同签宣徽院事,宣徽判官等官。辖拱卫直使司(掌谨严仪卫的侍卫亲军)、客省司(接伴使臣)、引进司(掌外方使臣贡礼)、阁门(掌赞导殿庭礼仪)、尚衣、仪鸾、尚食、尚药、宫闱、内侍局、太医、御药院、教坊及其他司、署、库若干处。

卫尉司 主管皇后中宫事务的机构。官员有中卫尉(从三品)、副尉、左、右常侍。下辖给事局、掖庭局。

国史院 主管监修国史。设监修国史、修国史、同修国史、编修官、检阅官、修《辽史》刊修官、编修官等。

翰林学士院 主管草写皇帝颁发的文书。设翰林学士承旨、翰林学士(皆正三品)、翰林侍读学士、翰林侍讲学士、翰林直学士、翰林待制、翰林修撰、应奉翰林文字等。

审官院　掌奏驳除授官员失当事宜。设知院（从三品）、同知审官院事、掌书等官。

弘文院　掌校译经史。设知院（从五品）、同知院事、校理等官。

记注院　掌修起居注。先后以谏官、左右卫将军及左右司首领官兼。

集贤院和益政院　宣宗和哀宗时置，备皇帝顾问。

太常寺　主管礼乐和祭祀的官署。设卿（从三品）、少卿、丞、博士、检阅官、检讨、奉礼郎、协律郎等官。辖太庙、廪牺、郊社、武成王庙、诸陵、园陵、大乐等署。

大理寺　掌审断全国奏案，详谳疑狱。设卿（正四品）、少卿、正、丞、司直、评事、知法、明法等官。

秘书监　主管经籍图书。设监（从三品）、少监、丞、秘书郎、校书郎等官。辖司天台（掌天文历数）、著作、笔砚、书画等局。

国子监　主管学校。设祭酒（正四品）、司业、丞等官。辖国子学、太学。

太府监　主管出纳国家财用钱谷。

少府监　主管百工营造。

都水监　主管川泽、津梁、舟楫、河渠等事。

军器监　主管修治兵器等事，皆设监（正四品）、少监、丞等官，惟军器监从五品。

四　地方官制

金朝一级地方行政区划是路,大体因袭辽、宋的道和路,每路设兵马都总管府,辖本路兵马。设都总管(正三品)、同知都总管、副都总管、总管判官等官。然总管府皆由所在的府署兼,即兼管本府行政。都总管等分别兼府尹、同知府尹、少尹,惟另设府判管民政。上京、东京、南京、西京、北京又各置留守司,设留守、同知留守事、副留守,分别兼本府和本路前三职。另设留守判官一员管民政。中都则由大兴府尹兼领本路兵马都总管府事。皇帝出巡时,则另置留守、同知留守事、副留守。

转运司　主管税赋钱谷、仓库出纳、权衡度量之制,分设十三路。惟中都路置都转运司,其余各路置转运司。长官:转运使,正三品。下设同知、副使、都勾判官、户籍判官、支度判官、盐铁判官、都孔目官、知法等官。

提刑司　章宗即位时(1189)始置,掌审察刑狱、照刷案牍,荐举贤能,纠察滥官污吏豪猾之人,兼管劝农采访、屯田、镇守诸军。分按九路,即上京曷懒等路、东京咸平路[承安三年(1198)上京、东京并为一提刑司兼宣抚司,后改按察司并安抚司]、北京临潢路(治临潢)、中都西京路(治大同)、南京路、河北东西大名等路(治河间)、山东东西路(治济南)、河东南北路(治汾州)、陕西东西路(治平凉)。承安四年,改名按察司。按察使,正三品。下设副使、签按察司事、判官等。泰和八年(1208),诸路按察使并兼转运使,副使兼同知,签按察司兼转运副使。

府　凡不兼总管府的为散府,设府尹(正三品)、同知、少尹、府判、推官各一员。

州 仿照宋制,减去防御以下的团练州,分为节镇、防御、刺史三等。节镇州设节度使,从三品,负责镇抚防御、刺史诸军,总判本镇兵马事,兼本管内观察使事。下设同知节度使(兼州事者带同知管内观察使)、副使、节度判官、观察判官、知法、州教授、司狱等官。防御州设防御使,从四品。下设同知防御使事、判官、知法、州教授、司军、军辖兼巡捕使。刺史州设刺史(正五品)、同知、判官、司军、知法及军辖兼巡捕使。

在中都、五京及府、州之下,皆设平理狱讼、警察所部的机构。中都和五京各置警巡院,官员有警巡院使、副使、判官。各府和节镇州置录事司,官员有录事、判官;防御和刺史州置司候司,官员有司候、司判。

县 隶属于府或州,分数等:赤县(中都倚郭大兴、宛平县)、次赤县(又称剧县,二万五千户以上,县令为正七品)、次剧县(二万户以上,与以下诸县县令皆从七品)、上县(万户以上)、中县(三千户以上)、下县(不满三千户)。各设县令、县丞、主簿、尉一员,惟赤县置尉四员,中县以下不置丞,下县不置尉。

州、县以下,还有镇、城、堡、寨等建置,皆从七品,分别设知镇、知城、知堡、知寨。

(原载《文史知识》1986 年第 11 期,后收入杨志玖主编《中国古代官制讲座》,中华书局,1992 年)

元代职官
——蒙古官制

成吉思汗于1206年统一蒙古诸部,建大蒙古国。1260年忽必烈即帝位,建元中统,开始采用汉制官职。1271年改国号为元。在1206至1260年这五十余年间,历经太祖、太宗、定宗、宪宗四朝,统治中心仍在漠北,并以蒙古特有的政治、军事制度去统治被征服地区。原金朝统治区的官民,由于不习惯蒙古的各种官称,往往根据其职权的理解,照金代官制加以相应的官名;而降蒙的官员,也常采用金的官号自称,甚至得到蒙古汗廷的承认,但并未形成制度。元世祖接受中原官制,但仍保留某些蒙古官职,或者专设新的官署以执行原有的特殊职能。

一 札鲁忽赤——断事官

蒙古建国后,国家机构非常简单,"惟以万户统军旅,以断事官治政刑"。所谓断事官,即蒙古语札鲁忽赤jarquči(突厥语 yarɣu-,判决)

的音译,又译札鲁火赤、札鲁花赤、剖鲁火赤、撒鲁火赤。蒙古建国前,成吉思汗作为蒙古部的首领,曾将庶弟别里古台"立为国相","长札鲁火赤"。建国后,命义弟失吉忽秃忽为也可(大)札鲁忽赤,负责被征服民的分配和罪犯的判决,后来逐渐成为兼管财政和司法的官职,也是最高行政长官。失吉忽秃忽在太宗时仍任也可札鲁忽赤,或称札鲁忽赤也可那颜,汉人称大断事官、大官人、丞相。定宗贵由以他的师傅合答为也可札鲁忽赤,宪宗蒙哥以藩府断事官忙哥撒儿为断事官之长。故《元史·百官志》说:断事官"国初尝以相臣任之,其名甚重"。

中州断事官—燕京行尚书省 太宗灭金以后,先后派遣阿同葛和失吉忽秃忽去中原括户,称为宣差勘事官或中州断事官。晚年命牙老瓦赤、刘敏等任断事官,主管汉民公事,节制"中原数十百州",人称燕京行尚书省,或称燕京行台。乃马真皇后摄政时,由奥都剌合蛮行省事。定宗仍命牙老瓦赤和昔李钤部等治事于燕京。与此同时,蒙古大汗还先后任命牙老瓦赤、麻速忽父子治理畏吾儿以至河中地区,派出挒里蛮、阔里吉思、阿尔浑驻守阿母河外地区,负责征收赋税。宪宗即位,以牙老瓦赤、不只儿等充燕京等处行尚书省事,讷怀、塔剌海、麻速忽等充别失八里等处行尚书省事,阿儿浑等充阿母河等处行尚书省。这次决定,实际上是三处人户、财赋最多的被征服地区,任命了治理该地的札鲁忽赤班子。他们由大汗派出的蒙古勋贵、回各族理财家及诸王位下派出的人组成,职权相当于金代总理政事的尚书省的派出机构行尚书省,因此在宪宗时出现了这个统一的译称。

随着蒙古每次向外扩张,分封诸王人户,诸王也各在投下领地设札鲁忽赤。如昔李钤部就是以贵由的断事官派驻其分地大名并参与燕京行尚书省事的。

大宗正府 世祖置中书省以后，札鲁忽赤从总理各种政务的官员变成司法长官，组成大宗正府，审理四怯薛、诸王、驸马投下蒙古、色目人的犯罪案件和婚姻驱良等户籍争讼，也审理汉人、南人的重大刑事罪犯，按检诸路刑狱。以诸王主持府事，由御位下及诸王有国封者派出札鲁忽赤共同组成，秩从一品，成宗以后扩充至四十人左右。以下还设郎中、员外郎等官。

断事官 元朝在若干重要官署仍设札鲁忽赤。中书省设三品断事官，员额由三十一人增至四十一人，掌刑政，并常派出理算钱谷。枢密院也设三品断事官数员，处理军府狱讼。宣政院、太禧宗禋院等官衙也曾置断事官，后多罢。诸王王府皆置断事官，理王府词讼，由朝廷任命。

二 怯薛官

怯薛是蒙古语 Kešig（突厥语 Käzig）的音译，意为轮流值宿守卫，指蒙古和元朝的禁卫军。怯薛成员称怯薛歹（Kešigtei），复数作怯薛丹（Kešigten）。成吉思汗很早就在自己身边聚集起一批称为那可儿（伴当、伙伴）的亲兵组成卫队。即汗位后，扩充为一万人的怯薛。早年别里古台就担任过怯薛执事之一阿塔赤（牧军马者），失吉忽秃忽也是怯薛之一。皇后、太子、诸王也都有自己的怯薛，从各位下怯薛中派出的札鲁忽赤（断事官）在御位下的也可札鲁忽赤领导下，共同处理蒙古的财赋政刑等大事。元朝以中书省替代了札鲁忽赤的职能，但中书省的断事官亦"皆御位下及中宫、东宫、诸王各投下怯薛丹为之"。怯薛歹也常被派出执行各种使命或担任各种官职。元朝采用汉制后,怯薛仍是高级官员的主要来源。怯薛丹出任官职,最显贵的可一开始就授一品大员。如世祖时的四怯薛长安童、月赤察儿、忽都答儿、玉昔帖木儿在朝任中书右丞相、知枢密事、左丞相、御史大夫。

怯薛一面护卫大汗,一面从事大汗斡耳朵(宫帐)内的各种服役,各有分工,称为怯薛执事。某些执事与国家事务有关,因而发展成为一种官职。

必阇赤 蒙古语 Bičigeči 的音译,意为掌文书者。负责写发诏令及其他宫廷文书事务。蒙古大汗为了适应对被征服民族的统治,必须用当地文字行用文书,"行于回回者则用回回字","行于汉人、契丹、女真诸亡国者,只用汉字",分别由必阇赤镇海、耶律楚材负责。耶律楚材因此得以参与政务,主持河北汉民的赋调。1231年,窝阔台将必阇赤机构称为中书省,侍从官必阇赤耶律楚材、镇海、粘合重山分别称中书令、右丞相和左丞相。但这只是照顾汉地的习惯从唐宋官制中权宜选择的相应官称,并未成为定制,故耶律楚材既称中书令,又称领中书省、中书丞相、中书侍郎,官名也不固定。随着蒙古文字应用日益广泛,掌管蒙古文的必阇赤作用日益突出。怯烈人孛鲁欢世代任必阇赤,幼事拖雷充怯薛。蒙哥汗即位,以必阇赤掌宣发号令,写发宣诏任免诸色目官职等事,时称中书右丞相。另一必阇赤阿蓝答儿,时称左丞相。必阇赤凡参与政务者,是仅次于大札鲁忽赤的辅相之臣。

元朝推行汉制以后,中书省、六部及蒙古翰林院等官署掾属中都有蒙古必阇赤,这种必阇赤身份很低,纯粹是只管抄写的胥吏。

速古儿赤 蒙古语 Sügürči 的音译,怯薛执事管宫廷尚供衣服者。至元二十二年(1285),置章佩监,掌速古儿赤所收御服宝带。文宗天历元年(1328),以四怯薛的速古儿赤置奉御二十四员,其中尚冠、尚衣、尚罄、尚沐、尚饰兼尚辇奉御各二员,副奉御各二员,奉御掌簿四员。至顺二年(1331),置侍正府,秩正二品,掌宫廷近侍之事,领速古儿赤四百人及奉御二十四员。

阿塔赤 蒙古语 Aqtači 的音译,怯薛执事掌牧军马者。中统四年(1263),置群牧所,后改尚牧监、太仆院、卫尉院。至元二十四年(1287)罢卫尉院,改太仆寺,专管阿塔思(Aqtas)马匹。同年,又置尚乘寺,"掌上御鞍辔舆辇,阿塔思群牧骟马驴骡及领随路局院鞍辔等造作",兼"理四怯薛阿塔赤词讼"。

八剌哈赤 蒙古语 Balaqači 的音译,意为守城门者。至元二十年(1283),以四怯薛八剌哈赤置大都城门尉,掌管大都十一门门禁启闭管钥之事,属大都留守司。

宝儿赤 蒙古语 Ba'urči 的音译,怯薛执事负责烹饪以奉上饮食者。世祖先后置尚食局、尚膳院,后改属宣徽院,这些官署及其下属机构官员多由宝儿赤担任。主管供应皇帝饮食,燕享宗戚宾客及诸王、宿卫、怯怜口的粮食等事。

某些怯薛歹参与朝政,但无实职,仍保持原来怯薛执事身份,按规定日期入宫廷服务,如宝儿赤某太师、速古儿赤某丞相等。朵儿边氏孛罗是世祖时权势赫赫的人物,他既是领宿卫的宝儿赤,又是不在中书省任职的丞相。

三 斡耳朵等蒙古制官员

蒙古时期,根据本民族生产和生活的特点,曾设了一些特殊的官职,元朝为此也设置了相应的官署。

斡耳朵 突厥语 Ordo 的音译,意为宫帐、宫室。成吉思汗有四大斡耳朵,分属于四个皇后。以后诸王皆有自己的斡耳朵,拥有大量私产和人户。帝、后死后,由后妃或皇室继承,称作"继承守宫"。元朝为成吉思汗四大斡耳朵先后设置一所都总管府和四所总管府,下辖提举司、长官司和各种造作匠局二十余处,私属民户、工匠遍布大都、上都、保定、彰德、河间、泰安、东平、曹州等地。世祖、成宗、武宗、仁宗、英宗、明宗、宁宗死后,先后设长信寺、长庆寺、长秋寺、承徽寺、长宁寺、宁徽寺、延徽寺等三品官衙,管理他们的斡耳朵所属户口、钱粮、营缮等事。

斡脱总管府 斡脱是蒙古语 Ortoq(突厥语 Ortaq,意为合伙)的音译。从成吉思汗时期起,蒙古贵族就提供本银,委托中亚回回商人经营商业,发放高利贷,这种商人被称为斡脱。大汗及诸王、公主、后妃都各自设置斡脱以获取巨利。宪宗曾专门设官掌管斡脱。入元以后,政府为持有皇帝圣旨,妃主、诸王令旨的官商专立户籍,称为斡脱户,先后曾设诸位斡脱总管府、斡脱所、斡脱总管府及地方的斡脱局、斡脱府等官衙。

奴都赤(Nutuqči) 又译侬独赤、奴秃赤、嫩秃黑赤。窝阔台曾任察乃、畏吾儿台二人为奴都赤,令他们往川旷之地掘井,查勘牧地迁百姓前往居住。仁宗置经正监,"掌管营盘纳钵及标拨投下草地",兼治词讼。设太卿(正三品)、太监、少监等官,皆由奴都赤担任。监丞则由流官担任。

字可孙 蒙古早期置,专管供给马驼刍粟。至元八年(1271)以重臣领之。十三年(1276),省字可孙,以宣徽院兼任其事。大德九年(1305)裁革冗员,留十二人,秩正三品。至大二年(1309),废字可孙,改立度支院。四年,改为度支监。

脱脱禾孙(Toqta'ulsun)　　蒙古早期辟驿路后,即设脱脱禾孙盘问过往使臣真伪,是否违犯乘驿规定。至元七年(1270),仍于重要都会和各驿路交通枢纽处设脱脱禾孙,隶属于通政院及中书兵部。

四　军队官制

成吉思汗建国,将蒙古游牧民统一编组为几十个千户,任命贵戚、功臣为千户长,划定牧地范围,让他们世袭管领。千户既是军事组织,又是地方行政单位。全部千户分为两翼,每翼设万户统之,大将博尔朮任右翼万户,统领西面直到阿尔泰山各千户,木华黎任左翼万户,统领东面直到哈剌温只敦(大兴安岭)各千户。

蒙古侵金,对来降的契丹、汉人武装,同样授予千户、百户官职,随后又封汉地三个万户,灭金前后扩充为七个万户。但有些人仍用金代的官称,如都元帅、副都元帅、元帅等。"或以上旨命之,或诸王大臣总兵政者承制以命之"。至于较早降蒙古的契丹人耶律阿海、耶律秃花、石抹明安、石抹也先,各领一支军队作战,却分别称为太师、太傅、太保、御史大夫,官称同他们的实际职务完全脱节。故宋人说:"其官称,……随所自欲而盗其名,初无宣麻制诰之事。"

奥鲁　蒙古语a'uruq的音译。蒙古制度,男丁充军出征,家属和童仆按千户组织在后方或随军经营畜群或其他产业,供应前方,称为奥鲁,汉译为"老小营"。蒙古灭金后,在中原逐渐推行奥鲁制度。凡军户中签发丁壮,替换老弱,供应军需,赡养出征军人老小,处理军户间纠纷等事,皆归各路奥鲁官府管理,不受地方官管辖。为避免政出多门,至元元年(1264)以后逐步改由地方路府州县官兼领诸军奥鲁,管理军户,只有蒙古军和色目军仍保留单独的奥鲁赤(a'uruqči),即奥鲁官。

五　达鲁花赤

蒙古语 daruqači 的音译,意为镇守者。蒙古统治者为了保证对各被征服地区的控制,在当地官员之上,都派出达鲁花赤监临,掌握最后裁定的权力。诸王、驸马在自己的投下分邑,也分别派出陪臣充任达鲁花赤。

世祖定官制,达鲁花赤也作为定制保留下来。路、府、州、县等各级地方政府都设置达鲁花赤,品秩与路总管、府州尹和县令相同,但实权大于同级官员。南方少数民族地区的长官司及兼管军民的安抚司,也设达鲁花赤。除蒙古军和探马赤军外,在各族军队的元帅府、万户府、千户所中皆设达鲁花赤以监军务。皇室、各斡耳朵和诸王、驸马私有的人户,如打捕鹰房、诸色人匠、怯怜口等,各设总管府或提举司管理,总管或提举之外也设达鲁花赤。一些掌管财政收入的官衙及其他官署也设有达鲁花赤。

至元二年(1265),朝廷明确规定,各路达鲁花赤由蒙古人担任,汉人任总管,回回人充同知。在蒙古人出缺时,允许由门第高贵的色目人充任。

(原载《文史知识》1986 年第 12 期,后收入杨志玖主编《中国古代官制讲座》,中华书局,1992 年)

元代职官
——大一统的中央官制

元世祖忽必烈即帝位,将统治中心移至中原,以直接继承金、宋的新王朝皇帝自居,采纳刘秉忠、许衡等儒臣的意见,"考求前代之典","酌古今之宜,定内外之官"。元朝官制,反映了当时大一统局面下中央集权的需要,也包含不少蒙古贵族居统治地位的特有因素。中央最主要的机构有三:"其总政务者曰中书省,秉兵柄者曰枢密院,司黜陟者曰御史台。"分掌行政、军事、监察大权。

中书省 又称都省,是总理全国政务的最高行政官署,统率百司。金海陵王罢中书、门下两省,中止了唐宋的三省制,以尚书省总政务,元朝又以中书省取代了尚书省。

中书省的最高长官是中书令,只有世祖、武宗、仁宗、顺帝时由皇太子担任过,一般不设此职。右丞相、左丞相各一名,正一品。中书令缺,其二人则总理省事,裁夺庶政,是中书省的实际长官。蒙古习俗尚右,故右在左上,不同于其他朝代。平章政事,从一品,是丞相的副手,与右、左丞相都是宰相。元朝一代,除个别例外,汉人最高只能担任平章政事,色目人只能担任左丞相,右丞相照例由蒙古人担任。右丞、左丞,正二品,作为宰相的副手裁决庶务,称左、右辖。参知政事,从二品,在右、左丞之下,作为宰相的副手参决政事。以上都是执事官,统称为宰执。参议中书省事,正四品,主管左、右司文牍,管辖六部,参与决定军国大事。他们的治所称参议府。

左司、右司 中书省的办事机构。左司掌管:吏礼房(分九科)、知除房(五科)、户杂房(七科)、科粮房(六科)、银钞房(二科)、应办房(二科)。右司掌管:兵房(五科)、刑房(六科)、工房(六科)。每司各设郎中(正五品)、员外郎(正六品)、都事(正七品)等官。

六部 中统元年(1260),初置中书省,下设吏户礼左三部和兵刑工右三部。至元元年(1264),分置吏礼、户、兵刑、工四部。至元十三年(1276),始定设吏、户、礼、兵、刑、工六部,各设尚书(正三品)、侍郎、郎中、员外郎等官。吏部管职官铨选、吏员调补、勋封爵邑、考课官员政绩等事。户部管天下户口、钱粮、田土及赋税、钱钞、府库等事,下辖各种库、仓、提举司、都漕运司、各路转运盐使司。礼部管天下礼乐、祭祀、朝会、燕享、贡举之政令等事,下辖侍仪司、拱卫直都指挥使司、仪凤司、孝坊司、会同馆等机构。兵部管全国驿传、邮递、屯田、牧场等事,下辖大都陆运提举及代管伊利汗阿八哈等、世祖母唆鲁禾帖尼别吉大营盘、阿里不哥后王等投下打捕鹰房民匠都总管府。刑部管天下刑名、法律等诸事,下辖司狱司、司籍所。工部管全国营造百工之政令等事,下辖各种民匠、造作人匠总管府、提举司、工局、场、所等机构数十处。

尚书省与制国用使司 世祖设中书省综理政务和财赋,但也曾仿宋制三度设尚书省与中书省分理行政和财赋。至元三年(1266),立制国用使司,以平章政事回回人阿合马任制国用使,专理财赋。至元七年(1270),改立为尚书省,九年(1272)初,罢。二十四年(1287)至二十八年(1291),至大二年(1309)至四年(1311)又设尚书省。首次只设平章政事、参知政事,后两次增设右、左丞相,设官同中书省一样。同时虽仍设中书省,但有时行政权也归于尚书省。

枢密院 简称枢府、密院,是中央最高军事机构,主管宫禁宿卫、边防、驻军、征伐、举功转官、节制调度等事宜。中统四年(1263)始置。最高长官为枢密使,由皇太子兼任。此职常缺。实际主事的只有枢密副使(简称副枢)、佥书枢密院事(佥院)二职。至元七年(1270),置同知枢密院事(同知)、枢密院判官(院判)各一员。二十八年(1291),始置知枢密院事(知院)一员,为枢密院长官,从一品。以下依次为同知、副枢、佥院、同佥枢密院事(同佥,后增设)、院判、参议等官,院内分设客省使及处决军府狱讼的断事官。从置院开始,四怯薛各出代表一名参与院议,中书省派平章政事商量院事。

御史台 又称中台、内台、宪台、乌台,是中央最高监察机构,主管纠察百官善恶、政治得失。至元五年(1268)始立台设官。定制设御史大夫(从一品)、御史中丞、侍御史、治书侍御史等官。下辖殿中司,负责大朝会时百官班序;纠罚失仪失列官员;纠举在京百官到任告假三日不报者,随大臣入宫奏事,纠避不可与闻之人。设殿中侍御史二人,正四品。察院,专司刺举官员功过,政事得失。设监察御史,由十二员增至三十二员,正七品。品秩虽低,其作用和影响甚大。世祖建御史台时,即下诏"中书省、枢密院凡有事与御史台官同奏"。元朝御史台还下设行御史台和廉访司等地方机构,其作用和品秩皆高于金、宋旧制,已提高到与中书省、枢密院三足鼎立的地位。

枢密院、御史台以外,元朝还设置了许多与台、院品秩相等或相近的府、院等机构,皆以大臣领之。

宣政院 掌管全国佛教事务并统辖吐蕃地区。初名总制院。以国师八思巴管领。至元二十五年(1288)，用唐朝皇帝在宣政殿接见吐蕃使臣的故典，改名宣政院，以帝师领院事。长官为院使，从一品，为长者常以朝廷大臣兼任，位居第二者由帝师推荐僧人担任；以下设同知、副使、佥院、同佥、院判、参议等官。所辖吐蕃地区，分设吐蕃等处(朵思麻)、吐蕃等路(朵甘思)、乌思藏纳里速古鲁孙三路宣慰司都元帅府。宣慰司下辖安抚司、招讨司、宣抚司和元帅府、万户府等，官员多由当地僧俗首领担任，由帝师或宣政院荐举，朝廷授职。

宣徽院 掌管宫廷饮食、燕享宗戚、宾客事宜，诸王、怯薛、怯怜口粮食，蒙古各万户、千户应纳差发，官牧孳畜的抽分和岁支饲料等事。设院使(从一品)、同知、副使、佥院、同佥、院判等官。辖光禄寺、尚舍寺、阑遗监等大小机构数十处。

宣政院、宣徽院同枢密院、御史台一样，有事可"得自奏闻"，所辖各机构官员，有权自选，都不必通过中书省。

翰林兼国史院 主管起草诏令和奉旨撰写的文字，兼管撰修国史。长官为翰林学士承旨，从一品；下设学士、侍读学士、侍讲学士、直学士；属官有待制、修撰、应奉翰林文字、编修官、检阅、典籍等。

蒙古翰林院 主管译写一切文字，用蒙古新字(八思巴字)颁降玺书，附以各国文字。至元八年(1271)，于翰林国史院中置新字学士。十二年(1275)始分设蒙古翰林院。主要官员名称和品秩与翰林国史院同。辖蒙古国子监(设官、品秩与国子监同)；蒙古国子学(教习怯薛歹、蒙汉官员子弟蒙古新字，设博士、助教、教授、学正、学录等职)。

集贤院 主管提调学校、征求隐逸、召集贤良，兼管道教、阴阳、占卜祭遁等事。至元二十二年(1285)，自翰林国史集贤院分出。设大学士（从一品）、学士、侍读学士、侍讲学士、直学士、待制、修撰等官。一度于大学士之上置院使为长官。下辖：国子监，掌学校之教令，设祭酒（从三品）、司业、监丞等官。国子学，以博士领之，掌教授生徒，考较儒人著述、教官所业文字；下设助教，分教各斋生员。兴文署，掌提调学生饮膳及文牍簿书之事，设署令（翰林修撰兼）、署丞（翰林应奉兼）、典簿等官。

奎章阁学士院 文宗天历二年（1329）始立于兴圣殿西。由儒臣进经史之书，考帝王之治，纂修《经世大典》。设大学士（正二品）、侍书学士、承制学士、供奉学士、参书等官，属官授经郎二员。辖：群玉内司（由群玉署改），掌图书宝玩，设监司（正三品）、司尉、亚尉、金司、司丞等官；艺文监，以蒙古语翻译儒书兼管儒书校雠，设太监、少监、监丞等官，下辖品定书画的监书博士，管藏书的艺林库，刻印经籍的广成库。顺帝至元元年（1335）罢。次年立宣文阁，不置学士，唯授经郎及监书博士以宣文阁系衔。

太常礼仪院 掌管大礼乐、祭享宗庙社稷、封赠谥号等事。原为太常寺，至大元年（1308）改升院。辖太庙、郊祀、社稷、大乐四署。

典瑞院 掌管宝玺、金银符牌。中统元年（1260）置符宝郎二员。至元十六年（1279）立符宝局。十八年（1281）改典瑞监。大德十一年（1307）升院。

太史院 掌管天文历法之事。至元十五年（1278）置。下辖观察天象、印历、教学官员若干人。

太医院 掌管御用医药及各种医药机构。初置宣差提点太医院事。至元二十年（1283）改尚医监。至元二十二年改太医院。辖广惠司（修制御用回回药物和剂治疗宿卫士及在京孤寒者，分设大都、上都回回药物院二处)、御药院、御药局、行御药局、御香局、上都惠民司、医学提举司、官医提举司等机构。

将作院　掌管宫廷制作珍贵冠佩首饰、器皿、织造及百色造作。下辖诸路金玉人匠总管府、异样局总管府、大都等路民匠总管府。总管府下再设玉局、金银器盒、玛瑙等提举司，金丝子、鞓带斜皮、瑾玉、浮梁磁、御衣等局及其他机构。以上各院皆为秩正二品，设院使、同知、佥院、同佥、院判等官。

通政院　主管全国驿站。世祖初年(1260)，汉地驿站由中书省右三部分管。至元七年(1270)置诸站都统领使司。至元十三年(1276)升通政院，统领蒙古、汉地驿站。次年，分置大都、上都两院，各设院使(从二品)、同知、副使、佥院、同佥、院判等官。下辖廪给司，掌管供应诸王、各国、各省使客饮食等事。

詹事院　辅翼皇太子的官署。至元十九年(1282)置，设左、右詹事，副詹事，詹事丞，院判等官。另置宫臣太子宾客，左、右谕德，左、右赞善，校书郎，中庶子，中允等。三十一年(1294)罢。成宗、武宗、仁宗、泰定帝、文宗时又累立累罢。顺帝至正六年(1346)立皇太子宫傅府。十三年(1353)改詹事院，设詹事(从一品)、同知詹事、副詹事、詹事丞、中议、长史等官。下辖家令司(掌太子饮膳供帐仓库)、府正司(掌鞍辔弓矢等)、延庆司(掌修建佛事)、典用监(掌内府供给缎匹宝货等物)、典医监、典牧监、储膳司(掌饮膳)、典宝监。顺帝时又增置仪卫司、典藏库(掌收钱帛)、分詹事院等机构。

储政院　文宗天历元年(13__)改詹事院为储庆使司。次年复立詹事院，又改储政院。设院使(__品)、同知、佥院、同佥、院判、司仪、长史等官。

徽政院 掌管皇太后所属事务的官署。成宗即位,将原属其父真金太子詹事院所属钱粮选法工役的机构都拨归太后位下,改立徽政院,后屡罢,元统元年(1333)复置,后又罢。设院使(从一品)、知院、同知、副使、佥院等官,下辖内宰司、掌谒司、延福司、章庆使司、甄用监(掌供须、文成、藏珍三库出纳)、掌医监、群牧监及署、库、提举司、管民提领所、户计长官司等若干处。

中政院 掌管皇后中宫财赋、营造、借给及所属番卫和私户。元贞二年(1296)始置中御府。大德四年(1300)升中政院。至大四年(1311)省并入典内院。皇庆二年(1313)又改中政院。设院使(正二品)、同知、佥院、同佥、院判等官,幕职有司议、长史各二员。下辖中瑞司、内正司、翊正司、典饮局(大都、上都分置)及管领各地打捕鹰房、民匠、财赋、金银铁冶都总管府、万户府、都提举司等,以下还有各处提举司、提领所、总管府、管民官、镇抚所、千户所、库、局等近百机构。

资正院 顺帝至元六年(1340)为二皇后完者忽都所置,改徽政院为资正院。设官、品秩同中政院。至正二十五年(1365)正宫皇后死,改名崇政院,兼主中政院。

隆禧院 至大元年(1308),建南镇国寺,置规运提点所。二年,改大崇恩福元寺规运都总管府。三年升隆禧院。天历元年(1329),与殊祥院并为隆禧总管府,主管崇恩福元等寺寺产及武宗与二后神御殿。

会福院 至元十一年(1274),建大护国仁王寺及昭应宫,置财用规运所。十六年(1279)改为总管府,至大元年(1308)改都总管府,三年(1310)升会福院。天历元年(1328)改为会福总管府。主管大护国仁□□及昭应宫营缮□产业。

崇祥院 至大元年建大承华普庆寺,置都总管府。二年改延禧监,又改崇祥监。四年升崇祥院。天历元年(1328)改崇祥总管府。辖仁宗所建大永福寺之永福营缮司,英宗所建寿安山大昭孝寺的昭孝营缮司及大承华普庆寺的普庆营缮提点所等机构。

寿福院 至大四年(1311)建大圣寿万安寺,置万安规运提点所。延祐二年(1315),升都总管府,寻升寿福院。天历元年,降为总管府。辖大圣寿万安寺的万安营缮司,成宗所建大天寿万宁寺的万宁营缮司,泰定帝所建大天源延圣寺的延圣营缮司等。

除以上四院外,还有殊祥院(沿革待考),共五院,仁宗时定为正二品秩,设院使等官。天历元年改为总管府,降为正三品,并隶太禧宗禋院。分管历代帝后所建寺院及神御殿,皆设达鲁花赤、总管、同知、治中、判官等官。

太禧宗禋院 天历元年,罢会福、殊祥二院,改置太禧院。二年,改太禧宗禋院,主管历代皇帝所建寺院的钱粮和营缮以及寺中帝后神御殿禋享祀典,秩从一品,设院使都典制神御殿事,同知兼佐仪神御殿事,副使兼奉赞神御殿事,佥院兼祗承神御殿事,同佥兼肃治神御殿事,院判兼供应神御殿事等官。下辖以上四总管府外,天历二年又立隆祥总管府。至顺二年(1331),升隆祥使司,主管文宗所建大承天护圣寺、海南大兴龙普明寺及集庆龙翔、崇禧万寿寺有关的营缮、财赋等机构。顺帝至元六年(1340),罢太禧宗禋院,所辖四总管府及隆祥使司都改为规运提点司,又添置万宁提点所一处,皆正五品,隶属宣政院。

大宗正府 主管诸王驸马投下蒙古、色目人等应犯一切公事,秩从一品。至元二年(1265)始置。以诸王为府长,诸王之有国封者皆派出札鲁忽赤（断事官）一同理事，又有怯薛派人奉旨署事。定置正官札鲁忽赤四十二员。

大司农司 主管劝课农桑、水利、乡学、赈饥等事的官署。至元七年（1270）始置司农司，同年改大司农司。十四年（1277）罢。一[八]年（1281）立农政院，专领武卫屯田。二十年（1283）改务农司，又改农寺。二十三年（1286），再立大司农司。长官为大司农，从一品，下设大司农卿、少卿、丞等。辖籍田署、供膳司、永平屯田总管府等机构。

元朝以"宗戚之重，莫重于宗正府"；"稼穑之本，莫重于司农"，赋予这两机构仅次于省、台、院的地位。大司农司一度还下辖若干劝农使司，各设劝农使和副使一人，分道巡行督促、检查农业生产及兴办水利等事。

中央官署品秩较低者，称为司、寺、监。

崇福司 掌领马儿（mar，景教主教的尊称）、哈昔（hasia，僧侣）、列班（rabban，教师）、也里可温（erke'ün，基督教徒和教士的通称）、十字寺（基督教堂）祭享等事。仁宗一度改司为院，省并天下也里可温掌教司七十二所，皆归院管理。设使（从二品）、同知、副使、丞等官。

武备寺 主管缮治、收发兵器。至元五年（1268）立军器监。二十年（1283）改武备监，隶卫尉院。次年改寺。大德十一年（1307）升院。至大四年（1311）复为寺。设卿（正三品）、同判、少卿、丞等官。辖寿武、利器、广胜等库，各路军器人匠提举司、局数十处。

称寺的官署还有太仆寺、尚乘寺、长信寺、长秋寺、承徽寺、长宁寺、长庆寺、宁徽寺、延徽寺，因与蒙古旧制有关，已见前述蒙古官制。

太府监 主管钱帛出纳之数。辖内藏库（掌出纳御用诸王缎匹、纳失失纱罗绒锦南锦香货等物）、右藏（掌收支金银宝钞、只孙段匹、水晶玛瑙玉璞等物）、左藏（掌收支常课、和买纱罗布绢丝绵绒锦木绵铺陈衣服等物）。

度支监　主管供给马驼刍粟。

利用监　主管出纳皮货衣物等。

中尚监　主管大斡耳朵位下怯怜口（私属人口）。辖资成库，掌造毡货，供内府陈设帐房帘幕车舆雨衣之用。

章佩监、经正监　参见蒙古官制。

秘书监　主管历代图籍及阴阳禁书。

以上各监皆秩正三品，设卿、太监、少监、监丞等官。

都水监　主管河渠堤坊水利桥梁闸堰等事。设都水监（从三品）、少监、监丞等官。辖大都河道提举司。顺帝时于山东、河南设行都水监。

司天监　主管历象教学等事。中统元年（1260）立司天台。至元十五年（1278），别置太史院，主管颁历；司天台管学校，秩正四品。设提点、司天监、少监、丞等官。属官有提学、教授、学正、天文科、算历科、三式科、测验科、漏刻科管勾等。

回回司天监　回回星学者观象衍历的官署。至元八年（1271）置司天台，皇庆元年（1312）改为监。设官、品秩与司天监同。

崇文监　顺帝至元六年（1340），改奎章阁学士院所属艺文监为崇文监，隶翰林国史院。

司禋监　世祖时设，又罢。至正元年（1341）复置，主持师翁（巫师）祭祀祈禳之事。设内监、少监、监丞等官。

元朝的官制，将管理蒙古黄金家族的私产同管理国家事务混为一体，除保留蒙古旧制外，又增设了许多管理宫廷、皇太后、皇后、皇太子、诸王、公主的家臣和私产的官署及各种宗教机构。官员皆授予很高的品秩。武宗以后，上列院一级机构即达二十余，品秩与枢密院、御史台相等或接近。主官可并列若干人。丞相等要职、实职之外又有遥授。由于"内外增置官署，员冗俸滥"，故英宗时就曾减罢崇祥、寿福院之属十有三署，徽政院断事官、江浙财赋之属六十余署。但终究改变不了封建王朝"官冗于上，吏肆于下"的本质。当时人也看出了这个问题，诚如《元史·百官志序》所说："言事者屡疏论列，而朝廷讫莫正之，势固然也。"说明这是封建中央专制主义王朝的必然现象。

（原载《文史知识》1987 年第 2 期，后收入杨志玖主编《中国古代官制讲座》，中华书局，1992 年）

元代职官
——以行省分治天下的地方官制

元朝的地方行政机构,沿袭了金、宋的路、府、州、县,但由于大统一以后,全国的疆域空前辽阔,于是在路之上,又陆续分设若干行省及宣慰使司等机构,以便于加强对各族人民的统治。创建行省是中国行政制度的一大变革,省作为地方一级行政区的名称,一直沿用至今。

行中书省 简称行省,或只称省,是元朝地方的最高行政机构,也是一级政区的名称。"行省"始见于金代。金章宗时,派遣尚书省宰执出征、戍边或处理地方大事,许便宜行事,称"行尚书省事"或"行省"于某处,意为代表尚书省行使权力,故行省是尚书省派出相臣主持的临时机构。金末为了抵御蒙古和镇压农民起义,常命宰执出镇地方,或以宰执官衔授予地方长官,皆称行省。同时,降附蒙古的军政长官,辖地跨州连郡者,也仿金制称行尚书省或行台。如契丹人石抹咸得不、忽笃华的燕京行尚书省,东平严实所辖有五十余州县的山东西路行尚书省(或称东平行台),益都李全及其妻杨妙真、养子李璮的山东淮南楚州行省(或称益都行省)。这种行省,既不同于金代长官带宰执官衔,也不同于蒙古大汗派驻中原的札鲁忽赤—燕京行尚书省。

世祖遵循汉法,于开平(后改上都,今内蒙古正蓝旗东)立中书省总领全国政务,改原来管辖中原汉地的燕京行尚书省为行中书省[至元四年(1267)定都燕京,并入中书省],并相继设京兆、平阳、山东、西夏中兴、阿力麻里等行中书省。沿用金制,以中书省相臣行中书省事,作为中书省的临时派出机构。灭南宋前后,由于疆域日广,行省增多,成为常设的地方行政机构,仁宗时最后形成十一行省:

陕西行省,治奉元(今陕西西安);

甘肃行省,治甘州(今甘肃张掖);

辽阳行省,治辽阳(今属辽宁);

河南江北行省,治汴梁(今河南开封);

四川行省,治成都(今属四川);

云南行省,治中庆(今云南昆明);

湖广行省,治武昌(今湖北武汉);

江浙行省,治杭州(今属浙江);

江西行省,治龙兴(今江西南昌);

岭北行省,治和宁(由和林改,今蒙古人民共和国哈尔和林);

征东行省,治王京(今朝鲜开城),由高丽国王兼行省丞相,保留高丽国原有的政权机构和制度;

中书省直辖山东、山西、河北及内蒙古大部分地区,称为"腹里",

即内地的意思。

行省官员的名称、品秩与中书省官相同,一般设平章政事二员,右丞、左丞各一员,参知政事二员(甘肃、岭北二省各减一员),部分地大事繁的行省有时设丞相。左司、右司合并为一,也置郎中、员外郎、都事,但品秩皆较都省官低一等。

元朝对日本、交趾、占城、缅甸等国发动外侵战争时,曾临时置以所征国为名的行省。元末为镇压农民起义军,先后在中书省辖境设若干中书分省,又在淮南、福建、山东、广西等地设置行省。各农民起义政权也仿元制设置了一些行省。至元七年(1270)、二十四年(1287)和至大二年(1309),曾三度设尚书省,相应地行中书省也改称行尚书省。

路、府、州、县　蒙古征占金地,皆委付给当地军阀、土豪治理,保留金代的建置及官称,故各地军阀皆兼有留守、总管、府尹、节度使、县令等官衔。太宗二年(1230),为了征收赋税,曾设燕京、宣德、西京、太原、平阳、真定、东平、北京、平州、济南等十路征收课税司。宪宗时,忽必烈曾派人设置邢州安抚司、河南经略司、京兆宣抚司、大理宣抚司等,但都是临时设置。世祖定官制,仍于中书省和行省之下设路、府、州、县。中统三年(1262)罢汉人地方长官世袭制,并使军民分治,地方官改由流官担任,按任期迁转。

路总管府　蒙古时期,军阀各据一隅,所辖只有原来一府或一州之地,就称为路;平宋后,大多散府也升为路;所以元朝的路所辖远较金、宋时小。路分两等,十万户以上或不足十万户但地当冲要者为上路,十万户以下者为下路,设达鲁花赤、总管各一员(上路皆秩正三品,下路从三品,兼管劝农事,江北则兼诸军奥鲁),同知、治中(下路不设)、判官各一员,专治刑狱的推官二员(上路)或一员(下路)。下属有儒学教授、学正、学录、蒙古教授、医学教授、阴阳教授及司狱司,平准行用库、府仓、惠民药局、税务等。路总管府治所设录事司,掌城中户民之事,设达鲁花赤、录事、判官(二千户以下不置)、典史各一员。城市民少则不置司。

大都路都总管府与大都留守司　　大都路因为是都城所在,路总管府特加"都"字。至元十九年(1282),置大都留守司兼本路都总管府。二十一年另设都总管府治民事,而以留守司管守卫宫阙都城、门禁关钥启闭,调度本路供亿等事,兼理营缮宫室、庙宇等事。设留守五员,正二品,下设同知、副留守、判官等官。辖修内司、祗应司、器物局、大都城门尉、犀象牙局、仪鸾局、广谊司等及其下属机构数十处。都总管府设官、品秩与路总管府同,唯员数多为二员,另有达鲁花赤二员。下辖兵马都指挥使司二处(兼鞫捕京城盗贼奸伪之事,分别置司于北城和南城),司狱司三处(分置于大都路、北城兵马司和南城兵马司)、左、右警巡院及大都警巡院(治都城之南,领民事及供需),大都路提举学校所等机构。

上都留守司兼本路都总管府　　留守司品秩、职掌、设官与大都留守司相同,但留守司与都总管府不分,故兼治民事。下辖修内司、祗应司、器物局、仪鸾局、兵马司、警巡院等机构十余处。

散府　　隶属于路、宣慰司或行省,或直隶都省,有的下辖州、县,有的不辖州、县。秩正四品,设达鲁花赤、知府或府尹(领劝农事和奥鲁与路同)、同知、判官、推官、知事、提控案牍各一员。

州 隶属于府或路,或直隶于省。先定一万五千户以上、六千户以上或以下为上、中、下州,平宋后定其地五万户以上、三万户以上或以下为上、中、下州,品秩分别为从四、正五、从五品,皆设达鲁花赤、州尹、同知、判官等官。

县 隶属于路、府或州。分三等:江北六千户以上、二千户以上或以下分别为上、中、下,江淮以南三万户以上、一万户以上或以下为上、中、下县,品秩分别为从六、正七、从七品。设达鲁花赤、县尹、丞主簿、尉、典史等官,中、下县不置县丞。

元朝规定,各路达鲁花赤由蒙古人充任,总管由汉人、同知由回回人充任,府、州、县也要按此原则办理。诸王、勋贵的五户丝分邑,达鲁花赤则由他们委派自己的陪臣充任,不入流官迁转。

宣慰使司 由于元代路的辖境缩小,故在中书省、行中书省和路府之间,增设宣慰司一级地方机构于离省会较远的地方,处理军民政务,"行省有政令则布于下,郡县有请则为达于省",是省和路府之间的承转机关。秩从二品,设宣慰使、同知、副使等官。辖区在金、宋故地者,袭用唐代地方建置称"道",边远地区则称某某"等处"。中书省境有山东东西道(治益都路),河东山西道(治大同路);河南江北行省境有淮东道(治扬州路),荆湖北道(治中兴路,今湖北江陵);四川行省境有四川南道(治重庆路);江浙行省有浙东道(治庆元路,今浙江宁波);湖广行省有湖南道(治天临路,今湖南长沙)。

边陲之地,宣慰司兼调度军旅之事,故兼都元帅府,设官同宣慰司,分别兼任都元帅、副都元帅、佥都元帅事。江西行省境有广东道(治广州路);湖广行省境有广西两江道(治静江路,今广西桂林),海北海南道(治雷州路,今广东海康)、八番顺元等处(治贵州,今贵阳);江浙行省境有福建道(治福州路);云南行省境有大理金齿等处(治大理路)、八百等处(治蒙庆府,今泰国昌盛);陕西行省境有察罕脑儿等处(今内蒙古伊克昭盟境,治察罕脑儿,今乌审旗南);岭北行省境有和林等处(治和林,改行省后罢)、称海等处(治称海,蒙古哈腊乌斯湖南);世祖时畏兀儿地有别失八里和州等处(治别失八里,今新疆吉木萨尔北)、斡端等处(治今新疆和田);宣政院所辖有土蕃等处(又名朵思麻,治河州路,今甘肃临夏)、土蕃等路(又名朵思藏)、乌思藏纳里速古鲁孙三路(治萨迦,今属西藏);皆称宣慰使司都元帅府。

云南行省境有曲靖等路(治曲靖路)、罗罗斯(治建昌路,今四川西昌)、临安广西元江等处(治临安路,今云南通海)、乌撒乌蒙等处(治乌撒路,今贵州威宁),皆称宣慰使司兼管军万户府。

都元帅府 镇抚边疆少数民族地区的军政官署。至元元年(1264)设征东招讨使,驻奴儿干等地(今黑龙江口),进征骨嵬(今库页岛)。二十二年(1285),升征东宣慰使司都元帅府。后改都元帅府。成宗元贞元年(1295),立北庭(即别失八里,今新疆吉木萨尔县境)、曲先塔林(今新疆库车)两都元帅府。设都元帅、副元帅等官。

宣抚司、安抚司、招讨司、元帅府 秩皆正三品。设宣抚使(或安抚使、招讨使、元帅)、同知、副使(或副元帅)等官,一般由当地头人充任,由朝廷派达鲁花赤监临(或不派)。宣抚司、安抚司设于云南、四川、湖广行省民族地区,元帅府、招讨使司则多设于吐蕃等处或吐蕃等路宣慰使司境内。

王傅府、王相府、内史府 元初"命宗王将兵镇边徼襟喉之地"。如至元四年(1267),封皇子忽哥赤为云南王,以王府王傅和府尉兼大理等处行六部尚书,司马兼侍郎。十年(1273),封皇子忙哥剌为安西王,镇陕西、四川等地,罢行省,置王相府处理军政大事。至元二十九年(1292),封皇孙甘麻剌为晋王,置内史(相当王傅)府,秩正二品,统领漠北"达达(蒙古)国土"。在云南、陕西、四川、和林建省以前,它们具有地方军政官署的作用。以后诸王各设官署,统称王傅府,正三品。设王傅、府尉、司马等官。王傅府之下,诸王有权自置官署,官员"皆得专任其陪臣",由朝廷宣授,分别统辖诸王的领地和属民。

都护府 畏兀儿首领称亦都护,仿唐制建都护府,掌管所辖高昌(元译哈剌火州,今新疆吐鲁番)等城及畏兀儿人迁居汉地者词讼等事。设大都护(从二品)、同知、副都护等官。

地方监察机构 元朝为了发挥御史台对地方的监察职能,又分设两个行御史台,简称行台。其一为江南诸道行御史台,简称南台,治建康路(今江苏南京),监临东南各行省;另一为陕西诸道行御史台,简称西台,治奉元路,监临西北、西南各省;设官、品秩与内台相同,皆下辖察院,定置南台监察御史二十八员,西台监察御史二十员。

提刑按察司或肃政廉访司 元初为巡行按察各地,在御史台之下置提刑按察司四道,兼管劝农事宜。以后陆续增设,至元二十八年(1291)改名肃政廉访司,简称宪司。成宗时定置二十二道,每道设廉访使二员,正三品,下设副使、佥事官等。每年除二廉访使留司以总制一道外,副使以下分莅郡县按治。

各廉访使道分别隶属于御史台或行御史台。由御史台直辖的称内八道,即:腹里的山东东西道(置司济南路),燕南河北道(置司真定路,今河北正定),河东山西道(置司冀宁路,今山西太原);辽阳行省境的山北辽东道(置司大宁路,今内蒙古宁城西);河南江北行省的江北河南道(置司汴梁路),淮西江北道(置司庐州路,今安徽合肥),江北淮东道(置司扬州路),山南江北道(置司中兴路)。江南行台所辖称江南十道,即:江浙行省境的江南浙西道(置司杭州路),浙东海右道(置司婺州路,今浙江金华),江东建康道(置司宁国路,今安徽宣城),福建闽海道(置司福州路),江西行省境的江西湖东道(置司龙兴路),海北广东道(置司广州路),湖广行省境的江南湖北道(置司武昌路),岭北湖南道(置司天临路),岭南广西道(置司静江路),海北海南道(置司雷州路)。陕西行台所辖称西四道,即:陕西行省境的陕西汉中道(置司凤翔府),四川行省境的西蜀四川道(置司成都路),甘肃行省的河西陇北道(置司甘州路),云南行省境的云南诸路道(置司中庆路)。

除行政和监察机构外,其他部门也分设有地方机构。

行枢密院 简称行院,有征伐之事则置。如征南宋时曾设西川、东川、荆湖、淮西等行院,平宋后又立行枢密院于江南三省和四川。或为一方一事而设,如仁宗、文宗时所置甘肃及河南、云南、岭北行枢密院,一般是"遇方面有警"则置,事已则废。顺帝至元三年(1337),又置行枢密院于四川、湖广江西、江浙三处。农民大起义爆发后,又陆续置淮南江北、河南、江浙、山东、福建、江西等处行枢密院。并置枢密院于卫辉、彰德、直沽、沂州等地。

枢密院之下,内设侍卫亲军,外置万户府,分镇各地。

侍卫亲军 负责拱卫京师和镇戍腹里,顺帝时增至近三十卫。

每卫设都指挥使(正三品)、副都指挥使、指挥佥事等官。

万户府 镇戍全国各地。"大率蒙古军、探马赤军戍中原,汉军戍南土,亦间厕新附军(宋军)"。按管军七千、五千或三千之上,分为上(正三品)、中、下(皆从三品)三等,各设达鲁花赤、万户、副万户一员。下辖镇抚司和各千户所。千户所按管军七百、五百或三百以上分为上(从四)、中(正五)、下(从五)三等,各设达鲁花赤、千户、副千户一员,下辖弹压二员和各百户所,百户所分上(从六)、下(从七)二等,各设百户二员或一员。

行大司农司 世祖时置江淮行大司农司,秩从二品,下辖劝农营田司六,负责巡行劝课,举察府州县劝农官勤惰。成宗时罢。顺帝至正十五年(1355),设分司农司,募民佃种大都路及其邻近地区官地和屯田。两年后又置保定等处、河间等处、武清等处、景蓟等处四处大兵农司,招丁有事作战,无事屯种。顺帝至正十九年(1359)于西京置大都督兵农司,分司十道,专掌屯种之事。

行宣政院 吐蕃发生变乱时则设行宣政院前往当地处置,唯重大军事行动须同枢密院商议。灭宋后,置江南释教都总统。后世祖、仁宗、顺帝三次立行宣政院于杭州。又曾在路、府、州、县置僧录司、僧正司、都纲司,作为下属地方机构,管理各地佛寺、僧徒。仁宗即位罢。文宗时又在各省置广教总管所十六所,掌管僧尼政事,由宣政院选僧俗官任达鲁花赤、总管等职。

儒学提举司 各行省署地皆置一司,主管各路府州县学校祭祀教养钱粮等事及考校呈进著述文字。每司设提举(从五品)、副提举(从七品)各一员。

蒙古提举学校官　主管蒙古字学校,只设于江浙、湖广、江西三省。官员、品秩与儒学提举司同。

官医提举司　掌医户差役词讼。秩从六品,设提举、同提举、副提举各一员。河南、江浙、江西、湖广、陕西五省及腹里大都、保定、彰德、东平等十七路各置一司。腹里各司属太医院。

都转运盐使司　掌国家专营的场灶盐课。设使(正三品)、同知、副使、运判等官。户部直辖的有大都河间等路、山东东路、河东陕西等处,南方有两淮、两浙、福建等处,江西称盐铁茶都转运司,四川称茶盐转运司。各司皆下辖盐场若干处。

元朝结束了唐末五代以来数百年的分裂局面,建立了统一的大帝国,其幅员空前广袤,与此相应,就必须建置一套完备的官僚机构,以保证国家的集中统一管理。前述的行省、地方监察机构和少数民族地区官司等,可以说是元代才成为定制的新创,并且在明清两朝得到了继承和发展。

(原载《文史知识》1987 年第 3 期,后收入杨志玖主编《中国古代官制讲座》,中华书局,1992 年)

四

我国古代伟大的科学家——祖冲之

我国古代曾出现了许多科学家,他们的科学成就曾经达到当时全世界科学水平的顶点;甚至在好些方面,欧洲人在几百年或一千年后才赶上了他们,这的确是值得我们自豪的。这些科学家的智慧和劳动,在今天不仅得到了人民应有的尊重,并且在国际上也承认了他们在世界历史上的卓越贡献。譬如,在新建的莫斯科大学大礼堂和大走廊上所镶嵌的世界各国科学家彩色大理石像中,就有我国伟大的科学家祖冲之和李时珍二人。因此,了解和介绍这位为全世界人民尊重的科学家祖冲之的历史是非常必要的。

一 生平历史简述

祖冲之字文远,范阳遒(或作蓟,今河北定兴)人,出生在一个世代司掌历法的官僚家庭里。[1] 他的曾祖名台之,字元辰,东晋时做过侍中、御史中丞、尚书右丞、光禄大夫等官职。祖父昌和父亲朔之都在刘宋时做过官,昌任官大匠卿,[2] 朔之官至奉朝请。

祖冲之自小以来,就承受家传的历法、算学等学问,兼之心思机敏,又肯于刻苦钻研,终于成为一位杰出的科学家,在其一生中,为科学发明做出了多项贡献。宋孝武帝在位时,他开始登上仕途,供职于华林学省。后出仕南徐州从事使、公府参军等职。南朝宋大明六年(462年)自创新历,上表请孝武帝采用。孝武帝死后,曾出任娄县(今江苏昆山县东北)令、谒者仆射。后又仕齐,官至长水校尉。死年七十二岁(429—500,即宋文帝元嘉六年至齐东昏侯永元二年)。

他的著作很多,有《长水校尉祖冲之集》五十一卷。由于这书早已失传,所以无法知道该书所包括的内容。从他本传得知,他曾著有《易义释》《孝经注》《论语注》《老子义释》《庄子义释》等经学和诸子方面的书。此外算学方面有《缀术》数十篇和《九章注》。历法有《大明历》。隋唐时还留传他的文学作品小说《述异记》十卷。[3]

祖冲之的儿子祖暅(或作暅之,字景烁)及暅子皓,也都是"少传家业,善历算"。《南史》称暅之能究及精微,其巧思入神之妙,甚至公输般与工倕也不及他。当他专心思考问题时,即使雷霆的声音也不能震动他。由于他有这种专心致志的研究精神,所以在科学上有突

---

[1] 《南齐书》卷五二;《南史》卷七二《祖冲之传》。以下有关祖冲之事迹出自本传者不再出注。又见《隋书》卷一七《律历志》。
[2] 据《宋书》卷三九《百官志》,刘宋时只有将作大匠,"掌土木之役",后梁时始更名大匠卿,《通典·职官九》所载同,称将作大匠"掌修作宗庙、路寝、宫室、陵园、土木之工。"此处恐有误,见《通典·职官志》;《宋书·百官志》。
[3] 见《隋书》卷三五《经籍志》;章宗源《隋书经籍志考证》卷三九《别集类七》,《二十五史补编》第4册,782页;《新唐书·艺文志》;《南齐书·祖冲之传》。

出的贡献。

二 祖冲之在数学方面的贡献

祖冲之对数学的贡献,现在已引起了很多人的注意,他在圆周率方面的研究成绩,不只在他生活的当时是独一无二的,甚至在他死后一千年内,全世界还没有人在这个问题上超过他的成就。

关于祖冲之在数学方面的工作,现在只能在《隋书·律历志》中看到如下的一段话:"宋末,南徐州从事使祖冲之更开密法,以圆径一亿为一丈,圆周盈数(过剩近似值)三丈一尺四寸一分五厘九毫二秒七忽,朒数(不足近似值)三丈一尺四寸一分五厘九毫二秒六忽,正数在盈朒二限之间。密率:圆径一百一十三,圆周三百五十五。约率:圆径七,周二十二。又设开差幂,开差立,兼以正圆参之,指要精密,算氏之最者也。所著之书,名为《缀术》,学官莫能究其深奥,是故废而不理。"

我国古代的数学家很早就已注意到圆周和直径的关系,不过只得出 3 和 1 的简单比值,"其术疏舛"。经过刘歆(?—23。求得 π = 3.154)、张衡(78—139。求出 $\pi = \sqrt{10} = 3.16 = \frac{92}{29}$)、刘徽(363 年前后人。求出 $\pi = 3.14\frac{64}{625}$ 或 $\frac{157}{50} = 3.14$)、王蕃(230—266。求出 $\pi = \frac{142}{45} = 3.155$)、皮延宗(445 前后人。求出 $\pi = \frac{22}{7}$)等人不断的研究,逐渐求出

较为精确的数值。[1] 可是他们虽"各设新率,未臻折衷"。[2] 与上述祖冲之的圆周率比较起来,那就要逊色多了。

正数(正率)的求法,似乎是采用了刘徽的割圆术。刘徽曾经注过《九章算术》,其中方田章就有推圆周率的方法。他首先六等分一圆弧,使构成一圆内接正六边形,然后运用我国早已发明的勾股法(商高定理),设半径为一,求出十二正多边形周界之长,接着继续十二等分、二十四等分、四十八等分、九十六等分,一直算到九十六边形为止。求出它的周界是 6.282948,如设直径为一,那么周界就是 3.141024。他说:"割之弥细,所失弥小,割之又割,以至于不可割,则与圆周合体而无所失矣。"这样,他知道用折线逐步地来接近曲线,用多边形的周界逐步地接近圆周。这个理论已含有极限的进步观念,与近代几何学上"圆内接正多边形边数无限增加时,其周长的极限即圆周的长"的定义有同样意义。由于当时没有太大的实际需要,所以他也就不再推算下去,而就以 3.14 作为圆周率来运用。

在《九章算术》上引的刘徽那段注后,还另有注释两百多字,据后来的算学家考定,多认为是祖冲之所作的发挥。[3] 他用"差幂"的方法求出 $\pi = \dfrac{3927}{1250} = 3.1416$。可是他还嫌简约,再按刘徽的割圆术将圆 1536 等分,从每边之长,然后推出 3072 边形周界之长。这个数值,可以得到五位准确小数(3.14159)。至于开盈朒二限的办法,说法共有好几种。中算史家钱宝琮的说法是:先推算圆内接 12288 正多边形,

---

[1] 中国算学史家钱宝琮认为疏率出自皮延宗或何承天。见其所著《中国算学史》一书,55 页。
[2] 《隋书》卷一六《律历与备数》。
[3] 李潢《九章算术细草图说》卷一;梅文鼎《三角法举要》卷一《补遗》二,《数里精蕴》下编卷一五《面部》五《割图》;李俨《中国数学大纲》。

求出直径为一亿，周界为 314159251。再求 24576 正多边形的周界为 314159261，二数之差为 10。按照《九章算术》中求 3.1416 的办法，圆周应大于 3.14159261 而小于 314159261+10（设 S_n、S_{2n} 为圆内正 n 边形及正 $2n$ 边形的面积，S 为圆面积，则 $S_{2n} < S < S_{2n}+[S_{2n}-S_n]$），故知圆周率大于 3.14159261 而小于 3.1415927，恰恰与祖冲之所设的盈朒二数符合，因此可说盈朒二数就是由演算圆内正 12288 边形和 24576 边形得出来的。

另一种说法是以圆内接正 24576 边形之值作为朒数（3.14159261），而以圆外切正 24576 边形之值作为盈数（3.14159272），两相平均而求出正数。[1] 正数推算的意义在于它已寓有极限论的萌芽，而且直到一千年以后，1579 年欧洲人维厌德（Vieta）才把圆周率推至小数十位。

疏率等于 $\frac{22}{7}$，是时代略先于祖冲之的皮延宗所求出的。至于密率的求得，据现在推测，恐怕是受何承天的调日法的影响。何承天为了求出历法上的朔余，曾创造一种强弱率调日法，就是设出两个分数，一个比真值大，一个比真值小，相加起来，就可求得较准确之数。自隋时刘孝孙、刘焯直至宋元时代的历法家都常用何承天的调日法，而祖冲之恰恰在何承天之后创《大明历》，所以受他的调日法的启发是完全可能的。如果取距祖冲之时代最近的两个圆周率——即刘徽求出的 $\frac{157}{50}$ 作为弱率，皮延宗求出的 $\frac{22}{7}$ 作为强率——来演算的话，那么两者相加（分子分母分别相加），等于 $\frac{157}{70}$，与正数 3.14159265 比较，分数

---

[1] 见章炳麟《章氏丛书续编》《体撰录》附录。

还嫌太弱。那么再取强率$\frac{22}{7}$相加,还弱,又再加……如此连加九次($\frac{157}{70}+\frac{22}{7}\times 9$)即可求出密率$\frac{355}{113}$,与周率正数最为接近。《隋书》说"臻于折衷",可能是指这一点而言。祖冲之的疏率和密率与今天求得的真值比较,前者约大千分之四,后者大不到千万分之一。而且这两个分数,在近代渐近分数的研讨之下,正是现代所说的"最佳渐近分数"的前二项(下一项异常繁复)。欧洲人奥托(Ualentin Otto)求出密率时,已是1573年了。但是一般数学书上称密率为安托尼兹律,其实是很不合理的,日本学者三上义夫曾建议将此律改称为"祖率"。

祖冲之"又设开差幂、开差立,兼以正圆参之"。这段话的意思现在还没弄清楚。在唐朝人王孝通所著《缉古算经》中,曾论述到祖冲之所著《缀术》中有"方邑进行"和"刍甍方亭"等问题,这些问题可以从《九章算术》的《勾股章》和《商功章》找到。它们的解法是:前者要应用开平方术;而后者则要应用开立方术。从字面看,也许"方邑进行"和"刍甍方亭"就是"开差幂""开差立"的实际例子。开平方和开立方的问题也在《九章算术·少广章》中提出来了,祖冲之根据这些算法,已能求得一般的二次方程式和三次方程式的正根。而《缉古算经》又在它的基础上做了补充和发展。"兼以正圆参之"一句话,有人认为"正圆"是"正负"之误(负误为员,员误为圆)。《九章·方程章》已经有了现在通用的正负数加减法则,知道"同号相减,异号相加,由零减去正数得负数,由零减去负数得正数;异号相减,同号相加,零加以正数得正数,零加以负数得负数"之正负加减术定律。古代解方程的消项办法,和现代常用的加减相消法相仿,因而需要用到正负术。

祖冲之的数学著作称为《缀术》,本传说有"数十篇"。《隋书》载有《缀术》六卷,已不知撰人。唐朝李淳风曾给《缀术》做过注释,并且对他的贡献备极推崇,却只有五卷。[1] 可惜至今都已失传,但我们从前引《隋书》中那段简短的话中,就可揣度他的成就之卓越。[2]

祖冲之的儿子祖暅也是一个优秀的数学家,他曾用几何的方法,求得了圆球体积和直径的正确关系,可能他也对《缀术》一书做了一定的发展,以致后人有说《缀术》是祖暅所作。[3]

隋唐时代对算学还较重视。隋代曾设置算学博士二人。唐朝专设有明算科,设置的人数也较隋朝增多,共计有"算学博士二人,学生三十人,典学二人","助教一人"。[4] 算学学制规定学习期间为七年,分成两科教授,十五人专学《九章》等八部算书,十五人专学《缀术》和《缉古算经》(《缀术》四年、《缉古》三年)。考试也同样分成两科,每次出十道试题,而《缀术》和《缉古》的一科中,《缀术》题要占六题。从以上的学制和考试制度来看,《缀术》所占的地位远远超过其他的算书,因此,清代经学家阮元认为:"其所著《缀术》,唐立于学官,限习四岁,视《五曹》《孙子》等经,限岁最久,其为秘奥不易研究可知。"可惜"自宋以来,数学衰歇,是书遂亡。造微之术,终于不传"。发出"重可惜已"的感叹。[5]

---

1 《隋书》卷三四《经籍志·历数》;《旧唐书》卷四七《经籍志》;《新唐书》卷五九《艺文志》;《隋书经籍志考证》卷三五《子部·历数家》。
2 西人凡海依(Van Hee)怀疑这段话是明末西算传入中国后伪造的。事实上在宋朝王应麟编著的《玉海》卷四四《艺文》从《隋书》已引用了此段,百衲本影印元大德丙午(1306)年刊本《隋书》中也有这一段,可证凡海依的说法完全是无稽之谈。
3 以上数学部分参见华罗庚《数学是中国人民擅长的学科》,载《人民日报》1951年2月10日;钱伟长《中国历史上的科学发明》;钱宝琮《中国算学史》;李俨《中算史论丛》《中国数学大纲》《九章算术》。
4 《唐六典》卷二一;《旧唐书》卷四四《职官三》;《新唐书》卷四八《百官志》中多助教一人。
5 《畴人传》卷八《齐·祖冲之传》。

随着隋唐时中国文化的东传,我国的数学也传到了日本。当时日本各方面都尽量摹仿中国,也建立了一套有关算学的同样学制和考试制度,《缀术》受到特别重视。日本的《见在书目》中,记载有《缀术》六卷,不著撰人。又有名祖中或祖仲的人所注《九章》《九章术义》《海岛》等书,我们知道祖冲之曾注过《九章》,祖中、祖仲很可能是祖冲之的笔误,从此又得知他还曾注过《海岛算经》。由此可见,祖冲之的著作,不仅在隋唐算学教育中占有重要的地位,而且对日本也有过一定的影响,正如我国其他民族文化的优秀成果一样,远在一千多年前,就已在各民族间和平、友好的文化交流中,做出了自己的贡献。

三　祖冲之在天文历法方面的贡献

我国古代在天文学上曾有过光辉的成就,许多发现和天象记录都曾居世界首位。很早以来,就以观测天象和制定历法作为一个国家极重要的政事,每个朝代都设置地位很高的职官专门从事这项工作。自刘宋元嘉二十二年(445)后,通用何承天制定的《元嘉历》,这历与古历比较,有了很大的进步,可是祖冲之还嫌它不够精密,于是自己另撰一种新历,并就其制成的年代而命名为《大明历》。

祖冲之一家从晋朝以来,就世代任司历官,可谓世承家学。而他本人又能刻苦学习钻研,自称曾"博访前坟,远稽昔典,探异今古,观要华戎。书契以降,二千余稔,日月离会之征,星度疏密之验,专攻耽思,咸可得而言也"。他在博学的基础上,又进行刻苦的实际观测和计算,自己"亲量圭尺,躬察仪漏,目尽毫厘,心穷筹策,考课推移,又曲备其详矣"。由他自叙的这种治学精神和方法看来,无怪乎他成为一个杰出的科学家。

南朝宋大明六年(462),祖冲之上表请宋孝武帝行用他制的新历,孝武帝即交给有关部门,让大家讨论。由于新历理论完密,证据确凿,无从驳倒,当时很少有人懂历法,没人能提出什么意见。唯有太子旅贲中郎将戴法兴强词夺理,独持异说反对。由于他备受孝武帝宠信,人们都畏惧他的权势,因而皆附和其说。其实戴法兴在驳难新历的论说中,反复数千言,"皆甚乖谬",只能以祖冲之是"诬天背经""非冲之浅虑,妄可穿凿""非凡夫所测"等等无稽之谈作为理由进行攻击。在祖冲之的有力驳斥下,他的说法实际上是站不住脚的。中书舍人巢尚之支持祖冲之的新历,认为较旧历合理,并取自元嘉十三年(436)到南朝宋大明三年(450)的四次月蚀比较,冲之预测蚀尽时月亮在星空的部位与实际密合,而戴法兴所测就相差十度,因此他坚持采用新法。孝武帝也已同意改历,但还没来得及施行,孝武帝就死去了,《大明历》也因此搁置不用。[1] 到南齐时,文惠太子萧长懋(齐武帝萧赜子)看到祖冲之的历法,请求齐武帝采用,后因萧长懋之死又耽搁下去。

南朝梁天监三年(504),梁武帝萧衍下诏定历,祖冲之的儿子员外散骑侍郎祖暅请求施行《大明历》,509年,下诏将新旧二历从八年十一月起到九年七月止进行实际比较,结果新历较密,因而自510年(天监九年)起就开始改用《大明历》,一直行用到陈(557—589)亡。[2] 后来东北的契丹族建立辽朝,一向借用中原的历法,圣宗(耶律隆绪)统和十二年(994),贾俊上祖冲之的《大明历》。于是《大明历》又在辽

---

[1] 《宋书》卷一三《律历下》。
[2] 《隋书》卷一七《律历中》。

朝行用了二百一十七年（994—1211）。

《大明历》的特点，按照祖冲之所上历表中的说法是："改易之意有二，设法之情有三。"

改易之一就是改闰法。过去的历法都是将十九年算作一章，每一章内有七个闰年，这种分法闰数微多了一些，经过二百年就要相差一天。因此祖冲之把三百九十一年算作一章，一章内有一百四十四个闰年，这样就几乎与最科学的划分密合了。根据他的历法可以推算出一回归年（阳历年）的长度是365.24281481日，远较前人的推算准确，与现代科学实际测算只差约五十秒。

其次是他在历法上应用了岁差原理。东晋成帝咸康（335—342）中，历法家虞喜曾经比较了星宿在古代和当时的位置，察觉它们并非永久停留在同一点上，因而发现岁差，并定出每五十年冬至点在黄道上要西移一度。祖冲之也按照古籍的记载，找出唐尧（据《尚书·尧典》）、汉初（秦历）、汉武帝（太初历）、后汉（四分历）、晋（姜岌三纪甲子元历）时所记载的冬至日的星宿位置，确定冬至点并非永远固定在一处，而是"冬至所在，岁岁微差"。在他的《大明历》中定出了简明的计算法，这就是今天的岁差法。岁差的发现，使后来的历法对冬至点的移动有了正确的认识。

古历常把冬至日作为历法起算的一年中的第一天，故推究古历一定要知道冬至点的位置。在战国时代，我们的祖先已知道利用冬至、夏至的日影观测，藉以测定回归年的长短，所以精确地测定冬至的时间是制定历法的头等大事。祖冲之曾经取冬至前后二十三、四日间的晷影，折取其中，定为冬至。他又以晷影的日差来测定时刻。所谓"设法之情"，就是指他所制历法的一些新规定：一、他的历法的上元（历法起算的那一年，远在几万年以前）从冬至点在子那年为开始；

二、历法的上元第一日，从甲子日开始；而历法所设的上元之年，也以甲子年为开始；三、历法开始的上元，不但要在甲子年甲子朔日夜半冬至时，并要求日、月、五星那时正"珠联璧合"，同时交会于一点之际。这个办法最先在刘智的《正历》(晋武帝泰始十年，274)以及王朔之的《通历》(东晋穆帝永和八年，352)和姜岌的《三纪甲子元历》(后秦白雀元年，384)中提出了。通过祖冲之和东魏李业兴(制《兴和历》)的提倡，从此正式以甲子为上元，一直行用到元代。所以梁天监时改行祖冲之历时，称为《甲子元历》。[1]

除了上述几点以外，祖冲之在天文学上还有一些新的发现。譬如我们古代祖先早已知道恒星的视动，每天绕北极旋转一周，故《论语》中有"譬如北辰，居其所而众星拱之"的话。并把北极星作为诸恒星所绕行的不动的中心点。祖冲之和祖暅父子二人知道北极星虽然是靠近北极的星，但他测得当时的北极星离不动处(正北极)还有一度有余。

祖冲之又以创设"会周"的方法，在我国历史上能第一次直接推算交点月，这是较以前诸历的一大进步，便利了对日月蚀的推算。而根据他的历法求出交点月的周期与实测比较，仅仅相差$\frac{1}{100000}$日，即不足一秒钟(祖测 27.21223 日，今测 27.21222 日)。

我国古代行用岁星(木星)纪年的方法。即按岁星每经十二年绕太阳环行一周的道理，将它运行的轨道平分为十二段，岁星每年行一段(也叫一次或一辰)，因而从中得出纪年的办法。但岁星运行一周的时间实际上不足十二年，以岁星一年为行一"次"，久则有差，于是

---

[1] 《隋书》卷一七《律历中》。

汉时《三统历》(刘歆作)规定每一百四十四年后要超出一"次",称为"超辰率"。可是《三统历》的"超辰率"仍不够精密,按今测的岁星周天密率为 $11\frac{86}{100}$ 年,若按古历十二年一周天计算,每十二年岁星就超出一周天的 $\frac{14}{100}$,那么七周之后(约 84 年)就超出一"次"。故祖冲之说:"岁星行天七匝,辄超一位。"完全与今测吻合。

祖冲之所以有这样的成就完全不是偶然的。阮元曾给予他很高的评价,认为"冲之减去闰分,增立岁差,毅然不顾世俗之惊,著为成法,非频年测候深有得于心者不能也"。[1] 而且祖冲之非常富有创造性,绝不泥古保守,他认为自己的历法,是通过研究古今典籍和亲身测验所得出来的正确结论。所以他敢于对宋孝武帝说:"此臣所以俯信偏识,不虚推古人也。"通过历史考证,他发现古代所谓"六历"(黄帝历、颛顼历、夏历、殷历、周历、鲁历)都是后人伪托的,并肯定"古术之作,皆在周末汉初,理不得远"。近人朱文鑫应用近代科学方法,按《太初历》记载的"冬至在牵牛"和《颛顼历》记载的"立春在营室"推算,得出《颛顼历》及《殷历》的测定年代正在距今约两千三百年前的周末,与祖冲之的结论一样(其他四历制定的时间要晚些,但最晚也在西汉中叶以前)。同时祖冲之又证明"古之六历,并同《四分》[指东汉元和二年(85 年)开始行用的《四分历》]",也得到历法家的公认。[2]

祖冲之除了《宋书》中两次上表论历的文字和历法外,没留下其他有关的著作。梁天监时,他的儿子奉朝请祖暅"受诏集古天官及图纬旧说,撰《天文录》三十卷"。此外祖暅还著有《天文录经要诀》一

1　《畴人传》卷八《齐·祖冲之传》。
2　天文历法部分主要参见朱文鑫的《天文考古录》和《历法通志》。

卷,《漏刻经》一卷。[1] 这些书中间,也许包括有祖冲之的作品。

南北朝时,起初南朝是通行何承天的历法,而祖冲之的历则被北人师法。再后来,历家多以祖冲之历为本。《隋书·律历志》载:"〔张〕胄玄学祖冲之,兼传其师法,自兹厥后,剋食颇中。"从这里也可看出祖冲之的历法对后世历算学发展发挥的影响。

四 祖冲之的机械发明

祖冲之除算学和天文学方面的成就外,还可称得上是一个天才的发明家。

东晋安帝义熙十三年(417),当刘裕北伐进兵长安时,曾将后秦所藏的仪器如浑仪、土圭、记里鼓车、指南车等运往南方。其中的一部指南车,是姚兴让令狐生制造的,车的外形是设一木人于车上,使其举手指南,但是毫无机巧,每行要有人在内转动,祖冲之建议重新改造。宋顺帝昇明时(477—479),萧道成为相,令冲之按古法追修。冲之改造铜机,使它无论怎样回转,而指南的方向不变。车造成后,萧道成令抚军丹阳王僧虔和御史中丞刘休试验,其精密程度,即使百转千回,也不致有一点错误。

指南车的构造,据《宋史》卷一四九《舆服志》的记载:它的主要部分是一组五个齿轮所组成的差动齿轮机,当车在回转的时候,使立在车中齿轮上的木人永远指向南方。

---

[1] 见《隋书》卷二〇《天文志》;《隋书》卷三四《经籍志》;《宋史》卷二〇六《艺文志》;章宗源《隋书经籍志考证》卷三四、三五《子部·天文家、历数家》。

祖冲之曾仿照诸葛亮的木牛流马制造一部机器，发动时既不要藉风力和水力，也不要花费人力，就能自己运动。可惜这部机器的实物已见不到了，因而也无法得知它的构造、功能和制作原理。

他还发明了一种千里船，放在新亭江（今江苏江宁县南）内试行，每天能走百余里。唐宋时在历史记载上已有藉机械推动的船出现，如：唐朝李皋就曾造了一艘战舰，挟二轮踏之，鼓水激进，如挂有风帆一般。宋时岳飞镇压洞庭湖的杨么时，杨么水军也有类似舟船，以轮激水前进。这类船只都是用轮发动的，不过原动力是人力。可能祖冲之的千里船就是这类形式，并予后来这些发明以一定的影响。[1]

祖冲之还在宫中乐游苑制造了一台水碓磨，运行的效果很好，齐武帝萧赜曾亲往观看。碓和磨是我国古代粮食加工的主要工具，为了把谷物的皮壳舂去，人们在很早以前就知道用杵臼捣舂的方法。公元前两千年，人们就用石头制造杵臼，架起来用人力踏动，效率提高，这叫作"碓"。《后汉书·西羌传》和孔融的《肉刑论》中都提到了水碓，它的构造是利用杠杆和凸轮的原理，借水力发动。晋初杜预又发明了连机碓。大约在公元前715世纪（春秋时代），我国已发明了磨，起初是用人力推动，以后改用牲畜牵动，公元500年以前，已发明用水力代替牲畜，这就是水磨。后代又因齿轮系的应用，在水力大的地方有用一个水轮带动两个以上多至八、九个磨的，这叫水转连磨。总之，从历史上看，祖冲之生活的时代，由于农业生产的发展，农业工具也有了很大的改进，他从事水碓磨的制造，完全适应了当时社会经济发展的要求。

实际上祖冲之也非常关心农事。当他任长水校尉时，曾作《安边

---

[1] 《旧唐书》卷一三一《李皋传》；《新唐书》卷八《太宗诸子传》；《宋史》卷三六五《岳飞传》。

论》,主张"开屯田,广农殖",建武(490—497)中,齐明帝欲使冲之巡行四方,相机兴造农田水利等事,结果因战乱频仍,没有施行。

齐武帝子竟陵王萧子良爱好古玩,永明时(483—493)祖冲之曾制造一个欹器送给他。欹器是古人置于坐右的"宥坐之器",形状和功用在《孔子家语》中有一段记载:孔子有次去参观鲁桓公的庙,见到庙中的欹器,孔子要弟子注水试验,果然"中则正,满则复",寓意如有人自满就会倾覆,用来放在皇帝坐位旁以为规诫。东汉时还有欹器,汉末兵乱后,样式和做法都已失传。晋初杜预曾设法制造,经三次修改都没成功,而祖冲之却仿照周庙欹器一模一样地造成了。

五 祖冲之在音乐、哲学和文学方面的造诣

《南齐书·祖冲之》本传中说:"冲之解钟律博塞,当时精绝,莫能对者。"我国古代数学和音乐有密切的关系,制作乐器,就要有一定的规格,这些问题一般由数学来解决。因此《隋书·律历志》有"数因律起,律以数成"的话。又说:"声有清浊,协之以律吕,则不失宫商。"因此,作为数学家的祖冲之也不难成为一个出色的音乐家。

《隋书》记载历史上各个朝代共有尺十五种,其中有一种是祖冲之所传的铜尺。古乐黄钟律管的长度,是中国古代创制尺的长度准则之一,因此尺的作用除量物件的长短外,也有较量乐器的作用。西晋时人荀勖校太乐八音不和,才知从后汉到魏时,尺已较古尺长四分余。于是荀勖即按《周礼》制古尺,并按古尺重新"铸铜律吕以调声

韵"。从这个例子也可看出祖冲之所制铜尺是同解决声律有关的。[1]

前面已提到,祖冲之曾经注释过《易经》《孝经》《论语》《老子》《庄子》等书,又作小说《述异记》十卷。所以可说,祖冲之不只是科学家,而且在哲学、经学和文学等多方面都有所成就。

上述的书现在都已失传,只有《述异记》还可从后修的类书中找到一鳞半爪的引文。如《太平御览》卷三七七《人事部》有一篇长人的神话,同书卷四四一有一个节女的故事。《初学记》卷二二《武部》有一个渔人的故事。写小说他也有家学渊源,他的曾祖台之就曾写过《志怪》四卷(或作二卷)。[2]

我国小说的发展,最先是源于神话传说。秦汉以来,神仙之说盛行,汉末巫风畅行,佛教也传入中国,因此影响到社会上都张皇鬼神,称道灵异,从而促成了晋隋之际鬼神志怪书籍的流行。今天我们见到的汉朝人小说,实际上多是晋以来文人方士托名的伪作。因此,祖冲之正处于中国小说开始萌芽的时代,他的小说虽然还不成熟,但毕竟是代表当时神话传说向小说过渡的作品。

六　结语

综上所述,祖冲之不愧为我国一位伟大的历史人物,他不仅是一位数学家、天文历法家、发明家,而且也是一位文学、哲学、经学和音乐

---

[1] 《隋书》卷一六《律历上·律直日》。
[2] 同上,卷三三《经籍志·史部杂传》;《新唐书》卷五九《艺文志》;《隋书经籍志考证》卷二〇《史部杂传·祯祥变怪之属》。

家。可惜他所处的时代正是中国封建社会南北分裂时期，战争连绵不断，所以他的能力得不到很好的发挥，工作也不会引起人们的重视。他在科学上的伟大成就和发明，不只在当时，在后来也没有被特别重视，幸而他作了《易》《老》《庄》等书的注释，才能侥幸在"正史"文学传中留下一篇传记。他所著的《缀术》，在隋唐时期，虽然引起政府一定的注意，但博士只不过是"从九品"最低的官职，学生限定是八品以下及庶人子弟。[1] 后来因"学官不能究其深奥"，索性"废而不理"。历法研究的成果，后来虽仅限于部分地区行用，受一定局限，但促进了历法的进一步改善。至于他在机械方面的发明，虽然当时的统治者仅当作玩物对待，但也反映出当时生产力发展的水平，相应地促进了科学的发展。

总之，当时科学的研究和发展，处于封建生产关系的桎梏下，受着很大的障碍和限制，我国虽然在一千五百年前就曾出现一位这样伟大的科学家，然而此后一千多年，很多方面仍停留在与他的成就相去不远的水平上。尤其是轻视"贱工末技"的观念，以及"玩物丧志""淫巧丧德"的理论，大大妨碍了人们接近科学，阻碍了科学的发展。今天我们有必要把祖国的珍贵遗产发掘出来，赋予祖冲之等古代卓越科学家应有的荣誉和历史地位，使他们永远受到人民的尊重，鼓舞全国人民的爱国主义热情，为发展社会主义的生产建设和科学事业而努力。

(原载《中国科学技术发明和科学技术人物论集》，三联书店，1955年)

---

[1] 见《唐六典》卷二一；《旧唐书》卷四四《职官三》；《新唐书》卷四八《百官志》。

诗人陈与义与湖南周氏

湖南新化邓显鹤(号湘皋,1777—1851)毕生致力于地方史的研究和地方文献的搜集,嘉庆《武冈州志》和道光《宝庆府志》皆由他主纂。[1] 他注意到,两宋以前,湖南仍处于文化较落后的地区,北方"诗人多漫浪湖湘间,如少陵(杜甫)、退之(韩愈)、柳州(柳宗元)及刘梦得(禹锡)、王龙标(昌龄)辈,皆托迹沅、澧、郴、湘、衡、永间"。他们到来并留下自己的作品,为当地文化增添了异彩。他们的足迹已遍布于湘皋先生家乡宝庆府的东、西、北各个方面,但仍没人涉足偏南的宝庆府,直到宋朝才有大诗人陈与义来到邵阳、武冈,却深以本地人"无能称道"为憾。[2]

---

[1] 他除纂修方志,还据明人周圣楷著《楚宝》,作《楚宝增辑考异》四十卷、《外篇》五卷,补正原书,成为完备的湖南地理沿革专著;编辑地域性诗歌总集《资江耆旧集》六十卷、《沅湘耆旧集》二百卷、《沅湘耆旧集续集》一百卷、《沅湘耆旧集小传》二十卷和《资江耆旧集小传》四卷等。

[2] 邓显鹤《南村草堂文钞》卷二《古杉唱和诗序》,清道光咸丰间刻本28b 至 29a;《(道光)宝庆府志》末卷下,《湖湘文库》(3),岳麓书社影印 2009 年,页 2068 上。

一　中原板荡避地湖峤的诗人

（一）早期经历和避难湖湘

陈与义（1090—1138），字去非，号简斋，宋英宗时太常少卿陈希亮的曾孙。希亮在西京洛阳致仕并定居于此，故称与义是洛阳人。据《宋史》载："与义天资卓伟，为儿时已能作文"，"尤长于诗"。[1] 金人入侵，宋室南迁，他流落湖南，经历类似安史之乱中杜甫的遭遇，转学杜甫，诗风渐趋雄阔而慷慨，沉郁而洗练。"感时抚事，慷慨激越，寄托遥深，乃往往突过古人。"[2] 诚如南宋诗人刘克庄所说："元祐后诗人迭起"，"及简斋出，始以老杜为师"。"建炎以后，避地湖峤，行路万里，诗益奇壮"。而且对他的诗评价甚高："造次不忘忧爱，以简洁扫繁缛，以雄浑代尖巧。第其品格，故当在诸家之上。"[3] 还在陈与义生前，据他的朋友葛胜非描述，他的诗"搢绅士庶争传诵，而旗亭传舍摘句题写殆遍，号称新体"。[4] 宋末元初，陈与义的诗经文学评论家刘辰翁和方回大加推崇和提倡，如元人程钜夫所说："今三十年矣，而师昌谷、简斋最盛。"[5] 说明陈与义和唐人李贺的诗是元人热捧和学习的对象。

陈与义登宋徽宗政和三年（1113）上舍甲科，历任开德府（治今河南濮阳）教授。宣和二年（1120），他在辟雍（太学的外学）录任上丁内

---

[1]　《宋史》卷四四五《文苑·陈与义》，中华书局，1977年，13129~13130页。
[2]　《四库全书总目》卷一五六《简斋集》，中华书局影印，1965年，页1349中。
[3]　《后村诗话》前集卷二，中华书局，1983年，26~27页。
[4]　郭胜仲《陈去非诗集序》，《陈与义集》附录，中华书局，1982年，547页。
[5]　程钜夫《严元德诗序》，《雪楼程先生文集》卷一五，清宣统陶氏涉园影印明洪武刊本，叶11a。

艰，服丧居汝州，结识知州葛胜仲。四年（1122）夏，服除，升太学博士。他曾写过一首《墨梅》诗，经葛胜仲推荐，得到宋徽宗的嘉赏。由当朝宰相荐擢符宝郎。"宰相败，用是得罪。"[1]

金人占领汴京，高宗南迁，《宋史》本传及《陈公资政墓志铭》只空泛地提到陈与义"转徙湖湘间"。[2] 陈与义何以没随宋朝廷和官民南迁建康、临安等地，而避往荒僻落后的湘西南呢？《宋史》本传只说他被"谪监陈留酒税"，被谪原因在他表侄张嵲写的《墓志铭》中稍有透露：起初，与义出任学官时，"辞章一出，名动京师"，达官贵人争相拉拢他为门下客，时任宰相者"强欲"与他结交，"不且得祸"，与义被他荐擢"馆职符宝郎"。这位"宰相"，正是钦宗即位时被贬斥的奸相王黼。因此"宰相败"，陈与义"坐王黼累斥去"。[3] 宣和六年（1124）冬，与义被谪监陈留酒税。[4] 靖康元年（1126），金兵入侵，他从贬谪地陈留避地南下。建炎二年（1128），上岳阳楼作《登楼》诗，自称"臣子一谪今五年"。[5] 由于他是被谪罚的罪臣，没随朝廷南渡江浙，只能"避乱襄汉，转湖湘"。据《简斋先生年谱》载，直到"建炎四年五月闻赦"，他才被免除待罪的身份，"至秋被召"赴临安行在任官。

陈与义被召前的建炎四年庚戌（1130），他"自衡岳，历金潭，下甘泉，至邵阳，过孔雀滩，抵贞牟，即紫阳山居焉。"明确提到他"至邵

---

[1] 张嵲《紫微集》卷三五《陈公资政墓志铭》，文渊阁四库全书本，1131 册，页 647 下至 649 下。

[2] 《宋史》卷四四五《文苑传·陈与义》，13129 页；《紫微集》卷三五《陈公资政墓志铭》，页 648 上。

[3] 《紫微集》卷三五《陈公资政墓志铭》，页 648 上；李心传《建炎以来系年要录》卷三三建炎四年五月壬子，中华书局，2013 年，759 页。

[4] 《陈与义集》卷一二《将赴陈留寄心老》诗后"增注"，191 页。

[5] 同上，卷一九《再登岳阳楼感慨赋诗》，306 页。

阳",然后寓居紫阳山。[1]

(二)忽破巴丘梦,还寻邵阳路

宣和六年(1124),陈与义被谪,次年至陈留。建炎二年(1228)正月,从邓州出发,经行今湖北境内,于年末抵达岳阳。十月,作七律《巴丘书事》。次年四月,他又被差往郢州代友人出任知州,不到一月,又逢"京西贼"贵仲正作乱,从鄂州嘉鱼县避往洞庭湖君山等处,经华容再回到岳州。[2] 九月,作五古《别岳州》诸诗,又"别巴丘",继续南下,经湘阴,进抵长沙,游岳麓山。溯湘江而上,抵衡岳,寓山麓衡山县。建炎四年正月,"自衡麓,历金潭,下甘棠,至邵阳。"[3] 正如他离开岳州时所作《留别天宁永庆乾明金銮四老》诗,其中有句"忽破巴丘梦,还寻邵阳路",表明他的目的地是邵阳。[4]

陈与义何以要远来邵阳呢?他的诗文集尤其是武冈本所收《拾遗》透露,原因有二:

其一,是去邵州访友。建炎三年(1129)除夜,陈与义参加朋友席大光的婚礼并作诗,明日元旦以诗示大光,然后动身前往邵阳。[5] 他写《先寄邢子友》七律一首,开头两句是:"作客经年乐有余,邵阳歧路

---

[1] 胡穉编《简斋先生年谱》,《陈与义集》卷首,7~8页。
[2] 《简斋先生年谱》,《陈与义集》卷首, 7~8页;《陈与义集》卷二三《五月二日避贵寇入洞庭湖绝句》,331页;《建炎以来系年要录》卷二四建炎三年六月:"是夏,贼贵仲正破岳州。"585页。
[3] 《简斋先生年谱》,《陈与义集》卷首,7~8页;《陈与义集》卷二三《奇父先至湘阴书来戒由禄唐路而仆以它故由南洋路来夹道皆松如行青萝步障中先寄奇父》《游道林岳麓》,卷二四《江行野宿寄大光》《元日》《别大光》,359、360、366、369、377、378页。
[4] 《陈与义集》卷二三《留别天宁永庆乾明金銮四老》,358页。
[5] 同上,卷二四《除夜次大光韵大光是夕婚》《除夜不寐饮酒一杯明日示大光》,376页。

不崎岖。"这位邢子友据胡穉注："子友名洛，洛人，时为郡倅。"九年后，陈与义也回忆说："庚戌岁（建炎四年，1130）客邵州，时乡人邢子友为监郡。""郡倅"就是府、州、军长官的副手，宋朝称通判，又称监郡。原来邵州有他的洛阳同乡在当通判，邵阳之行是为了会友，由于将同旧友相聚，所以心情愉快，"一首新诗未可无"，先给老朋友寄这首诗。七律《正月十二日至邵州十三日夜暴雨滂沱》表明他到达邵州的日期是正月十二日，次日夜"暴雨滂沱"，作为一个"走避北狄趋南蛮"的中原人，在此地"昨日已见三月花，今夜还闻五更雨"，见识了南方的"邵州正月风气殊"。另一首五律《初至邵州逢入桂林使作书问其地之安危》，开头诗句"湖北弥年所，长沙费月余。初为邵阳梦，又作桂林书。"[1] 诗中也概述了自己南来的行程。

　　陈与义此后就寓居邵州西南、时属武冈军的紫阳山下，但他仍常去邵州城会见邢子友，并有诗作。七律《次韵邢子友》有"三春胜日偶成游"，说明他曾在三月春光明媚的日子与邢子友同游。[2] 到了夏天，陈与义又有《六月十七夜寄邢子友》五律一首。[3] 前引他九年后回忆"庚戌岁客邵州"所作《虞美人·邢子友会上》词一首，正是"会天大暑"的日子，陈与义曾到邵州城，"子友置席于超然台上，得白莲花置樽间，相对剧饮至夜，踏月而归，尝作此词。"[4] 陈与义既有与邢子友唱和的诗，也有他从紫阳山下到邵州会友，留下以《入城》《欲入州不果》为题的诗。[5] 这反映出他与时任邵州通判的邢子友有较深的友谊，虽

---

[1] 《陈与义集》卷二四《先寄邢子友》《正月十二日至邵州十三日夜暴雨滂沱》《初至邵阳逢入桂林使作书问其地之安危》，382、383、384 页。
[2] 同上，外集《次韵邢子友》，521 页。
[3] 同上，卷二六《六月十七夜寄邢子友》，412 页。
[4] 同上，无住词十八首《虞美人·邢子友会上》，493 页。
[5] 同上，卷二四《入城》，392 页；《陈与义集》外集《欲入州不果》，518 页。

只能入城"偶成游",但从春到盛夏,皆不断有诗词酬唱和欢聚的机会。

陈与义在邵州时,结识知州赵少隐,作七绝《题赵少隐青白堂三首》。据胡穉"笺注":"赵少隐,名子岩,终于朝议大夫,广西漕使。建炎三年,守邵阳。"陈与义本是汴京诗坛名流,建炎四年(1130)远来邵州,作为州通判的朋友,很自然地与本州长官结交。"笺注"还说:赵子岩"日植梅竹于郡斋,榜曰'青白'",赋五言诗谢陈与义和邢子友"二友",向他俩说明:"取名吾有寄,梅竹盖假借。"他用如下诗句:"北庵竹玉青,南阶梅雪白","竹青表劲节,梅白留佳实","青白遗子孙,先训存金石",阐释他植梅竹、榜郡斋名"青白"的本意。陈与义三首《题赵少隐青白堂》应是同赵子岩唱和的诗,其一:"小谢为州不废诗,庭中草木有光辉。一林风露非人世,更着梅花相发挥。"将赵子岩比喻为南朝名诗人宣城太守谢朓。其二首联:"使君堂上无俗客,白白青青两胜流。"[1]"使君"就是赵知州,"白白青青"之堂即青白堂,堂上之客"两胜流"也就是赵知州诗中所谢的"二友"。陈与义另有一首《遥碧轩作呈使君少隐时欲赴召》,此诗受高宗召将赴临安前所作,诗中称"我本山中人,尺一唤起趋埃尘";"君为边城守"即说赵少隐是知州,自己是寓居紫阳山的"山中人"。[2]

---

1 《陈与义集》卷二六《题赵少隐青白堂三首》,421~422 页。
2 同上,卷二六《遥碧轩作呈使君少隐时欲赴召》,424 页。

(三)陈与义与紫阳周氏

其二、陈与义到邵州后并没有止步,其终极目的是去武冈军紫阳山投亲。建炎四年正月十二日,陈与义到达邵州,但《年谱》载,他至邵州会友后并没久留,接着就"过孔雀滩,抵贞牟,即紫阳山居焉。"[1] 他的《贞牟书事》作于"仲春水木丽"的二月,可见他在邵州友人邢子友处没多停留,就前往紫阳山下的贞牟,诗句"眷此贞牟野,息驾吾其终",表示他将结束这次长途旅行,留住在他所眷爱的贞牟。[2]

陈与义离开邵阳,继续南下的旅程。五律《舟泛邵江》说明他是由水路乘舟,"滩前群鹭飞,柂尾川华分""孤舟遡归云"等诗句,正是他描写溯江而上所见的景色。[3] 下一首是《过孔雀滩赠周静之》。[4] 孔雀滩在邵州城"西四十里",具体说即后来的宝庆"府治西四十里资水中"。[5] 过了孔雀滩,又作《江行晚兴》,大发感慨:"曾听石楼水,今过邵州滩。一笑供舟子,五年经路难。"经历了五年艰苦奔波,避难的旅程终于就将结束,因此他也有心情欣赏夕阳西下时的江景:"云间落日淡,山下东风寒。烟岭丛花照,夕湾群鹭盘。"[6] 接着是五律《夜抵贞牟》,诗句"及我系船时",看到农舍的"夜半青灯屋",他终于到达紫阳山下的贞牟。

1　《简斋先生年谱》,《陈与义集》卷首,8 页。
2　《陈与义集》卷二四《贞牟书事》,390 页。
3　同上,卷二四《舟泛邵江》,384~385 页。
4　同上,卷二四《过孔雀滩赠周静之》,385 页。
5　《(隆庆)宝庆府志》卷三《地理考·邵阳县·滩》,《稀见中国地方志汇刊》(39),中国书店影印,1992 年,叶 26a;清《嘉庆一统志》卷三六〇,叶 16b;《湖南宝庆府》,四部丛刊续编,叶 16b。
6　《陈与义集》卷二四《江行晚兴》,385~386 页。

陈与义经过五年的避难历程,何以要最终选择处于蛮荒的武冈呢?检阅《简斋诗集》居留于此地的诗篇,诗中留有姓名的人有:《过孔雀滩赠周静之》的周静之与《题水西周三十三壁二首》[1]的周三十三,都是姓周。《赠周静之》诗开头两句是:"海内无坚垒,天涯有近亲。"正说明周静之是陈与义的亲戚。难怪他不远千里从河南南下武冈军紫阳山,主要目的是投靠亲戚避难。

周静之与陈与义一同过孔雀滩,应是他得知与义来到邵州,就亲自前来迎接他回紫阳山周家。《宝庆府志》称周静之是"邵阳人,家孔雀滩。"[2]孔雀滩是资水中一片浅滩,他们仅乘船从滩旁而过,并非人居地名,何来"家孔雀滩"之说?周三十三也是紫阳周氏族人,故与义为他题壁作诗二首。周静之和周三十三是陈与义诗中提到的"地主"或"主人"。北京大学图书馆所藏《须溪先生评点简斋诗集》,是李盛铎旧藏日本翻刻的明嘉靖朝鲜刻本,书中有刘辰翁(须溪先生)增添的注文,称刘辰翁曾看到一部湖南武冈的刻本,多《拾遗》一卷,内有其他刻本所缺的《次周漕示族人韵》和《别诸周》等诗。武冈本另有古汴姜桐跋云:"建炎庚戌,公因避地挈来紫阳周氏甥馆之所作也。"[3]《孟子·万章下》:"舜尚见帝,帝馆甥于贰室。""甥馆"意为女婿家。前引《陈公资政墓志铭》载:陈与义"娶周氏,某官之女,某郡夫人"。说明陈与义是周家的女婿,"紫阳周氏"正是他夫人的族人。《次周漕示族人韵》是陈与义初到时呈献给周氏族人的诗;《别诸周》则是他被宋高宗所召,临别时向周氏族人辞行之作。

---

[1] 《陈与义集》卷二六《过孔雀滩赠周静之》《题水西周三十三壁二首》,385、409页。
[2] 《(康熙)宝庆府志》卷二六《人物·行谊列传》,《北京图书馆古籍珍本丛刊》(37),书目文献出版社影印,页681上;《(道光)宝庆府志》卷一一六《先民传上》,页1701上。
[3] 《陈与义集》卷二六《次周漕示族人韵》诗后"增注",418页。

二　简斋诗与紫阳周氏

（一）咏地

陈与义避难湖湘，"即紫阳山居焉"，究竟是在什么地方，当时属何州县所管，又相当今地何处，从《简斋集》诗句中涉及的地名大体能得到确切的回答。

紫阳山　《年谱》载：陈与义到邵州后，"过孔雀滩，抵贞牟，即紫阳山居焉。"他刚来此地的二月下旬，作题为《紫阳寒食》的《点绛唇》词一首，开头就是："寒食今年，紫阳山下蛮江左。"寒食节是在紫阳山下度过。新来乍到，处于人地生疏的尴尬局面："竹篱烟锁，何处求新火。不解乡音，只怕人嫌我。"[1] 夏天闻"君王优诏起群公"，自称"却倚紫阳千丈岭"，寄诗向朋友祝贺。[2] 离开这里时，是在"紫阳山下闻皇牒，地藏阶前拜诏书"。[3] 然后据《年谱》所载："自紫阳入邵州。"

南宋在武冈军紫阳山地区设紫阳乡，距武冈军、县约二百里，与永、邵二州接境。度宗咸淳四年（1268）在当地平乱之后，于要害之地下育渡设靖安寨，特置知靖安寨兼巡检一员，专任武冈县紫阳、长溪两

1　《陈与义集》无住词十八首《点绛唇·紫阳寒食》，492 页。
2　同上，卷二六《寄德升大光》，415 页。
3　同上，卷二六《拜诏》，419 页。

乡防把之责。[1] 明代改称紫阳关,仍设紫阳巡检司。[2]

宋元地志虽在湖南路武冈军辖境出现紫阳山之名,但其说明都出自陈与义的诗文,并未指明紫阳山的具体位置。[3] 明代地理总志《寰宇通志》《大明一统志》始明确说紫阳山"在武冈州城东百五十里"。[4] 以后的省、府、州志皆沿袭此说。[5] 道光《宝庆府志》似曾对全府做过实地调查,如《疆里记》载武冈州下辖一百三十六团和二十一村。详载每团(或村)地理位置,境内小村落、山岭、河流、寺观、古迹等。称塘田团境有紫阳山,下面说明却大量抄录陈与义寓此所作诗文及有关记载。[6] 下文《山川记》,按顺序记载宝庆府所有山岭、河流及其位置。却不见紫阳山之名,似乎后代已更名。其中描述夫夷水"东北过武冈塘田团","入塘田境,……又东北四里至塘田寺,又东北一里至水西周家","右合唐头水"。在唐头水上游,即水西周家东南十四里有地名紫阳观,显然是因紫阳山而得名。[7] 光绪《武冈州志》也载:塘田团"在城东一百五十里",从此陆路"由塘田寺东行二里至拱桥,又东三里至庄上","由庄上东南行三里至戴家桥,又东南六里至

---

1 牟巘《武冈置靖安寨申省状》,《全元文》卷二三二,江苏古籍出版社,1998 年,497 页。
2 嘉靖《湖广图经志书》卷一六《宝庆府》,"紫阳山""紫阳巡检司"和"紫阳关"皆"在州东一百五十里",《日本藏中国罕见地方志丛刊》(21),书目文献出版社影印,1991 年,页 1400 上、1403 下、1407 上。
3 王象之《舆地纪胜》卷六二《武冈军·景物下》,中华书局影印,1992 年,2168 页;祝穆《方舆胜览》卷二六,中华书局,2003 年,473 页。
4 《寰宇通志》卷五六《宝庆府·山川》,《玄览堂丛书续集》(59),叶 16b;《大明一统志》卷六三《宝庆府·山川》,明天顺五年(1461)内府刊本,中华再造善本,国家图书馆出版社影印,2009 年,叶 33a。
5 嘉靖《湖广图经志书》卷一六,页 1400 上;《(隆庆)宝庆府志》卷三,叶 31b。
6 《(道光)宝庆府志》卷六九《疆里记》,页 1061 上。
7 同上,卷七九《山川记六·夫夷水》,页 1227 上至下。

紫阳观"。由塘田寺至紫阳观合计也是十四里,并称塘田团境内有紫阳山。[1] 可见紫阳山在武冈东北一百五十里塘田团境内。

贞牟 陈与义"即紫阳山居焉",作有《夜抵贞牟》《贞牟书事》两首诗,说明他抵达的寓居地是紫阳山下地名贞牟的地方。

今天已不见贞牟这个地名,据现存明代方志记载:邵阳县有十五寨,宋初以"蛮寇剽掠",命将讨平,置寨戍守,"曰武冈、真田……,环列县境,"今遗址俱存。"[2] 道光《宝庆府志》认为"贞田即贞牟","宋贞田寨"就在塘田团南以金称市命名的金称团境内。[3] 可见紫阳山下周氏住处地名贞牟。陈与义是贪夜抵达贞牟的。

罗江 陈与义有《罗江》二绝。齐召南说:"罗江,即古夫夷水。"下注:"罗江源出新宁县南与广西界之罗江岩",似因此得名。[4] 据康熙《宝庆府志》:新宁县境内有夫彝水,"源从粤西,曲折百里,由邑左达大罗江,入资水。"[5] 意思是说,夫夷水在新宁县城下游又称大罗江,然后合流入资水。嘉庆《武冈州志》具体称大罗江在武冈"城东北七十里"。相当今新宁、邵阳接界处的夫夷水下游,古称罗江或大罗江。

《武冈州志》引用"张鸣珂记":"大罗江,夫夷水入资之地,资水至此始盛。岸旁有庙,甚壮丽,祀罗公神,或云屈原也。每春水涨溢,居民数百人群聚而渔,大者百余斤,上下数里俱无,相传以为渔父见屈原

---

1 《(光绪)武冈州志》卷一四《疆域志》,《中国地方志集成·湖南府县志辑》(54),江苏古籍出版社,2002年,页335上至下。笔者按:该志原标同治十二年刻,实记事至光绪二年。
2 嘉靖《湖广图经志书》卷一六《宝庆府·古迹·邵阳》,页1409下;《(隆庆)宝庆府志》卷三《宋十五寨》,叶27a。
3 《(道光)宝庆府志》卷六九《疆里记·金称团》,叶1060下。
4 《水道提纲》卷一二,光绪四年戊寅霞城精舍刻本,叶23a。
5 《(康熙)宝庆府志》卷十二《地舆志下·山川》,页288下。

地也。"又称大罗庙有宋哲宗元祐六年(1091)铸的钟和同年刻的碑,[1]时间在陈与义避居此地的建炎四年(1130)前不足四十年,可见他当时寓居在夫夷水下游别称为罗江的附近。罗公庙今名罗家庙,地图标于资水与夫夷水合流后向北流的大罗江西岸,今属邵阳县霞塘云乡,距水西周家不远。

前引《点绛唇·紫阳寒食》词有句:"紫阳山下蛮江左。"苏轼《初发嘉州》诗句"蛮江清可怜",称青衣江为"蛮江",后人常用以泛指南方少数民族聚居地的江水。陈与义词中的"蛮江"应指罗江,"蛮江左"则说明他居住在罗江东岸。

水西 陈与义有七绝《题水西周三十三壁二首》,周三十三应是陈与义妻族周姓族人,他家的地名为"水西"。"其二"诗云:"周子篱中早得春,唤人同渡一溪云。贪看雨歇前峰变,不觉斟时已十分。"陈与义在这里得到周姓族人的欢迎,酒酣耳热之余,高兴地在主人的壁上题诗,感谢他们的热情款待和眷顾。

截至19世纪,在清代武冈州塘田团境内仍有称为水西周家的小村落,它的具体位置是:夫夷水自金称团流入塘田团境,东北流四里至塘田寺,又东北一里至水西周家。[2] 查邵阳县地图,现今塘田市东南有小地名周家,东北有庄上周家,再北数里有水西和水西大队经济场,这些地名应是传承宋朝的水西周家。

周漕 前引《次周漕示族人韵》是陈与义给周氏族人的诗,他所作"抵贞牟""次周漕"等诗,都是他避居紫阳山下的具体地名,"贞

---

[1] 《(嘉庆)武冈州志》卷一七《山川考》,叶10b;卷二一《艺文略》,叶8b、9a。《稀见中国地方志汇刊》(40),中国书店影印,1992年。
[2] 道光《宝庆府志》卷六九《疆里记·塘田团》,页1061上至下;卷七九《山川记六·夫夷水》,页1227下。

牟"是宋朝县以下的建置寨名,相当今天的区乡。"周漕"则是贞牟寨辖下周姓人聚居的村舍,"紫阳周氏甥馆"所在的小地名。

"紫阳山"下,"罗江""水西",为"诸周"所在的周漕指明了确切的方位。

(二)咏景物民风

陈与义寓居紫阳山区期间,接触到中州难见的景物,留下了精彩的诗篇。南宋的地理总志《舆地纪胜》和《方舆胜览》,以及元朝的《大元混一方舆胜览》,在各地的记载之后,分别开辟"诗"或"题咏"的专栏,收录诗人描写当地的名句,在武冈军之下,多选自《简斋诗集》。如七律《散发》的颔联和颈联:"南涧题诗风满面,东桥行药露霑衣。松花照夏山无暑,桂树留人吾岂归。"《观雨》的颔联:"前江后岭通云气,万壑千林送雨声。"[1]

南方的雨多,除了《观雨》外,陈与义还写以《雨》为题的五律:"云物澹清晓,无风溪自闲。柴门对急雨,壮观满空山。春发苍茫内,鸟鸣篁竹间。儿童笑老子,衣湿不知还。"他以在外逢雨为乐,诗句还有:"洒面风吹作飞雨""行过竹篱逢细雨"。[2] 还有描写雨后的诗句:"雨余山欲近,春半水争流。""贪看雨歇前峰变,不觉攲时已十分。"[3]

《舆地纪胜》引用他的五绝《入山》和《出山》:"出山复入山,路随

---

[1] 《陈与义集》卷二六,411、413 页;《舆地纪胜》卷六二《荆湖南路·武冈军·诗》,2174 页;《方舆胜览》卷二六《湖南路·宝庆府·题咏》,474 页;《大元混一方舆胜览》卷下《湖广等处行中书省·武冈路·题咏》,四川大学出版社,2003 年,684 页。
[2] 《陈与义集》卷二四《雨》,387 页;卷二五《罗江二绝》其一、其二,394 页。
[3] 同上,卷二四《晚步》,387 页;卷二六《题水西周三十三壁》,409 页。

溪水转。东风不惜花,一(夜)[暮]都开遍。""山(除)[空]樵斧响,(阳)[隔]岭有人家。"生动地描写南方的山景,山中的溪水、野花、樵夫、人家。《舆地纪胜》肯定这几首诗属于武冈军,也纠正了今本《陈简斋集》置于豫鄂间房州等地诗篇中之误。[1]

陈与义诗中描写北方少见的物事。在乘船去紫阳山的资水江中,他看到"滩前惊鹭起"。白鹭是这里常见的鸟类,但陈与义却感到新奇,舟行到傍晚时,他又将所见"夕湾群鹭盘"写入诗中。他留居紫阳山时还有关于白鹭的诗句,如"眼明双鹭立青田""白鹭冲烟送酒来"等。[2]

陈与义是乘船从邵州溯江而上,在舟中欣赏"柂尾川华分",到达目的地"及我系船时"已是夜半。造访隔岸的朋友,"雨中艇子便撑开"。对他来说,这种水上行舟往来是新奇的。

他是冬末春初到达贞牟的,首先注意到"焚山隔岸火",这是当地冬天常见的野火烧山。在春天,他有诗句:"苍山雨中高,绿草溪上丰。仲春水木丽,禽鸣清昼风。"描写贞牟美丽的春天。而夏夜,他又观察到"明月照山木,荒村饶夜萤"的美妙夜景。[3]

七绝《村景》:"黄昏吹角闻呼鬼,清晓持竿看牧鹅。蚕上楼时桑叶少,水鸣车处稻苗多。"[4]这首诗最能反映当地的民风民俗。"黄昏吹角闻呼鬼"是巫师作法,直到民国时期,当地人仍相信请巫师作法

---

[1] 《陈与义集》卷一八《入山》《出山》,287 页;《舆地纪胜》卷六二《荆湖南路·武冈军·诗》,2174 页。圆括号内小字是《舆地纪胜》原文错字,方括号内大字乃《陈与义集》正确用字。
[2] 《陈与义集》卷二四《舟泛邵江》,385 页;卷二四《江行晚兴》,386 页;卷二五《罗江二绝其二》,394 页;卷二六《题水西周三十三壁二首》,409 页。
[3] 同上,卷二四《夜抵贞牟》《贞牟书事》,386、390 页;卷二五《夏夜》,396 页。
[4] 同上,卷二六《村景》,417 页。

能驱鬼治病,陈与义的诗证实近千年前的宋朝此地已流行巫术。"牧鹅"是当地一项特殊行业,武冈的铜鹅驰名省内外,农村有人以牧鹅、牧鸭为副业,也有专业户,他们一早就用竿驱赶鹅下田觅食。"蚕上楼时桑叶少"是指养蚕,当时还不会植棉,穿衣靠剥麻、缫丝缝制丝麻织品。"水鸣车处"是指河边水力转动的水车,陈与义对此北方罕见的工具很感兴趣,专门写了一首赞美《水车》的七绝:"江边终日水车鸣,我自平生爱此声。风月一时都属客,杖藜聊复寄诗情。"他还有专咏罗江边水车的诗句:"荒村终日水车鸣,陂北陂南共一声。"[1] "稻苗多"是指水车抽水灌溉的水稻田,就是他夤夜初来时看见的"篱前白水陂"。"田垄粲高低,白水一时满",也是他描写水稻田的诗句。[2]

(三)抒情

陈与义避难南来,连监陈留酒税的小官也已丢失,没有生活来源,沿途全靠朋友维持。他是被谪处的官员,不能随朝廷进退,幸好武冈有他的姻亲,只得以待罪之身远来投靠。所以他初抵贞牟时,就表示"殷勤谢地主,小筑欲深期"。打算在这里建房长住。不久他真爱上了这片土地,"眷兹贞牟野,息驾吾其终"。准备终老于此。在诗句中一再表示:"经行天下半,送老此窗间。""誓将老兹地,不复数晨夕。"[3] 他向主人表示:"春禽劝我归,主人留我住。一笑谢主人,我自归无处。拟借溪边三亩春,结茅依树不依邻。"终于"宅图不必烦丘

---

1 《陈与义集》卷二六《水车》,418 页;卷二五《罗江二绝》,394 页。
2 同上,卷二四《夜抵贞牟》,386 页;卷二五《曳杖》,398 页。
3 同上,卷二四《夜抵贞牟》《贞牟书事》,390 页;卷二六《山斋二首》其二,410 页;卷二五《远轩再赋》,404 页。

令,已卜坡东涧水边",盖房安居。[1]

陈与义定居下来后,与姻亲、近邻互相往来,颇有交谊,"青山隔岸迎人去,白鹭冲烟送酒来"。形容他受对岸姻亲的欢迎,并送酒来。他"斜阳步屟过东家,便置清樽不煮茶"。"醉里吟诗空跌宕,借君素壁落栖鸦"。酒酣耳热之余,应主人请求,为他家题壁作诗。在家中,陈与义做些简单的劳动:"虽愧荷锄叟,朝来亦不闲。自剪墙角树,尽纳溪西山"。颇能自得其乐。[2]

这时,陈与义的诗中透露出消极情绪,如"荣华信非贵,寂寞亦非穷";"偷生经五载,幽独意已坚";"唯应寂寞事,可以送余年";"寒暑送万古,荣枯各一时。世纷幸莫及,我麈得常持"。庆幸自己摆脱世间纠纷,能学晋朝王衍,常握玉柄麈尾,只谈老庄。他甚至写出这样的诗句:"风流丘壑真吾事,筹策庙堂非所知。"[3] 表示自己已喜爱这种山乡生活,宁愿老死丘壑,也不愿过问庙堂政事了。

陈与义出身官僚世家,由太学上舍通过考试任官,遭逢国难,本人也难逃颠沛流离的命运,他不可能不关心国事。还在三月,他听说寓居永州的友人李德升和席大光有诏召用,他写诗虽说"且扫轩窗读我书",但毕竟"自古安危关政事,随时忧喜到樵渔",连樵夫、渔民也不能置身局外。"零陵并起扶颠手"一句,既是向在永州的两位朋友道贺并寄予厚望,也透露自己的羡慕,他何尝不想参与"扶颠"的国家大事呢?[4]

---

1 《陈与义集》卷二五《谢主人》,394 页;卷二六《山居二首》其二,419 页。
2 同上,卷二六《题水西周三十三壁二首》,409 页;卷二五《题东家壁》,397 页;卷二六《山斋二首》其二,410 页。
3 同上,卷二四《贞牟书事》,390 页;卷二四《今夕》,388 页;卷二六《山斋二首》其一,410 页;卷二四《山中》,392 页。
4 同上,卷二五《三月二十日闻德音寄李德升席大光新有召命皆寓永州》,395 页。

金兵从南昌攻掠江西袁(今宜春市)、筠(今高安)等州。建炎四年(1130)正月丁卯,金人围潭州(长沙)。军民皆不愿投降,请以死守。潭州知州向子諲率军民守城。敌围城八日,既而登城,四面纵火。子諲率官兵夺南楚门冲出。二月乙亥,城陷,金人掠潭州数日,屠城而去。辛巳,金人去潭州,子諲乃复入。[1]

陈与义闻讯,作七律《伤春》一首:首联:"庙堂无策可平戎,坐使甘泉照夕烽。"叹惜朝廷没有良策击退金兵入侵。汉文帝时匈奴入侵,夜间告警的烽火可以直达甘泉宫,借此典故隐喻坐使金兵深入侵掠江南腹地。颔联:"初怪上都闻战马,岂知穷海看飞龙。"是讲金人气焰之嚣张和宋室形势之危急,起初汴京遭胡骑践踏已不可思议,谁知皇上又被追逃至大海中。尾联:"稍喜长沙向延阁,疲兵敢犯犬羊锋。"[2] 知州向子諲曾做过直秘阁学士,地位相当汉代的延阁(汉代主管皇家藏书的官员),故称他为"向延阁"。他率领长沙疲弱的军队,敢于抗击金人"犬羊"之师的锋芒。在二帝蒙尘、朝廷偏安的不利形势下,长沙传来如此振奋人心的消息,何况向子諲还是他的好友,不免用诗表达欢欣的心情。

同时,在浙东的南宋小朝廷极其狼狈,建炎三年十一月,高宗在越州,十二月,迁至明州,"定议航海避敌",先逃到定海,再逃温州。四年二月,金人从临安退兵,四月癸未,高宗回到越州,范宗尹代吕颐浩为相,主张大力起用废籍官员,陈与义在五月作《寄大光二绝句》,向席益打听:"近得会稽消息否?"同年四月,金人侵掠江西后,从荆门北归。留守司统制牛皋伏兵于宝丰之宋村,击败金军。[3] 所以诗的下

---

[1] 《建炎以来系年要录》卷三一,712、717 页。
[2] 《陈与义集》卷二六《伤春》,408 页。
[3] 《建炎以来系年要录》卷三二,750 页。

句"稍传荆渚路歧宽",在国势危殆的情况下,终于传来了好消息。[1]

这年五月,陈与义闻赦,心情舒畅,作七古长诗《雷雨行》。诗从靖康元年(1126)十二月康王开大元帅府于相州说起,次年五月,即位于睢阳,是为高宗。诗云:"忆昨炎正中不融,元帅仗钺临山东。万方嗷嗷叫上帝,黄屋已照睢阳宫。"但此后几年形势不利:"呜呼吾君天所立,岂料四载犹服戎。禹巡会稽不到海,未省驾舶观民风。""吾君"四年来仍辗转于战事中,以致驾舶避敌于大海中。陈与义相信,"自古美恶周必复,犬羊汝莫穷妖凶"。建炎四年二月"丙申,以金兵退,肆赦。"[2] 消息传到湖南,陈与义欢呼:"吉语四奏元气通,德音夜发春改容。雷雨一日遍天下,父老感泣沾其胸。"他认为重新为朝廷效力的时候到了,但感伤地说:"臣少忧国今成翁,欲起荷戟伤疲癃。"[3] 五月辛亥,高宗"令执政同择在外侍从,虽在谪籍,别无大过,而政事才学实可用者,广行召擢。"次日,召擢令下,其中就有与义之友李擢、席益,又再召"宣教郎陈与义守尚书兵部员外郎"。[4]

《年谱》载:"至秋被召,以病辞,不允。"作七律《寄德升大光》,此诗《笺注》云:"时先生被召,以病辞免,作此寄李给事、席舍人。"德升姓李名擢,和陈与义同日由徽猷阁待制任命为给事中,故称李给事;大光姓席名益,也由徽猷阁待制任命为中书舍人,故称席舍人。"君王优诏起群公,也置樵夫尺一中。"虽然皇上将我一介樵夫纳入起用的诸公中,我已因病辞免,但"却倚紫阳千丈岭,遥瞻黄鹄九霄东"。[5]

1　《陈与义集》卷二六《寄大光二绝句》其二,415页。
2　《宋史》卷二六《高宗纪》,476页。
3　《陈与义集》卷二五《雷雨行》,398~399页。
4　《建炎以来系年要录》卷三三,758~759页
5　《陈与义集》卷二六《寄德升大光》,415页。

在紫阳山下,远望你们这些高才贤士一飞冲天,为朝廷做出巨大贡献。

由于以病辞不允,陈与义在紫阳山下地藏寺接诏,作七绝《拜诏》:"紫阳山下闻皇牒,地藏阶前拜诏书。乍脱绿袍山色翠,新披紫绶佩金鱼。"[1] 看来他由穿绿袍的宣教郎晋升为员外郎还是颇得意的。他向姻亲周氏族人告别,作《别诸周》二首,诗中有句"山中城里总非家","山中"指紫阳山周漕,"城里"应指邵州邢子友等朋友处,与义虽得到他们的热情接待,但毕竟不是自己的家,因此最好还是奉诏往临安就职。其二诗云:"陇云知我欲船开,飞过江东还复回。不似周颙趋阙去,山灵应许却归来。"[2] 意思是我还要回来的,不会像古人周颙那样假隐居之名而行热中之实,以至为山灵所鄙恶,峻拒其回山之路,诗句亦流露出对周家姻亲依依不舍的情谊。

三 书堂石室与紫阳周氏

(一)紫阳周氏先人谏议遗踪

陈与义从河南远来投奔的紫阳山周家是颇有来历的,前引《须溪先生评点简斋诗集》中"增注"称:"武冈本拾遗有《石室铭》一首,建炎四年,紫阳周氏甥馆之作。"[3] 显然,须溪是根据前引武冈本姜桐跋,肯定此文是陈与义由于避乱,作为紫阳周氏的女婿寓居于此的作品。

---

1 《陈与义集》卷二六《拜诏》,419页。
2 同上,卷二六《别诸周二首》,420页。
3 同上,外集《书堂石室铭并序》,535~536页。

《石室铭》全名《书堂石室铭》,前有序说明:"谏议周公读书之石室,在武冈之紫阳山。""建炎庚戌(四年,1130)之春,与义避地过焉。"见此"石室岿然,因感叹慕",作歌颂的铭文并凿刻在石室之旁。陈与义还说:石室是"谏议周公"的读书处。谏议周公"于是学焉,既成出仕,遂列法从,为嘉祐名臣。"[1] 谏议周公名字,生平经历不详,刘辰翁据武冈本姜桐跋所作增注说:"宋周仪登雍熙科,子湛登天禧第,武冈人。少读书紫阳山千寻石室,后为谏议,称嘉祐名臣。"[2]

　　唐朝大文豪柳宗元曾写过一篇《武冈铭》,称武冈为"黔巫东鄙,蛮獠杂扰"之地。[3] 直到宋朝建国三百年,武冈的风气才开始改变,南宋末文天祥说:"虽洞窟林麓,人去其陋,遣子就学",争"自奋拔于文明之世"。[4] 明人陆柬说:"余惟武冈,古黔巫地,旁通徼外,控制蛮獠,夙以武名"。"迄于晋、唐,寡信少文之习不少变;盖上不知教,下不知学,文物寥寥,固其所哉! 宋应奎运,雍熙、天禧之间,始有第春宫,登仕籍者。"[5] 清人邓显鹤明确说,"第春宫""登仕籍者"是指周仪,"登雍熙二年乙酉(985)梁灏榜进士"。这不仅在武冈,即使在当时管辖武冈县的邵州,同样"自唐以来,举进士者少","宋代邵州进士自仪始也"。[6] 北宋时的邵州就是后来的宝庆府,这时还包括徽宗崇宁间升军的属县武冈。"寡信少文"地区出了一个进士是当地的大事,何况

1　《陈与义集》外集《书堂石室铭并序》,535 页。
2　同上,卷二六《次周漕示族人韵》"增注",418 页。
3　柳宗元《武冈铭》,《全唐文》卷五八四,中华书局影印,1983 年,页 5895 上。
4　文天祥《武冈军学奎文阁记》,《全宋文》卷八三二〇,359 册,上海辞书出版社、安徽教育出版社,2006 年,195 页。
5　陆柬《鳌山书院记》,《(隆庆)宝庆府志》卷三,叶 84a 至 b。
6　道光《宝庆府志》卷一一六,叶 1697 上;《(光绪)武冈州志》卷四〇《人物·文苑》,《中国地方志集成·湖南府县志辑》(55),页 282 下。

他的儿子周湛又登天禧(1017—1021)进士。

根据上述陈与义的《石室铭》及其武冈本诗文集编者的注释,最早在南宋编纂的两种地理总志中,在荆湖南路武冈军人物项目下都为他二人立传,并被明清以后的全国总志、地方志所递相袭用。如《舆地纪胜》载:"周仪,紫阳人,登雍熙甲科。子湛,登天禧第。少读书山中,刻励于学。后为谏议大夫,实嘉祐名臣。"《方舆胜览》的文字略有差异,内容相同,皆肯定"少读书山中""后为谏议大夫""嘉祐名臣"是周仪之子周湛,也就是陈与义《书堂石室铭》提到的"谏议周公"。《舆地纪胜》还增添了须溪评点本没有的几句:"临终遗命,邵陵祖畴,悉分家族。"[1] 我猜想这是武冈本《简斋集》原有而被评点本所遗漏的内容。

《舆地纪胜》虽在武冈军人物项准确地转录了武冈本《简斋集》的记载,但在《武冈军·景物下·紫阳山》项下却记为"周仪谏议,嘉祐名臣。有读书堂在紫阳山千寻石室。"[2] 不仅将陈与义所谓的"谏议周公"周湛误为周仪,而且与同卷人物项下的记载自相矛盾。

元、明以后,几乎所有地理志书,皆沿袭了这一错误,将刘辰翁所引姜桐跋语"少读书紫阳山千寻石室,后为谏议,称嘉祐名臣"皆归之于周仪。如现存《大元混一方舆胜览》称"周仪为谏议"。[3] 而明朝的《寰宇通志》和《大明一统志》基本上因袭《舆地纪胜》,但将"官至谏议大夫,为嘉祐名臣。临终遗命,以邵陵祖田悉分宗族"等事实归于

---

1 《方舆胜览》卷二六《湖南路·武冈军》,473页;《舆地纪胜》卷六二《荆湖南路·武冈军》,2173页。
2 《舆地纪胜》卷六二,2168页。
3 《大元混一方舆胜览》卷下《湖广等处行中书省·武冈路·人物》,684页。

周仪名下,仅保留"天禧间进士"五字于"子湛"名下。[1] 从此,省志如嘉靖《湖广图经志书》、万历《湖广总志》,[2] 府志如隆庆《宝庆府志》,[3] 清朝各种省志、府志、州志,无不沿袭其误。

武冈的山川风光为陈与义提供了诗歌创作的素材,反之这些穷乡僻壤的景物经他描写后载诸志书,为人熟知。如陈与义在《书堂石室铭》序中说,石室是"谏议周公"的读书处所,在武冈紫阳山千寻峭壁之上,并且形容:"盖雷霆鬼神为之,非人力所就者。前临溪水,左右微径,旷绝峭峣,登者所难。"[4] 他前往瞻仰,亲睹"石室岿然,因感叹慕",于是在室旁凿石作铭。

七绝《次周漕示族人韵》是他抵达时写给周姓族人的诗,开头一句:"谏议遗踪尚可望",说明"谏议遗踪"书堂石室在周漕就能遥遥望见。[5] 可惜历代地理志书仅辗转抄袭陈与义对石室的描写,迄今未见有人指明石室所在的具体地点和石刻铭文的存没与否。

明朝武冈文教日盛,天顺间(1457—1464)武冈知州伍芳因仰慕陈与义赞颂的谏议周公,在紫阳山区修建一所谏议书院,成化间都指挥刘斌重修。此后地方志都误称武冈"州东紫阳山宋进士谏议大夫周仪"的书堂石室为谏议书院。周湛在紫阳山中的读书处,是"旷绝峭峣"的"千寻石室",方志不仅将周湛误为周仪,而且将岩洞石室误

---

1 《寰宇通志》卷五六《宝庆府·人物》,叶20a;《大明一统志》卷六三《宝庆府·人物》,叶39b。
2 嘉靖《湖广图经志书》卷一六《人物·宋·武冈》,页1411上至1412下;《(万历)湖广总志》卷五〇《献征四·宋上·列传》,《四库全书存目丛书》(史部195),齐鲁书社,1997年,页440上。
3 《(隆庆)宝庆府志》卷四下《选举·进士》,叶90a。
4 《陈与义集》外集《书堂石室铭》,535页。
5 同上,卷二六《次周漕示族人韵》,417页。

认为书院。[1] 隆庆《宝庆府志》称"《一统志》所载宋谏议周仪读书堂"曰"谏议书院",并称是伍芳"重建"、刘斌"重修"。[2] 邓显鹤主纂道光《宝庆府志》,发现不能在"登者所难"的"千寻石室"兴办众多学子就读的书院,故在周仪传中增改为:"归后,即其地为谏议书院,邵人多从之游。"[3] 意思是"谏议周公"致仕后在当地新建了一所书院。这段话全凭想象,偏离事实更远了。

(二)宋史有传的嘉祐名臣周湛

如前所述,有关周氏父子事迹皆来源于陈与义的《书堂石室铭》及其武冈本诗文集编者的注释,经南宋两种地理总志摘引,在武冈军人物项为他俩立传。元明以来,各种地理志书仍沿袭陈与义的记载,但将他所谓"谏议周公"理解为周仪,周湛的事迹仅剩"登天禧第"或"天禧间进士"几个字。直至康熙二十三年(1684),梁碧海、刘应祁修纂的《宝庆府志》付刊,编者发现《宋史》中有同名周湛的列传,于是从中摘录他曾任夔路转运使、知襄州等内容,将宝庆府武冈州的周湛与《宋史》中的周湛等同为一人,将他的籍贯"邓州穰人"改为武冈,并承认他"仕终谏议大夫,史称为嘉祐名臣"。[4]

1 　嘉靖《湖广图经志书》卷一六《书院·武冈》,页 1404 下。
2 　《(隆庆)宝庆府志》卷三下《建置·书院》,页 83b。康熙《武冈州志》卷六《学政·书院》或作"明成化中都指挥周斌重建",此后清人方志皆从此说。《中国地方志集成·湖南府县志辑》(54),江苏古籍出版社影印,2002 年,页 53 上。据《(隆庆)宝庆府志》卷四《人事考·武备》):"刘斌,京卫人,成化五年任,修谏议书院。"(叶 75b)"周斌,沅州卫人,成化十年任。"故刘斌、周斌皆有其人,都在成化间前后任武冈州守备司都指挥。
3 　《(道光)宝庆府志》卷一一六《先民传上》,页 1697 上。
4 　《(康熙)宝庆府志》卷二五《人物·名臣列传》,页 632 下。

据《须溪先生评点简斋诗集》转引武冈本《次周漕示族人韵》下"增注","宋周仪登雍熙科"。[1] 此科具体时间是宋太宗雍熙二年(985)三月己未,"得进士须城梁颢等百七十九人",[2] 故明《寰宇通志》将周仪定为"宋雍熙二年梁灏榜进士"。[3] 宋太宗之后是真宗、仁宗,嘉祐(1056—1063)已是第三朝仁宗最后的年号,距雍熙科七八十年,即使周仪是二十余岁少年得志中进士,这时已有百来岁,不可能成为"嘉祐名臣"。在现存原始史料中,我仅看到真宗景德三年(1006)正月十七日"命著作佐郎周仪驰传诣汝州赈贷"的记载,并未见他出任谏议之说。[4]

周湛《宋史》有传,同样取材于官方的日历、实录、国史的《续资治通鉴长编》,在嘉祐前的至和元年(1054)及嘉祐元年(1056)、三年、四年、五年、七年皆记载周湛处理政事和出任右谏议大夫的事实,嘉祐五年(1060)"六月,湛卒于相州"。他最后的官衔是"右谏议大夫、知相州"。[5] 因此"嘉祐名臣"和"谏议周公"只能是周湛,而不是其父周仪。

周湛在宝庆府和武冈州志中所载事迹不多,而《宋史·周湛传》却有近千字,事迹不见于地方志传文,且籍贯不是武冈,而是"邓州穰人"。康熙《宝庆府志》虽将《宋史·周湛传》的内容部分录入,将武冈周湛与他视为同一人,但没做出解释。嘉庆《武冈州志》和道光《宝庆

---

1 《陈与义集》卷二六《次周漕示族人韵》"增注",418 页。
2 《续资治通鉴长编》卷二六,中华书局,1995 年,595 页。
3 《寰宇通志》卷五六《宝庆府·科甲》,叶 20b。
4 《宋会要辑稿》食货五七《赈贷上》,上海古籍出版社,2014 年,页 7328 下。
5 《续资治通鉴长编》卷一七七、一八四、一八七、一九〇、一九六,4287、4447~4448、4519、4600~4601、4739~4738 页;王瑞来《隆平集校证》卷一四《周湛传》,中华书局,2012 年,422 页。

府志》都是精于乡土文献的学者邓显鹤主纂,他注意到周湛在《宋史》本传中作"邓州穰人",但认为他"所历官阶、事迹与《旧志》所载周湛实一人也"。二者"本贯"因何抵牾,邓老先生猜想是周湛随从当官的父亲在京,距本籍远,以京西路寓籍得举,因此《宋史》遂用了他科举报名时填的籍贯。认为这是当时士大夫着籍于去京师汴京不远的邓州便于仕宦,故写成"以邓州穰籍登天禧三年进士"。[1]

曾巩编修太祖、太宗、真宗、仁宗、英宗五朝国史《隆平集》,据有官私原始史料,时距周湛去世不久,书中也有周湛传,内容与《宋史》相同,虽文字较略,然关键处记事明确,正好能解上述记载抵牾之惑。他记周湛的籍贯:"其先汝阴人,五世祖宦湖外,马霸图割据,留不敢归。子孙遂为邵州人。既又徙居南阳。"[2] 三国时魏置汝阴郡;北魏改汝阴郡置颍州,此后虽几度复称汝阴郡,唐乾元元年(758)复名颍州,州治汝阴县,宋初属京西路,即今安徽阜阳。周湛的五世祖,也就是周仪的曾祖在湖南做官。马霸图是马殷(852—930)的表字,他割据湖南,建立五代时期十国中的楚国,周仪先祖不能回乡,故留居邵州武冈县的紫阳山,因此子孙成为邵州人。武冈于徽宗崇宁二年(1103)升军,故南宋高宗建炎四年陈与义来访时称周湛为武冈人。《宋史·周湛传》只载他登"进士甲科",而《隆平集》则明确"湛天禧二年(1018)登进士第",与刘辰翁"增注"所引《简斋集》武冈本一致。而明《寰宇通志》称周湛是"宋天禧三年王整榜进士"。[3]

前文据《续资治通鉴长编》得知周湛"嘉祐五年六月""卒于相

---

[1] 《(道光)宝庆府志》卷一一六《先民传上》,页1697下注,1697上。
[2] 《隆平集校正》卷一四《周湛传》,421页。
[3] 《寰宇通志》卷五六《宝庆府·科甲》,叶20b;《续资治通鉴长编》卷九三天禧三年三月丙寅:"得进士王整以下六十三人,赐及第、八十六人同出身……"2139页。

州"任上,《隆平集》则称"累擢至右谏议大夫,知相州",即周湛最后的实职是相州知州,带有隶中书省的从四品右谏议大夫官衔。[1] 故时人称他为"谏议大夫""谏议周公"。历代地方志不仅误将"谏议"加于周仪,并将此寄禄官官衔右谏议大夫理解为"专掌讽喻规谏"的谏官,如万历《湖广总志》将"嘉祐名臣"改为直言敢谏的"嘉祐直臣"。[2] 嘉庆《武冈州志》和道光《宝庆府志》更想当然地在"嘉祐直臣"前加上"风骨峭厉,遇事敢言"的词句。虽然在《周湛传》中照抄《宋史》"拜谏议大夫,使契丹,辞不行",但仍不承认陈与义《石室铭》中的"谏议周公"是指周湛。[3]

嘉庆、光绪《武冈州志》和道光《宝庆府志》虽移录《宋史》所载内容入《周湛传》中,但仍将《陈简斋集》所载《石室铭》中的"谏议周公"归于周仪。因此,明清于各地设乡贤祠,宝庆府和武冈州皆有周仪,却没有周湛。[4]

周湛作为北宋名臣,尚多见于宋人记载,有必要辑《宋史》和《隆平集》传文和有关史料,可补地方志之缺并纠其误。

周湛,字文渊,地方志失载其表字。登进士第后,最先出任开州(今重庆市开州区)推官。通过朝廷身(体貌丰伟)、言(言辞辩正)、书(楷法遒美)、判(文理优长)考试,改任秘书省著作佐郎。接着出任戎州(后改叙州,今四川宜宾)通判。当地风俗不懂求医服药,病人只

---

[1] 《宋史》卷一六一《职官一·中书省》,3783页;卷一六八《职官八·官品》,4015页。
[2] 《(万历)湖广总志》卷五〇《献征四·宋上·列传》,《四库全书存目丛书》(史部195),440页上。
[3] 《(嘉庆)武冈州志》卷二二《列传·宋三周传》,叶4a;《(道光)宝庆府志》卷一一六《先民传上》,页1697上。
[4] 《(隆庆)宝庆府志》卷四《人事考·祀典·祠·乡贤》,叶6b;《(康熙)武冈州志》卷七《人物·乡贤》《中国地方志集成·湖南府县志辑》(54),页69下,以后诸志沿袭不改。

知请巫师祈禳。周湛将古医方书刻石,教民用药医病,禁民相信巫术,从此当地人才开始使用医药。

此后,周湛累迁尚书都官员外郎。按宋朝官制,都官郎中、员外郎属于刑部,"掌徒流、配隶。"[1] 知制诰胡宿(995—1067)曾作《周湛可刑部郎中制》,可见周湛曾由都官员外郎升任刑部郎中,但《宋史》和《隆平集》本传失载。制辞中有句:"尔系承汝颍之余奋",也证实《隆平集》中"其先汝阴人"的记载。[2]

周湛由刑部出任虔州(今江西赣州)知州。再调任提点广南东路刑狱。提点刑狱"掌察所部之狱讼而平其曲直,所至审问囚徒,详覆案牍,凡禁系淹延而不决,盗窃逋窜而不获,皆劾以闻,及举刺官吏之事。"[3] 广南东路相当于今广东省,北邻荆湖南路和江西南路,这两路有人拐掠良民贩往岭南作奴婢。周湛到任,设方略捉拿,并让被贩者举报,总计解救被贩男女二千五百人,并供给他们饮食送回家乡。仁宗时曾任知谏院等职的范镇(1008—1089),赞扬周湛这项善政:"而世少知之,盖亦古之良吏也"。[4]

广南东路的治所在今广东肇庆。[5] 在肇庆风景名胜七星岩有三位官员的石刻题名,即"提点刑狱周湛、同提点刑狱钱聿、知郡事包拯同至",时间是"庆历二年(1042)三月初九日题"。第一名就是本文讨论的周湛,第三名是后来鼎鼎大名的包大人包拯。钱大昕得到此石刻拓本,结合《宋史》记载赞叹说:"周湛固有德于岭海者。今人但知

1　《宋史》卷一六三《职官三·刑部》,3860 页。
2　胡宿《文恭集》卷一六《周湛可刑部郎中制》,文渊阁四库全书,1088 册,页 757 上。
3　《宋史》卷一六七《职官七·提点刑狱公事》,3967 页。
4　范镇《东斋记事》卷三,中华书局,1997 年,24~25 页。
5　《宋史》卷九〇《地理六·广南东路》:"府一:肇庆。州十四:广、韶……"2235 页。

包孝肃之治迹,而罕识湛姓名,故表而出之。"[1]

周湛调任京西路提点刑狱,辖区内邓州百二十里外有一处美阳堰,引湍水灌溉公田。水来得远,水量又小,对百姓还无利;工程须在堰边筑新土做防堤,俗称墩,大小墩有十来个,每年多次毁坏,就要调百姓修筑。周湛到任时,美阳堰每年仍役工数十万,只灌溉州县职田,而对百姓无利,湛奏请停罢。

周湛又入京任总理财政的三司盐铁判官,三司"通管盐铁、度支、户部",三部判官"分掌逐案之事"。[2] 由于三司帐籍浩烦,吏胥常离析文案作弊欺诈。湛设立勘同法,每年减少天下计帐七千件。

周湛再出任江南西路转运使,转运使"掌经度一路财赋"。他在任上有两项举措为人称道。第一项,当地"州县簿领案牍,淆混无纪次"。江西民喜好争讼,案牍多被窃走丢失,百姓诉讼没有根据,以至久不能决。湛发明千文架阁法,将文案编号,按年月日的次序编排,如有遗失,严加罪罚。朝廷下诏,将其法颁行诸路定为制度。除《宋史》和《隆平集》外,南宋初吴曾著《能改斋漫录》,也记载周湛立千文架阁法的事实。[3] 清人梁章钜赞叹说:"今中外官廨,皆有架阁库之名,人多不考其始末。按《能改斋漫录》载:'……湛为立千文架阁法。……'此今各衙门设架阁库之缘起乎?"肯定此法的发明人是周湛。[4]

第二项,地主和官僚为了规避赋役,虚立户名,假报户籍,逃避上户应承担的税役,以致百姓"徭赋不均"。周湛归纳"诡名挟佃之类十

---

[1] 《潜研堂金石文跋尾》卷一三,《石刻史料新编》第一辑(25),台湾新文丰出版公司,1977年,页18892上。
[2] 《宋史》卷一六二《职官二·三司使》,3807~3808页。
[3] 吴曾《能改斋漫录》卷一"立千丈架阁"条,上海古籍出版社,1979年,11页。
[4] 梁章钜《浪迹三谈》卷三"架阁库"条,中华书局,2007年,442页。

二事",下令各县按户籍括诡名户,全路共括出隐户三十万。

周湛以朝官历任诸路转运使和提点刑狱,按宋朝制度还朝出任户部判官。[1]

在此任期内,他处理过一处地方官盐供应纠纷,这场争论牵涉朝廷和地方大批官员,时间迁延达数十年,虽然周湛的意见当时没能采纳,事实证明他是正确的。此事不见于《宋史》本传,却载于《续资治通鉴长编》《宋通鉴长编纪事本末》和《太平治迹统类》等宋代文献。很早以来,江西、湖南两路所食官卖漕盐质量低劣,又估价过高,故百姓愿食私盐。而沿海民多以捕渔捞盐为业,用工省而获利丰厚,因此盗贩私盐的人甚多。江西的虔州(今赣州市)地邻广南东路,而福建汀州(今长汀)也与虔州接近,故二州民多盗贩广南盐以射利。他们在每年秋冬季农闲时,往往数十百人成群,持甲兵、旗鼓往来虔、汀、漳、潮、循、梅、惠、广八州之地,所到之处劫人谷帛,掠人妇女,与巡捕吏卒格斗,以至杀伤吏卒,落草为寇。他们依凭险要,围捕无效,或者赦其罪招安,日久贩私盐的更多,虔州官卖盐每年不过百万斤,朝廷颇为棘手。庆历(1041—1048)年间,广东转运使李敷、王繇请求运广州盐四百余万斤到南雄州(今广东南雄),以便供应虔、吉(今吉安市)二州,而江南转运使拒绝领取。随后户部判官周湛等又请运广盐入虔州,江西亦请自具本钱取之。皇祐五年(1053),朝廷诏遣屯田员外郎施元长会江西、广东转运司讨论利弊。元长与转运使阎询、元绛都赞成周湛等的意见,但遭到发运使许元反对,三司支持许元,问题还是没

---

[1] 《宋史》卷一六二《职官二·判官》,3808页。

能解决。[1]

周湛从户部外任夔州路转运使。夔州路所辖云安军(原重庆市云阳县城云安镇,已被三峡水库所淹)有官家盐井,每年向百姓征收熬盐柴草,无力者甚至追缴至破产。周湛到任后蠲除盐井虚课,减省百姓输纳的柴草。

周湛再回京任盐铁勾院判官,主管勾稽天下所申盐铁院"百物出纳帐籍,以察其差殊而关防之"。[2]

至和元年(1054)冬十月,周湛以太常少卿直昭文馆出任淮南、江、浙、荆湖制置发运使。十一月乙巳陛辞,仁宗面谕,这个职务是朝廷慎重选拔的,告诫他不要私送贿赂给京师大臣。湛惶恐保证:"臣蒙圣训,不敢苟附权要以谋进身。"[3] 这时,周湛在朝中历任尚书都官员外郎、刑部郎中,三司的盐铁、户部和盐铁勾院判官;在地方历任虔州知州,广南东路、京西路提点刑狱,江南西路、夔州路转运使。"历内外官",政绩斐然,如《隆平集》和《宋史》本传对他的评价,"善治烦剧","初若不留意,已而皆得其要"。每到新的任所,"喜条上利害,前后至数十百事"。而且他禀赋"天资强记,吏胥满前,一见辄识其姓名"。在地方上他是善政亲民的良吏,如今出任发运使要职,"掌经度山泽财货之源,漕淮、浙、江、湖六路储廪以输中都,而兼制茶盐、泉宝之政"。[4] 接受任命后,须入宫陛辞,并蒙仁宗亲自训诫,这也是一种荣宠。

---

1 《续资治通鉴长编》卷一九六,4739~4738 页;杨仲良《皇宋通鉴长编纪事本末》卷四五《给虔州盐》,《续修四库全书》(386),上海古籍出版社影印,2002 年,页 380 下至 381 上;彭百川《太平治迹统类》卷二八,文渊阁四库全书,408 册,页 729 页上。
2 《宋史》卷一六二《职官二·三司使·判官》,3809 页。
3 《续资治通鉴长编》卷一七七,4287 页。
4 《宋史》卷一六七《职官七·发运使》,3963 页。

在发运使任内，周湛发动了一项有利千秋的水利工程。长江流经舒州长风沙，在石牌湾的地方最号湍险，江中有拦江、罗刹二矶，巨石槎枒横突，周湛役民工三十万，疏凿支流十里以避其险，称为新河。南宋陆游途经时，也赞扬周湛这项工程"至今为行舟之利"。[1] 清初顾炎武称：这项工程在贵池县城西六十里，长江中流有拦江等矶巨石槎枒横突，奔流激荡，运饷危之。自从周湛开新河以避其险，"自是往来无覆溺之患"。[2]

《隆平集》的人物传分类，周湛列入"宰臣""参知政事""枢密""宣徽使"之后的"侍从"中，虽不是朝廷重臣，却是有资格跟随皇帝车驾，追随皇帝左右的朝臣，故陈与义说他"遂列法从"。《宋史·周湛传》所载自"为江、淮制置发运使"以下事迹，据《续资治通鉴长编》，时间是从嘉祐元年至五年病卒，可见周湛在仁宗嘉祐间已是知名的能臣良吏，他的政绩史臣认为值得载入国史，难怪陈与义称他为"嘉祐名臣"。

嘉祐元年（1056）九月，周湛出任发运使不到二年，回朝仍以太常少卿、直昭文馆贴职，任度支副使。按照旧有制度，发运司保荐军将至三司，不再考核，一律升迁。周湛到任后，发运司保送升迁名单有三十五人，经周湛审核，汰减其中冗滥者二十五人。[3]

嘉祐三年（1058）八月，擢度支副使周湛以中书省右谏议大夫的名义出使契丹，为契丹国母生辰使，周湛辞不行。[4] 改以右谏议大夫知襄州。襄人不会烧制砖瓦，城镇中皆搭建竹屋，年久百姓大多侵占

1　《渭南文集》卷四五《入蜀记第三》，四部丛刊本，叶 10b
2　顾炎武《肇域志》徐州贵池县，上海古籍出版社，2004 年，99 页。
3　《续资治通鉴长编》卷一八四，4447~4448 页。
4　同上，卷一八七，4519 页。

官道，檐庑近逼，故常发生火灾。周湛到任，令检查百姓房契而正其经界，查出所侵公地，一律撤毁，并教他们换竹屋为瓦房，以后不许改建，从此再无火患。

周湛的举措引起豪姓的不满，京西路提点刑狱李穆上奏："湛所毁撤民屋千五百余间，老幼失业，相聚怨泣。湛素不才，又年逾七十，贪慕荣禄，不知进退，乞特行责降，或令致仕。"朝廷下诏让转运司察实。京西路转运使陈希亮称湛"为民息灾，不为扰"。嘉祐四年（1059）十二月，将周湛调任相州知州。[1]

右司谏吴及上疏替周湛辩护说：周湛裁损居民房舍占地，是为公，不应被责；当地百姓侵占官地，主管官出面禁止，是他的职责。何况周湛已提早告诫，明颁律令，约民以信，未尝督迫，乃奉法行事，没有过错。百姓知道是自己的错咎，并不敢上诉。由于裁撤侵占官地房屋时，故相夏竦邸店最广，而郡从事高直温是竦女婿，故进谮于李穆，李穆听信谗言，为权豪报怨。他又状告周湛砍伐树木若干株，原因是民居侵越官道，以致原来在路边的树，收回侵地后已竖在大路当中，本应砍去。何况周湛还种植楸桐千余株，课户贮水，以严火禁。又在民居中找到公众汲水旧井四口，废而复兴，人得其利。这原是道旁的井，反而在民居之下，岂不明显是民居侵越官地吗？"望诏执政大臣辨正湛、穆是非，明垂奖黜"。

明年（嘉祐五年，1060）六月，湛卒于相州。[2]

---

[1] 《续资治通鉴长编》卷一九〇，4601页。嘉祐四年十二月甲子条下注：陈希亮处理意见出自《国史·周湛附传》，与正传不同，《长编》采取正传的说法："转运司按湛伐木败民舍，意不直湛，而为[李]穆游说。"因周湛仅被改调，并非处分谪降，故本文采纳附传的说法。

[2] 同上，卷一九〇嘉祐四年十二月甲子，4600~4601页。

《隆平集》还记载周湛卒年七十一。[1] 如此高龄还没致仕,从宋人称他为"嘉祐名臣"看,他绝非"贪慕荣禄",而是因作为良吏倍受重视留任。

无疑,"嘉祐名臣"是指卒于嘉祐五年(1060)的周湛,"年踰七十"还在任上,便被人指责为"不知进退",那么其父周仪更不可能是"嘉祐名臣"。

《舆地纪胜·武冈军》有关周氏的记载,皆加注出自"陈简斋周氏读书石室铭"或"简斋所谓",唯"人物"项周仪子湛事迹后却多出一句:"临终遗命,邵陵祖畴悉分宗族。"[2] 明代的《寰宇通志》和《大明一统志》因袭了这句话,仅将"祖畴"改为"祖田",并错误地将此事安在周湛之父周仪身上,后出各种地方志一律照抄。[3] 嘉靖间廖道南著《楚纪》和万历《湖广总志》,在"以邵陵田悉分宗族"前特加"居家"二字,似乎是说他告老还家后将田产全分给了族人。事实不然,古人为官,致仕后只能靠家中田产生活,不可能全分给别人。后修志者似看出问题,一类如康熙《武冈州志》改为"训家有礼,以祖田分赡宗族"。[4] 意思是能遵守礼让家训,用祖田收入帮助族人。另一类则改为"后徙武冈","以邵阳祖田分膳宗族"或"以原籍田庐分赡宗族"。[5] 将他说成原是邵阳人,因迁居武冈,所以将留在邵阳的祖田分给族人。

1　《隆平集校证》卷一四《周湛传》,422 页。
2　《舆地纪胜》卷六二《荆湖南路·武冈军》,2166、2168、2173 页。
3　《寰宇通志》卷五六《宝庆府·人物》,叶 20a;《大明一统志》卷六三《宝庆府·人物》,叶 39b。
4　《(康熙)武冈州志》卷七《人物志一·名贤》,《中国地方志集成·湖南府县志辑》(54),页 61 上。
5　《(康熙)宝庆府志》卷二五《人物·名臣列传》,页 632 上至下;《(乾隆)武冈州志》卷七《人物·宋》,叶 3a;《(光绪)湖南通志》卷一六三《人物志·宋·宝庆府》,湖湘文库(5),岳麓书社,页 3084 下。

事实不然，周仪登雍熙（984—987）进士是在宋太宗时，周湛卒于仁宗嘉祐五年，那时武冈还是邵州的属县，说他是邵州或邵陵人也对。宋徽宗崇宁五年（1106），邵州武冈县升为军。武冈军与邵州同属荆湖南路，互不相属。[1] 陈与义建炎四年（1130）避乱南来，虽经邵阳，过孔雀滩，落脚点是"即紫阳山居焉"，[2] 紫阳山就是周仪后人周氏祖居之地。刘辰翁据武冈本姜桐跋所作增注肯定他们是"武冈人"，并无从邵阳迁武冈的事。

诚如《隆平集》所载，周湛已由邵州"又徙居南阳"。《宋史》称"邓州穰人"，邓州郡名南阳，治所在穰县，两说实同一地。前引《长编》周湛出任发运使，入辞仁宗时上谕条加注："湛，穰人"，进一步肯定《宋史》所载籍贯，而且意味着全家已由湖南"徙居南阳"。他本人以右谏议大夫，知相州卒于任上，既未归老"居家"，家人也没有回到湖南，因此"临终遗命，邵陵祖畴悉分宗族"就不难理解了。陈与义能与周家联姻也可以得到合理的解释。

靖康之乱前，陈与义不可能来湖南娶武冈女子，除非有周湛后人出外做官并携家眷随行，这种假设在史料中没任何反映。《宋史》陈与义本传和墓志称他为"洛人"，是因他曾祖落籍洛阳，其实他是"汝州叶县人"。[3] 陈与义宣和二年（1120）丁内艰，居汝州，直至宣和四年，"时居汝州"，至"夏服除"，在此服母丧三年。靖康之乱，元年（1126）他由陈留避难到南阳，寓居邓州西轩，有《邓州西轩书事十首》

---

[1] 《宋史》卷八八《地理四》，2201页。
[2] 《简斋先生年谱》，《陈与义集》卷首，8页。
[3] 孙猛《郡斋读书志校证》卷一九《别集类下·陈参政简斋集》，上海古籍出版社，1990年，1030页。

等诗一卷。[1] 又"丁外艰",回到汝州叶县,有《将次叶城道中》《至叶城》《晓发叶城》等诗。[2] 陈与义前后服母丧和父丧都回到汝州,可见至迟在他的父母辈,陈家已迁到汝州叶县。他再从叶县南下,"经方城,至光化"。建炎元年正月(1127),又从光化回到邓州,滞留邓州一年。次年正月,才"自邓往房州",开始其"避乱襄汉,转湖湘"之旅。从《简斋年谱》及其诗集反映,在此三年间,他反复徘徊于汝州叶县和邓州两地,原因是前者是他家乡,后者是周湛徙居地。叶县与邓州毗邻,我怀疑陈与义是娶邓州周湛后人之女为妻,即《墓志》所谓:"公娶周氏,某官之女,某郡夫人。"故在决心南下前,先回自家和岳家避难。襄州属京西路,前文提到,同官京西路的转运使陈希亮肯定周湛"为民息灾,不为扰",希亮是与义曾祖,看来周陈二家原是世交。

(三)子虚乌有的周仪之孙乡贤周钦

在现存清康熙二年(1663)《武冈州志》中,仍因袭明代的地志,将"宋谏议大夫"冠于周仪之上,舍周湛而定周仪为乡贤。另一个乡贤则是从未见于史籍的"德州刺史周钦"。在"名贤"项下,继周仪之后载:"子湛、孙钦,三世甲第,皆为名臣。"在"人物·选举"栏下又有周钦之名,并注明是"宣和进士,湛之子"。从《陈简斋集》流传周仪、周湛父子进士的传闻,到又出现一位周仪之孙钦,湛之子,他们不仅同是进士,而且与周仪并列乡贤。此周湛之子周钦从何而来,《州志》编者

---

[1] 《简斋先生年谱》,《陈与义集》卷首,7页;卷一五《邓州西轩书事十首》,226~248页。
[2] 《陈与义集》卷一六《将次叶城道中》《至叶城》《晓发叶城》,251~253页。

还有说明:"旧志注'仪之孙',遂误作孙钦,今考正。"[1] 意思是旧志中武冈的"名贤"周仪和子湛之后的"孙钦","孙"字应理解子孙之"孙",是注明周仪之孙名钦,而不是姓孙,故将孙钦改为周钦。

康熙二十三年(1684)重修的《宝庆府志》,纂修人刘应祁提出异议,为此专作"正误"。他不知是从哪一种前人方志看到此人名"蒋钦",考证说:"旧志纪乡贤'周仪、周湛、孙钦',是误蒋字为孙,而《傅志》复以孙钦为周仪之孙。"接着反驳说,如果同意《傅志》对旧志文意的理解,但文中为何不说钦是湛之子,而非要说他是仪之孙呢?所以这种说法纯属附会。人的姓氏怎么能随意揣摩呢?因此,新《府志》反对改名周钦,"仍从蒋钦"。[2] 将蒋钦与周仪同列乡贤祠,列名于"武备志"和"循良列传"。[3]

《武冈州志》所作更改并非独自发明,而是追随同年宝庆知府傅鸾祥主修的《宝庆府志》,[4] 也就是刘应祁所说的《傅志》,此志已失传。现存万历《湖广总志》中宝庆府人物"列传",周仪的列传附"子湛"和"孙钦"的传,《傅志》误解此"孙"乃子孙之"孙",由于《武冈州志》与《宝庆府志》都是康熙二年纂修,所以《州志》也就随《府志》改孙钦为周钦。

乾隆《武冈州志》在"人物志·仕迹"项下仍将孙钦改名周钦,声明是遵循旧志,即康熙傅鸾祥修的《府志》和康熙《州志》。并加按语反驳说:周钦有的书作孙钦。《府志》(刘应祁修)却改为蒋钦。究竟

---

1 《(康熙)武冈州志》卷七《人物·选举》,《中国地方志集成·湖南府县志辑》(54),叶55上;卷七《人物·乡贤》,页69下;卷七《人物·名贤》页61上。
2 《(康熙)宝庆府志》卷三八《杂述·正误》,页928下。
3 同上,卷一五《学校志下·乡贤祠》,页373上;卷二一《武备志·兵纪》,页519上;卷二五《循良列传》,页645上。
4 《(道光)宝庆府志》卷一百《艺文略》"康熙癸卯宝庆府志",页1481上。

是姓孙还是姓周还没有定论,《府志》却匆忙改姓为蒋,那又有什么根据呢? 于是仍因袭康熙《州志》定此人姓周名钦。理由有两条：一、"今州人无不艳称周氏三世科甲",意思是这对州人和周姓人来说是很光彩的事,不能轻易否定;二、《州志》记载本州岛的事,比较府志"以地近而或得其实"。这两条理由实在太勉强,因此补充说:或许同时有异姓同名的人,不必坚持用其中一人否定另一人,所以仍"备诸说以存疑"。[1]

接着,邓显鹤主持纂修嘉庆《武冈州志》和道光《宝庆府志》,明知前人方志"一作蒋钦,又作孙钦","周钦事不见于史",仍坚持在周仪、周湛之后为周钦立传,全凭想象推论:"蒋钦亦别是一人,惟孙钦因仪孙而误,理或然也。"[2]

光绪《武冈州志》沿袭旧州志,多处在周仪之后提到仪之孙周钦,甚至照抄邓显鹤的按语。主纂邓绎也知道上述理由颇难成立,在州志最后"拾遗"卷留下一段话:"《嘉靖府志》载'武冈蒋钦',《通志》载'孙钦',而近《志》遂以为周仪之孙、周湛之子曰周钦,三世成进士。……今从旧志,仍为蒋钦,以备参稽。"[3]

清人方志中的歧异,可以通过追溯前代地理志书解决。南宋地理总志《舆地纪胜》和《方舆胜览》所记武冈军人物仅有周仪和周湛。

---

[1] 《(乾隆)武冈州志》卷七《人物·仕迹》,《故宫珍本丛刊·湖南府州县志》(14),海南出版社影印,2001年,叶3b。
[2] 《(嘉庆)武冈州志》卷二五《载记上·理徭》,叶5a;《(道光)宝庆府志》卷一一六《先民传上》,页1697下。
[3] 《(光绪)武冈州志》卷五四《拾遗·人物类》,《中国地方志集成·湖南府县志辑》(55),页474上至下。周钦见卷七《选举表》,《中国地方志集成·湖南府县志辑》(54),页55上;卷二五《秩祀志·乡贤祠》,《中国地方志集成·湖南府县志辑》(55),页52上;卷四〇《人物志一·宋名臣传》,《中国地方志集成·湖南府县志辑》(55),页281下。

明景泰修的《寰宇通志》是现存明朝最早地理志书,其中宝庆府人物宋朝有周仪,武冈人,及其子湛。后有"孙钦,武冈人。宋宣和间,洞獠仇争,钦挺身往谕,即听命。郡守以闻,徽宗嘉之,召见,官以文资,后以武功大夫、德州刺史,还守乡郡。靖康末,死金人之难"。[1] 事迹与上述清代方志中周钦、孙钦、蒋钦传相同。此后嘉靖《湖广图经志书》和隆庆《宝庆府志》也都有孙钦传,后者孙钦之名又见于武冈州"祀典"中,称武冈乡贤祠"祀宋谏议周仪、刺史孙钦"等七人。[2] 万历《湖广总志》也有孙钦传,内容与前数书相同,但始增称孙钦为"宣和中进士"。[3] 由于万历《湖广总志》中周仪之"子湛"和"孙钦"传附于周仪传后,致使康熙二年同修的《宝庆府志》和《武冈州志》将姓孙名钦的人曲解为周仪之孙。然而,最早的《寰宇通志》是以宝庆府为人物列传,在武冈人周仪、周湛之后,尚有李杰、金彦二人,第三人才是孙钦;隆庆《宝庆府志》中周仪传属"选举·进士"类,孙钦传属《孝义》类,互不联接。孙钦之"孙",绝不可能误会为子孙之"孙"。总之,现存明代方志中没有周钦其人,也不见蒋钦之名。嘉靖《宝庆府志》已佚,如此书确有蒋钦传文,而事迹与孙钦相同,因这位蒋钦只是孤证,肯定是孙钦之误。

万历《湖广总志》称孙钦为"宣和中进士",邓显鹤经过推算,定为宣和六年甲辰(1124)沈晦榜进士。[4] 周湛嘉祐五年(1060)七十一岁卒,六十四年后,已有一百三十五岁,怎么可能有考进士的儿子。更加

---

1 《寰宇通志》卷五六《宝庆府·人物》,叶 20b。
2 嘉靖《湖广图经志书》卷一六《人物·宋·武冈》,页 1411 下至 1412 上;《(隆庆)宝庆府志》卷四下《孝义》,叶 114a;卷四《人事考·祀典》,叶 6b。
3 《(万历)湖广总志》卷五〇《献征四·宋上·列传》,《四库全书存目丛书》(史部 195),页 440 上。
4 《(道光)宝庆府志》卷二六《选举表一·徽宗朝》,页 395 上。

奇妙的是,周湛在网络有词条,据说是根据族谱:"湛有子二:周钦、周朝"。实际上,族谱不可能有宋朝谱系流传至今,而是清代修谱人据方志所载周湛有子周钦,并虚构有弟周朝及其子孙世系。周湛同时人曾巩所著《隆平集》明确记载,周湛有"子璟、玘",并无所谓周钦、周朝。[1] 如前所述,他们已从邵州"既又徙居南阳",成为邓州穰人,并没回到武冈,武冈已无周湛子孙。

在清人方志中,周仪、周湛和周钦父子、祖孙三人都是进士,出仕宋朝,或成名宦,或死难勤王。所以宝庆府和武冈州将他们奉为乡贤。而且在武冈乡贤祠中,除周仪外,只有"德州刺史周钦"。[2] 武冈人以他们为荣,周姓人更以他们为荣。我少年时曾看过20世纪30年代武冈所有周姓合修的总谱,单列出这三位名臣的专传。实际上周仪的事迹是子冠父戴,周钦其人干脆是子虚乌有。地方志和家谱虽有特殊珍贵的史料价值,然而修志、修谱者为了本地或本族的虚荣,都喜将名人拉入本地或本族,轻信影影绰绰的传言,并加以想象发挥,时代愈久,故事层层叠加愈多,离事实愈远。

(四)紫阳周氏后人桂庄周昉

陈与义作《书堂石室铭》,表彰北宋太宗雍熙二年(985)邵州首位进士周仪及其子嘉祐名臣周湛,南宋初陈与义避难来此地时,仍称"其子孙食旧德之名氏者,至于今不绝"。清嘉庆、道光重修武冈州和宝庆府志,对境内文物进行调查,在溪南里山心团清风峡的崖壁上,发

1　《隆平集校证》卷一四《周湛传》,422页。
2　《(康熙)武冈州志》卷七《人物·乡贤》,《中国地方志集成·湖南府县志辑》(54),页69下。

现刻有史弥宁的题诗绝句二首:"结屋山园得许奇,崖犀环拥读书帷。阿姐定与君家厚,留下西风几万枝。""家声流馥紫阳乡,洗石疏泉著桂庄。年到花时秋更好,放开吟袂贮天香。"诗后面又有:"右题周晦叔桂庄,嘉定乙亥中和节友林居士四明史弥宁清叔父"二十六字,俱行书,连同诗总共十四行。[1] 清风峡还有石刻直径一尺多的行书"桂庄"两字,后面有楷书一行,题"新除湖南提刑张声远书,嘉定甲戌(七年,1214)中秋桂庄主人周昉刻于崖次"二十六字。[2] 可见"周晦叔桂庄"就是这位"桂庄主人周昉",晦叔应是周昉的字。这个周昉,嘉定七年中秋请"湖南提刑"给他的住宅桂庄题名,五个月后,八年二月初二中和节又请地方长官史弥宁为桂庄题诗,显然他是当地的名门望族,本人也是颇有社会地位的人物。从史弥宁的诗句看,他的"家声"是"流馥紫阳乡",也就是紫阳乡周仪的后人。紧接下句"洗石疏泉著桂庄",意味着紫阳乡和桂庄是一脉相承。再联系史弥宁诗开头描写桂庄周围景物两句:"结屋山园得许奇,崖犀环拥读书帷。""读书帷"显然是比拟为陈与义称道的谏议周公书堂石室。在史弥宁的《友林乙稿》中有七绝一首,题为《周晦叔所宅之左,一坡隐然而高,有竹万个,架小轩于翠雾苍雪间,日弹琴读书其下,轩外鸣泉清驶,若与弦诵之声相答,爱其境胜,为赋一绝》,描写周昉在此竹林、小轩、鸣泉的胜境中,以弹琴读书为乐。《府志》称:"周昉名姓不见志传,今清风峡'桂庄'二字及诗犹隐然照耀峒壁间,为历来金石家所遗。表而出之,

---

[1] 《(道光)宝庆府志》卷六九《疆里记九》,页368上,374下;卷一○三《艺文略·金石》,页166上;《(光绪)武冈州志》卷三四《艺文志二》,《中国地方志集成·湖南府县志辑》(55),页138下。
[2] 《(光绪)武冈州志》卷三四《艺文志二》,《中国地方志集成·湖南府县志辑》(55),页138上。

知周氏之泽长矣。"[1] 如陈与义所说"其子孙食旧德之名氏者",已延续到南宋宁宗嘉定间。

四　陈与义在宝庆和武冈的影响

(一)方志中名宦与侨寓

陈与义官至参知政事,又是南宋"搢绅士庶争传诵"的大诗人,南宋的地理总志《方舆胜览》和《舆地纪胜》根据他的诗文描述,在湖南路宝庆府之下,前者将他列入"名贤"传,后者列入"人物"。明朝人修宝庆府或武冈州志,除可参考以上南宋地理总志外,可能因《陈简斋集》武冈本已在其家乡失传,只能看到周葵编刻本和胡穉笺注本系统的诗集。隆庆元年(1567)刊修的《宝庆府志》,竟将陈与义列于"官师"传中,因袭《大明一统志》等书的传文,却加上一句:"为邵州刺史,有惠政。"[2] 此后,万历《湖广总志》、康熙《宝庆府志》既将他列入"流寓"或"侨寓",又抄袭隆庆《宝庆府志》,将他列入"宦迹"或名宦中的"循良列传"。[3] 康熙《宝庆府志》还另编《秩官表》,在宋朝的"知州"名单中有陈与义的名字,说他宣和"五年任。建炎初,避地邵阳,有传"。

---

[1]　《(道光)宝庆府志》卷一一六《先民传上》,页 1702 上至下。
[2]　《(隆庆)宝庆府志》卷四《官师》,叶 19b。
[3]　《(万历)湖广通志》卷七一《流寓》,《四库全书存目丛书》(史部 196),页 164 下;卷六四《宦迹九》(195),页 733 上。《(康熙)宝庆府志》卷二四《名宦·循良列传》,页 581 上;《侨寓列传》,页 626 下。

据以上几种地志的衍绎，虚构陈与义是由于宣和间曾出任邵州知州，所以建炎间为避难再投奔邵州，寓居"笃友谊"好客的周静之家。明仁宗洪熙元年(1425)，太祖朱元璋第十八子岷王从云南徙封武冈州，作为藩王的封地，武冈也闹出所谓"十景"，除附庸风流的岷王室成员和地方官外，也有文人假借唐、宋名诗人王昌龄、陈与义的名义，为每人各配十景诗十首。[1] 最早在明初修的《武冈州志》中，已有《枫门落照》和《法相洞天》二景保留在《永乐大典》残卷中，但缺作者，也未冠以十景之类的名称。[2] 这两首加上其他八首，正式号称陈与义的"都梁十咏"，出现在景泰年修的《寰宇通志》。天顺间修《大明一统志》虽无"十咏"名目，但在《山川》篇的古山、宝方山、云山、枫门山条，《宫室》篇的宣风楼条，附有与《寰宇通志》同题咏景诗，皆称是陈与义所作。以后有关地方志皆加以转载。[3]

武冈十景有的在州城内，也有在城外，分布甚广，为此地方志中陈与义传又增添了新的内容。如康熙《宝庆府志》称"爱邵山水，遍肆游览"。乾隆《武冈州志》在"爱郡山水，遍肆游览"之下，又添"居武冈，题咏甚富"。[4] 康熙《武冈州志》在"避乱游郡，爱其山水秀丽"之后，明确说是"赋《都梁十景》"。[5] 今天我们已能方便地看到经过整理的《陈简斋集》，知道他当时是寓居属武冈军的紫阳山区，距武冈城

---

1 《(康熙)武冈州志》卷一二《词翰·诗类·十景诗》，《中国地方志集成·湖南府县志辑》(54)，页108上至112下。
2 《永乐大典》卷三五二七，中华书局，1986年，页2036下；卷一三〇七五，页5634上。引自《武冈州志》。
3 《寰宇通志》卷五六"都梁十咏"，叶21a；《大明一统志》卷六三，叶32b、33a、35a。
4 《(康熙)宝庆府志》卷二四《侨寓列传》，页626下；《(乾隆)武冈州志》卷五，叶47b。
5 《(康熙)武冈州志》卷五《官师·流寓》，《中国地方志集成·湖南府县志辑》(54)，页44下。

一百八十里,现属邵阳县。他除偶尔到邵州城会友外,字里行间毫未透露他曾去武冈州城和在武冈遍肆游览,更重要的是,他的各种版本诗集都没有他题咏的武冈十景诗。

到了清嘉庆、道光间,邓显鹤认真读过陈与义的诗集,才指出以前的方志将陈与义"误入名宦",[1] 在他主纂的嘉庆《武冈州志》和道光《宝庆府志》中,都将陈与义编入流寓传中。而且在《宝庆府志》传后加注:"《旧志·职官表》载陈与义知邵州,未到任,误也。今改入流寓。"[2]

邓显鹤进一步指出,方志不仅将陈与义"误入名宦","俗子又竞为鄙俚诗词以附会"为与义所作,如"武冈志有简斋《万玉亭》诗云:'不道官中尽汤火,谁知闹里有山林。公余独坐斜阳外,百岁顽身万古心。'语意浅直,必非简翁作。盖志既误以简斋为邵守,故有'官中'、'公余'语,而浅人津津道之,洵不值一哂也"。[3] 此外,简斋诗中在邵州和武冈的作品甚多,地方志却没收入,"集中名作如《贞牟》《罗江》《远轩》之类,不一而足,皆吾郡掌故,绝不之及。"[4]

在各种《武冈州志》中,还收录了唐代著名诗人王昌龄咏武冈十景的诗。王昌龄从未到过武冈,当时也无所谓十景,事实上《全唐诗》中并没有这十首诗。邓显鹤毕生整理、研究地方文献,著《沅湘耆旧集》和《资江耆旧集》,自能辨别真伪,故嘉庆《武冈州志》只保留王昌

---

1 邓显鹤《古杉唱和诗序》,《南村草堂文钞》卷二,叶 29a;《(道光)宝庆府志》末卷下,页 2068 上。
2 《(嘉庆)武冈州志》卷二三《列传·流寓》,叶 37b 至 38a;《(道光)宝庆府志》卷一一七《先民传下·流寓》,页 1711 下。
3 《(道光)宝庆府志》末卷下《摭谈三》,页 2068 上。
4 邓显鹤《古杉唱和诗序》,《南村草堂文钞》卷二,叶 29a。

龄《送程六往武冈》和《送柴侍御》两首七绝,不收旧志中的十景诗。[1] 光绪《武冈州志》主纂邓绎乃清末湖湘派代表诗人,虽将这十首诗收入《艺文志》,但作者已改为无名氏,表明他否定是王昌龄所作。

邓湘皋虽认为方志中"简斋诸作,多浅人伪托",但对陈与义的十景诗没有评论,只说:"以旧志相沿已久,不便删也。"而邓绎的光绪《武冈州志》却全部收录旧志中的《万玉亭》和《武冈十景诗》,好在他从《陈简斋集》原书搜罗到《大罗江二绝》等八首,十景诗后再辑《简斋集》诗十七首。[2] 可惜二位邓先生没看到武冈本系统的《简斋集》,没能纠正前述旧志中的错误。

陈与义的武冈十景诗明显是伪作,如"宣风雪霁",据说是南宋理宗题写。他未即位前曾任邵州防御使,1225年即位,改元宝庆,将其潜藩地邵州升府,改名宝庆。传说他曾"大书宣风雪霁四大字于额",悬于武冈城宣风楼上,"宣风雪霁"之景乃因宣风楼而来,陈与义是北宋生人,怎能看到他身后近百年才建的宣风楼呢?

地方志中还收入陈与义的七律《宝方洞天》:"篮舆郊上绿阴迷,七十一峰云际齐。我往西窗夸胜境,今观八洞恍真栖。碧簪挺特地如拔,乳宝玲珑步可携。千里客愁为销尽,茶香竹外好莺啼。"[3] 这首诗现存《永乐大典》残卷引明初《武冈州志》,明确说:"宋郡守四明汪立中尝游其洞,留题于石。"命名《汪立中题宝方洞诗》,估计是某修志人录用前志中这诗时,将作者张冠李戴,导致后修各志沿袭其误。[4]

---

[1] 《(嘉庆)武冈州志》卷三〇《外篇四·附诗征》,叶1a。
[2] 《(光绪)武冈州志》卷三八《艺文志六》,《中国地方志集成·湖南府县志辑》(55),页235上至237下。
[3] 《(康熙)宝庆府志》卷三六《艺文志·诗三·七言律诗》,页876下。
[4] 《永乐大典》卷一三〇七五,页5634下。

(二)陈与义和武冈向氏

失传的武冈本《简斋集》有诗文《拾遗》一卷,补充了陈与义在武冈时的作品,全靠《须溪先生评点简斋诗集》的转引才得保存。须溪先生即刘辰翁(1233—1297),字会孟,别号须溪。庐陵(今江西省吉安市吉安县)人。景定三年(1262)登进士第。宋亡后,回乡隐居,居家著作。遗著由其子刘将孙编成《须溪先生全集》一百卷,已佚。清四库馆臣据《永乐大典》等书辑为十卷,现存仅有《全集》的十分之一。他还批点校注前人诗词集多种,《须溪先生评点简斋诗集》即其中之一。

刘辰翁作有一篇《武冈军沅溪书舍记》,记述陈与义同一向姓人家交往的故事。向氏起先是从芷沅迁居到武冈沅溪,在沅溪有一位老人林下翁,垂髫时曾遇见濂溪先生周敦颐(1017—1073),并跟随他学习。他晚年赶上靖康之乱,陈与义避难南来,过沅溪来访,"相与言濂溪旧事,日相得",因爱此地山水,卜居与翁为邻,屡赋诗而去。现存五律《出山宿向翁家》:"纸坊山绝顶,直下夕阳斜。却看来处路,南北两岩花。田翁邀客宿,笑指林下家。问我出山意,无乃贵喧哗。"[1]这首诗应是指这次造访。刘辰翁据其中"田翁邀客宿,笑指林下家",称老人为"林下翁"。简斋去后约百年,又有魏了翁来访。魏了翁是四川邛州蒲江人,庆元五年(1199)登进士第。他尊崇道学,曾筑室白鹤山下开门授徒,人称鹤山先生。宁宗禁伪学,被谏议大夫弹劾"欺世盗名,朋邪谤国",由知常德府"诏降三官,靖州居住"。了翁在靖

---

[1] 《陈与义集》卷一八《出山宿向翁家》,290 页。

州,湖湘士子不远千里负笈从学。绍定三年(1230),知邵州李大谦新修周元公(敦颐)祠,请了翁作记。[1] 可能在这年前后,林下翁之孙大雅翁,待鹤山如同他祖父接待简斋,而鹤山也愿留居原来简斋住处。此后,本乡人因此合二位先生姓,称他们住过的园圃为陈魏圃,大雅翁又建陈魏祠堂。[2] 约与须溪同时,诗人陈杰有一首诗,题为《武冈向权叔家有陈魏祠堂合祀简斋鹤山》,可见大雅翁大名向权叔。诗中描述:"简斋以诗冠两都,鹤山以文擅江东。兹溪僻在万山底,辽绝安能来两公"。"谁其主者林下叟(句指陈简斋),又谁嗣之大雅翁(句指魏鹤翁)"。"百年向氏两奇遇,千载江山真发蒙"。"创闻合祀适有契,一瓣聊借歌词通"。[3]

向权叔之后,当地又创建沅溪书舍,向氏主人名敏衡,"岁晏风霜,独行千数百里",前往刘辰翁处求他写《武冈军沅溪书舍记》,"归而刻诸石"。另一位诗人王义山也写了一首《题武冈向敏衡无加庄诗》,从此诗题可知敏衡的住地名无加庄。诗中描述了向氏盛情款待陈、魏二先生的尊礼和细节:"武冈有向氏,乃祖家诗礼。简斋曾来访,鹤山亦踵至。二先生来时,草木亦光贲。主人局蹐迎,出门见大宾。大带束深衣,整容而肃襟。揖客坐上座,樽酒与细论。[4]

---

[1] 《宋史》卷一九六《魏了翁传》,12965 页;《(康熙)宝庆府志》卷二三《名宦传·理学列传·魏了翁》,页 568 下。魏了翁《周元公祠堂记》,《(康熙)宝庆府志》卷三一,页 751 上。
[2] 《武岗军沅溪书舍记》,《须溪集》卷四,文渊阁四库全书本,1186 册,页 488 上至 489 下;《全元文》卷二七七,刘辰翁,690~692 页。
[3] 陈杰《自堂存稿》卷一,文渊阁四库全书本,1189 册,页 744 上。
[4] 王义山《稼村类稿》卷三,文渊阁四库全书本,1193 册,页 19 上。

(三)武冈知军姜桐和武冈刻本简斋集

据《须溪先生评点简斋诗集》所作"增注",从《简斋集》武冈本中姜桐跋得知,陈与义是紫阳周氏的子婿,故来此避难;跋文还具体说明了陈与义《石室铭》提到的"谏议周公"父子的事迹。

这位姜桐是谁?明代现存方志中不见其名。清康熙《武冈州志》载有四明人姜相《法相小记》一篇。[1] 嘉庆《武冈州志》收录武冈名胜法相岩题壁石刻"碧玉簪"三字。其左五字,"四明楼钥书";右五字,"郡守姜桐立"。另一卷录《法相岩小记》,作者名更为姜桐,将古称"四明"改作"鄞人",并加按语:姜桐旧志讹姜相,今据法相岩题壁石刻正之。姜桐署衔"郡守",即武冈军知军。[2] 所以《州志》又在四明楼钥传末说:"姜桐者,……知武冈军,钥同乡也。"[3]《宋史·楼钥传》称楼钥"文辞精博",著有《攻愧集》一百二十卷。《州志》赞扬他的书法"笔力清劲"。楼钥曾任同知枢密院事、参知政事、资政殿大学士等朝中要职,也是南宋孝宗到宁宗时的名臣。[4] 武冈人以此石刻题字为荣,自清初修《武冈州志》和《宝庆府志》起,皆将楼钥视为寓贤给他立传,称他因"避韩侂胄来寓,游法相岩,爱岩头立石",因此题写"碧玉簪"三字。[5] 楼钥《宋史》有传,又有私家行状,除在朝中做官外,外任官不出两浙,江南东、西等路,卸职时则"暂还里中",没提到来过武冈

---

1 《(康熙)武冈州志》卷一一《词翰·文类·宋文》,《中国地方志集成·湖南府县志辑》(54),页87上。
2 《(嘉庆)武冈州志》卷二一《艺文志二》,叶9a;卷二八《文征上》,叶17b。
3 同上,卷二三《流寓》,叶39a。
4 《宋史》卷三九五《楼钥传》,12045页。
5 《(康熙)武冈州志》卷五《官师·流寓》,《中国地方志集成·湖南府县志辑》(54),页44下;《(康熙)宝庆府志》卷二四《儒林列传》,页627上。

或湖南,何来"游法相岩"之事。应是姜桐与楼钥有同乡之谊,请求楼钥书写这三字带到武冈刻石的。如楼钥的行状所说:"以铭墓为请者,与之不靳,英辞妙语,散落人间。"[1] 向楼钥求文求字,不一定要亲临当地。

为《简斋集》武冈刻本作跋的"古汴姜桐"和写《法相岩小记》的四明姜桐是否同一人,我认为明州(四明)是姜的现籍,"古汴"是他的祖籍,许多南宋人是因避金人入侵南来,这种现象不足为奇。由于姜桐给洛人陈与义的文集作跋,故署自己的祖籍"古汴"。姜桐是武冈知军,他有能力搜集陈与义在武冈的作品并在武冈重刻《简斋集》,因此《简斋集》武冈本的产生肯定与姜桐有关。

清末陆增祥发表了《法相岩小记》拓本全文,文末署"嘉定辛未长至日假守四明姜桐书",说明此文刻于嘉定四年(1211)夏至日,姜桐出任武冈知军应在这年前,因此可断定《简斋集》武冈本刊刻于这年前后姜桐在任时。[2]

(四)桂庄周昉与《友林诗稿》

为周昉桂庄题诗的史弥宁是武冈知军,他在武冈的事迹,王之制撰《武冈军修学记》略有记载,称史弥宁字清淑,鄞山人。桂庄石壁题诗署名称"四明"人,鄞是鄞县古称,因鄞县东鄞山而得名,四明是明州郡名,此前二十年的绍熙五年(1194),以宁宗潜邸,已升为庆元府。

---

[1] 袁燮《资政殿大学士赠少师楼公行状》,《絜斋集》卷一一,《丛书集成初编》(2029),182页。
[2] 《八琼室金石补正》卷一一七,《石刻史料新编》第一辑(8),台湾新文丰出版公司,1977年,页5912下。

史弥宁是已故大丞相魏王史浩之侄,今丞相鲁公史弥远堂兄,太学生出身,宁宗嘉定五年(壬申)冬,由东宫春坊官出任武冈军知军。六年甲戌夏,发起新建武冈军军学,肇新之,并修治御书之阁,讲堂、斋馆。又建周敦颐、二程之祠,增学田,行乡饮酒礼,文教大兴。[1]

史弥宁的题诗署名为"嘉定乙亥中秋节友林居士四明史弥宁清叔父"。乙亥是嘉定八年(1215),正是史弥宁来任知军的第三年。史弥宁除署名、字和籍贯外,还在最前面冠以其号"友林居士"。他也是一位诗人,据淳祐九年(1249)编刻的《读书附志》载,史弥宁有诗集《友林诗稿》二卷。[2] 分为甲、乙稿,清代仅存《友林乙稿》一卷,归大藏书家黄丕烈收藏,顾广圻赞称:"跻《友林》之逸品,俪声价于吉光"。黄丕烈自注:此刻本"流丽娟秀,兼饶古雅之趣,在宋椠中别有风神","目为逸品"。[3] 潘祖荫也收藏宋刻《友林乙稿》一卷,也赞称此书"字体瘦劲,古香古色,扑人眉宇。"[4] 因此,这书被视为写印俱佳的宋刻珍本,递经名家收藏,1917、1934、1957年多次影印出版。[5] 2003年,北京图书馆出版社又据馆藏宋刻本影印,收入"中华再造善本"丛书中。

在史弥宁题诗的桂庄,道光《宝庆府志》载有"宋武冈军判官郑域题桂庄诗刻",可惜没引诗和作者署名等原文。此后有周昉传,传末附注:"武冈军判官郑域题桂庄诗,均漫漶不可识"。但另处却明确

---

[1] 《宋武冈军修学记》,《(康熙)武冈州志》卷一一《词翰·文类》,页84上至85下。
[2] 《郡斋读书志校正·读书附志·别集类四》,1202页。
[3] 顾广圻《百宋一廛赋注》,《丛书集成初编》(41),15页。
[4] 《滂喜斋藏书记》卷三,《清人书目题跋丛刊》(3),中华书局影印,1990年,715页。
[5] 民国六年(1917)华阳高氏苍茫斋影印本、民国二十三年(1934)江都秦氏石药簃覆宋刊本、1957年北京古籍出版社重印江都秦氏本。

说:"郑域,嘉定七年(1214)武冈军判官,见山心团石刻"。[1] 郑域题诗在嘉定七年,史弥宁嘉定五年到任,题诗在八年,可见郑域正是在史弥宁任知军同时出任武冈军通判。武冈城郊法相岩刻有"郑域法相岩诗",清末陆增祥收到此石刻拓本,末署款:"嘉定癸酉至日松窗郑域中卿。"[2] 说明他在"山心团石刻"前一年,即嘉定六年癸酉(1213)已到任武冈通判,不仅证明他字中卿,还另有号"松窗"。

郑域与史弥宁同官武冈,为史弥宁诗集作序,大略说史浩帅闽时,他以庠序诸生最蒙称赏。此后四十年,就职于湘南史弥宁幕下,"掇拾友林诗稿得百七十首,命工锓之"。说明《友林诗稿》是郑域所刻。史弥宁曾任邵州知州,见于毛宪所作《镇边楼记》。[3]《友林乙稿》中也有若干首有关邵阳的诗,因此《四库提要》作者认为:"盖作于弥宁知邵阳时也。"[4] 然而,史弥宁也曾任武冈军知军,郑域任通判的"湘南幕下"不是邵阳,而是武冈,应是郑域的刻书地。南宋时武冈能刻书并非仅此孤证,史弥宁前任知军姜桐就曾刻过《陈简斋集》。藏书家对《友林乙稿》刻本评价之高,说明当时武冈还是精刻本书籍的产地之一。

《友林乙稿》有《郑中卿惠蟛蚏》七绝一首,蟛蚏即武冈山溪中常见的青蟹。另有《送陈法曹文卿兼柬松窗》七律一首,前引"郑域法相岩诗"署款郑域字中卿,号松窗,可知这两首都是史弥宁为郑域而作,说明他们之间颇有交谊,时有人情往来和诗歌唱和。

---

[1]《(道光)宝庆府志》卷一〇三《艺文略四》,页1554下;卷一一六《先民传上·周昉》,页1702下;卷一七《职官表六·武冈军》,页316上。
[2]《八琼室金石补正》卷一一七,《石刻史料新编》第一辑(8),页5913上。
[3]《(隆庆)宝庆府志》卷四《官师·宋·史弥宁》,叶24a。
[4]《四库全书总目》卷一六三,页1396下至1397上。

（五）武冈本淳化阁帖

诗人陈与义也是书法家，他的书法师承外祖父张友正，友正是仁宗时同中书门下平章事（丞相）邓国公张士逊的幼子，"自号存诚子，善行草书"。"神宗评其草书，为本朝第一"。陈与义起初学外祖书法，"晚益变体，出新意，姿态横出，片纸数字，得之者咸藏弄之。"[1]

他的手迹历经后人收藏，并用刻石或木刻本法帖的形式保留至今。如他去世不久，岳飞之孙岳珂编撰的一部书法著作，刻录各种体裁的名家书法作品，再加自己的赞语。其中有《陈参政简易帖》行书六行、《陈参政阴雨诗帖》草书七行，后者即他在岳阳所作《阴风》诗。[2] 明嘉靖间文征明父子辑刻的《停云馆帖》，内有《江行晚兴》《雨》《今夕》《暝色》《征（贞）牟书事》等诗手稿，都是从邵阳到武冈时的作品。[3] 清乾隆间，陕甘、湖广总督毕沅将所收藏书家墨迹，请名家汇刻为《经训堂帖》，收"宋陈简斋自书所作九首"，除在岳阳等地写的几首外，其余《初至邵阳逢入桂林使作书问其地之安危》《舟泛邵江》《山斋二首》《题水西周三十三壁》皆在邵阳和武冈所作。后附朱熹和元人危素跋，朱熹从别人处借得他的手迹，赞称："间独展玩，不能去手。""叹其词翰之绝伦。"[4] 除现存法帖外，陈与义在邵阳作的词《虞美人·邢子友会上》及其序，《简斋诗集》胡穉注称辑自《大生帖》。他

1　张嵲《陈公资政墓志铭》，《紫微集》卷三五，页 649 上；《宋史》卷三一一卷《张士逊传》，10219 页。
2　《宝真斋法书赞》卷二三，清乾隆武英殿聚珍版丛书，叶 22b 至 23a；《陈与义集》卷二十《阴风》，321 页。
3　《陈简斋诗卷》手稿，《停云馆帖》卷六，故宫博物院藏明嘉靖文彭、文嘉临摹刻石拓本。
4　《经训堂法书》第三册，乾隆五十四年（1789）刻本

的《与夫人帖》,保留在杨万里的《诚斋集》中。

陈与义的书法手迹不仅被收入法帖,而且他本人就对帖学颇有研究。北宋太宗重视书法,淳化三年(992年),将内府所藏历代名家真迹,"命侍书王著摹勒,刻版禁中,厘为十卷",并将这些真迹摹刻入石,称为《淳化秘阁法帖》,简称《阁帖》,是为历代法帖之祖。[1] 宋高宗赵构精于书法,善真、行、草书,笔法洒脱婉丽,自然流畅。他因此醉心书道,"当干戈俶扰之际,访求法书名画,不遗余力;清闲之燕,展玩摹拓不少怠。"[2] 陈与义作为具有同好的大臣,有幸奉旨观淳化祖石刻于秋香亭下,并刻有题识于第七卷卷尾。[3]

北宋哲宗元祐间,长沙人刘次庄以家藏《淳化阁帖》十卷摹刻于临江。除去卷尾篆题,增入自撰释文,书名《法帖释文》。陈与义任侍从时,高宗将法帖十卷附释文一册交陈与义校正,与义"将刘次庄所释仔细寻究,其误者改之,阙者补之",称《法帖释文刊误》。《四库全书总目》评价说:"纠刘次庄《释文》之误,颇为精核。"由于此书仅有七叶,篇页太少,难以单行,今存明程荣刻唐人韦续撰《墨薮》,将《法帖释文刊误》附于《墨薮》之后。[4]

淳化阁帖之后,官私仿刻者甚多,其一为《绛本旧帖》。其后绛州潘氏将阁帖扩分为二十卷,称《绛州潘氏帖》或《新绛本》。武冈又传刻《新绛本》,称《武冈旧本》。嘉定中汪立中又取刘次庄《法帖释文》分入二十卷中,在《阁帖》和《绛帖》的基础上扩而广之,由于武冈帖增

---

[1] 陶宗仪《南村辍耕录》卷六《法帖谱系》,中华书局,1997年,72页。
[2] 周密《齐东野语》卷六《绍兴御府书画式》,中华书局,1983年,93页。
[3] 《南村辍耕录》卷六《淳化祖石刻》,73页。
[4] 《四库全书总目》卷八六《法帖释文》十卷,页734中;卷一一二《墨薮》二卷附《法帖释文刊误》一卷,页955上;《法帖释文进书表》,陈与义《法帖释文》书前,《说郛》卷八九,《说郛三种》(7),上海古籍出版社影印,1986年,页4116下。

附了以前官帖所无的内容,几乎又变成另一部新书,别名《武冈法帖释文》,或称《武冈新本》。[1]

汪立中约于嘉定末年出任武冈军知军,正值姜桐刻《简斋集》和郑域刻《友林诗稿》之后,正由于陈与义曾光临武冈,才可能有本地增刻《简斋集》之举。武冈当地不仅能刻书,而且还是"流丽娟秀"的"逸品",有现存《友林乙稿》实物足以证明之。至于《淳化阁帖》,按今天的话说,属于最高级高品位的文化产品,出现在当时还处蛮荒之地的武冈,难免令人不解。如果我们注意到曾有一大玩家陈与义寓居于此,武冈旧本《淳化阁帖》的出现,很可能是受他的影响。

综上所述,陈与义因何避难来到邵州和武冈军紫阳山,留下哪些诗篇,在吴书荫等点校的《陈简斋集》和白敦仁校笺的《陈与义校笺》出版后,本来是很清楚的,但古代地方修志者囿于藏书条件,见闻不广,陈与义因何而来,在邵阳、武冈方志中众说纷纭,或称他为邵州知州,或称被"笃友谊"的周静之留寓家中。他在此所作的诗甚多,直到清道光间邓显鹤读《简斋集》后,才发现"集中名作","不一而足,皆吾郡掌故,绝不之及",通统遗漏。相反,"俗子又竞为鄙俚诗词以附会之"。甚至本邦人不知其人,"无能称道";或地方志将他"误入名宦"。

陈与义除本人在当地的事迹和诗词外,因他所作《书堂石室铭》又引出"谏议周公"父子的故事,由于原始记载简略,经几百年方志的演绎,再由方志抄入族谱,地方人士和周姓族人皆以此为荣,故事经增添和想象不断发展,以致差之毫厘,谬以千里。本文试图以《陈与义集》原著为基础,辅以宋人原始史料,澄清历史本来面目。同时,在当

---

[1] 《南村辍耕录》卷六《法帖谱系》,72 页;陈振孙《直斋书录解题》卷一四《武冈法帖释文》二十卷,上海古籍出版社,1987 年,410 页。

今地方志大量出版并得到充分利用的情况下,本文试图通过实例说明,地方志的价值在于修志时搜罗到本地仅有的资料,包括修志时征集和调查的资料,本地历史遗留的文献、石刻等。如果并无原始史料为据,方志中轻信旧志或书本中的错误记载,以讹传讹,甚至凭主观喜恶,加以发挥,离事实会越来越远。本文所介绍的人物,由地方志又转抄入族谱,谱中又增添前有几世祖先,后有各代子孙,名讳、官职齐全,为满足虚荣心理,不惜伪造,让后人信以为真。因此,史学工作者接触到这类史料,务必慎重对待。

从牟巘《陵阳集》看南宋的地方官

牟巘,宋元间人,宋亡时年已半百,然而他享高寿八十五岁,入元达三十六年,终年已在武、仁之际的至大四年(1311),历经世祖、成宗、武宗三朝。元代大文人黄溍推崇他说:当时"以耆年宿德擅文章之柄而雄视乎东南者,大理公一人而已"。[1] 虽然他在元朝是湖州一介平民,反而较出仕宋朝时有名。在现有文献中,没发现有关他的碑志或传记之类。按古人修史的传统,作为宋臣,《元史》没有为他立传,而《宋史》则只有他的名字附于其父牟子才传后。牟子才(?—1265)字存叟,或作存斋,四川井研人,嘉定十六年(1223)举进士,理宗时官至礼部尚书。度宗即位,授翰林学士,以资政殿学士致仕。著有《存斋集》。传末提到:"子巘,大理少卿",因此黄溍称他为"大理公"。传中还说:子才卒,荫赠其后任官二人,可能牟巘是其中之一。[2]

康熙时邵远平著《元史类编》,因同样理由,只给牟巘之子应龙立传,传中只有一两句提到其父。康熙三十三年(1694),顾嗣立所编

---

[1] 黄溍《隆山牟先生文集序》,《金华黄先生文集》(四部丛刊缩印本)卷一六,158页上。
[2] 《宋史》,中华书局,1977年,卷四一一《牟子才传》,12355~12361页。

《元诗选》刊行,牟巘的诗位居元诗人次序第三,选录了他几首诗,并为他写了一篇近三百字的小传,内容还包括其子应龙:

> 巘字献之,其先蜀人,徙居湖州。宋端明学士子才之子,擢进士第,官至大理少卿。子应龙,咸淳进士。元初起教授陵〔溧〕阳州,以上元簿致仕。当宋亡时,献之已退不任事矣。一门父子自为师友,讨论经学,以义理相切磨,应龙遂以文章大家见推于东南。

由于无现成资料可据,有关牟氏父子的生平只凑了这几句,以下基本上是顾嗣立对牟巘诗的评价:

> 是时宋之遗民故老,伊忧抑郁,每托之诗篇以自明其志。若谢皋羽(翱)、林德阳(景熙)之流,邈乎其不可攀矣。其他仇仁近(仇远)、戴帅初(表元)辈,犹不免出为儒师,以升斗自给。献之以先朝耆宿,皭然不缁。元贞、大德之间,年在耄耋,肖然备一时文献,为后生之所矜式。所著《陵阳集》若干卷,次子帅府都事应复所编,国史编修程端学为之序,谓其出处有元亮大节,正不当徒以诗律求之也。[1]

道光二十六年(1846),《宋元学案》刊行,由于牟巘及其父子才、其子应龙都是当世大儒,分别给他们三人立传。《宋史》本传称子才从"学于魏了翁"。魏也是四川邛州蒲江人,曾筑室白鹤山下,开门授

---

[1]《元诗选》初集甲,中华书局,1987年,《陵阳先生牟巘》,218页。

徒,从此"蜀人尽知义理之学",尊称为鹤山先生。牟子才等"皆蜀名士,造门受业",子才卒后谥清忠,《宋元学案》因此将"清忠牟存斋先生子才"写入"鹤山学案"。[1] 又将牟子才祖孙三代归纳为"存斋家学"。由于本传说,牟子才又从李方子学,"方子,朱熹门人也",所以牟巘成为"朱、张四传"。《学案》中另有传记《提刑牟陵阳先生巘》云:

> 牟巘,字献甫,一字献之,清忠公子才子也。以父荫累历浙东提刑、大理少卿,以忤贾似道去官。宋亡,不出。讨论《六经》,尤雄于文,蜀中自苏氏父子后,推巽岩李〔焘〕氏父子,继之者牟氏也。学者称为陵阳先生。理宗尝曰:"汝名臣之子,汉人所谓家之珍宝,国之英俊者也。"以得罪时相,几得大祸。国亡三十六年而卒,得年八十五岁。[2]

清末陆心源著《宋史翼》,他是大藏书家,有广泛参考群籍的方便,牟巘又是他同乡的先贤,好不容易从诸书中辑录凑成三百字的传文:

> 牟巘,字献甫,一字献之。父子才,大节重一世,巘在旁赞助居多,人谓存斋有子矣。扬历逾二纪,所至以廉靖仁厚称。理宗训辞有曰(《陵阳集序》):"尔之才学,汉人所称家之珍宝,国之英俊者。秉平反之笔,以广哀矜之意。"除大理司直(《刘后村集·外制》)。至元丙子(1276),即杜门隐居,凡三十六年(《陵阳集

---

[1] 《宋史》卷四三七《魏了翁传》,12965~12966 页。
[2] 《宋元学案》,中华书局,1986 年,卷八〇《鹤山学案》,2689~2690 页。

序》)。既与世相违,优游事外,居家庭之间,与子应龙自相师友,日以经学道义相切磨。(《隆山文集序》)。

接着又引程端学为《陵阳集》所作序称赞说:

> 为文操笔立就,若不经意而有过人者。晚岁,笔力逾劲,南北学者皆师尊之,达官巨人向慕拜谒求文者相属于门。文益富于壮作。[1]

在元朝,他虽然"食贫茹辛卧苕溪上",[2] 却在江南士大夫中享有极高的声誉,著名文人如方回、戴表元、邓牧、程钜夫、任士林、赵孟頫、陆文圭、仇远、袁桷、许谦、柳贯、虞集、黄溍、程端学等的文集都保存颂扬他的文字。柳贯说:"于时陵阳牟公居霅,新安方公(回)居杭,如成都两石笋之相望,人固知为神物而不可狎近之也。"[3] 虞集说:"自大官显人过吴兴者,必求大理公拜床下,得一言而退,终身以为荣。"[4] 黄溍承认他也是"拜公床下,辱赠以言"者之一。[5]

牟巘在湖州的住所,是宋仁宗庆历间郡守马寻宴六老的名胜南园,他父亲牟子才辞官后卜居这里,位于"霅川定安门之里、马公桥之

---

1 《宋史翼》,中华书局,1991年,卷三四,366页上。
2 戴表元《陵阳牟氏寿席诗序》,《剡源戴先生文集》(四部丛刊缩印本)卷一〇,94页下。
3 《跋晋卿所得牟方仇三公诗卷》,《柳待制文集》(四部丛刊缩印本)卷一九,238页下。霅:源出天目山的东、西苕溪,在湖州市城区汇合后称霅溪,或称霅川,代指湖州。
4 《牟伯成墓碑》,《道园学古录》(四部丛刊缩印本)卷一五,145页上。
5 《隆山牟先生文集序》,《金华黄先生文集》卷一六,158页上。

旁"。[1] 与大书法家赵孟頫的莲花庄毗邻。牟巘也能书善画,精于鉴赏,他有关书画的题跋就占《陵阳集》中数卷之多。赵孟頫书写的碑文,如《玄妙观重修三清殿记》《玄妙观重修三门记》《湖州妙严寺碑记》《昆山淮云院记》皆有碑帖出版流传。又如《嘉兴路重修庙学碑记》《松江宝云寺记》皆见于《金石志》,碑文都是牟巘所撰。他在《三清殿记》中特意说明是应赵孟頫的请求而写,由此可见他们的关系不同一般。[2] 现存赵孟頫手迹,如题于晋人顾恺之《洛神赋图》后的行楷书《洛神赋》,有牟巘作跋赞称:"《洛神赋》中所谓'翩若惊鸿,婉若游龙'者,此书盖似之。"此卷曾经陆心源收藏并作跋,也说:"后有牟巘题,有'献之'二字朱文方印。"[3] 行书"陆机《文赋》卷",牟巘作跋赞称:"子昂书士衡(陆机字)《文赋》,曲尽变态。"牟巘撰文的《湖州妙严寺记》,是赵孟頫楷书的代表作,字迹匀称,笔势圆劲流丽,结构布局端庄秀美,是临写赵字的常用字帖。《文赋》和《湖州妙严寺记》纸本卷原件,现藏美国普林斯顿大学美术馆,后面都有牟巘的跋语。[4]

牟巘在元朝文望甚高,声名赫赫,但有关他在宋朝的具体事迹记述却很少。《元诗选》称他曾"擢进士第",但不知何据。《宋元学案》则说他"以父荫累历浙东提刑、大理少卿",只举出他曾经担任过的最

---

[1] 《题施东皋南园图后》,《陵阳先生集》(以下简称《陵阳集》,1921 年刘承幹辑刊吴兴丛书本)卷一七,叶 11a;《全元文》,江苏古籍出版社,1998 年,第 7 册,643 页。

[2] 《松江宝云寺记》见《江苏省通志稿》卷一九,《嘉兴路重修庙学碑记》见《两浙金石志》卷一四,《石刻史料新编》,台湾新文丰出版公司,1977 年,第 1 辑第 13 册,9933 页上～9934 页上;第 14 册,10545 页下～10546 页下。湖州妙严寺和昆山淮云院两碑记,《陵阳集》《全元文》皆失收。

[3] 陆心源《赵子昂行楷洛神赋跋》,《仪顾堂题跋》,《清人书目题跋丛刊》,中华书局,1990 年,第 2 册,卷一五,177 页。

[4] 《海外所存中国绘画目录·美国加拿大篇》,日本东京大学东洋文化研究所出版,1983 年。

高官职。"以父荫"出仕,与《宋史·牟子才传》"荫赠其后任官二人"相符。从他所著《陵阳集》看,其中有数卷内容全是他任湖南武冈军知军时所作,看来他是从地方官员而入仕的。武冈是我的家乡,当地最后一次修成的(光绪)《武冈州志》,据历代方志和各种史书记载,共搜罗得宋朝曾有二十九人出任武冈知军,出任通判、幕职、诸曹共十四人,出任知县有三人,县丞、主簿、尉、学职共四人,军、县官吏总共五十人,单独立传者十七人,却遗漏了宋元之际这位"雄视乎东南"的著名文人。[1]

牟巘的文集中没提到他在武冈任官的时间,但从他某几篇出现"丁卯岁""戊辰"和"咸淳八年"等年代分析,他约在宋度宗咸淳三年(丁卯,1267)至八年之间在任。[2] 这时已是蒙古忽必烈即位后的至元四年至九年(1267—1272)。至元八年(1271)蒙古改国号为元,随后发动大规模的平宋战争,宋朝处于覆亡前夕,牟巘卸任后,武冈很快就处在元朝统治之下,待当地回归太平重新修志时,他在任时的事迹已湮没无闻,当地也没留下石刻之类永久性记录,因此这位原应列为名宦的牟巘被武冈的方志遗漏了。

牟巘曾在武冈任职没有任何史书记载,但在他所著《陵阳集》中,从篇名或文字内容判断,其中确是在武冈时所作有数卷几十篇之多,不仅记录了他在武冈任职期间的经历和史实,可补地方志之缺,而且还能从中大致了解南宋地方官的职责和日常生活。

---

[1] 《(光绪)武冈州志》卷四《职官表》;卷二〇《官师志》;《中国地方志集成》,江苏古籍出版社,2002年,第54册,湖南府县志辑,223页上至227页上、425页下至428页上。
[2] 《通湖南王帅漕启》,《陵阳集》卷一八,叶1ab;《武冈置靖安寨申省状》《创大礼例库申省状》卷八,叶5b至6b、6b至7b;《全元文》第7册,519、497、499页。

一

《陵阳集》中反映牟巘在任时最重要的事件就是"招捕"紫阳乡的"妖寇",他向朝廷报告武冈所处的地理环境和处理此事的经过:

> 本军虽为僻垒,然西通融、桂,北控沅、靖,南连全、永,家与溪洞相联。旧来节次于要害去处置立堡寨,控扼防把,无虑十五六,而后徭省各安。武冈一邑,虽地无溪洞,而紫阳乡都分最阔,去军、县且二百余里,其俗顽狁,又与永、邵接境,往往恶少之所出没,乃无巡寨以为弹压。戊辰(咸淳四年,1268)妖寇相梃啸聚,无所控制,几至猖獗。本军随宜招捕,仰赖圣朝威德,随得弭宁。

"本军"指武冈军。北宋徽宗崇宁五年(1106),以邵州武冈县升为军,下辖武冈、绥宁、新宁三县。下文"武冈一邑"则指武冈县,与军治同在今武冈市城。"紫阳乡"因紫阳山而得名,在今武冈东北夫夷水沿岸的塘田市、金称市一带,原属武冈县,中华人民共和国成立后划归邵阳县。他接着说:

> 事定之余,倘又不知防守,非所以惩前事而戢后患也。某虽侥幸替去,然不敢不为此邦长久之虑。昨差官相度下育渡,乃紫阳乡要害之地,遂行创立寨屋三十余间,及寨官衙守等。皆是本军自行措办,一毫不以扰民,并已齐备了毕。今来欲以靖安寨为名,招刺寨军一百人驻扎防守。见将标钉到已断妖贼周千四等

及其余妖徒田产尽行籍入本寨,充养军之费,或尚支用不敷,在本军随时挪融应付。其契勘得本官旧有武阳寨监押一员,并同管辖一员,阙官岁久,欲乞公朝敷奏,将上件二阙省罢,特置知靖安寨兼巡检一员,专任武冈县紫阳、长溪两乡防把之责。仍下吏部作阙,许经任人差注,或从本军选辟一名。庶几此寨既建,可以联接声势,禁伏奸暴,千里均拜安靖之福,实为利便。[1]

牟巘将武冈紫阳乡被搜捕的人称为"妖寇",他们可能是信仰秘密宗教。事情经过只有"相梃啸聚,无所控制,几至猖獗"几个字。下文提到"妖贼周千四"的名字,可能他是首领。在今邵阳县的白仓峇岩,也就是当年紫阳乡境内,有宋人何扬祖的石刻题诗,"末书咸淳戊辰夏五月,徭叛。六月,舂陵何扬祖偕棘阳芮大椿、侯城庞南翔,奉郡将牟侯招捕。九月,师次白仓,游峇岩,次前韵作诗"。[2] 所谓"郡将牟侯"正是武冈军知军牟巘,所记时间也是咸淳戊辰年,而且精确到月,并点明"叛"者是瑶族。当时任武冈县令的杨应元《墓志》提到:在他将解职卸任时,恰逢前述紫阳乡的事变发生,他称之为"婆婆鬼",只说他们"啸聚滋炽",还没发展到直接与官府对抗的程度,通过招募乡民的"众响者"传话劝导,他们就"翻然悔艾,按堵如故"了。[3] 从事后没收他们的田产看,他们原来都是有产业的平民。

为了长治久安,牟巘提出在紫阳乡要害之地下育渡设靖安寨。

---

1 《武冈置靖安寨申省状》。
2 《(嘉庆)武冈州志》卷二一《艺文略·金石文字附·峇岩诗刻》,卷一六《寺观》:"峇岩寺,城东一百八十里,宋张绶、何扬祖留题于壁。"《稀见中国地方志汇刊》,中国书店,1992年,第40册,221页上、174页上。
3 《宋武冈县令杨公墓志》,转引自中国柯桥网:李科才、杨朔《宋武冈县令杨应元墓志考略》。

直至明朝,紫阳乡之名仍沿袭下来,靖安寨可能就是明代的紫阳关,当时已不设寨,但仍保留宋朝的巡检司。[1] 武冈从北宋起,先后曾置山塘、关硖、武阳、城步、赤木、神山、通硖、峡口等寨。[2] 其中武阳寨原有官监押和管辖各一员,多年已缺官治理,因此牟巘建议将这二缺省罢,在紫阳乡另置靖安寨,设置"寨官衙守"知寨兼巡检一员。宋朝的寨(或作砦)设于"险扼控御去处",寨官称为知寨,负责"招收土军,阅习武艺,以防盗贼"。[3] "土军"就是上述"刺寨军",共有一百人驻扎防守。靖安寨知寨兼任巡检,巡检是巡检司的官员,管辖范围和职权各有不同,其中一州一县中的巡检,"掌训治甲兵、巡逻州邑、擒捕盗贼事"。"控扼要害及地分阔远处,皆置巡检一员"。"各随所在,听州县守令节制,本砦事并申取州县指挥"。[4] 职责同知寨差不多。这片地区"都分最阔",在武冈军、县境东北角,"与永(州)、邵(州,理宗改宝庆府,今邵阳市)接境",离军、县治甚远,管理有困难,所以牟巘提出设寨官治理,"可以联接声势"的建议。靖安寨"专任武冈县紫阳、长溪两乡防把之责",这两乡在明代仍继续保留,长溪乡下分四都,紫阳乡下分二都。[5] 到清康熙时改称为里,长溪里"去城一百四十里",紫阳里"去城一百八十里"。两"里"都在"州东",各"编二都"。[6]

---

1 《(嘉靖)湖广图经志书》卷一六,《日本藏中国罕见地方志丛刊》,书目文献出版社影印,1990年,第21册,1400页上,〔武冈〕紫阳山,在州东一百五十里";1403页下、1407页上,"紫阳巡检司"和"紫阳关"皆"在州东一百五十里"。
2 《宋史》卷八八《地理志四·荆湖南路》,2201页。
3 同上,卷一六七《职官七·镇砦官》,3979页。
4 同上,卷一六七《职官七·巡检司》,3982页。
5 《(隆庆)宝庆府志》卷一,《稀见中国地方志汇刊》第39册,737页下。
6 《(康熙)武冈州志》卷三,《中国地方志集成》第54册,湖南府县志辑,27页上。

二

为朝廷征收赋税是地方官的主要职责,《乾会节进银状》一文标题下注明"武冈",是他以武冈军知军的身份为庆贺乾会节向朝廷贡银的状文,反映了当时武冈百姓不仅要负担一般的赋税,而且每逢朝廷规定的节日要向上进贡。宋朝自太祖开始,就规定皇帝的生日为"圣节",以后每个皇帝各有一个不同名目的节日,乾会节是宋度宗的生日。真宗时制定庆贺圣节的礼仪,其中一项是"文武群臣、方镇州军皆有贡礼",因此牟巘不仅在乾会节书写"天保效南山之祝""仰祝殊龄"的贺节状文,还要向皇帝"进银"。[1]

皇帝的生日有节,皇太后的生日也有节。度宗即位的次日,尊理宗皇后谢氏为皇太后,生日为寿崇节。牟巘有四篇贺寿崇节和皇太后的文字,其中首篇《贺寿崇节表》提到"寿和皇太后陛下",据《宋史·度宗纪》:"咸淳三年(1267)春正月丁酉,奉皇太后宝,上尊号曰寿和。"[2] 可见此表作于咸淳三年正月以后,这时牟巘正在武冈知军任上。

牟巘在另一篇状文透露:武冈军每逢"圣节"之类的"大礼",照例应纳进奉银两千二百一十一两一钱四分,随纲另加进奉银三百八十四两五钱二分五厘。"所有价钱系照指挥截拨",此外还要应付各种

---

[1] 《乾会节进银状·武冈》,《陵阳集》卷八,叶4a;另有《贺乾会节表》一、《贺乾会节表》二,卷八,叶8a、叶11b;《乾会节功德疏》,未明何地,可能也是任武冈长官时所作,卷二二,叶11b;《全元文》第7册,495、491、492、772页;《宋史》卷一一二《礼志十五》,2672、2680页。

[2] 《宋史》卷四六《度宗纪》,897页;《贺寿崇节表》一、《贺寿崇节表》二、《贺皇太后表》,《陵阳集》卷八,叶8b、11a、10a;《寿崇节满散疏》,卷二二,叶13b;《全元文》第7册,492、493、772页。

名目的征调,以上银两数还不够。过去旧有的弊例,或者靠质库(或称解库,即当铺)、墟户(商户)补足,或者要本军、本县的吏胥补足,甚至还有"告讦献助"的办法。这样做本来是不得已而为,但官吏因缘为奸,重贻民害,质库、墟户往往停业关门以躲避科买,市井萧然,日甚一日。他前几年接任武冈军之后,得知这件弊端应上诉革除,并下令不许告讦献助。武冈本来仅是一个县,升格为军,赋税收入有限,加上"妖寇"作乱调发官军民兵镇压,耗费甚巨。他自称"不敢以一镪一粒科扰百姓,自行那〔挪〕融应办",然而这些开支都在"常年调度之外",因此本军的财政越来越窘困无法筹措,遂下决心樽节浮费及供给等钱,铢积寸累,共计见钱一万贯,创置大礼银纲贴助解库一座,月收微息,专项管理,不许挪动。如遇大礼年分收买两项进奉银两,除使用历年按例截拨"划刷钱"外,将本军三年所积息钱支出,添助上件银两价钱。从咸淳八年(1272)明堂大礼开始,大约可增收钱六千四百余贯,比较目今市价大略相当。这样老百姓不用加倍缴费,也能稍稍革除科配、献助等弊端。总之务必做到符合朝廷"严恭大礼,不渎不扰之意"。[1]

"明堂大礼"是古代皇帝(天子)亲行的祭天礼,旧有"冬至日当亲祀圜丘(或称南郊、即天坛)""季秋行大享明堂礼"的惯例。宋仁宗皇祐以来始以大庆殿行明堂之礼,内容是"合祭天地,祖宗并配,百神从祀"。高宗绍兴元年(1131)定在九月十八日行事,每三年一次。题为《贺明堂庆成表》的表文应是专为明堂大礼而作。[2]

《武冈送交代物札》不知送的是什么礼物?但札中有"三年上最,

---

[1] 《创大礼例库申省状》,《陵阳集》卷八,叶 6b 至 7b;《全元文》第 7 册,498 页。
[2] 《宋史》卷一〇一《礼志四》,2465、2466 页;《贺明堂庆成表》,《陵阳集》卷八,叶 10a;《全元文》第 7 册,493 页。

一节趣还"的话,[1]这同各种贺节、大礼一样,反映出地方负担的沉重。

三

牟巘在武冈任官时写有大量祈神的文字,有谒庙祝文、祷神祝文、祭神文和祈雨文等各种名目。在中国古代,从皇帝到地方官,将祭祀天地、神灵作为自己的职责,也就是一种政府行为。他们面对大自然酿成的灾异无能为力,只能求神帮助,父母官有责任代表子民百姓向神祈福。如牟巘在《祭社稷坛祝文》中所说:"惟有民此有土,故曰:'民为大,社稷次之',先民而后致力于神也。某被命守此土,视事三日,未有以自见于民,祗用典常,来拜坛壝,其敢不恪。"[2]意思是说,有民众,才有武冈这片土地,因此孟子说:"民为贵,社稷次之。"(《孟子·尽心下》)春秋时随国季梁说:"夫民,神之主也。是以圣王先成民而后致力于神。"(《左传》桓公六年《季梁谏追楚师》)因此牟巘引用先贤的格言,向神表明,他奉命出守武冈,上任三天就来祭坛壝,就是祈求社稷、神,同他一起负起保佑和爱护本地子民的责任。

古代从朝廷到地方的祭祀名目繁多,神灵甚多,载入官修的典章,有如国家大法成为制度。北宋绍圣二年(1095),哲宗听从尚书礼部侍郎黄裳等的建议,诏令"天下州军籍境内神祠,略叙所置本末,勒为一书,曰某州祀典"。[3] 可见当时祭神不仅有朝廷大典,各州军也编

---

1 《武冈送交代物札》,《陵阳集》卷二一,叶3b;《全元文》第7册,506页。
2 《祭社稷坛祝文》,《陵阳集》卷二二,叶6b;《全元文》第7册,754页。
3 《宋会要辑稿》,中华书局影印,1957年,第19册,卷一二〇三《礼》,769页上。

有地方性的祀典,内容包括应祭祀的神灵名单,各神的历史、地点、赐额、封号、庙貌等。大致可分两类:一类是从朝廷到地方共祭的神;二类是地方特有的神。

宋朝的制度,从京师到州县都要祭祀的神,据《宋史》记载:规格分大、中、小祀。"诸州奉祀","春秋二仲享先代帝王及周六朝,并如中祀。州县祭社稷,奠文宣王,祀风雨,并如小祀"。[1]

中祀享先代帝王。先代帝王在武冈境内有尧禹帝庙,牟巘自述:"视事三日",立即"祗拜于庭。"[2]

"社(土神)稷(谷神),自京师至州县,皆有其祀"。[3] 州县祭社稷"如小祀",上引《祭社稷坛祝文》就是牟巘为祭社稷而作,他视事三天,就来拜社稷坛壝,由于他受命"守此土",有向当地社稷报到的含义。按通常的礼制,州县在每年以春、秋第二月祭太社、太稷,由刺史(武冈军称知军)、县令初献,就是担任主祭。

州县奠文宣王亦"如小祀",文宣王是唐玄宗追谥孔子的封号,宋真宗改谥为至圣文宣王。知军作为地方长官,谒庙、行释奠礼,尊孔兴教也是牟巘的重要职责。景德四年(1007),太常礼院官提出:"今诸州长吏不亲行祀,非尊师重教之道。"应遵照《开宝通礼》,"诸州释奠,刺史和从祭之官致斋三日"。祭礼称为释奠,由州或军的长官主持,行初献礼。崇宁初定,辟雍(即学宫)文宣王殿以"大成"为名。接着在政和三年(1113),颁辟雍大成殿名于诸路州学。牟巘在《谒大成殿祝文》说:他"以诸生试郡,始见学宫,示有先也。越三日再至于庭"。[4]

---

1 《宋史》卷九八《礼志一》,2425 页。
2 《谒尧禹帝庙祝文》,《陵阳集》卷二二,叶 5b;《全元文》第 7 册,753 页。
3 《宋史》卷一〇二《礼志五》,第 2483 页。
4 《谒大成殿祝文武冈》,《陵阳集》卷二二,叶 5b;《全元文》第 7 册,753 页。

显示他对孔圣的虔诚。

宋理宗曾因颜回、曾参配飨孔子的问题"下问祠臣",牟巘之父子才将理宗的御笔原件藏于私室。武冈军学撤除旧庙,修建新的殿堂,牟巘应武冈士人请求将御书摹刻在殿壁之上。[1] 可惜这块碑刻没遗留下来,也不见于历代州志记载。

地方官表示重儒兴教,除了尊孔外,往往另立神庙崇祀先贤。牟巘遵循汉儒董仲舒的说法,"郡守、县令,民之师帅,所使承流而宣化也"(《汉书·董仲舒传》)。《陵阳集》中有一篇《七先生祠》,认为自己的职责就是"承流郡国",使本州郡的民众能接受和继承良好的风尚传统,"当知风化之端,取则先儒,爰考渊源之自"。谁是应取法的先儒呢? 他的回答是:"惟七先生,实万世祀。"[2]

《七先生祠》实际上是一篇上梁文,前部分是骈偶文,文中没具体指明祠祭哪七人,但其中的四句可说明问题:"衣被虽遍于天下,脉络尤系于湘中,盖关洛之传,实自舂陵而倡。"意思是说,虽然道学的传播已惠及天下,但它源于舂陵的倡导并在湖南发扬光大。"关"指张载(1020—1077),由于他侨居凤翔郿县横渠镇(今属陕西眉县)并在此讲学,弟子多为关中人,后人称其学派为"关学"。"洛"指洛阳人程颢(1032—1085)、程颐(1033—1107)兄弟,他们长期在洛阳讲学,故他们的学说被称为"洛学"。《宋史》称:"至宋中叶,周敦颐出于舂陵(湖南道州古称),乃得圣贤不传之学",程颢和程颐兄弟"受业周氏,已乃扩大其所闻"。[3] 因此牟巘说"关洛之传,实自舂陵而倡"。又说:

---

1 《次韵谢张教刻先人所被理宗宸笔二首》,《陵阳集》卷四,《律诗七言》,叶1a。
2 《七先生祠》,《陵阳集》卷二三,叶1ab;《全元文》第7册,768页。
3 《宋史》卷四二七《道学传序》,12710页。

"蜀、闽之老,其惠岳麓者深。"[1] "蜀老"指四川广汉人张栻(1133—1180),"张栻之学,亦出程氏"。孝宗乾道元年(1165),主管并讲学于岳麓书院,苦心经营三年,从学者达数千人,奠定了湖湘学派的规模。"闽老"指朱熹(1130—1200),"得程氏正传"。晚年定居建阳(今属福建)考亭讲学,创"考亭学派",人称为"闽学"。乾道三年,朱熹从福建赶赴岳麓书院。张栻"既见朱熹,相与博约又大进焉"。二人会讲三月,湘湖学派从此臻于成熟。光宗绍熙四年(1193),朱熹出任知潭州,"所至兴学校,明教化,四方学者毕至"。[2] 主持修复了岳麓书院,成为朱熹讲学授徒、传播理学的又一场所。因此说他俩"其惠岳麓者深"。以上从周敦颐、张载、程颢、程颐到南宋的张栻、朱熹共六人,都载于《宋史·道学传序》,《序》文最后又说:"邵雍高明英悟,程氏实推重之,旧史列之隐逸,未当,今置张载后。"[3] 我猜想,"七先生祠"是供奉《道学传序》提到的这七位理学家。牟巘又说:"都梁(武冈古称)固已在过化之余,郡乘乃独无揭虔之所,宁非欠事,或者厚颜。"因此他"乃规爽垲,乃辟堂皇,不日成之,未始勤民之力"。可见"七先生祠"是在他主持下新建的。因此在殿宇将建成时,他撰写了这篇上梁文。

我少年时在家乡曾见过这种上梁仪式,当新建房屋的木架竖起时,仅留最高处的大梁待装,上梁时应由工匠头主持,以《七先生祠》为例,先诵上梁文前一段骈文,接着一面向四方和上下唱诵六首诗,一面抛洒夹着果食的米粒。每向一方,先唱"儿郎伟,抛梁东(随后是西、南、北、上、下),下接三句诗。如第三首:"抛梁南,对面云山翠泼

---

[1] 《七先生祠》。
[2] 《宋史》卷四二九《朱熹传》,12763 页。
[3] 同上,卷四二七《道学传序》,12710 页。

岚。自有此祠师道立,明伦稽古足相参。"

云山在武冈城南一十五里,唐道士司马承祯称全国有道家七十二福地,将云山排在第六十九位,并指出"在邵州武刚县"。[1] 南宋时王象之著地理总志《舆地纪胜》,将云山列入武冈有代表性的景物,还详载云山中有日华山、月华山、杏花坞、投龙洞、猿藤水、道者岩、侯公洞等多处景观。[2] 云山共有七十一峰,高下形状不同,最上名芙蓉峰,嘉定中,知军汪立中建"七十一峰阁"于此。相传秦始皇派遣卢生求仙药不获,不敢归,与侯生共谋南逃,隐居云山,因此云山归卢生治理。[3] 这首诗说明七先生祠正面对翠岚的云山。

"明伦稽古"指学宫内的明伦堂和稽古阁,与七先生祠"相参",都有发扬师道的意义。因此他在六首诗之后总结说:"伏愿上梁之后,儒术光昭,人文增盛。"[4]

四

宋朝武冈的神庙甚多,有全国共有的神,也有当地的土神。牟𪩘的祝文列举武冈的神:"惟土专城隍,惟龙司雨泽,惟渠渡祷辄应,惟

---

[1] 《天地宫府图》,《道藏》(22)《云笈七籤》,文物出版社、上海书店、天津古籍出版社影印,1988 年,203 页下。《宋书》卷三七(中华书局,1974 年,1132 页)、《南齐书》卷一五(中华书局,1972 年,288 页)《州郡志》,武冈皆作"武刚"。《舆地纪胜》(中华书局,1992 年,2163 页)卷六二:"梁避太子刚讳,改曰武强。"

[2] 《舆地纪胜》卷六二《武岗军·景物》,2167、2168、2169 页。

[3] 《寰宇通志》,"中央图书馆"影印本,1947 年,卷五六《玄览堂丛书续集》,叶 16b;《(嘉庆)武冈州志》,《稀见中国地方志汇刊》第 40 册,卷一九《政绩略》"汪立中",198 页上。

[4] 《七先生祠》。

鳌山祠最古,惟德源在蜀,能使蜀人不识有水旱,是皆民之望也。"[1] 他在谒诸庙时撰文说:武冈"绥靖千里,以有丰年,神之赐也"。现在"被命来守是邦,敢不夙夜敬共"。[2]

城隍是各地都有的神,"城"原指土筑的高墙,"隍"指没有水的护城壕。古人修筑城墙和城壕是为了保护城内百姓的安全,因此城隍被神化为城市的保护神。宋代被正式列入祀典,并明确规定,新官到任三日内,必须拜谒城隍庙。

"惟龙司雨泽"指的是龙王庙,龙王管降雨。武冈的龙王庙在城南五里古山山麓,祀昭潭龙神。原来那里有个渊深莫测的深潭和从中流出的山泉,士民敬祀以祈雨。《陵阳集》中有一篇《祈雨谒龙王祝文》,内有"然则是山之泉,其神而为龙也"的话,[3] 就是说这个山泉和龙王。宋朝曾赐龙王庙嘉兴庙额,封昭潭(据渠渡庙所存碑文应作"泽")普润侯,继加孚济二字,封孚济昭泽普润侯。[4] 这座庙民国时还在,我曾在大旱之年见过农民抬着龙王出游求雨的情景。

"惟渠渡祷辄应"指的是渠渡庙。渠渡庙最早见于明早期的全国总志,称:"庙在武冈州城北。宋封其神为灵济侯,水旱赴祷辄应。"[5] 武冈地方志收录有宋大学士叶梦鼎撰写的庙记,指出渠渡是武冈的一位土神,庙在城北二十里,位于迄今仍穿城而过的渠水上游。《庙

---

[1] 《再祷诸神祝文》,《陵阳集》卷二二,叶 18b;《全元文》第 7 册,757 页。
[2] 《谒诸庙祝文》,《陵阳集》卷二二,叶 11ab;《全元文》第 7 册,754 页。
[3] 《祈雨诣龙王祝文》,《陵阳集》卷二二,叶 7ab;《全元文》第 7 册,756 页。
[4] 《寰宇通志》卷五六,"昭潭庙",叶 18b;《(嘉靖)湖广图经志书》,《日本藏中国罕见地方志丛刊》第 21 册,卷一六,1408 页下;《渠渡庙封崇福公告》,《八琼室金石补正》,《石刻史料新编》第 1 辑第 8 册,卷一一九,5900 页下。
[5] 《寰宇通志》卷五六,叶 18b;《明一统志》(文渊阁四库全书第 473 册)卷六三《宝庆府·祠庙》,346 页下。

记》转述当地人许多神奇的传说:相传神初显灵迹时庙在天尊岭上,祠祭者嫌登陟艰难,父老们于是祷告,祈愿在平地祭祀。不久,夜间风雨大作,明早,庙里神像都自己移到岭下。神像原是一块香木,人们不识木名,相传在风雨后的水中忽然发现那块木头,发出浓烈的香味,敲之有金属的声音,不管是旱或涝,只要向他祈祷就会应验,于是乡人将这块香木雕成神像,在岭下渠水畔另建新庙,故称为渠渡。

《庙记》记载庙神受封的经过:"庆元二年(1196)六月,赐'灵济'庙额。嘉泰二年(1202)六月,封广惠侯。淳祐十一年(1251)二月,封崇福公。"渠渡庙到清代仍保存几块刻着宋朝敕书的石碑,不仅有赐额牒和特封广惠显应宣灵孚佑侯为崇福公敕。还有两块《庙记》没提到的景定四年(1263)四月增封崇福公为崇福昭贶公敕和咸淳五年(1269)六月,再增封为崇福昭贶益灵公敕。[1]《庙记》开头就说:"圣天子(度宗)登宝位,诏天下名山、五岳、四渎、忠臣烈士载在祀典者,所在长吏致祭。""我渠渡崇福昭贶益灵公,亦在祀典,与有斯宠"。[2]据《宋史》记载:

> 自开宝、皇祐以来,凡天下名在地志,功及生民,宫观、陵庙、名山、大川能兴云雨者,并加崇饰,增入祀典。熙宁复诏:应祠庙祈祷灵验,而未有爵号,并以名闻。于是太常博士王古请:"自今诸神祠无爵号者赐庙额,已赐额者加封爵,初封侯,再封公,次封

---

[1] 《(道光)宝庆府志》,《中国地方志集成》,江苏古籍出版社,2002年,第53册,湖南府县志辑,卷一〇三《艺文略·金石》,165页下至169页上;《渠渡庙赐灵济额牒》,《八琼室金石补正》卷一一七;《渠渡庙封崇福公告》,卷一一九;《渠渡庙封益灵公告》,卷一二一;《石刻史料新编》第1辑第8册,5900页下、5945、5968页上。

[2] 叶梦鼎《渠渡庙记》,《(康熙)武冈州志》,《中国地方志集成》第54册,湖南府县志辑,卷一一,85页上。

王,生有爵位者从其本封。"[1]

庆元二年(1196)"赐灵济庙额牒"引用"建炎三年正月六日敕节文"也说:

> 神祠遇有灵应,即先赐额,次封侯,每加二字,至八字止;次封公,每加二字,至八字止;次封王,每加二字,至八字止。[2]

因此,礼部据太常寺申准尚书省札子,同意武冈军保奏的渠渡庙乞赐庙额的申请。后来也是遵制陆续封侯、封公,或将封号每次增封二字。

《庙记》还记述两次求雨灵验的神奇故事。景定四年癸亥(1263)旱,知军赵希迈遣武冈县令舁神进城祈祷。赵迎神时稍有怠慢,触犯神怒,掷圭于地,再也抬不动。赵表示悔谢,"雨乃随至"。次年四月,新任知军姚岩刚下车不久,梦有姓渠的秀才来访。第二天就有吏报告今天应谒渠渡神祠。姚岩说:昨晚梦见的渠秀才就是他吧? 于是立刻前往晋谒。姚岩见祠旁有溪水冲出,浸协神庙,庙庭中有一棵树将倒,就说:"水冲则风水不便,树仆则庙貌不安,神如有灵,去其树,移其江。"言讫而退。当天晚,狂风雷雨大作,如有人马金鼓之声。天亮时,溪水决口向左流,迂绕于祠之东侧流去,庭中的树被拔出置于庙墙外数十步,"祠宇寸瓦无恙"。《庙记》为了证实此事,又说:"此父老耳闻目睹,言神之灵近而感人者如此。""迩来是邦五风十雨,时和岁

---

[1] 《宋史》卷一〇五《礼志八》,2561 页。
[2] 《渠渡庙赐灵济额牒》。

丰,衣食足而礼义兴,……讵非神之赐乎?"铭文再次强调:渠渡神理所当然地"庙食武攸(隋末萧铣割据,更武冈名为武攸),福我黎民"。[1]

牟巘曾作《祭渠渡、城隍、鳌山祝文》,将此三神列为"食于其土,而大芘其民"由本地"庙祀"的神,渠渡排在首位,可见此神在当地备受崇信的程度。此外有专祭渠渡的《诣渠渡祠祝文》和《再诣渠渡祠祝文》;有与龙王合祭的《送渠渡龙王回庙祝文》,渠渡与龙王同祭,将渠渡视同龙王。《渠渡庙封崇福公告》也将渠渡灵济庙与昭泽龙王庙并列,用"万物者莫灵乎龙,润万物者莫利乎水"的词句夸赞二庙的神力,"或以昭泽著,或以灵济称",同是"庙食湘南"由武冈军武冈县管的龙神。[2] 祝文说:"比者亢阳弥月,……秀稻日就槁萎。""岂意神肯顾哀弭节之,明日而雨,淋浪滂沛,越三日未已也,槁者泽,萎者苏",说得神乎其神。因此感叹:"呜呼!神勤施于民,其信而可恃者如此。"[3]

宋朝对渠渡神最后一次增封在咸淳五年(1269),同时颁给铜鼎和白玉圭。[4] 这年正是牟巘出任知军、平定所谓"妖寇"的次年。叶梦鼎的《庙记》充满荒诞的神话,清人邓绎怀疑《庙记》不可能是叶梦鼎所写,因此说:"此篇浅人赝作,姑仍旧志存之。"[5] 叶梦鼎是浙江宁海人。景定三年(1262)升吏部尚书,拜端明殿学士。咸淳三年(1267),召为参知政事,拜右丞相兼枢密使。九年,台臣奏从归田之请,诏仍少

---

1 叶梦鼎《渠渡庙记》。
2 《渠渡庙封崇福公告》,《八琼室金石补正》卷一一九。
3 《送渠渡龙王回庙祝文》,《陵阳集》卷二二,叶 9b;《全元文》第 7 册,759 页。
4 《(道光)宝庆府志》卷一〇三《艺文略·金石》(170 页上):"乾隆四十九年甲辰(1784),鼎毁于火,圭存。"
5 《(光绪)武冈州志》,《中国地方志集成》第 55 册,湖南府县志辑,卷三五,152 页下。

保、观文殿大学士。[1] 故《庙记》署他的官衔为大学士。

　　叶梦鼎就任丞相与牟巘出任武冈军同时，《陵阳集》中有牟巘写给叶丞相梦鼎的信件数封，[2] 说明两人确有联系。由于当时有关时政和民生大事的成败往往归结为神灵，而牟巘又特别重视渠渡神并频繁致祭，因此很可能是他再次向朝廷为神请封，同时请求叶梦鼎撰写《庙记》，并非后人"赝作"。至于记中荒诞不经的内容，一般是照抄求文方提供的资料，何况丞相的应酬文字甚多，往往有人代笔，不足为怪。《庙记》没署写作年代，(道光)《宝庆府志》在同一卷中，一处定于淳祐十一年(1251)，另一处定为景定甲子，即景定五年(1264)。[3] 因《庙记》中出现的最晚年代是景定五年，后者就定在这年。从文意看，这年知军姚岩祭神之事纯属追溯往事，故下文紧接"迩来是邦"云云。《庙记》开头已提到度宗登宝位，还提到"我渠渡崇福昭贶益灵公"，据石刻敕书，这封号正是咸淳五年增封，因此可以肯定，《庙记》应作于授渠渡神增封敕、颁给铜鼎和白玉圭的咸淳五年，也正是牟巘在任武冈知军时。

　　牟巘与渠渡、城隍同祭的武冈土神还有嶅山，在方志中，明时或称"敖山"，清以后称为"鳌山"，位于渠水流经宋武冈军和明王城南的中段，在文庙以西百来步。古人形容这里："群石巑岏(岩石耸立)，一峰雄峙，俯瞰渠流。"有"石从水出，涌若鱼跃，嶙峋嵂崒(突兀耸峙)"。[4] 故称为嶅山或鳌山。

1　《宋史》卷四一四《叶梦鼎》，12432~12436 页。
2　《谢叶丞相启梦鼎》，《陵阳集》卷一八，叶 5a；《贺叶丞相启》，卷二〇，叶 2b；《全元文》第 7 册，523、549 页。
3　《(道光)宝庆府志》卷一〇三《艺文略·金石》，166、169 页上。
4　宝庆知府陆柬《鳌山书院记》，《(隆庆)宝庆府志》卷三下，773 页上。

武冈的民间传说称：神生前姓李，秦朝人，儿时丧父，性至孝，竭力卖薪以供养孀母。时逢修筑边墙，每户应出一丁服差役，他以独子当行，向官府哀请免役，不许。有卢、侯二生（传说是奉命为秦始皇求长生药不遂而逃到武冈云山的方士）送给他丹药以奉其母，母食之不饥。他平安服役归来，母也无恙。孝子死后，传说能显灵异，乡人于是建庙祭祀。秦朝武冈还是蛮荒之地，汉武帝时才从长沙分封都梁郡侯于此，因此设都梁县，后更名武冈，秦朝不可能从这里调发劳力去北疆。李孝子修秦长城的传说很可能是后人的附会。敖山庙的确是宋以前的古庙，因此牟巘说："惟敖山祠最古。"宋朝官修书《宋会要》也有记载："敖山神祠，在武冈军武冈县。徽宗政和元年（1111）三月，赐庙额'敦济'。六年（1116）四月，封广应侯。"明清志书则称"宋封感应侯"。"广应侯"与"感应侯"有一字之差，《宋会要》辗转从《永乐大典》抄出，难免是传抄之误。然而宋、明史籍都没有李孝子之说。明嘉靖时的湖广志书所载武冈祠庙，它的正名却是"龙神庙"，下文方注明"即敖山庙"。又说："山下有深潭，相传有龙潜于下。"[1] 牟巘祭渠渡神诸文都是因求雨而作，他将敖山神与渠渡神一同祭祀，可见敖山神也是能求雨的龙神。明初诏令全国裁汰淫祠，可能当地人为保全此庙，就编造墩祭公是孝子为理由，将他视为乡贤仍保留供百姓祭祀。嘉靖四十一年（1562），州同知蒙大赉将鳌山庙改为文昌宫。次年，昌应时继任同知，又扩建为"鳌山书院"。鳌山庙则迁往太平门外萧公庙后。万历、天启之际，又迁回原鳌山庙南岸古墨池前。[2]

---

[1]《宋会要辑稿》第 20 册，卷一二三二《礼》二〇之一〇三《敖山神祠》，816 页上；《（嘉靖）湖广图经志书》卷一六《祠庙·龙神庙》《山川》，1401 页下、1400 页上。

[2]《（康熙）宝庆府志》，《北京图书馆古籍珍本丛刊》第 37 册，卷一五"鳌山书院"、卷一六"鳌山庙"，374 页下、381 页上。

我出生时就家住渠水南岸,后房面对北岸的文庙,斜对面就是"一峰雄峙"的鳌山。从前门出去,就是后来建的鳌山庙旧址,那时庙已不存,仅留下鳌山街的街名。

五

牟巘《谒诸庙祝文》除提到本地的土神外,又说:"惟德源在蜀,能使蜀人不识有水旱",他所谒诸庙还有第三类从四川移植过来的神。他另有一篇祭"三大神"的祝文说:"闻神之在天下,如水之行地中,无往不在,不以方所论也。"因此,虽然"神庙在蜀",却能"惠此都梁"。由于牟巘原籍四川,对这几位神更感亲切,因此在"视事之始",就敬恭前来告祭。[1]

据《文献通考》所载,宋朝在四川加封的"三大神"是广济王、英显王和灵济公。[2] 宋元时期,建康(今江苏南京)有座清源庙,元至正初立的庙碑称:"金陵自宋季既并祠于三神。"又说:"蜀三神皆在祀典,皆因有德与功,为民所敬仰,虽皆肇迹西土,威灵之烜赫,无远弗届。东南去蜀万里,三神之祀,遍于郡国之间。"[3] 据钱大昕解释:"蜀三神"即"梓潼、灌口、射洪三神祠,皆盛于宋"。并引晁氏《读书志》,有《蜀三神祠录》五卷,是井度任四川漕(转运使)日,裒集有关三神祠的碑

---

1 《祭三大神祝文》,《陵阳集》卷二二,叶 6b;《全元文》第 7 册,755 页。
2 《文献通考》(万有文库十通本)卷九〇《杂祠淫祠》,823 页中。
3 李桓《重建清源庙碑铭并序》,《江宁金石记》,《石刻史料新编》第 1 辑第 13 册,卷七,10118 页下~10119 页上。

文板记成书。可见"当时崇奉之盛如此"。[1]

广济王就是《史记》等书中有记载的秦蜀守李冰。关于李冰和建庙的历史，《宋会要》皆有说明："冰，秦孝文王时为蜀郡守，自汶山壅江堋穿郫江，下流以行舟船；又灌溉三郡，广开稻田；作石犀、石人以厌水怪。历代以来，蜀人德之，缋祀不绝。"李冰在后蜀孟昶统治时封为应圣灵感王。宋太祖乾德三年（965）平蜀，诏增饰导江县李冰庙。开宝五年（972）庙成。七年，改号广济王。徽宗崇宁三年（1104）封英惠王。高宗绍兴二十七年（1157），加封为广佑英惠王。

《陵阳集》中只有祭二郎的祝文。按《宋会要》的说法，神即"崇德庙广佑英惠王次子"，即李冰次子，故称二郎。川人号护国灵应王，俗称郎君神。宋太祖开宝七年（974）命去王号。仁宗嘉祐八年（1063），四川军民上言：神尝赞助其父凿离堆、开二江，除水患有功。诏：永康军（治今四川都江堰市）广济王庙郎君神为灵应侯（或作惠灵侯），差官祭告。哲宗元祐二年（1087），封应感公。徽宗崇宁二年（1103），加封昭惠灵显王。高宗绍兴二十七年（1157），经累次加封为英烈昭惠灵显威济王。[2] 南宋时，四川和全国各地信仰的是二郎神。朱熹论鬼神时说：蜀中有"灌口二郎庙"，"利〔州〕路又有梓潼神，极灵，今二个神似乎割据了两川"。[3] 北宋时二郎神信仰已传到汴梁，"都人素畏之，自春及夏，倾城男女，皆负土以献神，谓之'献土'"。宣和七年（1125）十二月，天神降坤宁殿，徽宗还专为二郎神修建神保观。[4]

1　《重修清源庙碑》，《潜研堂金石文跋尾》，《石刻史料新编》第 1 辑第 25 册，卷二〇，18994 页上；晁公武《昭德先生郡斋读书志》（四部丛刊三编缩印本）卷二下，叶 13b。
2　《宋会要辑稿》第 19 册，卷一二〇六《礼》二〇之二四，776 页下；第 20 册，卷一二三七《礼》二〇之一四一，《郎君神祠》，835 页上。
3　《朱子语类》，中华书局，1986 年，卷三《鬼神》，53、54 页。
4　《宣和遗事》（丛书集成初编第 3889 册），18 页。

牟巘曾在武冈作送神诗"七章",诗前有序说:"己巳(咸淳五年,1269)秋七月,不雨,人心焦然,乃戊午斋宿,致城隍、清源、渠渡、龙君、鳌山五神于州宅。"[1] 此五神即前述的城隍以及武冈当地的昭泽龙神(此处称龙君)、渠渡和鳌山,但多出一个清源。据前引《重建清源庙碑》,蜀三神以"清源为之首称"。"按史:神姓李氏,蜀守讳冰之子,殁而始祠于灌口"。可见二郎神与渠渡、鳌山等土神早已被武冈人供奉。而"蜀三神"中的"广济王"逐渐被其子二郎所代替。"清源"在道家的记载中全称为清源妙道真君,另有传说,他原来姓赵名昱,隋炀帝起用为嘉州太守。嘉州郡左河中有犍为老蛟,为害伤民,昱持刃入水斩蛟。民感其德,立庙于灌江口奉祀,俗称灌口二郎。宋真宗朝,益州大乱,张乖崖入蜀,诣祠下祈神,助他平乱,奏请真宗追尊圣号。[2]

牟巘心目中的二郎就是他考之太史公所记"凿离堆,辟沫水"的李冰之子,说:"神之异迹震于全蜀者,盖不可殚纪。"是神将蜀人"昔之所畏"的水旱之灾,变成"有灌溉之利,而无干旱之忧"。也就是前文所说的"能使蜀人不识有水旱"。民间多认为他是一位兴水利、助农耕、防止水灾有关的神,因此他祈求二郎神:"神而移其惠于蜀者,用惠我千里,大沛甘泽,俾有丰岁。"[3]

《文献通考》中宋朝在四川册封的第二位神英显王庙在剑州(属利州路),也就是《宋会要》所载灵应庙——隆庆府(光宗绍熙元年由剑州升)所辖梓潼县七曲山的张恶〔亚〕子祠。关于他早就有各种传说。"旧记"说:神本名张恶〔亚〕子,仕于晋朝,战死,当地人为他立

---

1 《祷雨得应送神诗七章》,《陵阳集》卷六《七言绝句》,叶 1a。
2 《绘图三教源流搜神大全》,上海古籍出版社影印宣统元年叶德辉刻本,1990 年,卷三,113 页。
3 《祭二郎祝文》,《陵阳集》卷二二,叶 8a;《全元文》第 7 册,757 页。

庙。《郡国志》说：恶〔亚〕子曾到长安，见姚苌（十六国时期后秦的开国君主，384—393年在位），并对他说："别后九年，君当入蜀，梓潼七曲山顶有丛林焉，即仆所居也，可扣林木，当有所应。"后来姚苌投依苻坚，奉命入蜀，行进到上亭时，见高旷处有一片茂密的树林，举马鞭敲之，有阍人开门说："此神君之仙室也。"不一会，有数吏前导，侍卫百人辇送神君出来，一看就是张君。将行，张恶〔亚〕子令左右拿一杖相赠，对姚苌说："或有兵革之事，杖之所指，无不如意。"后来姚苌果然战无不克。唐明皇避安史之乱逃往蜀中，神迎于万里桥，明皇追命他为左丞相。后来僖宗播迁到成都，也得到神冥冥中相助，僖宗封他为济顺王。

宋真宗咸平三年（1000）益州戍军王均等据城作乱，官军征讨时，忽有人登梯直冲，指众人大呼说："梓潼神派遣我来通告你们，九月二十日城将陷落，你们都将被杀戮。"乱军群起射之，倏忽不见。果然到期城被攻克。益州招安使雷有终将此事经过上报。四年，下诏命追封神英显王，修饰祠宇，仍令少府造衣冠、法物、祭器，并立碑记其事。庙在梓潼县城北十公里七曲山，俗称梓潼神。徽宗崇宁四年（1105）六月，赐庙额灵应庙。绍兴二十七年（1157），加封英显武烈忠佑广济王。[1]

《宋会要》只记载梓潼神建武功的事，但后来却变成管文事的神。《史记·天官书》说：斗魁戴匡六星是文昌之宫。[2] 道家附会文昌星降临四川梓潼，说上帝命梓潼掌文昌府事及人间禄籍，文昌与梓潼遂合二为一，受缙绅、士大夫的信礼，文昌祠于是遍布天下各州县。自唐玄

---

[1] 《宋会要辑稿》第19册，卷一二三二《礼》二〇之五五，《梓桐帝祠》，792页上；《文献通考》卷九〇《杂祠淫祠·英显王庙》，823页中。
[2] 《史记》，中华书局，1959年，卷二七，1293页。

宗天宝间到唐末,《唐诗纪事》已多次提到"张恶〔亚〕子庙"。宋吴自牧《梦粱录》说临安吴山承天观祀蜀中神梓潼帝君,"专掌注禄籍,凡四方士子求名赴选者悉祷之"。《新定续志》载叶梦鼎《梓潼真君祠记》云:"世言帝命司桂籍,主人间科级。"钱大昕举上述史料证明,南宋行都和四川以外的府州都已立梓潼祠。[1]《陵阳集》中有两篇祭梓潼的祝文。一篇称颂神"眷都梁之醇庞",另一篇则说"日在癸卯,神降之辰",[2] 武冈的士子,头天就"斋宿以奉熏修"。到期他自己也"克用牲币",[3] 举行岁常的祭祀。他的祝文说明偏僻的武冈也有梓潼神庙,可证四川以外府州军确已普遍信仰梓潼神。

牟巘还有一篇祭文曲圣父的祝文与梓潼神有关。道家将传说中的张亚子神化,称文昌帝君的父亲名张隆祖,尊称"圣父",是"圣父祈之于苍昊而生帝君"。在梓潼宫大殿后另建专祠圣父的启圣宫,故又称圣父殿,传说他生于二月十一日。[4] 祝文说:"诞弥之日,奉觞称寿。"祭期正好是二月十一日,可见"圣父"生日的传说在南宋已经流行。[5]《宋会要》等书载:徽宗崇宁四年(1105),封王父府君为义济侯。南宋初封为显庆慈佑仁裕王,高宗绍兴二十九年(1158),加封为英显武烈忠佑广济王。咸淳五年(1269)度宗加封为显庆慈佑仁裕令德王。[6]

---

1 钱大昕《十驾斋养新录》,国学基本丛书,商务印书馆,1967 年,卷一九《梓潼神》,457~458 页。
2 《祭梓潼文》《祭梓潼祝文》,《陵阳集》卷二二,叶 1ab、10a;《全元文》第 7 册,747、760 页。"醇庞",语出《淮南子·氾论训》:"古者人醇工庞。"意为质朴。《明史》(中华书局,1984 年,1308 页)卷五〇《礼志四·诸神祠》:"梓潼帝君……岁以二月三日生辰遣祭。"
3 《祭梓潼祝文》。
4 《清河内传》,《道藏》(3),288 页上、中。
5 《二月十一日祭文曲圣父祝文》,《陵阳集》卷二二,叶 10a;《全元文》第 7 册,759 页。
6 《宋会要辑稿》卷一二三二《梓桐帝祠》,792 页下;《清河内传》,287 页中。

前文《梦粱录》说吴山祭祀蜀中梓潼帝君,有史料证明,发起人就是牟巘的父亲。原来"初祀于蜀"的梓潼帝君庙,由于嘉熙间蒙古军大举攻掠四川,"民多徙钱唐,而蜀人牟子才等,遂请立庙于吴山"。[1] 因此不免引人联想,牟巘在武冈热衷于祭祀蜀中梓潼等三大神,同其父牟子才一样,是出于蜀人的感情和信仰。甚至有可能,武冈出现蜀三大神,正和他出任知军有关。

《文献通考》所载灵济公庙在梓州[徽宗重和元年(1118)升潼川府,治郪县,即今四川三台]射洪县白崖山下。《宋会要》载:神名陆弼,唐朝官至中书舍人,因贬斥到泸州任刺史,有善政。死后葬在白崖山侧,土人为他立庙,每逢水旱之灾,向神请祷必应。五代时后蜀封为洪济王。宋真宗大中祥符六年(1013)改封为灵济公,特加封庙号"显惠"。《续资治通鉴长编》也有相同记载,并加注:"按陆弼庙碑记,则弼萧梁时人,《实录》、本志并称唐,当考。"[2]《夷坚志》也说旧传陆弼"终于梁泸州刺史,今庙食益盛"。[3]

官至宰相的张士逊(964—1049),于太宗淳化中举进士,由郧乡主簿升梓州射洪令,夏季逢干旱,虽然是个小官,替民担忧出于至诚,亲自前往白崖山陆使君之庙祈雨,祭奠后引退,仍持手版近身恭候。对神说:神如果有灵,就请立刻赐甘泽。不然,罪咎应由县令承担,当曝晒而死。"时阳骄炽,天无纤阴",他就在烈日下,"意貌端悫",立庭中不避。"俄顷,有云起西北","繁云大合",遂降大雨。张士逊仍站

---

[1] 田汝成《西湖游览志》,上海古籍出版社,1980年,卷一二《南山城内胜迹·吴山》,164页。

[2] 《续资治通鉴长编》,中华书局点校本,1985年,第7册,卷八一,大中祥符六年九月庚戌,1848页。

[3] 洪迈《夷坚志》,中华书局,1981年,第2册,《丁志》卷一四"白崖神",657页。

立庭中,"连属三日,远近沾足"才告退。[1] 父老感到惊异,因此给他建立生祠,并刻石记其事于祠中。

仁宗天圣六年(1028)封陆弼为王。徽宗政和三年(1113)赐庙额。高宗时曾多次加封,绍兴二十三年(1153),封为佑德助顺灵济昭烈王。[2] 陆游在四川,也知道射洪陆使君庙,说这庙用杜甫的诗作神签,求签人所得诗句对所问的事颇灵验。淳熙戊戌(1178)春,陆游在四川被召,临行,遣僧则华往陆使君庙求签,得杜甫《遣兴》诗五首中第二首。陆游"读之惕然"。[3]

陆弼庙在射洪县南玉屏山,称为"陆使君祠",旧有碑,确认他是南梁人,梁天监中为潼川刺史,卒于官。[4] 归舟过此山而舟覆,后为立庙。"旱时祷雨辄应",庙在白崖山上,俗称白崖庙。旧庙因修射洪—绵阳公路被毁,近年当地人募捐在玉屏山下旧址公路旁海潮寺内重建,距金华古镇约五公里,一面临江。

牟巘有《祭射洪文》,赞扬神"威风惠气,劙刜全蜀"。典出韩愈诗:"威风挟惠气,盖壤两劙刜。"说他对民众威惠并行,充溢全蜀。接着又说:"乃夏五神实降,火伞中天,白崖时雪。"点出他就是白崖山的神。[5] 上述记述陆弼生平和宦迹的史料都很简略,牟巘另一篇《祭射

---

1 《宋史》卷三一一《张士逊传》,10216 页;胡宿《太傅致仕邓国公张公行状》,《文恭集》,丛书集成初编第 1889 册,卷四〇,470 页;范镇《东斋记事》,中华书局,1980 年,卷四,33 页。
2 《宋会要辑稿》第 19 册,卷一二一一《礼》二〇之三八"刺史陆弼祠",783 页下。
3 《老学庵笔记》,中华书局,1979 年,卷二,18 页。
4 前文《宋会要》作"泸州刺史",《文献通考》作"涪州刺史",射洪属潼川,应从《陆使君祠碑》。然南朝此地属新城郡,梁末置新州,隋开皇末改梓州。宋徽宗重和元年(1118)升为潼川府。故南梁时应称新州刺史。
5 《山南郑相公与樊员外酬答为诗依赋十四韵以献》:"盖壤两劙刜(盖壤,天地也,言威惠并行,充溢天地)。"《新刊经进详注昌黎先生文》,上海古籍出版社影印宋蜀刻本,1994 年,第 3 册,卷七,578 页。

洪祝文》先指出神庙在"玉屏之下,玉垒之东",印证了"使君祠祠匾""在县南玉屏山"的说法。玉垒山在松潘县境内岷山山脉东南麓,是流经庙前涪江源流之一盘江的发源地,故称"玉垒之东"。他还说:"惟神英烈,生为谏臣,直道去国,以遂其仁。惠利所施,没而称著。爱直两全,何愧于古。"意思是说他原是谏臣,由于直言被贬到四川,终于实现他施仁政、惠利百姓的心愿。继承孔子称赞的羊舌肸和公孙侨(郑子产)一样"遗直""遗爱",达到"爱直两全"的境界。[1]

牟𪩘还有一篇《祭蚕丛祝文》,"蚕丛"是四川古老的历史人物。传说在周朝末年有蜀侯蚕丛,"其目纵,始称王"。[2] 正如三星堆发现的铜面具那样,眼睛向上鼓。民间传说二郎是蚕丛之后,所以他也是纵目,在《封神演义》《西游记》和戏剧中,将二郎神杨戬塑造成三只眼,中间一只纵向朝上。衣食是百姓的基本生活资料,自古相沿由朝廷祭祀管农业的神先农,宋朝相应祭祀供人衣着管蚕桑的神先蚕。[3] 四川民间则祀奉蚕丛氏,据《仙传拾遗》载:他是蜀地首位称王的统治者,教百姓种桑养蚕。常服青衣,巡行郊野,教民蚕事。"所止之处,民成市。蜀人因其遗事,每年春有蚕市也"。乡民感激他的恩德,乃建祠纪念他,每年正月五日、三月三日都要举行盛大的蚕市庙会祭祀蚕丛,祠庙遍于全四川,传说有求无不灵验,俗称为青衣神。[4]《祝文》因此说:"维神之灵,以蚕为氏。眷我都梁,敬共以祀。浴种条桑,维其时矣。神尚相之,以有丝枲。"[5]

---

1 《祭射洪文》《祭射洪祝文》,《陵阳集》卷二二,叶5a、7a;《全元文》第7册,751、755页。
2 《华阳国志校补图注》,上海古籍出版社,1987年,卷三《蜀志》,118页。
3 《宋史》卷一〇二《礼志五·先蚕之礼》,2493页。
4 《事物纪原》,中华书局,1989年,卷八《蚕市》条,434页;《绘图三教源流搜神大全》卷七《青衣神》,316页。
5 《祭蚕丛祝文》,《陵阳集》卷二二,叶10b;《全元文》第7册,760页。

六

《陵阳集》中除专祭某神或某几个神的文字外,有的是泛祭"诸庙"或"诸神"。牟巘刚上任,首先就去拜谒各神庙,作《谒诸庙文》向神表示:"某被命来守是邦,敢不夙夜敬共。"祈求神能恩赐辖境内"绥靖千里,以有丰年"。[1]

每逢遭遇大旱,地方官有责任代百姓求雨,牟巘的祝文好像在与神对话,写得很动感情:"神其果无意矣乎?夫神与民,相依者也。苗旱而槁,其野如赭,所谓不得食,民将流亡,而神失其依矣,岂神所安乎?"向龙王祈雨的祝文也写道:"万人之命,一岁之计,悬于旦夕,神其忍深闷熟视而不之恫乎?洁诚以祈,神其亟请于帝,驱风霆,出云雨,振迅之顷,泽遍千里。"如果今年的庄稼能大熟丰收,那么,"吏得以逃其责,而神益以昭其所为神者。民之报,其敢后?"祈雨是当时地方政府的一件大事,他在一篇向神祈雨并表示自责的《青词》中说:"伏念臣素无行能,安有政术。积其缪戾,已贻灾气之流行。""旱既太甚,民之何辜。愿少回造化之仁,亟哀救须臾之命。"[2]

祈雨不仅要求神,不见效还要向上级有关机构通报。首先是汇报灾情,如:"本军今岁苗稼茂盛,但自六月以来,一向缺雨,高下之田,率皆告病,早稻抽穗者亦多焦卷。连日祈求,虽四郊间有得雨去处,却未沾足。万人之命,一年之计,决此数日。"其次是汇报已采取

---

[1] 《谒诸庙祝文》,《陵阳集》卷二二,叶 11a;《全元文》第 7 册,754 页。
[2] 《再祷诸神祝文》《祈雨谒龙王祝文》《祈雨青词》之一,《陵阳集》卷二二,叶 8b 至 9a、7a、11b;《全元文》第 7 册,757、756、769~770 页。

的措施,如想方设法清理剔减狱讼,讲行宽恤,牢狱中囚系的犯人斟酌疏放,应催缴的钱物等第宽减,等等。最后进行自我反省:"窃念谬政致灾,实为守者之罪,岂容恬然自处。"于是对自己采取惩罚:一,"疏食闭阁自省";二,凡出入按规定应用的小轿、仪仗、后乐一律省去;"少见身贬削之意"。这还不够,仍备文向"诸台"申报,请求转奏,将我"罢黜,以谢千里之民"。[1]

牟巘在武冈军即将离任之际,适逢大旱,也不敢将责任推给下任官员,一走了之。他在另一篇《青词》中说:"稻畦称望,急须一雨而苏。""伏念臣食粟无能,及瓜将代,妄希小稔,庶可谢于疲氓;讵意余愆,又重罹于亢旱,祇累来者,何辜斯人。"他再祷诸神时也说:"某行将授代去矣,不敢以去而忘其民,而遗其忧于后。"[2] 由此可见,封建官僚也应关心所治百姓的祸福,负起守土爱民之责。

地方官祈神的性质与宗教有所不同,还负有为民请命的责任,每位神都由朝廷颁赐封号、庙额,规定祭期、仪制,载入国家法典,虽然某些神被道士或和尚附会为本教的神,或者庙由他们住持。但地方官的祭祀不同于民间信仰的佛教和道教。在《陵阳集》中,有一篇祭观音大士的祝文算是例外,他刚到武冈就前往祷告,赞颂"惟大士以大慈悲、大愿力,悯救一世"。祈求她"尚惠都梁,曲垂全庆"。[3] 其目的还是为都梁(武冈)百姓请命。

---

[1] 《祈雨未获申诸司状》,《陵阳集》卷八,叶 7b 至 8a;《全元文》第 7 册,499 页。
[2] 《祈雨青词》之二,《再祷诸神祝文》,《陵阳集》卷二二,叶 11b 至 12a、8b;《全元文》第 7 册,770、757 页。
[3] 《祭大士祝文》,《陵阳集》卷二二,叶 6b;《全元文》第 7 册,755 页。

七

《陵阳集》还保留牟巘在武冈军所写通报上级的公文和书函——"启""札"等,文体都是骈偶文,没什么实质内容,纯属应酬文字。其中以丞相叶梦鼎地位最高,有谢启和贺启各一。[1]

牟巘有许多封致洪安抚、洪制使、洪帅或洪尚书的启、札,其中一封注明名"焘",洪焘理宗景定元年(1260)十一月知临安府兼浙西安抚使。咸淳九年(1273)九月出任浙东安抚使。应是牟巘到武冈前或后来出任浙东提刑时所作。另一部分可能是任武冈知军时写给湖南安抚使洪天锡的。[2] 洪天锡,宝庆二年(1226)进士。度宗即位,进工部侍郎兼直学士院。咸淳二年(1266)夏四月,加显文阁待制、知潭州兼湖南安抚使。[3]

还有一篇《宴安抚洪尚书乐语》,[4] 不知是指谁。牟巘能直接宴请安抚使,作诗歌应酬,表明他们的关系颇密切。"乐语"原来是宋朝宫廷演剧时,由诗人作词让伶人歌唱的歌词。前半是骈偶韵文,后半是诗,发展成一种文体——"乐语"。

《通湖南王帅漕启》也应是他在湖南时所作,"帅""漕"分别是安抚使或转运使的别称。信中提到"丁卯岁",应是咸淳三年(1267)。

---

[1] 《谢叶丞相启梦鼎》《贺叶丞相启》。
[2] 《通洪安抚启焘》,《陵阳集》卷一九,叶8b;《全元文》第7册,755页;《宋史》卷四五《理宗纪》,875页;卷四六《度宗纪》,916页;《回安抚洪尚书启》《回洪制使启》《贺洪安抚启》,《陵阳集》卷二〇,叶5a、5b、8b;《全元文》第7册,552、553、559页;卷二一《贺洪帅兼仓札》《回洪帅谢宴札》《贺洪帅入宅札》《谢洪帅宴札》《贺洪尚书生日札》(二)、《回洪帅送生日札》,叶5a、5b、6a、7b、8a;《冬至送物札》四篇,其一注"洪帅",其二注"回洪帅",叶9a;《全元文》第7册,508、509、511、513页。
[3] 《宋史》卷四六《度宗纪》,896页;《宋史》卷四二四《洪天锡传》,12657页。
[4] 《宴安抚洪尚书乐语》,《陵阳集》卷二三,叶7a;《全元文》第7册,767页。

最后的对偶句上联是:"黔之巀,巫之磻,敢鄙夷于远俗。"¹ 前六字出自唐柳宗元为族人柳公绰平定"蛮僚杂扰"而作的《武冈铭》,原文和夹注是:"黔山之巀(高也),巫水(五溪也)之磻(曲也)。"² 说明他这时正在武冈任上。

牟巘有四封致汪帅或汪安抚使的书启,前一封《通汪帅启》注明名"立信",信中用"书潭部帅之勋,请视武冈之刻"的词句歌颂他。"潭部帅"就是指柳公绰,唐宪宗时任湖南观察使,治潭州(今湖南长沙),《武冈铭》称他为"潭部戎帅"。咸淳四年(1268)十二月,汪立信充湖南安抚使、知潭州。这年正是牟巘平息紫阳乡"妖寇"的戊辰年。另两篇《贺汪安抚开阃启》和《贺汪帅参启》,文中的词句"有如黔巀巫磻之岑寂"或"磨武冈之石,尚嗣纪于殊勋",都将湖南安抚使汪立信与"潭部帅"柳公绰比拟,期望他在武冈建功立业。³

咸淳十年(1274),元军大举伐宋,贾似道督诸军于长江之上,汪立信受任端明殿学士、沿江制置使、江淮招讨使,奉诏往建康府募兵为沿长江诸郡后援,当天就接旨上路。到达建康时,守兵已全面溃败,乃率所部数千人去高邮,企图控制淮汉以为后图。不久听说江汉守臣皆望风逃降,似道又兵败于芜湖。立信知事已不可为,只求"犹得死于宋土",遂"扼吭而卒"。⁴ 后人认为他同李纲、文天祥是能支撑南宋的股肱大臣,说:"靖康有李纲不用,而用黄潜善、汪伯彦;咸淳有汪立

---

1 《通湖南王帅漕启》,《陵阳集》卷一八,叶1a;《全元文》第7册,519页。查吴廷燮《南宋制抚年表》,咸淳二年至四年湖南安抚使是江万里,没有洪天锡和王姓安抚使之名。
2 《武冈铭并序》,《新刊增广百家详补唐柳先生文》,上海古籍出版社影印宋蜀刻本,1994年,第4册,卷二〇,870、873页。
3 《通汪帅启立信》《贺汪安抚开阃启》《贺汪帅参启》,《陵阳集》卷一八,叶6a、8b、9a;《全元文》第7册,524、527、528页;《贺汪安抚启》,卷二〇,叶10ab;《全元文》第7册,559页。
4 《宋史》卷四一六《汪立信传》,12476页。

信不用,而用贾似道;德祐有文天祥不用,而用陈宜中。然则宋不衰于金,自衰也;不亡于元,自亡也!"[1]

牟巘还有两封致湖南路长官的书启,一封是写给谢转运使,也是用"大书潭帅柳中丞之绩"的话,将他同柳公绰相比。另一封是写给"李仓",即湖南路提举常平司(俗称仓司)李义山,信中有句:"同师文靖之门,夙钦先契;假守武攸之郡,幸隶使家。"[2] 文靖是魏了翁的谥号,意思是说李仓和其父牟子才同学于魏了翁,是他平素敬仰的世交前辈,现在因出任武冈知军,有幸成为他的下属,拉上了一层私人关系。李义山是宋元之际的名人,常被人在回忆中提到。如袁桷说:咸淳初年,李义山同湖州人周密等都是转运司同僚,"俱有吏才",并说他性"豪迈",是"名吏寿朋之孙"。揭傒斯为他族父揭垚翁所著书《无底书囊》作序,说他早年"从大人先生游",其中就有"户部郎官李公义山"。[3]

牟巘也同邻境官员交际,如《贺宝庆陈知府启》,"回宝庆守"的《岁节送物札》,以及《贺道州徐中丞到任启》。[4]

宋朝朝廷有太常、光禄、大理、司农、大府等称为寺的政府机构,设卿、少卿、丞等官,其中"丞"通称"寺丞",牟巘所作书启和乐语涉及赵、杨两位寺丞。在他致赵寺丞的"启"中有"辍班外府,宅牧南州"的词句,似乎是说他已免除朝中外廷机构官员的职务,改任南边的地方

---

1 冯梦龙辑《智囊补》八下《汪立信、文天祥》,《冯梦龙全集》,上海古籍出版社影印,1993年,第 35 册,612~613 页。
2 《书考谢运使启》《通湖南李仓启·义山》,《陵阳集》卷一八,叶 12a、2a;《全元文》第 7 册,532、520 页。
3 《过庭述师友渊源录》,《清容居士集》(四部丛刊缩印本)卷三三,496 页下;《无底书囊序》,《揭文安公全集》(四部丛刊缩印本)卷九,86 页下。
4 《陵阳集》卷一八,叶 9b、10a;《全元文》第 7 册,529、515、530 页。

官。现在是"坐使巫磻之下",¹ 即借用柳宗元《武冈铭》的文辞,说明他"宅牧"的"南州"就是武冈。据武冈方志记载:"赵希迈,景定中,知武冈军,重修军学。"前引《渠渡庙记》,景定四年癸亥的知军正是赵希迈,次年是姚岩新任知军。我怀疑赵寺丞就是赵希迈,可能景定间牟巘已到武冈军任职,咸淳间继赵、杨两寺丞升为知军。² 赵希迈字端行,号西堂(或作里),乐清(今属浙江)人。宋宗室。历任嘉定尉、平阳丞。著有《西堂(里?)稿》,已佚。³ 牟巘为赵寺丞写的"启"和"乐语"中说:"烂柯山下,曾谐倾盖之欢。"希迈是乐清人,又在平阳做过官,乐清、平阳和烂柯山都在衢州东南,很可能牟巘在当地早就同希迈有交谊。赵寺丞来到武冈,牟巘乃"与都梁之父老,敬候先驱"。赵寺丞到达武冈后,他"欢迎马首",在"紫苑洲前,遂有合符之幸"。符即符节、符信,一分为二,供持有者双方相互印证,称为合符。"紫苑洲"是武冈城外资水中一处沙洲,因产紫苑这种药材而得名,宋朝的地理总志早就有记载。明隆庆府志指明它在城南,又说:资水经"城东一里,巨洲横截,湍流转急,舟行若回,为州名景"。紫苑洲可能就是这处巨洲,清初已被冲刷消失。⁴ 牟巘在紫苑洲迎接到赵寺丞后,接着宴请并作"乐语",夸赞他"岂但唐武冈之铭,复见汉循吏之传"。说他不但将建树《武冈铭》中柳公绰那样的武勋,又能从他身上看到《汉书》描述的"循吏"政绩。"乐语"之后,再"聊陈口号",是几首七言律

---

1 《通交代赵寺丞启》,《陵阳集》卷一九,叶 1a;《全元文》第 7 册,533 页。
2 《(隆庆)宝庆府志》卷四,791 页上。
3 《(光绪)乐清县志》,《中国地方志集成》第 61 册,浙江府县志辑,上海书店出版社,1992 年,卷八,341 页下。
4 《宋本太平寰宇记》,中华书局,2000 年,卷一一五,204 页上;《(隆庆)宝庆府志》卷三上,748 页上;《(康熙)武冈州志》卷二,20 页下。

诗,每首都由一句"帝教云牧重云山"开头。[1] "云山"如前所述,正是武冈的象征。

另一位杨寺丞也似来武冈出任知军,牟巘说他"扁舟径去,窥九疑,浮沅湘而肯来。"赞扬他同样成就了"大书唐武冈之铭,复见汉循吏之传"的功业。使武冈"青衿成列,皆从柳子厚(宗元)以学文"。青衿是青色交领的长衫,乃古代学子的常服。由于柳宗元曾写过以武冈为名的铭文,意指杨寺丞使当地文风大盛,因此"坐使风俗淳,可为云山贺"。这里又用"云山"代表武冈。乐语还透露,正月初七人日,牟巘还陪同杨寺丞作古山之游。古山在武冈州城南五里,"云峰之前,孤屿突兀",上有瀑布泉,飞挂数十丈,悬流如泻。传说唐朝柳公绰曾屯兵于山麓。[2] 北宋鄱阳人彭汝砺(1042—1095)是英宗治平二年(1065)进士第一,也就是俗称的状元。哲宗元祐中升至吏部尚书。[3] 他曾出使武冈,特爱古山风景,在武冈历修《州志》中,都收录他的《咏州南古山寺长排二十八韵诗》。[4] 牟巘也对古山情有独钟,特意领"同社西州"的四川老乡杨寺丞作古山之游,称赞"古山不异于蜀山"。[5] 文天祥曾写了一篇《武冈军奎文阁记》,记中提到:"景定甲子(五年,1264),大府寺丞臣杨巽来牧"武冈,就任后他发起在夫子庙兴建奎文阁,派人请文天祥于咸淳二年(1266)六月写成此记。由于《奎

---

[1] 《通交代赵寺丞启》;《宴交代赵寺丞乐语口号》,卷二三,叶 4a 至 5a;《全元文》第 7 册,533、764 页。
[2] 《寰宇通志》卷五六,叶 16b、21a;《(康熙)武冈州志》卷二"古山""古山瀑布",18 页下、21 页上。
[3] 《宋史》卷三四六《彭汝砺传》,10974、10976 页;曾肇《彭汝砺墓志铭》,《名臣碑传琬琰集》(中华再造善本),中篇卷三一,叶 4b 至 7b。
[4] 《(康熙)武冈州志》卷一二《诗类》,124 页下至 125 页上。
[5] 《宴交代杨寺丞乐语》,《陵阳集》卷二三,叶 2a 至 3a;《全元文》第 7 册,762 页。

文阁记》因文天祥的英名在武冈流传不衰,从而杨巽的大名也永记于《州志》中。他是由大府寺丞出任武冈知军,在职时间从1264年至1266年,咸淳戊辰(1268)牟巘已任知军,经办紫阳乡的所谓"妖寇相挺啸聚"事件,估计约在咸淳三年(1267)杨巽和牟巘分别卸任或接任武冈知军。牟巘所说的杨寺丞应该就是大府寺丞杨巽。文天祥赞扬杨巽:"洎莅事,彰善瘅恶","然后劝学兴礼,革正道本。"都梁在《禹贡》中列在荒服外,本来是文化不发达地区。"今则习气质厚,文物兴起","虽洞窟林麓,人去其陋,遣子就学,咸知趋向彬彬儒风,进侔中州"。[1] 这同牟巘说他使武冈"青衿成列"等赞语是一致的。

在武冈军任内,牟巘与同僚有若干篇应酬文字,这些曾任知军、通判、教授的人都不见于地方志,可以补充宝庆和武冈递修府、州志之缺。首先是他致"汪守"的书启说:他奉君命,出任武冈军知军,"作镇都梁"。武冈的百姓无论老少,都在唱袴襦之歌,感到贤太守来晚了。牟巘借用晋人习凿齿走在孙绰前的谦虚话,"簸之扬之,糠秕在前",比喻自己作为前任,真似"糠秕之在前",感到惭愧,所以每天等待"仁侯之至","为续武冈之刻"。他表露自己的心情说:在我脑海中"归梦已驰","已唤沙鸥,期我苕溪之上"。"苕溪"就是流经湖州的苕水,意思是已招呼苕水滨的沙鸥,等待我回家吧! 但目前还得"尚随竹马,迎公巫水之磻"。《后汉书·郭伋传》载:郭伋出任地方官,"有童儿数百,各骑竹马,道次迎拜"。引此为喻,自己将跟随武冈的老小百姓前来迎接。书启注明"汪守"名"万顷",从文字内容得知他是牟巘的后任武冈知军。[2] 如果我的推论不错,汪万顷也许是南宋末年最后一任

---

[1] 《武冈军学奎文阁记》,《(嘉靖)湖广图经志书》卷一六,1439页上。
[2] 《通交代汪守启万顷》,《陵阳集》卷一八,叶8ab;《全元文》第7册,526页。

武冈军知军,可补武冈志书之缺。

牟巘还有一封《回公孙倅启》,这是一篇为宴请公孙通判所作的乐语。书启中说:"惟都梁万山之底,犹别乘再驾而来。……丈盖小留,姑借黔嶺巫磻之重。"¹ 意指公孙也在都梁(武冈)任职。倅是通判的俗称,在武冈军职掌辅佐知军,出则按临下属县,"有军旅之事,则专任钱谷之责"。² 浙江诸暨市出土的《宋武冈县令杨公墓志》载:"杨公"名应元,度宗咸淳二年(1266),出任武冈军武冈县令。应元由于在武冈颇有政绩,经"绣使张公性之、黉堂杨公巽、牟公巘、监州公孙止"举荐到朝廷,"调殿司幕掾"。³《墓志》中出现杨巽和牟巘的名字,证明应元出任武冈县令时,杨巽和牟巘正好是他的顶头上司——武冈军知军。《回公孙倅启》后注一"止"字,应是公孙倅的名字,正是《墓志》中提到的"监州公孙止"。

牟巘作《乐语》称道与公孙止的友谊:"山城斗大,幸依典午之贤;乡社云联,共讲同寅之好。"按照十二地支年对应的属相,"午"属马,"典午"隐喻"司马",相当于宋朝的通判。赞扬公孙倅"玉粹以温,山立而静。几年蜀道,共称严、杨、司马之文";"坐看七十一峰之奇,倍增岷领;……我某官红尘已倦,……使君千骑,上头方休行役;别驾异方,会面甚喜相逢。……明月清风,自添别乘平分破;冷烟湿雪,留得

1　《回公孙倅启止》,《陵阳集》卷一八,叶 3b 至 4a;《全元文》第 7 册,522 页。
2　《宋史》卷一六七《职官志七·通判》,3974 页。
3　《宋武冈县令杨公墓志》。

新春作上元。重拈坡老之话头,添入都梁之郡志"。¹ 这段话的意思是:在小小的山城中,幸运地遇到可依靠的贤明通判做助手。他俩还是乡社相邻的四川人,又是同在武冈为官的好同事。前引《回公孙倅启》也说他们是"同乡同官之契"。接着夸奖司马止的文章名扬四川蜀道,可与前辈"严〔君平〕、扬〔雄〕、司马〔相如〕"媲美。说武冈云山风光之奇幻,比老家四川岷山也不差。在我即将任满的时候,在他乡喜遇通判君。最后他引苏轼的《点绛唇》一词,自比东晋太守庾亮,"别乘(公孙止)一来,有唱应须和",一同平分风月。接着又引用苏轼《二月三日点灯会客》的诗句,借用四川前辈苏东坡的话头,希望将来将他俩的政绩添入都梁之郡志。

"乐语"之后,还有"口号"和一首饯公孙倅的词《木兰花慢》。词开头几句:"山城如斗大,君肯为、两年留。问读易堂前,翛然松竹,留得君不?"² 似乎是说公孙止两年任期已满,知军衙内当时还有一座"翛然松竹"的"读易堂",见证了他俩共事的情谊。"读易堂"不见于《州志》记载,武冈城内渠水北岸,水府宫西,骧龙桥东,正对游龙桥头,原有一座新化籍人的上梅公馆,同治九年(1870)在院内中堂左侧工地发掘出宋碑一方,上刻《育斋铭》《履斋说》两篇,乃一位自称"居武攸(武冈古称)倅厅"名"矗"的人所作,《育斋铭》称此地原是南宋

---

1 千骑,典出古乐府《陌上桑》:"东方千余骑,夫婿居上头。"汉代太守出行,以"千骑"为仪仗。宋代知州、知军相当于汉太守,牟𪩘用"千骑"指自己。《通典》(中华书局,1988年,第1册,890页)卷三二《职官》:"别驾从事史一人,从刺史行部别乘传车,故谓之别驾。"意为别驾乘车与刺史有别,故以别驾为刺史贰副之称,前文"别乘再驾而来",后文的"别乘"都代指别驾。二者皆指宋代的"通判"公孙止。下文《宴黄倅乐语》中的"副乘再驾"也是这个意思。
2 《宴公孙倅乐语》,《陵阳集》卷二三,叶3b至4a;《全元文》第7册,763页;《词·木兰花慢·饯公孙倅》,卷二三,叶8a。

"佥判折允升旧居倅厅",也就是武冈军通判(佥判)办公的场所。文末署:"淳祐己酉(九年,1249)六月朔书于读易堂。"[1]可见读易堂就在南宋武冈军的"倅厅"内,正是淳祐九年之后十余年,咸淳间继任通判公孙止的住所。

继公孙止任通判的可能是黄倅,他的名字已不可考。《陵阳集》中有宴请黄倅所作乐语和为他祝寿的一首词。牟巘称同他"幸协同寅",说他"顾都梁万山之抵,乃副乘再驾而来",点出黄倅是到武冈出任通判。祝寿词借白居易《琵琶行》描述的情景:"当年湓浦月,偏照香山老。"白居易号香山居士,出任江州司马,因送客于湓浦口,闻舟中琵琶女夜弹琵琶,作名篇《琵琶行》。"司马"相当于宋朝的通判,即将黄倅比拟为白居易。[2]

牟巘与张姓教授颇有交情。北宋庆历四年(1044),仁宗诏令各路的州、军、监都要设立学校。开始在各州、军、监设教授,"以经术行义训导诸生,掌其课试之事"。[3] 他在《回张教启》称:幸喜与张教先后同时来到武冈,况且二人是科举同年,因此敢邀为同寅相好。赞扬张教"黔巂巫磻,曾不鄙夷其俗",愿意到偏远的武冈"来寻独冷之曹"。[4] 牟巘与张教也有诗歌唱和,《次韵谢张教刻先人所被理宗宸笔二首》指出张教授名江诗,称他为府教授。武冈军学将牟巘私藏的理宗宸笔摹刻在新建的殿壁上,就是应他的请求完成的。从此"后之观者,将有考于斯文"。因此牟巘写诗以谢张教授,并称赞他此举"坐令文

---

[1] 罗联煃《跋〈育斋铭〉〈履斋说〉》,《都梁文钞今编》,湖南出版社,1992年,279页;《(光绪)武冈县志》卷三,叶8a。

[2] 《宴黄倅乐语》,《陵阳集》卷二三,叶5ab;《全元文》第7册,765页;《词·千秋岁·寿黄倅》卷二三,叶8a。

[3] 《宋史》卷一六七《职官志七·教授》,3976页。

[4] 《回张教启》,《陵阳集》卷一八,叶4a;《全元文》第7册,522页。

物盛黔山","黔山"是因袭柳宗元的《武冈铭》,意指武冈。[1] 此外,牟巘还有同张教唱和的《荷花次张教授韵》《和张教授雨诗》。[2]

以上仅就《陵阳集》收录的文字进行考释,试图了解牟巘任官时的经历和当时地方官的职责。一般而论,地方官的工作主要是处理民事、刑事纠纷和收缴赋税,但这类事件能见之于《陵阳集》的不多,《陵阳集》收录的大多是有关祭神以及上报的公文和应酬文字,作者得意之处注重于骈偶对仗的工整,俪语词藻的华丽和善用典故,并不注重记事。因此,我们搜集到的资料所反映当时实况并不全面,史实也不多。然而,《陵阳集》中保留的上述内容,也是地方官职责的重要内容,常被现代人忽视和不易理解。对它进行研究和阐发,有助于对当时的社会现象和意识形态更深入的了解。尤其是武冈的方志对曾任当地长官的牟巘一无所知,《陵阳集》中的记载,将会充实地方史志的内容。

(原载《中华文史论丛》2012 年第 4 期)

---

[1] 《陵阳集》卷四,《律诗七首》,叶 1a。
[2] 同上,叶 1b、2a。

明成祖生母弘吉剌氏说
所反映的天命观

元、明两代,曾流传两个关于皇帝出身的神奇传说,其一是说元顺帝是宋末帝赵㬎之子,其二说明成祖乃元顺帝之子。这两说见之于很多野史、笔记,也见之于文人墨客的诗咏,自清以后,许多杰出的史学家还卷入了史实真伪的考据和争论。现在看来,这显然是无稽之谈,但这种传说的产生却有其时代的思想背景。本文分别介绍这两说的由来,并从思想史的角度做出自己的解释。

一

明成祖朱棣是高皇后马氏所生,载于《明太祖实录》和《皇明玉牒》等原始史料,也被《明史》及各种纪传和编年体明史著作所公认。但明末以后,出现了不少否定的记载,甚至肯定成祖乃"为元顺帝之妃""瓮氏"所生。无独有偶,蒙古文史书《蒙古源流》中也有此说。此

书在正文之后,简略记叙了明朝各皇帝的生、卒、即位年代,但对明成祖则增写了一段如下离奇的经历:

> 先是,蒙古托衮特穆尔·乌哈噶图汗(Toqon Temür Uqaγatu Qa'an),岁次戊申(1368),汉人朱葛诺延(Jüge-Noyan,应还原为汉语"朱哥",即朱元璋),年二十五岁,袭取大都城,即汗位,称为大明朱洪武汗。其乌哈噶图汗之第三福晋,系洪吉喇特托克托太师之女,名格呼勒德哈屯(Gereld-Qadun),怀孕七月,洪武汗纳之,越三月,是岁戊申,生一男。……遂养为己子。与汉福晋所生之子朱代共二子。
>
> 朱洪武在位三十年,岁次戊寅(1398),五十五岁卒。大小官员商议,以为蒙古福晋之子,虽为兄,系他人之子,长成不免与汉人为仇;汉福晋之子虽为弟,乃嫡子,应奉以为汗。……
>
> 蒙古福晋所生子,于己卯年(1399)三十二岁即位。……在位二十二年。

《蒙古源流》成书于1662年,在此之前,明末清初的汉文记载已有明成祖非马皇后所生的记载。他们的根据是《南京太常寺志》称明成祖是硕妃所生;再根据目睹明孝陵奉先殿的陈设,除中间列太祖、马后两座外,东边列诸妃神座,西边独列硕妃神座,证明硕妃即明成祖生母,因此才得到如此尊重。

何乔远最先记述说:

> 臣于南京见《太常志》,云帝为硕妃所诞生,而《玉牒》则为高后第四子。《玉牒》出当日史臣所纂,既无可疑;南太常职掌相

沿,又未知其据。臣谨各载之,以俟后人博考。[1]

谈迁(1594—1657)也转述了《太常寺志》的记载,并以阉人的说法为证:

> 孝陵享殿:太祖高皇帝、高皇后南向;左淑妃李氏,生懿文皇太子……;次……,俱东列;硕妃生成祖文皇帝,独西列;见《南京太常寺志》。孝陵阉人俱云:孝慈高皇后无子,具如志中。……享殿配位,出自宸断,相传必有确据,故志之不少讳,而微与《玉牒》抵牾,诚不知其解。[2]

后来,谈迁根据此记载,肯定地写在他的巨著明代编年史《国榷》中:

> 成祖……皇帝,御讳棣,太祖高皇帝第四子也,母硕妃。《玉牒》云高皇后第四子,盖史臣因帝自称嫡,沿之耳。今《南京太常寺志》载孝陵祔享硕妃穆位第一,可据也。[3]

张岱(1597—约1676)约据在孝陵所见,也肯定了这一说法:

> 陵寝……飨殿一,寝殿一,……壬午(1642,崇祯十五年)七月,朱兆宣簿太常,中元祭期,岱观之,享殿深穆,暖阁去殿三尺,

---

1 《名山藏》卷六《典谟记》成祖文皇帝。
2 《枣林杂俎》义集《彤管篇·孝慈高皇后无子条》。
3 《国榷》卷一二,建文四年。

……列二交椅……近阁下一座稍前为碽妃,是成祖生母。成祖生,孝慈皇后妊为己子,事甚秘。再下东西列四十六席,或坐或否。[1]

李清(1602—1683)也记述了类似的事实:

予阅《南京太常寺志》载:懿文皇太子及秦、晋二王均李妃生,成祖则碽妃生,讶之。时钱宗伯谦益有博物称,亦不能决,后于弘光(1645)元旦谒孝陵,予语谦益曰:"此事与《实录》《玉牒》左,何征?但本志所载东侧列妃嫔二十余,而西侧止碽妃,然否?曷不启寝殿验之。"及入视,果然,乃知李、碽之言有以也。[2]

沈玄华因主奉先殿祀事,将其所见写成长诗:

高皇肇太庙,……一从迁都后,遗制终未暌,岂意岁甲午,烈火坠榱题。……犹余奉先殿,……微臣承祀事,……高后配在天,御幄神所栖,众妃位东序,一妃独在西。成祖重所生,嫔德莫敢齐。一见异千闻,《实录》安可稽?作诗述典故,不以后人迷。[3]

继这几位之后,清初的明史研究者也涉及了此事。潘柽章(1626—1663)说:

---

[1] 《陶庵梦忆》卷一《钟山》条。
[2] 《三垣笔记》,中华书局点校本,1982年,附志,249页。
[3] 《明诗综》卷四四《敬礼南都奉先殿纪事十四韵》。

余考《南京太常寺志》所载,孝陵神位,左一位淑妃李氏,生懿文太子……;右一位碽妃,生成祖文皇帝;是皆享于陵殿,掌于祠官,三百年来未之有改者,而《实录》顾阙不载何耶?……间尝质之中宫故老,皆言孝慈皇后无嫡子,初养南昌王文正,歧阳王文忠等为子,厥后诸妃有子则子之,恩同己出,故中外无间言。若然,……《南京太常寺志》所载非无征也。[1]

朱彝尊(1629—1709)据谈迁的说法,做了一番考证:

曩海宁谈孺木(迁)……成《国榷》一部。掇其遗为《枣林杂俎》,中述孝慈高皇后无子,不特长陵为高丽碽妃所出,而懿文太子及秦、晋二王皆李淑妃产也,闻者争以为骇。今观天启三年《南京太常寺志》,大书孝陵殿宇中设高皇帝、后主,左列生子妃五人,右祇碽妃一人,事足征信。然则《实录》于史臣曲笔,不足信也。[2]

他读了沈玄华的诗后,更坚定了这一看法:

明南都太庙,嘉靖中为雷火所焚,尚书湛若水请重建,而夏言阿世宗意,请罢,有旨并入奉先殿。按长陵每自称曰:"朕高皇后第四子也。"然奉先庙制,高后南向,诸妃尽东列,西序惟碽妃一人,具载《南京太常寺志》。盖高后从未怀妊,岂惟长陵,即懿

---

[1] 《国史考异》(功顺堂丛书本)卷四。
[2] 《曝书亭集》(四部丛刊本)卷四四《南京太常寺志跋》。

文太子亦非后生也。世疑此事不实,诵沈大理(玄华)诗,斯明征矣。[1]

上述各家,一致称明成祖是硕妃所生,但并未指明她的出身,只有朱彝尊《南京太常寺志跋》称为"高丽硕妃",并说出自谈迁《枣林杂俎》。如前所引,《枣林杂俎》并无此说,不知朱彝尊何所据?但他此说一出,后人则争相传播。饶智元为此作《咏硕妃》诗,迳说"远自辰韩国,承恩入后宫"。[2] 陈作霖(1837—1920)还亲自听到诸父老有此说法,以此验证朱彝尊的说法有据:

> 予幼时游南城大报恩寺,见正门内大殿封闭不开,问诸父老云:"此成祖生母硕妃殿也。妃本高丽人,生燕王,高后养以为子,遂赐妃死,有铁裙之刑,故永乐间建寺塔以报母恩。"与史、志所载者皆不合,疑为谰言,后阅朱竹坨(彝尊)跋南京太常寺志云:长陵系硕妃所生,见于谈迁《枣林杂俎》,……[3]

总之,以上都是由《南京太常寺志》敷衍而成的传说。还有另一类传说,与蒙古文史书说法一致。如清初刘献廷(1648—1695)曾说:

> 明成祖非马后子也。其母瓮氏,蒙古人,以其为元顺帝之妃,故隐其事。宫中别有庙,藏神主,世世祀之,不关宗伯。有司

---

1 《静志居诗话》卷一三。
2 《明宫杂咏》(光绪十九年湘渌馆刊本)卷一。
3 《养龢轩随笔》,丛书集成本。

礼太监为彭恭庵言之,余少每闻燕之故老为此说,今始信焉。[1]

这是北方燕京故老的传闻。太平天国失败,南京也传出了同样而更具体的故事。据王謇说:

> 往余幼从关梦辄、师恩同游,师告余曰:冯景亭宫詹桂芬,曾告以克金陵时,官军得明成祖御制碣于报恩塔座下。其文略谓:成祖生母为翁吉剌氏。翁故为元顺帝宫人,生成祖,距入明宫,仅六阅月许耳。明制:宫人入宫,七阅月内生子者,须受极刑。马后仁慈,遂诏翁以成祖为马后所生。实则成祖生日,距懿文太子之生仅十阅月稍强也。[2]

根据《蒙古源流》和上引汉籍中的记载,20世纪30年代在我国史学界曾引起一场关于明成祖生母的争论。他们一致肯定成祖不可能是弘吉剌氏所生,因为《明太祖实录》和《国榷》等书明确记载成祖生于元至正二十年(1360),而太祖派兵进京在洪武元年(1368)八月三日,但元顺帝已在几天前携后妃子女出居庸关北逃。洪武二年(1369)六、七月克开平(《明史·常遇春传》),三年五月陷应昌(《明史·李文忠传》),确有掳获元室成员的事,如有后妃几个月后生子,已与成祖生年相差十年,所以成祖生于元顺帝妃之说绝不可靠。他们还举出别的理由,这里就不再备举了。

然而《南京太常寺志》的记载和诸人目睹奉先殿的陈设,他们中

---

[1] 《广阳杂记》,中华书局排印本,1957年,卷二,82页。
[2] 《瓠庐杂缀》。转引自张惠衣著《金陵大报恩寺塔志》,商务印书馆,1937年,卷九。

部分人还是相信成祖是碽妃所生，甚至碽妃是高丽人也有可能。并且又从懿文太子等不是马后而是李淑妃所生，牵涉到懿文太子的生母问题。这些争论与本文无关，因此就不做介绍了。[1]

当然我们还可以举出更多的史料和历史背景材料以证明这个传说不可靠，但只要转换一个角度，留意观察当时的社会思潮，我们会更容易判定这个传说纯属伪造，而且还会发现这类传说有其必然产生的社会基础和思想根源，它的出现不是偶然的，它同另一个类似的传说——元顺帝是宋恭帝赵㬎之子——有着密切的联系，是两种不同立场的人在同一思想感情的基础上复制出来的故事。因此，要从根本上解释明成祖生母的问题，有必要将其与元顺帝为赵㬎之子这个疑案结合起来一并进行研究。

二

关于元顺帝生父的疑案，的确曾在他即位前由他叔父文宗的诏书宣布过，并曾记录于宫廷史册《脱卜赤颜》，因而也载入正史《元史》之中。据《元史·顺帝本纪》所载：文宗正式即位，就将妥欢帖睦尔徙

---

[1] 此次争论是傅斯年提出的(《明成祖生母记疑》，《中央研究院历史语言研究所集刊》1932年第2本第4分册)。接着朱希祖撰文反驳成祖和懿文太子不是马后所生的说法(《明成祖生母记疑辩》，《中山大学文史研究所月刊》1933年第2卷1期)。接着吴晗《明成祖生母考》，《清华学报》1935年第10卷第3期)、李晋华(《明懿文太子生母考》，该文不同意吴晗认为懿文太子也不是马后所生，《明成祖生母问题汇证》，《历史语言研究所集刊》1936年第6本第1分册)撰文支持傅斯年的论点，傅斯年也撰文答辩(《跋〈明成祖生母问题汇证〉并答朱希祖先生》，同上)。朱希祖又写了一篇《再驳明成祖生母为碽妃说》(《东方杂志》1936年第33卷第12号)，仍坚信官书记载。

往高丽。一年后,"复诏天下,言明宗在朔漠之时,素谓非其己子"。顺帝即位后,于至元六年(1340)六月下诏撤文宗庙主,指责"文宗稔恶不悛,……使我皇考饮恨上宾,又私图传子,乃构邪言,谓朕非明宗之子"。

文宗说妥欢帖睦尔不是明宗之子,在《元史·虞集传》中还有较具体的记载:

> 初,文宗在上都,将立其子阿剌忒纳答剌为皇太子,乃以妥欢帖穆尔太子乳母夫言,明宗在日,素谓太子非其子,黜之江南,驿召翰林学士承旨阿邻帖木儿、奎章阁大学士忽都鲁笃弥实书其事于《脱卜赤颜》,又召集使书诏,播告中外。

顺帝即位,虞集害怕追究写诏的责任,告病归家,仍有"勋旧侍臣,有以旧诏为言者,帝不怿曰:'此我家事,岂由彼书生耶?'"但据明初瞿佑(1341—1427)的说法,虞集还是吃了一点苦头:

> 文宗晏驾,宁宗立八月崩,国人迎顺帝立之。帝入太庙,斥去文宗神主,而命四方毁弃旧诏。伯生(虞集字)时在江西,以皮绳拴腰,马尾缝眼,夹两马间,逮捕至大都。嫉之者为十七字诗曰:"自谓非其子,如今作天子,传语老蛮子,请死!"

虞集被捕至大都后,"以文宗亲改诏稿呈"。顺帝亲览后才说:"此朕家事,外人岂知?"虞集得释后,"两目由是丧明"。[1] 元末人权

---

[1] 《归田诗话》(知不足斋丛书本)卷中《虞伯生草诏》。

衡以顺帝一朝之事，著《庚申外史》，更具体地描述了此事的本末：由于尚书高保哥奏告顺帝，文宗曾有颁诏书之事，顺帝闻之大怒，"并问当时草诏者为何人？"不仅事连虞集，还有马雍古祖常。二人呈文宗御批，且曰："臣受敕纪载，实不获已。"脱脱在旁因曰："彼皆负天下重名，后世只谓陛下杀此秀才。"故舍之而不问。

权衡接着此段文字，又写了一段顺帝生父的故事：

> 国初收江南归附，时瀛国公幼君也，入都自愿为僧白塔寺中，已而奉诏居甘州山寺。有赵王者嬉游至其寺，怜国公年老且孤，留一回回女子与之。延祐七年（1320），女子有娠，四月十六日夜生一男子。明宗适自北方来，早行，见其寺上有龙文五彩气，即物色得之，乃瀛国公所居室也。因问："子之所居，得无有重宝乎？"瀛国公曰："无有。"固问之，则曰："今早五更后，舍下生一男子耳。"明宗大喜，因求为子，并其母载以归。[1]

由于文宗曾宣称顺帝不是明宗之子，为好事者提供了一个揣测、附会的前提。明初《庚申外史》问世，开创了元顺帝为瀛国公之子一说的滥觞。洪武二十九年（1396），明太祖十七子宁王朱权（1378—1448）进呈《通鉴博论》一书，也有《庚申外史》类似的说法。书中说："顺帝名妥欢帖木儿，明宗长子，时谓帝乃宋幼主外妇所生之子也，生于行幄，其夜有光，明宗异之，养为己子。明宗崩，当嗣立，文宗知非中宫所出者，始迁高丽，再迁靖江。宁宗崩，阔里吉思迎立之。及其元之

---

[1] 《庚申外史》（豫章丛书本）卷上，至元五年。

亡也,国人谓曰:'帝本宋裔,以报元之灭宋,天道好还,理固然也。'"[1]

继《庚申外史》之后,说法越来越多,情节也越来越细。如明初人余应读了虞集所草诏书后,写了一首七言古诗,故事又有了发展:

> 皇宋第十六飞龙,元朝降封瀛国公。元君诏公尚公主,时蒙赐宴明光宫。酒酣舒指爬金柱,化为龙爪惊天容。元君含笑语群臣,凤雏宁与凡禽同。侍臣献谋将见除,公主夜泣沾酥胸。瀛公晨驰见帝师,大雄门下参禅宗。幸脱虎口走方外,易名合尊沙漠中。是时明宗在沙漠,缔交合尊情颇浓,合尊之妻夜生子,明宗隔帐闻笙镛,乞归行营养为嗣,皇考崩时年甫童。文宗降诏移南海,五年仍归居九重。[2]

成化三年(1467),何乔新(1427—1502)曾为此诗文写了跋文,并掇拾《元史》记载论证此说是可靠的:

> 此诗叙元顺帝为瀛国公之子,乃闽儒余应所作也。……考之于史,瀛国公以德祐丙子(1276)降元,时年六岁矣。后十有二年为至元戊子(1288),瀛国公学佛法于吐番,又二十八年为延祐丙辰(1316),仁宗命明宗出镇云南,明宗不受命,逃之漠北,其与瀛国公缔交盖此时也,妥欢帖睦尔以元统癸酉(1333)即位,是为顺帝,时年十四,其生当在延祐庚申(1320),上距丙子凡四十四

---

[1] 朱权《通鉴博论》(日本尊经阁文库藏明初刊本)卷中,叶95下至96上。
[2] 程敏政《宋遗民录》(知不足斋丛书本)卷一五《读虞集所草庚申君非周王己子之诏有作》。

年,而瀛国公年始五十矣,应之诗或有征也。史又云:"文宗以……明宗在日,素谓上非其子,……。"而不言顺帝为何人之子,盖讳之也。

接着他回忆自己赴乡试时,曾见过一篇题为《沙漠主》的古乐府,篇末几句是:"吁嗟乎!凤为鸠,龙为鱼,三百年来龙凤裔,竟堕左衽称单于。"后有识语云:"瀛国公之子,阴篡元绪,世为漠北主。"据说是元末著名文人杨维桢(1296—1370)所作,说明顺帝时早已有此传闻。[1]

陈霆读《政和县志》,不仅看到余应的诗,而且看到有诗中情节的说明和超出诗中的逸闻,其说云:

> 宋少帝入觐,元降封瀛国公,长命尚主,一日与内宴,酣后起爬殿柱,元主遥见,若有龙爪拿攫,密以语臣下。时有献谋除灭者,元主未许。既而公主窃知以告,乃与主谋,乞为僧以脱祸。未几,求往吐蕃学佛法,因挈全后、公主及姬御遁居沙漠,易法名合尊。初已诞子,长亦为僧,名完普。至是居岁久,后房复生子。时周王亦遁漠北,与少帝、公主往来。周王后宫未有子,继纳女曰迈来的,亦未有出,乃从帝乞所生子于襁褓中,俾迈来的养为子,长名妥欢帖睦尔。……即顺帝也。[2]

继余应之后,又有袁忠彻(1376—1458)记下了另一种见闻,与余

---

[1] 《宋遗民录》卷一五。
[2] 《两山墨谈》(丛书集成本)卷一〇。

应的诗有同有异,他说:

> 余幼时,闻诸先生与先人言,宋幼主北迁,元降封为瀛国公。一夕,世祖梦金龙舒爪缠殿柱。明日,瀛国来朝,立所梦柱下,世祖感其事,欲除之,谋诸臣下,瀛国知惧,遂乞从释,号合尊大师,往西天受佛法,获免祸,过朔北扎颜之地,谒周王(即明宗),见瀛国后罕禄鲁氏,郡王阿儿厮兰之裔孙也,明宗爱而纳之。未几,生妥欢帖睦尔。……

罕禄鲁氏名迈来的,是同一个人,《政和县志》说是周王所纳女,养瀛国公之子为子;袁忠彻则说是"瀛国后",明宗纳之,生妥欢帖睦尔。袁忠彻还说,永乐十年(1412)曾陪成祖观宋列帝遗像。成祖说:"宋太祖以下皆清癯像太医。"次日看元列帝像,俱魁伟雄迈。成祖说:"都吃绵羊肉者。"及观顺帝像,对忠彻说:"唯此何为类太医也?"忠彻不能对。后归老田里,历考宋、元史传和"第十六飞龙"之诗。才知顺帝确实另有来历,"感念圣鉴之明,愧当时不能对此为恨"。[1]

这件事黄溥也曾听见他祖父黄润玉(号南山先生,1389—1477)说起过:

> 永乐间,一日谒尚宝袁公(忠彻,官尚宝司少卿),公曰:"昨日同太监二人侍上位看历代帝王像,看到……真宗而下诸像清楚,如今时太医样一般。……看顺帝像,又曰:此又如太医样,何也?不能对而退。"大父答曰:"公尚不晓此也。昔宋幼主㬎之妻

---

[1] 《符台外集》(四明丛书本)卷下《纪瀛国公事实》。

有娠,元明宗见貌美悦之,乃生顺帝也。"

黄溥指出,此事袁忠彻虽然"备述于《符台外集》",却没有提到他祖父的说法,说明顺帝为赵㬎子黄润玉也另有所闻。[1]

由于有上述记载和传说,在以后几百年中,不少人为此大作文章,发表见解,进行考订,当作逸史佳话传播。最先是程敏政(1445—?)将有关资料搜集在一起,辑成一卷,刊入他所编的《宋遗民录》中,并增添了一些自己的见闻,对不同说法发表了自己的看法。如在袁忠彻的说法之后,指出:"延祐丙辰(1316)仁宗命明宗出镇云南,……与恭帝相见实在此时。而顺帝……其生当在延祐庚申(1320),……顺帝乃遗腹子,则其生当在丙辰、丁巳间……世安有遗腹子四年五年者,宜以余诗为是。"

明人议论此事的甚多,大多就余应的诗加以发挥。袁忠彻提到"第十六飞龙之诗",即以此诗首句为诗名,但他误认为是虞集所作。叶盛(1426—1474)因过廷器指挥谈及此诗作《纪瀛国公事》。[2] 陆容(1436—1494)也从乡人过指挥抄录此诗,后读《政和县志》,得知是余(误作俞)应所作。[3] 黄溥从《水东日记》录出此诗来印证他上引的见闻。陈霆直接从《政和县志》得到余应的诗,并转录了前述的说明。郎瑛(1487—?)作《诗诏出处》《顺帝始末》《西江月词》和《元顺帝宋脉》等篇,对各家记载都似曾过目,并结合此传说做出不少天意、报应

1　《纪录汇编》卷一二九《闲中今古录摘抄》。
2　《水东日记》,中华书局点校本,1980年,卷三七,358页。
3　《菽园杂记》(墨海金壶本)卷五。

的解释。[1]

明末清初,谈迁著《国榷》,将此事作为信史载入他的书中。[2] 还有几位大学者对此做过专门的研究,结论都是认为可信。钱谦益(1582—1664)著《书瀛国公事实》一文说:"余得《庚申大事记》(即《庚申外史》),以余应之诗疏通证明,然后知信以传信,可备著国史。"认为"帝以庚申为号者,记者之微词",顺帝非明宗之子,传播海内,文宗的诏书,"即顺帝亦不得而讳也"。[3]

万斯同(1628—1702)继程敏政之后,广泛搜集元顺帝生父的传说增辑成《庚申君遗事》一卷;并著《书庚申君遗事后》,论证《庚申外史》和余应诗同正史相合。又写《再书庚申君遗事后》,论证之一:"元顺帝在位时,天下皆称为庚申帝,其为赵氏之遗胤,人皆知之而不敢显言。"之二:权衡书于元亡次年问世,明说顺帝是宋少帝子,则其事元明已盛传,故闽中余应赋诗纪其事,而袁忠彻、黄润玉并有是言。诸公皆明初人,闻见相接,所言必不诬也。之三:元文宗的诏书可信。"天下乞养之子,固有旁人尽知,而己反不知者,顺帝既为天子,中外自不敢言"。[4]

全祖望(1705—1755)列举他看到的有关资料,综合钱、万二人所说,加以疏通,在《答史雪汀问宋瀛国公遗事帖子》中做了详尽的论述,并补充明宁王奉太祖诏,纂序《博论》,直云"瀛国外妇之子"一条史料作为证明,因此得出结论:"《元史》潦草卒业,原属未成之书,然

---

[1] 《七修类稿》卷一五、二一、二七;《七修续稿》卷二。二书皆见《明清笔记丛刊》,中华书局点校本,1960 年。
[2] 《国榷》,中华书局点校本,1958 年,卷一,元至正十五年二月,268 页。
[3] 《牧斋初学集》卷二五,四部丛刊本。
[4] 《群书疑辨》(嘉庆刊本)卷一一;《庚申君遗事》,《昭代丛书》己集广编,卷八。

则庚申轶事,直元史一定案。"[1]

然而,也有不少人对此传说表示怀疑。如明人黄训则认为袁忠彻的说法不可信,肯定顺帝"实明宗子而非合尊之子"。[2]《四库全书总目提要》作者评《庚申外史》时说:"其中称顺帝为瀛国公子一条,……核以事实,渺无可据,实为荒诞之尤,非信史也。"[3]《续资治通鉴》于元仁宗延祐七年(1320)四月丙寅日下为此做了考异。认为"《符台外集》载元顺帝为瀛国子。……盖本于《庚申外史》";而《庚申外史》又自文宗诏书引申;余应的诗"颇近委巷俚鄙之谈";"其后文宗崩,中外推戴顺帝无异词,则文宗之诏为不足信,而《外史》诸书更无足据矣"。[4]

此外,各家续修的元史,如邵远平的《元史类编》、魏源的《元史新编》、曾廉的《元书》、柯劭忞的《新元史》和屠寄的《蒙兀儿史记》,在涉及顺帝出身的地方,皆沿用《元史》的记载,都不取瀛国公子一说。只有《元史类编》据《元史》所载作正面叙述之后,才用小字夹注"有云……",表示还有另一种说法。

可是,近代学者王国维却又转而相信此说,理由是:

> 读释念常《佛祖通载》……纪"至治三年(1323)四月,赐瀛国公合尊死于河西"。……少帝……降元之岁为至元十三年(1276),年六岁,……至至治三年赐死于河西,年五十三。而顺帝之生适前于此三年。元人不忌之于在大都之时,而忌之于入吐蕃为僧之后;又不忌之于少壮之时,而忌之于衰老之后;……

---

[1]《鲒埼亭集外编》(四部丛刊本)卷四二。
[2] 转引自《庚申君遗事》。
[3]《四库全书总目》(中华书局,1965年)卷五二《史部·杂史类存目一》,474页下。
[4]《续资治通鉴》,古籍出版社,1957年,第6册,卷二○○《元纪十八》,5448~5449页。

> 以事理推之,当由周王既取顺帝母子,藉他事杀之以灭口耳。……念常之书,……他人亦从未引及,此事足为谢山(全望祖)诸人添一佐证。[1]

余嘉锡在评介《庚申外史》一书时,荟萃前人有关此事的记载,对钱谦益、万斯同、全祖望的考证仍有怀疑,指出文宗"临终自悔弑兄,何以遗言告皇后及燕帖木耳,不直令其立明宗之亲子懿璘质班(即宁宗),而乃欲召立其乞养子妥懽帖睦尔?……然则谓妥懽帖睦尔非明宗子之诏,不过据一时之流言以诬之,而其心则实以顺帝为明宗之所生也"。所以文宗之诏不能作顺帝是宋少帝遗胤的定案,"而权衡之史,余应之诗,不过记其所传闻。故余于庚申帝为瀛国公子之说,虽颇信之,而苦于不得确证"。对于王国维的解释,他表示不能同意,理由是:一、赐瀛国公合尊死是英宗,赐死"别自有故",据《双槐岁钞》卷一谓:"合尊与其子完普为僧,俱坐说法聚众见杀。"二、自仁宗延祐三年(1316)明宗已逃至金山之阴,是朝廷之叛臣,他愿取何人之子为己子,朝廷无法过问;也与帝室继承无关,没必要"代除其所忌"。[2]

以上所列,是五百年来记载和争论元顺帝生父问题的情况。这段逸史和明成祖生母的问题比较起来,传出时较早,怀疑者不多,但只要认真推敲,除上引几项可疑的问题外,还有几点可证此事纯属编造的破绽。

首先,文宗曾下诏称顺帝非明宗子,顺帝母是西域人,都是当时人所共知,故权衡说成是"回回女子"所生。洪武三年(1370)《元史》

---

[1] 《观堂集林》,中华书局,1959年,第4册,卷二一《书宋旧宫人诗词、湖山类稿、水云集后》,1060~1061页。
[2] 《四库提要辨证》,中华书局,1985年,《庚申外史》条,300~311页。

修成,《顺帝本纪》载:"母罕禄鲁氏,名迈来迪,郡王阿儿厮兰之裔孙也。……及明宗北狩,过其地,纳罕禄鲁氏。延祐七年四月丙寅,生帝于北方。"袁忠彻所谓"罕禄鲁氏,郡王阿儿厮兰之裔孙也"一句显然是抄自《元史》,两译名用字在元代文献中皆仅此一见,而袁文却一字不差。然在"罕禄鲁氏"前加"瀛国后"三字,然后"明宗爱而纳之",则性质全变。表面看来,与正史相合,无懈可击。细究历史,罕禄鲁《元史》通常译作哈剌鲁,阿儿厮兰是与畏吾儿亦都护同时降附成吉思汗的一国之主。[1] 成吉思汗因此嫁女给他。[2] 以后世代尚公主。[3] 此族早已信伊斯兰教,岂能将"郡王之裔"嫁给一个孤老和尚,更不会如《庚申外史》所说,沦为某赵王一个可以赠人的女奴。

其次是地理位置不对。元代将甘肃、青海、西藏、新疆等地,概以"河西"称之。据《元史·世祖纪》,至元二十五年(1288),瀛国公赵㬎学佛法于土蕃,藏文史料也有记载,具体指明是在萨迦,在今后藏日喀则以西。[4] 而《明宗纪》载:延祐三年(1316)冬,明宗西行,至北边金山,受到察合台后王的欢迎。"每岁冬居扎颜……",前后十余年。以与哈剌鲁部通婚推测,已在今新疆西北,巴尔喀什湖以东地带。两人都离《庚申外史》所谓甘州(今张掖)甚远。至于袁忠彻称瀛国公"往西天学法,过朔北扎颜之地,谒周王(即明宗)",把从上都(今内蒙古正蓝旗境)去西藏说成要经过今新疆边外,纯粹是胡乱抄袭正史,弥缝己说。周王于天历元年(1328)经阿尔泰山到和林,准备回京,此时

---

1 参见《元朝秘史》,235 节;《元史》卷一《太祖纪》,六年;《史集》第 1 卷第 1 分册,153 页;第 2 分册,153、163、254 页;《世界征服者史》上册,74~76、82 页。
2 Алтан Товч,1957 年,乌兰巴托出版,109 页,名阿勒合别乞。
3 《元史》卷一〇九《诸公主表·脱烈公主位下》。
4 王尧《南宋少帝赵㬎遗事考辨》,《西藏研究》创刊号,1981 年。

合尊已被赐死。总之,萨迦和札颜相隔万里,完全是风马牛不相及,二人不可能会面,更不会有"缔交情颇浓",交换妻子之事。

三

元顺帝和明成祖的生父问题是两个相同的故事,后者是前者的复制和再现。在中国封建社会中,人们最重视血统的纯正,皇室代表国家社稷,对此尤其重视;而新王朝对前朝臣民都非常警惕,对皇室则更为敏感和防范。恰恰在元、明两代,都出现了由前朝皇帝遗裔继承了帝位的事情,哪有这种不可思议的偶然性?而且还一再重复?只要我们认真分析当时社会上流行的思想和习惯心理,就会发现是一部分人的有意虚构和安排,这种偶然性的重复,有它产生的必然性。辨别它的真伪,从思想根源挖掘比传统的历史考据方法更为有力。

宋朝以来,出现了一种先验地解释历史的唯心主义思潮,其中以邵雍为代表。他根据《周易》和道教思想,制定了一种先天学的理论,也就是一种繁琐的神秘主义的象数学体系,企图用它解释一切自然界和历史中的现象。对于历史,他以宿命论和循环论来进行解释,是一种封建主义的神秘历史观。一方面,他继承了古代的传统思想,如邹衍的"五德终始"和董仲舒的"三统说";另一方面,他又得到讲"天人之际"学说的"活神仙"道士陈抟的真传,创造了他的"元会运世"历史观体系。本来,邵雍的哲学仅是宋代理学中一个独特的流派,不似程朱理学后日成为正宗。但在民间,它比程朱理学有更大的影响,道家又将其学说融会到宗教著作中,卜卦、算命的术士奉邵雍为祖师。这种哲学同宗教和迷信混为一体,得到了广泛的传播。

这种神秘历史观应用于论证封建王朝的兴替时,总是说兴者天命有归,衰者则大数有定,有因果报应决定等。道家术士常常制造一些模棱两可的谶谣,然后说明历史果然验证了这些预示的谎言。

这类事例在宋代就广为流传,此文没必要列举。元皇庆元年(1312)刊行的《宋季三朝政要》一书,是当时佚名南宋遗民所作,他在历史正文之后,发表了一通这类宿命论的典型议论:

> 虽然,国之兴亡有天数与天理存焉尔。邵雍著《皇极经世书》,推明皇帝王伯之数,有"元会运世"之说,谓"冬复为春,世复为元"。今大元混一,……国号曰元,年号曰元,岂非"世复为元"之数乎？宋以周显德七年(960)受禅,至十六传而幼君名显,改元德祐,今显、德二字彰著于命名、改号之间,人不之觉,岂非数之终于此乎？[1] 前宋以丙午(1126)、丁未(1127)而遭金祸,推论五行者,谓宋以火德王,故能水胜火。其后丙午、丁未,则上下兢兢以度厄运。今以丙子(1276)、丁丑(1277)归大元,岂非子者午之对,丑者未之对,而纳音亦有水胜火之义乎？宋有图谶,久有过唐不及汉之说,汉四百一十一年,唐二百八十六年,宋……凡三百一十六年,岂非过唐不及汉之应乎？此天数之应如此。
>
> 宋太祖受周太后、恭帝禅。杜太后将终,召太祖曰:"汝自知所以得天下乎？正由柴氏使幼儿主天下,群心不附,若周有长君,汝安得至此？"岂料三百年后,似道贪权,利于立幼,卒至覆国。是亦其初取孤儿寡妇之报也。宋待柴氏最厚,事太后如母,抚幼君如子。恭惟大元,待宋后幼君礼意尤笃,是亦其初待柴氏

---

[1] 《南村辍耕录》卷一《宋兴亡》条及一些明人记载皆曾提及。

之报也。国既为宋,柴氏族属并无诛戮,……今大元于赵氏族属一无所问,亦其不杀柴氏之报也。……此天理之报者如此。

宋太祖生于丁亥(927),以庚申岁(960)建国。命曹彬平江南,王师系甲戌岁(974)渡江,以乙亥(975)、丙子(976)而平江南……。今大元太祖圣武皇帝[1]亦生于乙亥(1215),以庚申岁(1260)即位,命伯颜平江南,大军亦系甲戌岁(1274)渡江,以乙亥、丙子而平江南……。宋太祖得国之时,有谶云:"十一卜人小下月,十五团栾十六缺。"至幼君恰十六传,亦非偶然。[2]

此书作者站在歌颂元朝的立场上,搜罗了这么多牵强附会的例证,用来证明他的"天数之应"和"天报之理"。同样,对元朝的民族压迫心怀不满的汉人,也用同样的事实和理论作为思想武器以表示反抗。

农民起义常常打着灭元兴宋的旗号号召群众,如元官员报告:"河南诸处群盗,辄引宋故号以为口实。"[3] 韩山童就自称是宋徽宗九世孙,国号宋。[4] 甚至传说韩林儿"乃瀛国公次子",为韩内侍所养,山童得以为子。[5] 提出"重开大宋之天"的口号。明人黄瑜(1426—1497)还说,瀛国公与其子都出家为僧,"俱坐说法聚众见杀。其母舅吴泾全翁梦二僧曰:'我赵㬎也,被掳屠害,已诉诸上帝,许复仇矣。'已

---

1 应作元世祖,杨维桢《正统辨》沿袭此说,以致洪钧、伯希和等人怀疑《元史》有关太祖生年的记载。
2 《宋季三朝政要》(宸翰楼丛书影元刊本)卷六。
3 《元史》卷四二《顺帝纪》至正十二年五月。
4 《草木子》,中华书局排印本,1959年,卷三上,51页。
5 《七修类稿》卷九《妄称林儿》条。

而中原大乱"。[1] 他们传播诸如此类元朝天数将终的谣言,用来作为他们积极斗争的宣传武器。

上层文人则不然,他们既不满意元朝在政治上对他们的歧视,又没有勇气和兴趣参与反元的直接斗争,因而消极地玩弄这套神秘的报应哲学,聊以博取精神上的安慰。而元顺帝是宋少帝之子的谣传,正好是为那些满足于精神胜利的道统论者所喜传乐听的。

前引杨维桢所作《沙漠主》之后还有如下识语:

> 宋太祖之德至矣。肇造帝业,不传诸子,而传诸弟。太宗负约,金人之祸,举族北迁。而太祖之末孙复绍大统,有江南者百余年,为元所灭。[2] 而瀛国公之子,阴纂元绪,世为漠北主。天之报太祖,一何厚哉!

杨维桢可以说是元代江南文人的代表。他持这种看法并非偶然。元末修辽、金、宋三史时,有所谓正统之争,杨维桢是积极的参与者。他从南人的立场出发,认为元朝只能是承宋统,反对将辽、金与宋并列,故不能三史并修。他为此著《正统辨》,正是摭拾《宋季三朝政要》中那些牵强附会之说,作为他立论的根据。《正统辨》常被元末明初人所津津乐道并得到普遍赞赏。[3] 从他们这种思想感情去观察,就不难理解元顺帝这段传说不胫而走的根本原因了。

余应的"第十六飞龙"诗,同样是为了贯彻这类思想。在前引诗

---

[1] 《双槐岁钞》,《岭南遗书》第1集,卷一《宋复元仇》条。
[2] 指太宗后裔皆随徽、钦帝被金人掳去,只剩高宗一人,无子,由太祖少子德芳孙(即孝宗)继位一事。宋元人记载中常提及,认为是太宗篡太祖子孙继承权的报应。
[3] 见《南村辍耕录》卷三;《菽园杂记》卷九;《水东日记》卷二四;《两山墨谈》卷八。

句之后,还有八句是发挥议论的:

> 壬癸枯干丙丁发,西江月下生涯终。至今儿孙主沙漠,吁嗟赵氏何其雄。惟昔祖宗受周禅,仁厚绰有三王风。虽因浪子失中国,世为君长传无穷。

何乔新的跋语对这几句诗做解释说:"盖壬癸为水,丙丁为火,元以水德王,而宋以火德王也。又云:'西江月下生涯终'。故老相传,顺帝北遁,殂于应昌,仓猝取西江寺梁以供梓宫之用,梁间隐隐有字,亟视之,乃《西江月》一调,有'龙蛇跨马乱如麻,可汗却在西江寺下'之句。或云太保刘秉忠所作,故云。"[1] 说明余应用诗传播这个轶闻,是在证明宋太祖仁厚,致有儿孙世主沙漠之报。

同样,陈霆从《政和县志》前引余应诗的说明之后,还看到一段类似的议论:"皇明启运,中国有归,帝集三宫臣僚退避真主,驻应昌而殂。其子孙遁去,至今君主漠北。盖苍苍于宋,窘之于其祖、父而延之于其子孙,天道未为不知,赵氏未为不昌也。"

据《政和县志》所载,余应曾任该县儒学训导。"悲宋室以仁义亡国,因览虞文靖公(集)为文宗皇帝草顺帝非周王子之诏,撰诗以述其事。"甚至有人还说他曾参与过埋葬宋理宗颅骨的义举。[2] 这些人怀念宋朝的感情是强烈的。我很怀疑当时确有或确闻其事,他们才"撰诗以述";不如说并无其事,而是"悲宋室以仁义亡国",借虞集草诏,

---

[1] 《宋遗民录》卷一五。《西江月》词全文最先录于《南村辍耕录》卷二六《武当山降笔》条,程敏政(《宋遗民录》)、郎瑛(《七修类稿》卷二七)皆作了牵强附会的解释。
[2] 《两山墨谈》卷一七、《鲒埼亭集》卷三三《冬青义士祠祭议与绍守杜君》皆引〔元〕章祖程《白石樵唱诗注》曾提及此事。然认为余应为元末明初人,不可能参与元初之事。

作诗以杜撰其事。

明初袁忠彻所作《纪瀛国公事实》,是宣传同一故事,但立论却与《宋季三朝政要》迥然不同:

> 顺帝享国,实由文后,然听谗臣之言,遂至文后母子被害。夫宋待柴世宗之后,代居显官,详见史册。而瀛国孤儿寡妇,元君忍不相容也。瀛国居燕八年,因杀文丞相,方给衣粮,此待之薄甚。迫感梦有疑,瀛国逆知,假往西天,又遇周王夺其后而生顺帝。……而天不负宋而又享国久。然则顺帝之负文后岂其少恩哉?国祚之归于大明宜矣。……遂释旧所闻者,使知宋三百年之德泽不泯也。如是顺帝幽文后,杀其太子,此又天使宋之遗孽灭胡之报复也。

袁忠彻之父袁珙(1335—1410)"精于风鉴,忠彻得其传",以相命术得到燕王的亲信。《明史》将他俩列入《方技列传》。袁忠彻著有《人相大成》《古今识鉴》《相书机要》,并订定《神相全编》,尚存于世。[1] 作为方士,他深信因果报应的传闻,身为成祖亲信命官,他又力贬元朝的做法。

《宋季三朝政要》的作者,生在宋而身在元,既怀念宋朝,又要赞美元朝,故大谈宋太祖对柴氏的优待,因此赵㬎等得到元世祖优待的报应。明朝人贬责元朝,就说赵㬎受的待遇"薄甚",所以有宋裔"阴篡元绪"之报。元顺帝做了皇帝,享国三十年之久,可以说成"天不负宋";但毕竟元朝灭亡在他在位时,那又是有负于文宗后,所以国祚归

---

[1] 参见《(光绪)鄞县志》,《袁忠彻传》和《艺文志》。

于大明。文宗后母子为何有此惨祸?那又是元对宋室少恩,天使宋之遗孽消灭元裔的报复。如此等等牵强附会,互相矛盾的立论和传闻,都是为了服务于作者的某种思想,他们可以信手拈来,随意摆布。本来,人们很容易从这种神秘天命观的牵强比附和明显破绽中辨别史实真伪的。

事实相反,前引转述和考订这段轶闻的作者,他们先就有一个报应不爽的观念,一旦接触这些奇闻,不但没提出疑问,反而是疑窦顿消,信而有征,一个比一个附会更多。如据传宋太祖曾要道士陈抟预卜宋朝气数,陈抟说"只怕五更头",因此太祖命六更转于宫中然后鸣钟。后人乃据此发挥:更与庚同音,宋建隆年庚申(960)开国,理宗景定改元也是庚申(1260),同年元世祖即位,正好经历五个庚申,过十六年宋亡,"恰符其数";后传元顺帝是赵㬎子,生于延祐七年庚申(1320),人称庚申帝,证明"宋祖命转六更之言,益信数之不爽"。[1]

只有邵晋涵,纪昀等评《庚申外史》时曾明确指出:"盖元之中叶,宋遗民犹有存者,因虞集草诏有讬欢特穆耳非明宗之子一语,遂造此言以泄其怨。明人又仇视元人,遂附合而盛传之。"[2] 追寻这一思路,不难回答我们的主题。

---

1 见《厓山志》(明弘治间初刊),《涵芬楼秘笈》第 4 集;《闲中今古录摘抄》;全祖望《答史雪汀问宋瀛国事帖子》。
2 《四库全书总目》卷五二《史部·杂史类存目》,474 页下。

四

明成祖生母的异闻传出较晚。最早见于《南京太常寺志》，朱彝尊指出是天启三年（1623）所修。距成祖之生已有二百六十余年。而且只说其母为碽妃，并未说明她的来历。何乔远、谈迁、张岱、沈玄华、潘柽章都是据此记载和亲验奉先殿陈设加以转述。只有朱彝尊称之为"高丽碽妃"，说是出自《枣林杂俎》。但《枣林杂俎》并无此说，当是朱彝尊的误记，饶智元的诗和陈作霖听到父老的传闻皆来源于此，也就失去了依据。

刘献廷说成祖母是元顺帝妃蒙古人瓮氏。蒙古无单音姓，以所属氏族部落为氏，"瓮"应是瓮吉剌的省略，也就是世代与元帝室联姻的弘吉剌氏，元代或译作瓮吉剌。[1] 故其说与《蒙古源流》相合。传此说者有"司礼太监"和"燕之故老"，说明不晚于《南京太常寺志》京师也有此传闻。王謇在南京也听到此说，而且明确说是瓮吉剌氏。他说瓮氏"须受极刑"，同陈作霖所谓"铁裙之刑"是同一故事，看来陈是为了迁就朱彝尊才说她是高丽人。

《南京太常寺志》对碽妃没做任何说明。"碽"是一个不见于新编《辞源》和《辞海》的生僻字，音公 gōng，《康熙字典》引《字汇补》："姓也。"举的例子就是"《太常寺志》明太祖妃碽氏"。看来碽妃不可能是姓碽的汉人或高丽人，而是弘吉剌氏略称的不同译音。碽和弘在蒙古文辅音分别作 G 或 H，在常省略音点的古蒙古文中字形一样，《金史》中的光吉剌和广吉剌就是把 H 读 G 成的例证。如果是这样，那么北京太监和故老同《太常寺志》原来说的是一回事，因而《太常寺志》的

---

[1] 《元史》卷一三二《杭忽思传》；卷一三四《撒吉思传》。

作者以及对谈迁、潘柽章述说此事的"孝陵阉人"和"中宫故老",就不会对硕妃的来历毫无所闻。然而,元顺帝是亡国之君,无法阻止权衡、余应传播流言;成祖则不同,他是本朝皇帝,谁也不敢把传闻笔之于书,士大夫也不会相信和传播他是"鞑虏"之子。所以迄至明末,才将他是硕妃所生写进《太常寺志》,但对她的出身仍保持沉默。口头传说仅限于中宫、太监,当然也不敢向外扩散。明亡以后,已没有禁忌,成祖是蒙古后裔之说在北京和南京都传播开来了。

《蒙古源流》成书虽在《太常寺志》《名山藏》等书之后,但此事在蒙古族的载籍和口碑中早有流传,而且众口一词。1604年至1627年间成书的《黄金史纲》有如下记载:

> 当彼之帝位被夺之际,乌哈噶图可汗的弘吉剌哈屯已怀孕三月,那哈屯以匿于瓮中而落下了,……为汉人朱洪武皇帝所收纳。哈屯心想:"如分娩于七月之后,必以敌人之子而被加害;若分娩在十月之后,当视作己子而免于难,愿天父怜悯,再添三个月,凑足十个月吧!"……上苍垂恩,于十三个月上,生下一子。[1]

罗卜藏丹津的《黄金史》也有这段,似乎是取材于《黄金史纲》,内容和词句只有几处略有出入。[2] 罗密以《黄金史纲》与《元史》删辑为《蒙古家谱》,亦节录弘吉喇忒哈吞的故事,注中迳说:后来,"妃以硕为姓云"。[3] 说明罗密是将硕氏理解为弘吉剌氏的略称,而不认为是高丽硕姓女子。

---

1 朱风、贾敬颜译《汉译蒙古黄金史纲》,内蒙古人民出版社,1985年,46页。
2 Алтан Товч,170~171页。
3 《汉译蒙古黄金史纲》附录三,224页。

这个传说,不只多见于蒙古文文献,也盛传于蒙古民间,《鄂尔多斯口头故事集》所载《大元太子和真太子》就是专讲此事的,情节相当丰富和生动,故事从元朝衰亡讲到明成祖即位,现摘录成祖出生的故事如下:

> 妥欢帖睦尔……带上大皇后和玺印从地道里逃跑了。朱洪武进皇宫……小皇后见了朱洪武,便行大礼,非常柔顺娇媚。朱洪武见她长得美,就决定娶她。……小皇后已怀孕两个月了,朱洪武并不知道。到了十二月头上,小皇后生了一个儿子,……起名叫元太子。[1]

将上引蒙、汉各种传闻综合起来,不管说法明确还是隐晦,他们都是明成祖是元顺帝遗腹子一说的演变和发展,始作俑者,必然是乐意明确传播此事的蒙古人,他们可以仿效元顺帝是宋裔的传说很容易将它复制出来。问题是何以蒙古人也像元朝南人那样玩弄这类把戏呢?这也说明在中原居留百余年的部分蒙古人,不仅在经济上适应了汉族的生产和生活方式,而且在文化上思想上也适应了汉族的传统,接受了各种封建的意识形态,因而积极制造和传播这个故事,藉此证明元运不衰,仍在统治中国。

蒙古族在元朝很容易接受这种天命观并非偶然。部落时期的蒙古人就充满对天的崇拜,相信天命。如铁木真初次称汗,就有八邻部贵族宣称:"天地商量着国土主人教帖木真做。"[2] 统一蒙古高原后,晃

---

[1] A. Mostaert, *Texte Oraux Ordos*,1937 年北京辅仁大学出版,133~176 页(亦邻真汉译)。
[2] 《元朝秘史》,121 节。

豁坛部巫师帖卜腾格里向成吉思汗宣布:"神命你为普世的君主!"[1] 历代大汗诏旨都以"长生天气力里"开头。在准备伐金之前,成吉思汗事先要祈祷长生天护助。[2] 来到中原,他们对阴阳、术数和卜筮特别感兴趣。耶律楚材得以随侍成吉思汗,是因为他"旁通天文、地理、律历、术数及释、老、医、卜之说"。"帝每征讨,必命楚材卜",认为此人是"天赐我家"。[3] 替忽必烈"参帷幄之密谋,定社稷之大计"的刘秉忠,"尤邃于《易》及邵氏《经世书》,至于天文、地理、律历、三式六壬遁甲之属,无不精通"。[4] 在元、明稗史中,常见他被描绘成半人半仙的预言家。另一位精于邵雍皇极数的李俊民,忽必烈也曾派人"问以祯祥",据说即位后"其言皆验"。[5] 还有不少术士得到元朝皇帝的亲信,当然对蒙古统治者有很大的影响。

阴阳术数之学不仅在元朝统治者中有影响,而且在全国各地也受到普遍的重视。世祖至元十二年(1275)七月,在任命伯颜、阿尤等征宋前,就曾"诏遣使江南,搜访儒、医、僧、道、阴阳人等"。次年宋主降,二月,忽必烈又下诏:"凡……高尚儒、医、僧、道、卜筮,通晓天文历数,并山林隐逸名士,仰所在官司,具以名闻。"四月,"行江西都元帅宋都带以应诏儒生、医、卜士郑梦得等六人进"。[6] 将阴阳、卜筮之士同儒、医一样看待,视为朝廷应加保护和搜罗的人才。至元二十八年(1281),开始在每路设阴阳学,招收通晓阴阳之人,同儒学、医学一样,每路设教授以训诲之。术数精通者每年还可选送赴都,许令近侍。

1　《史集》第 1 卷第 1 分册,商务印书馆,1983 年,273 页。
2　同上,第 1 卷第 2 分册,俄译本,42 页。
3　同上,卷一四六《耶律楚材传》。
4　同上,卷一五七《刘秉忠传》。
5　同上,卷一五八《李俊民传》。
6　同上,卷八、九《世祖纪》。

延祐元年(1314),"令阴阳人依儒、医例,于路、府、州设教授员,凡阴阳人皆管辖之"。[1] 在蒙汉人民长期的交往中,不少蒙古人也服膺天命观的唯心哲学,学会道家、术士的方术。如元末一个蒙古人改用汉姓名为张彦甫,正式从太一教的玄德真人学道。[2] 在理学备受尊崇的元朝,接受程朱理学或邵雍象数学的更不会是少数。他们对王朝的兴替,也相信是由天命和天数决定的。

关于元朝的兴亡,朱元璋在他即位时告上帝的制词中是这样解释的:"惟我中国人民之君,自宋运告终,帝命真人于沙漠入中国,为天下主。其君父子及孙,百有余年,今运亦终。"他首先承认元朝皇帝是上帝命定继宋朝统治中国,但现在气运已完,该轮到他做皇帝了。[3] 他写给元主的信中也说:"朕谓君自知胡无百年之运,能顺天道,归我中国故土,上策也。"[4] 妥欢帖睦尔死后,又"以元主不战而奔,克知天命,谥曰顺帝"。[5]

蒙古起初服属于金,对皇帝也充满神秘感。成吉思汗统一蒙古以后,还认为"中原皇帝是天上人做",得知"庸懦"的卫王也能做皇帝,自己才有了取而代之的信心。[6]

元亡明兴,蒙古统治者也承认气数已尽,传播同明人一样的祥瑞或凶兆。如明人说朱元璋诞生时,"常有神光满室"(《皇朝本纪》),"屋上红光烛天"(《龙兴慈记》)或"夜有神光烛天"(《明朝小史》)。

---

[1] 《元史》卷八一《选举志》。
[2] 虞集《道园学古录》(四部丛刊本)卷三,诗序。
[3] 《皇朝本纪》,《纪录汇编》卷三一。
[4] 《明太祖实录》洪武二年冬十月辛卯。
[5] 同上,洪武三年六月丁丑。
[6] 《元史》卷一《太祖纪》。

《黄金史纲》则说他"降生之际,霞光满室"。[1]《蒙古源流》也说他出生时,"其家见五色红光"。下文还记述了预示元亡的征兆:"汗(顺帝)复梦见一铁牙野豕突入城中,欲啮众人之际,因不得路,遂各处抵触奔走;又见日月同坠……。托克托噶太师答曰:'铁牙之豕,朱姓为乱之兆;日月同坠,乃汗与奴仆无分之兆也。'"[2]

此事在汉籍中是两个故事。前者见于郎瑛所引《传信录》所载:"至正廿二年,顺帝梦猪哄大都,城复。"又引《草木子》所载:明军离元京甚近时,顺帝见二狐自殿上出,叹且泣曰:"宫禁严密,此物何得至此,殆天所以告朕,朕其可留哉?"……即命北狩。郎瑛就此发挥:"岂非猪乃朱姓,而狐乃胡人哉?"[3] 后者也出自陈建所引《传信录》:"元主尝召一术士问以国祚。对云:'……日月并行,乃可忧耳!'大明兵兴而元亡。盖日月并行,乃明字隐语也。"[4] 蒙汉记载情节基本相符,只有《源流》对日月的解释有所不同,这是因为猜字谜的游戏无法对不识汉字的蒙古人讲清楚,故改用了另一种牵强的解释。说明《源流》此段来自明人的传闻。

蒙古统治者在客观形势面前,承认元朝天命已终,但又不甚甘心,因而又虚构一个朱元璋恩将仇报的故事。《源流》说:朱葛生有异兆,丞相奏请杀之,顺帝不许。后来长成,赋性警敏,汗甚爱之,得到重用。朱葛则肆行谗恶,固结盟好,阴谋暴乱,顺帝乃袖玉玺,携福晋、皇子具出奔。后来朱葛纳顺帝妃生成祖,还说:"从前汗曾有大恩于我,此乃伊子也,其恩应报,可为我子。"朱葛之事离史实太远,纯属蒙籍

1　《汉译蒙古黄金史纲》,39页。
2　《〈蒙古源流〉笺证》卷四,叶16a、16b至17a。
3　《七修类稿》卷八《元亡》。
4　《皇明通纪》(明末刊本)卷一。

的独创。他们精心编造顺帝如何仁厚恩眷和朱葛如何阴狠背叛的故事,是因为他们也同南宋遗民一样,认为这是对朱葛的天数和报应,深信汗统仍在明朝延续,从而获得精神上的安慰。诚如张尔田所说,此事虽"荒唐可笑,蒙人抱亡国之戚,增饰野闻,抒其蓄愤,固应尔尔"。[1]

蒙汉传说的一致,不仅见于文献,也广泛流传在口头民间故事中。以前引《元太子和真太子》这个民间故事为例,还有许多情节都可从汉文记载和民间传说中得到印证。故事开头说:

> 在妥欢帖睦尔皇帝时,每十家汉人里都让住着一个喇嘛。那十户人家娶新媳妇,都要先送到那个喇嘛那里过一夜,之后才归自己的丈夫。就这样压迫着汉人。……朱洪武忍受不了蒙古人的压迫,便悄悄在家商量,决定一夜里杀蒙古人,在六月初六夜间大家一起造反,杀光身边的喇嘛。后来……再商定,在八月十五晚一夜杀光他们,用他们的头和心肝祭月亮。

元初徐大焯记元军占领江南后:"编二十家为甲,以北人为主,衣服饮食惟所欲,童男少女惟所命。……金芸楼室人周氏,花烛之夕,甲主踞之,周以熨斗破其脑。……越三年,五月五日,联合省郡同歼甲主。"[2] 说法与《元太子》近似,讲的是元初吴县的事,已有五月五日"同歼甲主"之说,与"六月初六"只一字之差。元末农民起义,汉族民间也有"八月十五杀鞑子"的传说,证明迄至近代,民间都在传说同样的故事。

---

1 《〈蒙古源流〉笺证》卷四,叶16ab、17a;卷五,叶1至3a;卷八,叶17至18a。
2 《烬余录》(望炊楼丛书本)乙编。

《元太子》中还说:

> 小皇后生了一个儿子,……算命先生说:"这孩子命大!"给他起名叫"元太子"。过了两年,那个皇后又生了一个儿子。算命先生说:"这孩子的命比不上他哥哥",给起名叫"真太子"。……一天夜间。朱洪武作了一个梦:一条白花蛇同一条黑花蛇在打架,白花蛇差一点咬死黑花蛇。之后,两条蛇不再斗。来到他跟前,白花蛇靠着他右膝盖,黑花蛇靠着他左膝盖,向他告状。……第二天……把梦里的情形告诉算命的,算命的……说:"皇上!你不必问我,一会儿你就会知道是怎么一回事了。"……不久,两个太子打起来,你拉我我拉你来到皇帝跟前。大儿子靠住右膝,小儿子靠住左膝,两人都向父亲告对方不对。

这里显然指的是成祖和建文帝二人,将叔侄误为兄弟,袁忠彻之父袁珙曾给燕王朱棣看相,曰:"殿下龙形凤姿……,实苍生真主也。"或是说:"髯过脐,必登大宝,为二十年太平天子。"[1]《革除遗事》则说:"建文君之生也,顶颅颇偏,高皇帝知其必不终。"[2]可见《元太子》是将二人命相的事组合在一起。而二蛇相斗的梦也见于《黄金史纲》,说是"洪武皇帝曾梦见二龙搏斗,而西龙为东龙所胜,敕令筮者卜吉凶。筮者说:'此非二龙,而为君之二子,居西者,属汉后之子,居东者,则蒙古哈屯之子,将继君之宝座而享有天命。'"同样此事明人也有记载。《随志》记述刘随古言:"高皇帝梦二龙绕于庭,一奋而张,一

---

1 《七修类稿》卷三七《袁柳庄》;卷一一《靖难功》。
2 《纪变》,金声玉振本。

倪而顿,既觉,实懿文、燕邸同游,而文皇厌飞龙焉。"[1]《建文遗迹》所说则更加接近,说是:"太祖一夕梦二龙斗殿中,黄胜而白负,明日见建文、成祖同戏,建文着白,心知后必不协。"[2]

《元太子》接着说:

> 母亲得了重病,临死前将大儿子叫来,给了他两封文书,说:"一封在你受难时拆开看,另一封在你享福时拆开看。"……皇帝把太子叫来说:"你去好好把守蒙古人从那儿进来的南口!若把守不好,就犯了法了!"元太子哭着,……在没有人的地方拆开那封教在受难时拆看的文书,那文书上写道:"当你被徙放到南口去的时候,要带大臣刘伯温同去。你本是蒙古妥欢帖睦尔的儿子,由我虔诚祷告佛法三宝,你在十二月头上才生下来。你要想念着蒙古人!"看过那封文书之后,便到父王处,哭着叩头说:"我的父亲!我年岁小啊,让刘伯温同我去吧!"

上述情节,在明代野史中都有踪迹可寻。

其一,关于留书应付危难的事。王鏊记述了一个刘基给建文准备的锦囊妙计:"太祖既有天下,谕刘基曰:'汝有何术,教朕之子孙守天下。'基曰:'有。'因成一箧,而以铁汁灌其锁以授之,及燕兵入,建文开箧,则袈裟一,剃刀一,度牒四。曰:'此刘伯温教我也',遂为僧遁。"[3] 由于蒙古人将同情寄于元裔燕王,所以把建文的事安在他

---

1 《汉译蒙古黄金史纲》,46页及注④。
2 《七修类稿》卷一二《建文君》。
3 《震泽纪闻》。《名山藏》卷五附《革除纪》也有这种说法。

头上。

其二,关于要求刘伯温随行事。可能是将姚广孝当成了刘基。郎瑛说:"太祖初建封诸王,各以一高僧相之。时姚广孝预白成皇曰:'殿下能讨臣辅佐,当佐殿下戴一白帽(王字上加白字)。'于是奏讨之。"[1] 刘伯温是民间传说中一个神奇人物,甚至说他能前知五百年,后知五百年。蒙古民间故事把他搬了进来,说明蒙古族对他同样熟悉,同样喜爱借用这位诸葛亮式的艺术形象。

其三,关于留言说明身世的事,明初对成祖生母尚无异说。但《北墅琐言》却说谭王"实陈友谅遗腹子也。友谅妻阇氏,方怀娠,而友谅殂。太祖……没其妻阇氏入宫掖,未几生梓,封谭王,国于长沙,濒行,辞其母。"其母向他吐露了身世,嘱咐他"毋忘复仇之志"。[2] 蒙古族的传说可能取材于此。到了清末,蒙古族的故事又传到了内地,所以王謇说:翁吉剌氏"挹郁而殁,易箦前,以己之画象一帧授成祖乳母,且告以详,命于成祖成年就国后告之。成祖封燕王,乳母如命相告,于是成祖始知己来历,乃投袂奋起,而靖难之变作矣"。[3] 从这里,我们似乎可以看到蒙汉两族人民共同创造和丰富这个故事的过程。

通过对上述蒙汉文献和口头民间故事的对比,可以看出,有的几乎如出一辙,有的则是加以拼凑或移花接木所组成。因此,这并非文学虚构的巧合。明成祖的故事,是蒙古编年史的作者在天命观的指导下,根据明人笔记杂史,加以附会、演绎而成,作为信史写进书中,再发展为动人的口头故事。问题是,明代的蒙古人居然能知道这么多中原的轶闻,可见当时的文化思想交流是何等密切,他们对明朝的事

---

1 《七修类稿》卷一一《靖难功》。
2 转引自《明宫杂咏》卷一《阇妃怨》注。
3 《瓠庐杂缀》。

情又是何等关心和饶有兴趣。当时漠北的蒙古人看来很难去读上列的许多稗官野史,而是另有一种交流渠道。明初留用了元朝的宦官,招抚了大批蒙古降人,其中许多人安插在南京各卫和燕王部下。这些人难免有故国之思,而又接近宫禁,对皇室秘闻消息灵通。他们最适于充当明朝文人和漠北蒙古之间的中介人,也许这些真真假假的轶闻正是通过他们传递、散播开来的。

不同的是,明初并没有成祖乃元顺帝之子的记载,蒙古也没有顺帝出自宋裔的传闻。然而明人却盛传顺帝生父是宋末帝,无非是想说明这是"天报宋家",故让其后人"世主沙漠"。[1] 蒙古人则深信成祖是顺帝妃所生,借此证明成祖"是真正的蒙古皇帝的后代",要他对"蒙古人亲善和睦相处"。[2] 双方各自相信一个史实上并不存在的奇闻。寓意是争同一个中国的主君。在现实生活中,明太祖对蒙古说降和武力威胁,明成祖五次北征,就是鉴于元裔不服,传国玺未得,惟恐明朝的合法地位还不稳固。蒙古统治者则认为"比先大元皇帝一统天下,〔蒙汉〕人民都是大元皇帝的来",继续保留"大元"国号,将退往漠北视为偏安,时刻准备恢复一统。[3] 这两个传说正是明蒙统治者现实政治意图的反映。他们互相势不两立。但又宁愿相信对方统治者血统你中有我。他们都想巩固或恢复这块共同地域上建立的王朝,建立民族间的经济联系,而且在长期的文化思想交流中培养起某些共同的心理状态。在充满民族矛盾的阶级社会中,确立了互相离

---

1 《七修稿类》卷一五《顺帝始末》。
2 《元太子和真太子》。
3 参见胡锺达《明与北元蒙古关系之探讨》,《内蒙古社会科学》1984 年第 5 期。关于传国玺,文中引《国榷》洪武二十五年周敬心上书说:"陛下连年出征,北征沙漠,⋯⋯为耻不得传国玺,欲取之耳。"

不开的关系。

  本文只是罗列了一些现象,偶有粗陋的分析和比较。由于对思想史和明史没有研究,对此问题反映的思想进行深刻的剖析,具体揭示蒙汉人民怎样进行文化交流的详情实非本人学力所能及,只能有待求教于方家。

(原载《内蒙古大学学报》1987 年第 3 期)

《再生缘》作者的母族桐乡汪氏

我少年时偶然读到《再生缘》一书,特别欣赏书中塑造一个女胜于男的孟丽君,赞佩作者创意的新颖和勇气。我家乡流行有几百年历史的祁剧,中华人民共和国成立前夕,民生凋敝,小县城剧园无人看戏,艺人连每日一两升米也挣不下,乃想出排演连台本新戏吸引观众的办法,剧名《龙凤再生缘》,一两月内连续演出《再生缘》一书中孟丽君和皇甫少华的故事。这次演出收到意想不到的效果,在一两月内,县城中的观众几乎达到万人空巷、人人道《龙凤再生缘》的程度。因此,《再生缘》这部不太出名的文学作品,竟在我的脑海中留下了超越一些名著的深刻印象。1961年,《光明日报》连续发表了郭沫若先生讨论《再生缘》和作者陈端生的论文,得知陈寅恪先生也正在从事这项研究,郭沫若的讨论对象就是陈先生。因此也勾起我少年时代的回忆,引发我进一步了解这部作品和作者的兴趣。直到1980年陈寅恪的《寒柳堂集》出版,我才读到他的《论再生缘》一文,业余偶尔就他提出的问题查查书,做点探索。陈先生说:"端生、长生之文学,与其母有关,自不待论。"因此我注意到端生、长生母亲的娘家桐乡汪氏,这个家族的文学传统和科举之盛,看来对《再生缘》的创作确有很大的影响;由于对汪氏的研究,也引发了我对清代江南世家的兴替、风尚、藏书和私家园林等系列有趣问题的探讨。

一　由商而儒而仕的桐乡汪氏

桐乡汪氏与江南许多大族一样,是明末清初由皖南迁来的徽商。这些徽商家庭多崇尚诗书传家的古训,并不以饶于财为荣,而是以其财富培养子弟猎取功名或谋取官职,否则就在家乡结交文人,以觞咏、著述、藏书、刻书为乐。桐乡汪氏的始祖"名可镇,字景仁,休宁人"。虽然可镇的曾祖和父亲,有南昌卫指挥佥事、襄阳卫参军的官职,[1] 似乎他们家族仍以经商为主。这可从汪可镇的经历看出来:他"长于会计,所至能因时懋迁,往往得廉贾五利,业以大起。崇祯末游梧溪,爱其地,因寄帑焉"。可镇在"崇祯末"或"国初"迁居桐乡,"卜居城中,以懋迁致富",是一个富商。据魏禧说:"郡守贤翁德,礼之介宾,时人以为应。……享年七十有二。"当时可谓年高德劭,故被列入《县志》"寓贤"传中,称他:"为人宽厚勤俭,……尤喜周恤。""举乡饮宾"。[2] 可镇的儿子名淇,字漪伯,因先于其父三年卒,虽附于其父传后,生平没有可以称道的事迹,仅以子为官,得到一个郎中的封赠。[3]

可镇在世时,已非常重视子孙读书,他抚养侄以澄肆意学文,后

---

[1] 魏禧《汪翁家传》,《魏叔子文集》(道光二十五年刻《宁都三魏先生文集》本)卷一七;《清代硃卷集成》(台湾成文出版社影印本)第245册《汪曰桢》,413页;第281册《汪宗泗》,307页。
[2] 魏禧《汪翁家传》;《(光绪)桐乡县志》卷一五《人物下・寓贤・汪可镇》;卷二〇《补遗》。
[3] 《桐乡县志・可镇》;《(光绪)嘉兴府志》卷四九《选举六・封赠》。

举于乡。又培养诸孙"淇子文桃、文桢、森、文柏,并好文雅"。文桃又名鼐,以庠生捐国学生。[1] 文桢,后改名文桂,字周士,号鸥亭;汪森,原名文梓,字晋贤,号碧巢;文柏字季青,号柯庭;弟兄皆服习诗书,汪氏"家本素封",到他们兄弟时"家业愈昌,门材日盛",[2] "以高赀雄一郡"。[3] 但他们的寡母金氏并不满足于他们兄弟做一个富商,而是鼓励他们"学宜精进"。

文桃(1638—1687)"喜功名",谒选得广东偏远的高州府通判,署知府事。刚满一年,于康熙二十六年(1687)卒于高州,年仅五十。他三个弟弟则不同,都"邃于文学,恂恂儒雅"。[4]

文桂"自幼嗜学,与两弟昕夕勖励"。由府学贡生考授中书。弱冠丧父后,以养母不就铨选。由于家境富有,性喜乐善好施。康熙四十七、八年(1708—1709),连年相继发生旱涝灾,发起设粥厂、立药局,救活了许多人。雍正四年(1726)水灾,又倡赈灾救济饥民。此外如修学宫、置义冢、筑城垣、修桥梁、浚河渠,都能慷慨捐资。[5]

汪森(1653—1726)"尤警敏嗜学"。先考取桐乡籍生员,食廪饩。康熙十一年(1672),年二十,以恩贡入京肄业国子监。昆山状元徐元文当时任祭酒,激赏他的试卷,拔第一,在京师名噪一时。不久因父、祖"相继逝世,归理家政"。

汪家有雄厚的财力,他们可以同当时海内许多名流学者交往。

---

1 《清代硃卷集成》第281册《汪宗泗》,304页。
2 《桐乡县志》卷一五《人物下·文苑·汪文桂》《人物下·宦绩·汪森》。
3 王元启《封奉直大夫汪君(上埏)墓志铭》,《祇平居士集》(1942年孙氏影印恭寿堂刻本)卷二四。
4 潘耒《高州府通判汪君墓表》,《遂初堂文集》(康熙四十九年序刻本)卷一九;《清代硃卷集成·汪宗泗》。
5 《桐乡县志·汪文桂传》。

与文桂兄弟有深交,常向他们问学请教的有:丹霞释澹归大师、余姚黄宗羲(梨洲,1610—1695)、华亭王光承(玠石,1606—1677)、吴江朱鹤龄(长孺,1606—1683)、秀水朱彝尊(竹垞,1629—1709)、吴江潘耒(稼堂,1646—1708)、石门吕留良(晚村,1629—1683)及长洲汪琬(钝翁,1624—1690)诸先生,经常有缄札往来商榷艺业,殆无虚日。批改过的作业"朱黄甲乙赢箧"。[1] 汪森还出而请益于嘉兴本府的曹溶(倦圃,1613—1685)、王庭(迈人,1607—1693)、曹尔堪(顾庵,1617—1679)三先生,都得到他们的认可。经常深刻论辩文章源流利弊,毫无保留地倾吐畅谈。汪森也因此学业日进,名声远驰。[2] 大江南北,许多学者名流,不便经常来往讨教,则通过信札往返讨论。文桂的传记和汪森的《墓志》都列了长长的名单:如江西彭士望(躬庵,1610—1683)、魏禧(冰叔,1624—1680)、广东屈大均(翁山,1630—1696)、陈恭尹(元孝,1631—1700),福建余怀(澹心,1616—?)、江都宗元鼎(定久,1620—1698)、太仓王昊(惟夏,1627—1679)、吴江叶燮(星期,1627—1703)、长洲顾嗣立(侠君,1665—1722)、海宁陆嘉淑(冰修,1620—1689)、仁和毛先舒(稚黄,1620—1688)、萧山毛奇龄(大可,1623—1716)、遂安毛际可(会侯,1633—1708)、慈溪姜宸英(西溟,1628—1699)、余姚黄宗炎(晦木,1616—1686)、石门吴之振(孟举,1640—1717)、歙县孙默(无言,1613—1678)、江都吴绮(薗次,1619—1694)、汪懋麟(蛟门,1640—1688)、长洲尤侗(悔庵,1618—1704)等,"岁无旷邮"。

1　《桐乡县志·汪文桂·汪森传》;储大文《户部郎中貤封监察御史汪君森墓志铭》,《碑传集》卷五九。
2　《桐乡县志·汪森传》;储大文《汪君森墓志铭》。

在桐乡县城东隅,汪家兄弟建华及堂以宴宾客。[1] 桐乡是水乡,居民邻河带水,水路樯楫舟船往来,胜过其他繁荣富庶的大县。闻声"造访华及堂者,趾日叠至,清谈雅咏,笺翰纷纶","一时文采风流,照耀吴越间"。朱彝尊说:"思古来友朋酬和之乐,无如元人。"如昆山顾氏(瑛)曾将与友朋唱和诗编有《玉山名胜集》二编。因此,《县志》形容说:汪氏兄弟的华及堂"几欲比元顾氏玉山草堂之盛",许多文人墨客,"率馆浮溪,去而亟返"。其中经常过从者有吴江徐崧(朧庵)、俞南史(鹿床)、长洲俞瑒(旸农,1644—1694)、常熟顾文渊(雪坡)、嘉兴周筼(筜谷,1623—1687)、沈进(蓝村,1628—1691),号为"华及堂六客"。[2]

汪森奉母训"志宜远大",故"复思有所表见于时"。遂由贡班注选,判广西桂林府。癸酉(1693)莅任。历摄临桂、永福、阳朔三县。己卯(1699)调摄广西桂林府事,壬午(1702)调太平府通判,官广西十年,迁知河南郑州事。会丁母忧,未赴官。服阕,补刑部山西司员外郎,擢户部江西司郎中。年六十一,告归。他归家后,不预户外事,筑知足轩,与兄文桂、弟文柏"从容谈咏"。[3]

汪文柏(1659—1725)[4] 在少年时也喜结交上述老前辈,除黄宗羲等人外,也同宜兴陈维崧(1825—1882)、吴兴温睿临,方外释澹归等"或命驾,或邮筒来往。所居文献里第,酬应殆无虚日"。后以附贡生

---

1 《嘉兴府志》卷一五《古迹二》;《桐乡县志》卷五《建置下·园宅》。
2 储大文《汪君森墓志铭》;《桐乡县志·汪文桂·汪森传》;朱彝尊《小方壶存稿序》,《曝书亭集》(四部丛刊本)卷三九。
3 《桐乡县志·汪森传》;储大文《汪君森墓志铭》。
4 邓之诚《清诗纪事初编》卷七:"《柯庭余习》十二卷,刻于康熙四十四年(1705),年方四十七,未详卒年。"《桐乡县志》卷一五《文苑·汪文柏传》称"年六十七岁",当生于顺治十六年,卒于雍正三年。

在京师官东城兵马司正指挥,调北城,改行人司行人。官指挥时,"颇著循声"。他在京任"司城"只有三年,就辞官归里养母,与两兄"优游林下,极唱酬之乐",海内名流皆相结纳。享年六十七岁,先两兄卒。[1]

汪森在文柏死后,于雍正四年丙午(1726)得末疾卒,年七十有四。

文桂"年逾八旬,五世同堂,四举乡饮大宾"。

二 寄籍秀水的陈端生外曾、祖一支

汪淇次子文桂有四子,三子汪森无子,抚文桂次子继燝为子。继燝(1678—1728),字倬云,号恬村。"因有别业在郡城,故自恬村公继燝寄秀〔水〕籍,后子姓多由秀水通籍"。年十四,补博士弟子员,以岁贡生任绍兴训导,新昌教谕。康熙戊子(1708),举浙江乡试。继燝生父和父亲是"府学贡生",或以"恩贡"入国子监,大概都是捐资得来,桐乡汪氏只有他才是通过乡试的第一位举人。过了十年,继燝由内阁中书选授兵部职方司员外郎。庚子(1720),充顺天乡试同考官。当时的制度,以举人出身的兵部曹司担任同考官是特殊例外,后来他的曾孙如藻也以举人充顺天同考官,成为汪家后人和嘉兴桐乡津津乐道的事。次年,升山西道监察御史,巡视西城。雍正时,历任主管陕西、山东、浙江、江南、河南诸道的监察御史。乙巳(1725),奉命巡视台湾,转吏科给事中。丙午(1726),父汪森卒,丁忧归家。接着又丁

---

1 汪文柏事迹见:沈树德《汪柯庭先生传》,《寿慈堂文抄》(吴兴丛书本)卷五;《桐乡县志·汪文柏传》。

母忧,于雍正六年(1728)病卒家中。

文柏之子名绍煋,居嘉兴府城金陀坊。绍煋之子汪堡,在继燨之后,于乾隆元年(1736)恩科乡试中举,曾任内阁中书。[1]

继燨有子六人:廷英、上埏、上埥、上巤(廷蕚)、上埵、筠。[2]

六子之中,第三子上埥(1702—1746),正是《再生缘》作者陈端生的外祖父,其母汪氏的生父。上埥的子孙,使汪家的科第处于极盛。上埥字绮岩,号谢谷。弱冠为诸生,以父命迁居府城。父殁后,连试不得志。雍正十三年(1735),以运粮援例捐官,初拜盛京刑部员外郎。乾隆四年(1739),内调户部山东司,擢刑部河南司郎中。十年,出任云南大理府知府。云南离中原遥远,大理又居云南极边,其属四州三县一长官司外,控制少数民族部落,军事上驻有大帅提督,号称雄望的难治地区。[3] 他曾处理过所属云龙州辖境今中缅边界片马等地少数民族相互仇杀的纠纷。上任仅一年,乾隆十一年八月,因病卒于知府任上。长子孟铕闻讯从京师万里奔赴,于次年七月,扶枢回归故里。[4]

陈端生《再生缘》第十七卷第六五回首节"述其撰著本末,身世遭际",特别强调她受到的母教,其中有这样的诗句:"追忆闺中幼稚年,姐妹联床听夜雨,椿萱分韵课诗篇。""管隙敢窥千古事,毫端戏写再生缘,……慈母解颐频指教,痴儿说梦更缠绵。"陈文述《题从姐秋谷

---

1 《嘉兴府志》卷四七、四九《选举》,汪绍昌、汪堡。
2 方楘如代作《奉直大夫巡视台湾吏科给事中汪君继燨墓志铭》,《碑传集》卷五五;《桐乡县志》卷一五《人物下·宦绩·汪继燨》;卷二〇《补遗》。
3 雄、望是唐制地方的最高两级,清制定大理府为冲、繁。见《清史稿》卷七四《地理志·云南》。
4 汪上埥事迹均见沈大成(代潘思榘作)《云南大理府知府汪君上埥合葬墓志铭》,《学福斋文集》(家刊本)卷一六。又见《碑传集》一〇三卷;李桓编《国朝耆献类征初编》卷二三二。

(长生)〈绘声阁集〉七律四首》也写道:"纱缦传经慈母训。"说明她从小就接受母亲的教育,亲自课文,分韵学诗。她闺中戏写《再生缘》,也曾得到母亲的指点。郭沫若先生也从这些词句得出:"陈端生的母亲汪氏夫人是喜欢弹词的人。""又如第三卷的开头说'已废女工徒岁月,因随母性学痴愚',而末尾又说'原知此事终无益,也不过暂慰慈亲笑口开。'"又据诗句"自从憔悴堂萱后,遂使芸香采笔捐",认为"汪夫人之死,对陈端生是一件大不幸事,对《再生缘》也是一件大不幸事"。可惜郭先生到此为止,并未对这位汪夫人再深入探究。而陈先生从"频指教"和"慈母训"等词句强调她们姐妹的才学主要来自母教,因而对她们的"慈母"专门做了一番考证,据端生之祖陈兆仑为其母所作《行述》得知:"孙玉敦,聘汪氏,原任刑部河南司郎中、云南大理府知府加二级起岩公女。"陈先生又案:"汪起岩不知何名,道光十五年修《云南省通志稿》卷一一九《秩官志》载:'汪上堉,秀水人,贡生,乾隆十年任云南府知府。'疑是此人。"这个案语佐证汪氏之父正是秀水汪上堉,字绮岩,《行述》作"起岩"。郭先生看出"陈端生的诗才有家学渊源,她的祖父陈句山(兆仑)以诗文名当时",是中过进士,召试博学鸿词,被京师士大夫崇奉的"文章宗匠"。可他没想到,端生母亲的外家,是一个科举高第和文学人才辈出的世家。[1]

---

[1] 《寒柳堂集》,上海古籍出版社,1980 年,3、6、7、13、14 页;陈兆仑《显妣沈太宜人行述》(乾隆间刻本)卷一五《紫竹山房文集》;陈端生《再生缘》,中州书画出版社,1982 年,下册,924 页;郭沫若《〈再生缘〉前十七卷和它的作者陈端生》,《光明日报》1961 年 5 月 4 日;《清史列传》卷七一《陈兆仑》。

三　汪氏的科第——两子同登科,五子三翰林

《再生缘》像一般传奇小说一样,虽没摆脱才子佳人中状元、大团圆的俗套,但它不同凡响之处,并非如通行言情小说那样,描写一个落难公子得到美貌小姐的帮助,考取状元,匹配良缘的故事。而是作者站在女性的立场上,大胆塑造孟丽君这个女胜于男的才女。她在家遭厄运时,女扮男妆进京考取状元,任兵部尚书兼会试主考,录取未婚夫为武状元,官至宰相,挽转了自己和丈夫两家的命运。这些神来之笔,来自作者的勇气和想象力。作者不能全脱俗套,则由于她受当时社会条件的制约,平民百姓只能想象通过科举做官解决问题的办法。作者的祖父陈兆仑正是通过中进士,举博学鸿词,官至太仆寺卿。母亲的娘家,先是由盛而衰,后来又因点翰林、中状元门楣重光。这不能不在她的创作思路上产生深刻的影响。

汪上堉妻祝氏,生子锏、玢、铿;妾生子名彝铭。

锏,又名孟锏(1721—1770),字康古,号厚石。孟锏自十五六岁时,侍母从父官盛京,又从宦至京师。乾隆六年(1741),母殁。十年,上堉出守大理,将家眷送回老家。次年,上堉卒于大理,孟锏奔丧扶柩归。汪家在汪森、继爊父子先后病故时,家境已大不如前。据载:"汪氏世宦,尤以高赀雄一郡。雍正间,以外姻之累,毁其家半。后更分析,不及曩时。"[1]归里后,郡城故居已为他人所有。汪家此时本已衰落,又兄弟不事生产,家境遂贫。贫困反而激励了孟锏兄弟。孟锏幼颖悟,善属文。汪上堉生前家教甚严,宋儒理学书皆亲自讲授。家有先世裘杼楼万卷藏书,两兄弟乃发愤攻读。十五年,孟锏同二弟仲玢

---

[1] 王元启《汪君(上堉)墓志铭》。

同中举人。这不仅是汪家的喜事,而且桐乡县也以上埝的"两子同登科"当作地方盛事载入《县志》。[1]

二十七年(1762)春,乾隆帝第三次南巡江南,孟鋗以举人的身份赴常州,进献迎銮诗和所著《龙井见闻录》。得旨留览,召试,试入高等,特授内阁中书。三十一年(1766),成进士,仍官中书。迁典籍,旋改授吏部文选司主事。三十五年,年始登五十而逝。[2]

玢(1725?—1753),又名仲玢,字丰玉,号桐石,乾隆十五年(1750)与兄孟鋗同中举人,官至御史。但年龄不到三十就病故。[3] 无后,孟鋗让他次子如澈以为后,年十七夭折。又让第三子如洋以为后。[4]

铿,又名季铿。汪上埝的《墓志铭》称他的第三、四子名铿、彝铭,而钱载为汪孟鋗写的《墓志铭》则说其弟仲玢早故后,所余两弟是"又辰、彝铭",可见铿又名又辰。彝铭的《墓表》称他的"兄厚石、桐石、夕石",可见又辰号夕石。他是一个秀水籍拔贡。[5] 也是壮年早逝,由弟彝铭教"子如海以有成长,其女而为之嫁"。

彝铭(1742—1787),字宝石,别字吉石。生五岁而孤,由生母姜赵氏抚养。稍长时发读裘杼楼所储图书,学业大进。乾隆三十年(1765),皇帝南巡。四十一年(1776)幸齐鲁,两次以诸生应召试列二等。充四库馆誊录,武英殿行走。四十二年(1777),副乡贡第二人。

---

1 《桐乡县志》卷二〇《补遗》。
2 汪孟鋗事迹见:钱载《汪孟鋗墓志铭》,《箨石斋文集》(光绪四年重刊本)卷二二;卢文弨《奉直大夫吏部文选司主事汪君墓志铭》,《抱经堂文集》(四部丛刊本)卷三四;《桐乡县志》卷一五《人物下·文苑·汪孟鋗》;王昶《湖海诗人小传》,台湾明文书局《清代传记丛刊》影印抄本,1985年,卷三一《汪孟鋗》。
3 钱载《汪孟鋗墓志铭》;《嘉兴府志》卷四七《选举四》。
4 卢文弨《汪君墓志铭》。
5 《嘉兴府志》卷四七《选举四》。

就官河南光州州判,当时毕沅正任其地巡抚,赞赏他的能力。仅在任年余而谢世,年四十有六。[1]

孟铜共有五子。初娶舅父海宁祝维诰之女,生子如藻、如澈,乾隆九年(1744)卒;继娶仁和金氏,生如洋、治猷,五十六年卒;侧室范氏,生子承泽。

长子如藻,字念孙,号鹿园。与弟如洋曾从青浦人刑部侍郎、学者、诗人王昶问业。举人,考授国子监学正,值四库馆开,因献家藏书得褒旨充乾隆三十九年(1774)顺天乡试同考官。[2] 四十年(1775)成进士,以修书特授翰林院编修。出任抚州知府,官至山东德州粮储道。[3] 升兴泉永道,未赴,丁继母忧。

次子如澈,早殇。

三子如洋(1755—1794),字润民,号云壑。早慧,能自励学,博览典籍,试辄冠军。乾隆四十二年(1777)举人。四十五年(1780)恩科会试第一名,殿试第一甲第一名,赐进士及第,授翰林院修撰,年仅二十六岁。四十八年(1783),充三通馆纂修官。是年冬,奉旨入值上书房。五十一年(1786),典山东试。是年冬,督云南学政。还,仍入值。五十六年(1791),以本生母忧去官。五十七年(1792)冬,服阕,仍入值。五十九年(1794)八月病故。凡通籍十有五年,得年四十。二叔仲玢无子,奉父命为仲玢后。[4]

1　钱仪吉《吉石汪先生墓表》,《衍石斋记事稿》(光绪六年家刻本)卷九;王元启《汪君(上埏)墓志铭》。
2　汪如藻事迹,见朱汝珍辑《词林辑略》(中央刻经院排印)卷四;《嘉兴府志》卷五二《秀水列传·汪如藻》。
3　王昶《湖海诗人小传·汪孟铜》。
4　程恩泽《翰林院修撰汪先生墓志铭》,《程侍郎遗集》(粤雅堂丛书本)卷八;《嘉兴府志·汪如洋》。

四子如渊,又名治猷,字嘉谟,号笔山。乾隆六十年(1795)秋八月恩科乡试举人。嘉庆四年(1799)进士,选庶吉士。散馆授翰林院编修。改任御史,又以卿贰擢山西按察使、顺天府尹。升广东布政使,未久卒于官。[1]

五子如潮,又名承泽,山东临清直隶州知州,署登州府知府。[2]

汪孟锅是休宁汪氏迁桐乡、秀水以后第一位进士。"孟锅则五子三翰林",《桐乡县志》以此当作地方的荣耀。[3] 但五子之中,次子如澈未成年早夭,实际上是四子三翰林,何况如洋还是连中会元和状元,这种情况的确罕见,汪氏到如藻兄弟时,科第可说已达到极盛。程恩泽为汪如洋写的《墓志铭》说:"汪氏自先生以上五世,文望赫赫,禄位踵于朝。"在当时的历史条件下,不仅会引起当地人的羡慕,更会使汪氏族人以此自豪并作为人生的理想和目标,即使是汪家嫁出去的女儿,也会以此向子女夸耀和勉励。

陈端生的母亲是汪上堉之女,汪孟锅之妹,可惜上堉的《墓志铭》只记录原配三子和妾一子的名字,女儿不仅没有留名,甚至有无女儿也不见记载。幸好孟锅的《墓志铭》中提到,上堉生前只来得及为长子娶妇,孟锅"父没后为弟婚而嫁其妹",证明孟锅的确有妹,而且是在乾隆十一年(1746)其父病故后出嫁的。陈端生的祖父陈兆仑为其妻写的《冢妇吴氏行略》说:"庚午秋,玉万暨次儿玉敦,忝与乡荐。"而陈兆仑侄玉绳为兆仑所编《年谱》在乾隆十五年庚午条下又记:"次子之妻兄秀水人汪孟锅、弟仲锅(玢)亦中式。"当作两家亲戚的大喜事。

---

1 《嘉兴府志》卷五二《秀水列传·汪如渊》;卷四七《选举四》;《词林辑略》卷五。
2 《嘉兴府志》卷四八《选举五》;《清代硃卷集成》257册《汪均》,96页下。
3 《桐乡县志》卷二〇《补遗》。

因此陈兆仑为此添下一笔："明年(1751)正月,长孙女端儿生,次子妇出也。"[1] 端生母作为汪家的女儿,自然更会以娘家两兄弟的功名而自豪。仲玢虽然在1753年年未三十早逝,但他的大哥孟铜,即端生的大舅于1766年成进士。据陈寅恪先生的推论,陈端生"自谓前此写成十六卷,起于乾隆三十三年(1768),迄于三十五年春暮",正是她大舅孟铜点翰林之后。接着1775、1780年端生的表兄弟如藻、如洋相继中进士、点翰林。"岁次甲辰春三月,芸窗重写《再生缘》"。甲辰是乾隆四十九年(1784),正是她表弟如洋中状元之后,也许正是这类消息,鼓舞了婚后遭遇不幸的她,提笔"重写《再生缘》"。此后,1799年端生的表弟如渊也中进士,如洋子世樽也是进士。端生母汪氏出身由科举而做官的世家,不能不对端生的创作产生影响。

汪家结亲,往往选择原籍世戚。孟铜原配祝氏早故,"继室金氏",也就是端生的舅母,是仁和乾隆七年壬戌(1742)会、状元礼部侍郎金甡之女。她在夫亡以后二十二年间,"成就诸子,大有造于家",教养出"五子三翰林",包括会、状元如洋。

乾隆元年丙辰科状元金德瑛,祖籍也是休宁,号称"休宁瓯山金氏"。曾祖父章奇,"见世衰乱,独弃书治生,侨寓常州,遂豪于财"。[2] 德瑛年十四,寄籍杭州府仁和县应童子试,补弟子员。其兄德镕"以仁和蓰籍补博士弟子员",可见金氏是一家盐商。金、汪两家原籍同是休宁,又同是旅浙商人,因而相互结亲。德瑛祖母姓汪,母也姓汪。[3] 德瑛本人是汪家女婿,康熙己亥(1719),游嘉兴,配汪夫人来

---

1 陈兆仑《冢妇吴氏行略》,《紫竹山房文集》卷一五;《年谱》,《紫竹山房文集》附。
2 陈兆仑《金公德瑛墓志铭》。
3 蒋士铨《左都御史桧门金公行状》。

归。辛丑(1721)夏,携家寄居外家铁舟园。雍正丙午(1726)秋,以国子生应顺天乡试,举在第七。次年南归,仍居铁舟园范湖草堂,为侄授经。王昶说:汪孟铜"与都御史金公德瑛亲戚,得其指教者多"。[1] 德瑛寄居外家铁舟园范湖草堂所授经之"侄",可能就是指孟铜等人,应称内侄,即汪夫人之侄。

癸丑(1733)六月,汪夫人卒于嘉兴。[2] 因此嘉兴人将金德瑛列为"流寓",载入《府志》。说他"为秀水汪氏婿,读书金陀园,遂家焉"。[3] 汪孟铜有三个姑母,据汪继燝墓志铭所载,分别嫁姚、程、邵姓三婿,可见金德瑛妻不是孟铜的亲姑。汪文柏之子绍焜,著有《金陀吟稿》,"居嘉郡金陀坊",[4] 他当是金陀园的主人,故以所居名其集,金德瑛可能是他的女婿。

金德瑛和金甡是杭州同城的状元,不只是《再生缘》作者外舅家的亲戚,也是作者祖父陈兆仑的至交。金甡"在直庐与陈句山诸公倡和"。[5] 金德瑛与"陈公兆仑……皆以名翰林,……文望蔚然,与公为胶漆友,文字之饮无虚日"。他的墓志铭正是陈兆仑所作。[6]

陈端生出身于"文望蔚然"之家,与当地状元有至交之谊,又是外家的亲戚,她的表弟也是状元。她长成于这种家庭环境中,其母亲又赋予她文学的启蒙,以自己的家世影响她创作的主题思想。端生的

1　王昶《湖海诗人小传·汪孟铜》。
2　蒋士铨《左都御史桧门金公行状》,《忠雅堂文集》卷七。
3　《嘉兴府志》卷五三《秀水流寓》。
4　《桐乡县志》卷一九《艺文志》;《金陀吟稿》(康熙五十九年刻本)四卷,王绍曾主编《清史稿艺文志拾遗》(以下简称《拾遗》),中华书局,2000年,下,1694页。
5　朱珪《礼部左侍郎金公甡墓志铭》,《碑传集》卷三五。
6　《左都御史桧门金公行状》;陈兆仑《光禄大夫都御史仁和金公德瑛墓志铭》,《碑传集》卷三一。

外祖父病故于云南任所,因而家境衰落,外祖母激励她两舅"发奋攻读",先是"两子同登科"成为桐乡和汪家盛事,接着大舅成进士,三位表兄弟点翰林,其中表弟如洋会试、殿试都是第一,汪家衰而复荣的故事,肯定是端生母汪氏教育子女的教材,端生从小受家庭的影响,向往金榜题名一跃龙门、光耀门庭。端生即使才气不输于表兄弟,由于时代的局限,她不可能同他们一样去博取功名,只能将自己的羡慕和幻想寄托在文学创作中,促成她创作出一部以中状元、出将入相为中心题材的弹词小说来,塑造出一位女扮男装考取状元、官至丞相的孟丽君,在她的主试下,将未婚夫皇甫少华取为武状元,终于让被奸臣陷害的两家团圆,重现荣华。

四　汪氏的文学

陈寅恪先生说《再生缘》是"一叙事言情七言排律之长篇巨制",是弹词作品中最佳之文。"所谓'铺陈终始,排比声韵','属对律切',实足当之无愧。而文词累数十百万言",杜甫的长律虽"大或千言,次犹数百",其规模"更不可同年而语"。[1] 陈端生能创作出这部骈词俪语与音韵平仄巧妙配合的长篇巨制,当然与从小得到"椿萱分韵课时篇"的母教有关,而其母能教诸女作诗,则又因她出生于一个世代好文、诗人辈出的家庭。

自从安徽休宁汪氏因经商迁到浙江桐乡定居后,汪文桂兄弟"皆服习诗书",开始进入仕途。文桂和弟汪森、文柏"并好风雅",以文章

---

[1]　《寒柳堂集》,62~64页。

闻名于当时,都有著述。得大学者黄宗羲的赞赏,称他们为"汪氏三子,骎骎逼古作者"。[1]

文桂自幼嗜学,与两弟"并负时名",互相唱和,并同各地学者诗人"诗札往复"。著作有《鸥亭漫稿》《六州喷饭集》《西湖近咏》等。[2]

晋贤(汪森)少工韵语,营碧巢书屋以当"吟橐"。与嘉兴周筼、沈进相切磋。朱彝尊对汪森的诗非常赞许,曾提到:周筼"好论诗,每切劘同学文字,为人所憎。晋贤特虚己下之,不以为忤。继又交沈秀才山子(进),均延之宾座,鸡鸣风雨不辍,其音海内名士闻声相求","舟车接于远道。诗名藉甚"。[3]

康熙三十八年(1699),汪森官桂林府通判。他在广西,因舆志缺略,难以考据。乃搜集历代诗文轶事有关当地者,详搜博采,记录成帙,辑成《粤西通载》一书,以备修志。归田后,复借朱彝尊家藏书,荟萃订补,共成《粤西诗载》二十四卷,附词一卷;《文载》七十五卷。又以轶闻琐语可载于诗文者,更辑为《丛载》三十卷。此书有康熙四十三年(1704)汪氏梅雪堂刻本,后被收入《四库全书》,《提要》作者评论说:"其体例明整,所录碑版、题咏,多采诸金石遗刻。如宋何麟会,元曹师孔、鲁师道、石天岳诸作,皆志乘所未备。其《文载》中所分山川、城郭、官署、学校、书院、宫室、桥梁、祠庙、军功、平蛮诸子目,皆取其有关政体者,故于形势扼塞、控置得失、兴废利弊诸大端,纪录尤详。"《丛载》分二十目罗列"遗文轶事,多裨见闻,亦足以资考证"。又有

---

1 钱仪吉《吉石(彝铭)汪先生墓表》。
2 《桐乡县志·汪文桂传》;《嘉兴府志》卷八一《经籍》。
3 朱彝尊《小方壶存稿序》;《清史列传》卷七一《汪森传》。

《粤西丛载补遗》十卷,流传旧抄本。[1] 晚岁家居,以著述自娱,辑《虫天志》《名家词话》等书。[2]

他还同朋友合编了一些著作,与俞南史合编《唐诗正》,与徐崧和兄文桢(即文桂)合编《国朝诗风》。[3] 特别是同朱彝尊合编的《词综》最有价值。此书早就为内府收藏,收入《四库全书》,得到很高的评价:"是编录唐、宋、金、元词通五百余家,于专集及诸选本外,凡稗官野纪中有片词足录者辄为采掇,故多他选未见之作。其词名、句读为他选所淆舛,及姓氏、爵里之误,皆详考而订正之。其去取亦具有鉴别。""以视《花间》[《花间集》《草堂》(《类编草堂诗余》)]诸编,胜之远矣。"[4] 这书先由朱彝尊编成二十六卷,接着汪森往来于各藏书旧家查抄宋元词集一百七十家,传记、小说、地志共三百余家,增加四卷,于康熙十七年(1678)由汪氏裘杼楼刊行。汪森后又同周篔、沈进合作增补作者一百二十二人,词三百六十余首,辑成补遗六卷,并对前三十卷讹、脱作了校改,再由裘杼楼补刻。上世纪30年代,中华书局将其列为词总集的最佳选本编进了《四部备要》。

汪森还刻了几种自己的著作:最先刊《桐溪三子集》,由澹归大师、黄宗羲、汪琬作序;后有《华及堂稿》,由朱鹤龄、陆嘉淑作序;还有《续稿》,由姜宸英作序(又名《华及堂视昔编》,六卷,康熙四十六年刻本);此外尚有《裘杼楼诗稿》六卷、《梅雪堂诗稿》二卷、《浮溪馆吟稿》三卷、《粤行吟稿》一卷、《粤行外稿》一卷、《粤归杂咏》一卷、《豫

---

1 《桐乡县志·汪森》;《四库全书总目》卷一九〇《集部·总集类五》;《拾遗》下,2125页、上,579页。
2 《清史列传》卷七一《汪森传》。
3 《唐诗正》(康熙十四年刻本)卷三〇;《诗风初集》(康熙十二年刻本)卷一八;《拾遗》下,2087页。
4 《四库全书总目》卷一九九《集部·词曲类二》。

行吟稿》一卷,《月河词》一卷,《桐扣词》二卷,有康熙四十二年刻《休阳汪森诗词九种》本。居母忧归里后,取平生古今体诗衰为一十八卷,题曰《存稿》(有康熙四十六年精刻本),朱彝尊序;《桐扣词》(二卷,康熙刻本),吴绮序;又有《月河词》一卷,康熙四十二年刻;《小方壶文钞》六卷,有康熙五十六年刻本。[1]

文柏十一岁丧父。"自少即喜读有韵之文,不喜八股,谓经、史、诗、古文读之不尽,奚暇学排比文"。起初,文桂、森两兄早已擅诗名,他随后以"菊影诗"得名,世称汪菊影,并自号"菊影诗人"。"学问淹博,不亚两兄",与两兄鼎峙,以能诗合称三汪先生。他的诗,"能抒写性情,兴到即就"。[2] 诗无论古体近体,五言七言,"各体皆工",得到魏禧、张云子、黄玢、释天岳、朱彝尊、温睿临等前辈的赞赏。天岳甚至以"首首精到"评价他的五、七言绝句。诗集有《摘藻堂诗稿》一卷、《续稿》五卷(康熙三十五年刻)、《古香楼吟稿》三卷、《西山纪游诗》一卷、《词稿》一卷(康熙四十年刻)。后合为《柯庭余习》十二卷(康熙四十四年古香楼自刻)。[3] 朱彝尊为其诗集作序,称文柏"方年少,结交皆老苍,品骘风雅,气足夺人"。海内诗人都相继同他订交。他入官京师后,人们以为他已无暇作诗,实际上却"吟咏愈多"。他回家时"道途之作益多且工,其过吴江盛泽诗云:'夜灯千匹练,秋雨半湖菱。'匪仅开宋元之窔奥,直欲造唐人之堂而哜其胾者也"。从这段话可见朱彝尊对他的推崇。李元度称:"浙中诗派,前推竹垞,后推西

---

[1] 储大文《汪君森墓志铭》;朱彝尊《小方壶存稿序》;《拾遗》下,2105、1562、1685、1686、2165页。
[2] 沈树德《汪柯庭先生传》;《桐乡县志》卷一五《汪文柏传》;《嘉兴府志》卷六一《桐乡文苑》。
[3] 沈树德《汪柯庭先生传》;《拾遗》下,1657页;李灵年等编《清人别集总目》,安徽教育出版社,2000年,中卷,994页。

涯。"两浙诗人,其年辈、科目,"后于先生者,有汪季青(文柏)、沈方舟(用济),皆越中魁宿云"。把文柏列为朱彝尊、汤右曾之后浙中诗派的"魁宿"。[1]

文柏还编有《杜韩集韵》三卷。此书取唐杜甫、韩愈二家的诗句,按今韵摘出,编于字下,按入四声,使学者知造句、押韵之法,以为古韵通转之证。每卷各分上、中、下。凡杜、韩所未押者,则存其韵于部尾。因此朱彝尊认为,他通过编著此书,"撷韩、杜韵语以为诗材,正正奇奇,各得其所,宜其诗之日进于格也已"。此书由后人汪如藻将家藏本进呈,《四库全书》列入存目,有康熙四十六年古香楼刻本。[2]

此外,他还著有《柯庭文薮》(康熙四十年自刻本),词集《柯亭乐府》一卷(《古香楼词稿》一卷,康熙二十年刻)。又辑有《汪柯庭汇刻宾朋诗》。[3]

文柏精鉴赏,别筑古香楼,收藏法书名画。暇则焚香啜茗,摩挲不厌。著有《古香斋书画题跋》三卷。[4] 诗文以外,善画墨兰,雅秀绝俗,妙得生意。又善画山水,萧疏简淡,绝无喧热态。[5]

汪氏兄弟对文学的贡献,如当时人的夸赞,"以风雅著称吴越间,主坛坫者三四十年"。"海内遗老宿儒骚人墨客莫不扁舟戾止,欢然

---

[1] 朱彝尊《汪司城诗序》,《曝书亭集》卷三九;李元度纂《国朝先正事略》(四部备要本)卷四〇《文苑·汤西涯先生事略》。
[2] 朱彝尊《汪司城诗序》;《四库全书总目》卷一三九《子部·类书类·存目三》;《嘉兴府志》卷八一《经籍》;《清人别集总目》中卷,作《杜韩诗句集韵》,994页。
[3] 《拾遗》下,1657、2166、2069、2135、2143页。《汪柯庭汇刻宾朋诗》七种(康熙三十一年序刊本),包括《西河慰悼诗》二卷、《补遗》一卷、《集华及堂唱和诗》一卷、《汤饼辞》一卷、《华屿嘤鸣》一卷、《同心言初集》一卷、《二集》一卷、《题照集》一卷、《宠砚录》二卷。
[4] 《桐乡县志·汪文柏传》;《嘉兴府志》卷八一《经籍》;《桐乡县志》卷八一《艺文志》。
[5] 《桐乡县志·汪文柏传》;《嘉兴府志》卷六一《桐乡文苑》;窦镇辑《国朝书画家笔录》(宣统三年校印本)卷二《汪文柏》。

愿交。一时敦盘高会,篇什脍炙人口"。[1]

由于汪森"读书好友",雅好著述藏书,"故子孙皆好学能文"。[2]子继燡"少慧",十四岁进学,后来成为汪家首位举人。既长,而九经、三史通念晓析,旁及百氏书,皆能言其崖略。最先为礼部尚书韩菼(1637—1704)所知,称韩门弟子。他的著作有《恬村吟稿》《燕台小草》《视台草》《双椿草堂集》等。[3]

汪文桂第三子为熹,号紫山,是继燡的胞弟。康熙末官鄢陵知县,欲修县志未成。曾延请同乡戴源瑞搜集当地故实和遗闻琐事缀为《鄢署杂钞》,被收入《四库全书》存目小说家中。从卷首纪年知成书于康熙五十二年(1713)。自序称事涉鄢陵者十之六七,涉省、郡、别州县者十之三四,合以身之所历,目之所睹,得十四卷,大抵多采稗官说部一切神怪之言。本来是地志素材,又将自著诗文附录,汇成一书,以"杂钞"为名。又著诗集《紫山吟稿》。[4]

文桂另一子纯煐是一个画家。"工山水,得法于徐白洋(溶),笔气高远,识力亦超"。由于家有财力,收藏丰富,可以借名画取法临摹。[5]

文柏子绍焜,字炽南,所著《金陀吟稿》,有康熙五十九年(1720)刻本,由当时名诗人顾嗣立作序,序中盛赞"汪氏三子","子弟秉父兄之教,少小即弄柔翰,娴吟咏,闻当代名公绪论,清词丽句,一出惊人,如炽南其尤也"。又著专讲墨的《纪墨小言》一卷、《补编》一卷,有民

---

1 顾嗣立《金陀吟稿序》,《桐乡县志》卷一九《艺文志》。
2 王昶《湖海诗人小传·汪孟铜》。
3 方桀如代作《汪君继燡墓志铭》;《桐乡县志》卷一九《艺文志》。
4 《四库全书总目》卷一四四《子部·小说家类·存目二》;《桐乡县志》卷一五《人物下·宦绩·汪为熹》;卷一九《艺文志》。
5 《嘉兴府志》卷六一《桐乡文苑》。

国十一年(1922)杭州吴昌绶双照楼辑刊本。[1]

继燨有子六人:长子廷英,号抑斋,任福建兴化府同知时,"暇日与郡之名流登楼谈艺,或游鼓山、九鲤湖诸胜,流连觞咏"。著有《鼓山记游》《九鲤湖纪事》《抑斋诗钞》等。[2] 次子上埏(1700—1770),著有《兰谷诗钞》。幼子筠,号谦谷,官至湖南长沙知府,"工诗善画",得到礼部侍郎钱载的赞赏。著《谦谷集》六卷(乾隆间刻本)。[3]

继燨第三子上埆,死于云南大理知府任上。他的子孙多科举高第,在文学上也颇有造诣。

长子孟锅,钱载赞称"君才早慧,读书最多"。十五六岁时,从父任官到京师,喜好古文辞,文章已得到长辈学者的欣赏。父殁后,利用家中裴杅楼藏书,尽发箧读之,务为博综。与弟仲玢"搜讨其间"。"锐意攻诗词",与钱载、王又曾、万光泰、祝维诰、陈向中、朱麟应等人"往复讲习,争相濯磨,极一时应求之盛"。[4] 他们的诗,力求摈弃尘世的俗套,用语不要因袭前人,"为诗不异指趣,亦不同体格,时目为秀水派"。[5] 生前已刻有《厚石斋诗集》十二卷(乾隆刻本)。孟锅所为诗若文,骎骎及古作者,名誉大起。他所著古文辞及经术、金石、杂录稿甚多,在同学朋友中他对"丛书稗说,考核精详,翘然自异于众"。二十七年(1762),他向南巡的乾隆帝进献所著《龙井见闻录》。此书搜罗西湖龙井掌故,分山水、寺内外古迹、名僧、乡寓人物、物产、碑刻、书画、古今体诗、文、轶闻等十卷,收入《武林掌故丛编》第十二集。近

---

[1] 《桐乡县志》卷一九《艺文志》;《拾遗》下,1694、1391页。
[2] 同上,卷一五《人物下・宦绩・汪廷英》,卷一九《艺文志》。
[3] 同上,卷一五《人物下・宦绩・汪筠》;卷一九《艺文志》;《拾遗》下,1685页。
[4] 卢文弨《汪君(孟锅)墓志铭》;《桐乡县志・汪孟锅》。
[5] 《清史稿》卷四八五《王又曾传》。

人评价它:"其体裁搜集,殊非草草,征引书籍至百五十余种,可谓博矣。"[1] 又好订金石文字,得古钱纍纍,经常携行箧中备考核,著《考证金石文》二卷。又有《语冰词》一卷。[2]

孟锦办事内阁时,得到大臣的重视,凡奉诏纂辑图书,都要让他参与其事,"精核为一馆最"。充《方略》馆、《一统志》馆纂修,曾参加预修《御批通鉴辑览》《平定准噶尔方略》《大清一统志》。[3] 孟锦又通佛典,二十八年,乾隆帝欲删正正续《藏经》,东阁大学士兼管翰林院掌院学士刘统勋让内阁中书王昶和孟锦负责考订去取。

仲玢才名与其兄不相上下,好学相同。利用家中藏书,两兄弟搜讨其间。仲玢也擅于诗,与其兄同以诗闻名于江浙。诗风豪宕凌越他人,取径大略与乃兄相同。[4] 他年未三十殁。著《铁舟园诗文集》《桐石草堂集》八卷、《怀新词》一卷。仲玢去世后,孟锦不忍这些著作失传,为他的遗诗《桐石草堂集》作序刊行[九卷,乾隆二十年(1755)刻本]。[5]

孟锦三弟季铿,号彡石。著作有《彡石斋集》一卷[嘉庆二十二年(1817)刻本]。[6]

彝铭父丧时只有五岁,就学后,饱读"裘杼楼奇文奥籍",作诗更加精深,著有《吉石斋集》二卷[嘉庆九年(1804)家刻本]。嘉庆、道光

---

1 钱载《汪孟锦墓志铭》;王昶《湖海诗人小传·汪孟锦》;《清人别集总目》中卷,1006页;中国科学院图书馆整理《续修四库全书总目提要(稿本)》,齐鲁书社影印,1996年,第9册,647页。
2 卢文弨《汪君墓志铭》;《桐乡县志》卷一九《艺文志》。
3 钱载《汪孟锦墓志铭》;卢文弨《汪君墓志铭》。
4 王昶《湖海诗人小传·汪孟锦》;《清史列传》,中华书局点校本,1987年,卷一八《刘统勋》、卷二六《王昶》。
5 卢文弨《汪君(孟锦)墓志铭》;钱载《汪孟锦墓志铭》;《桐乡县志》卷一九《艺文志》;《拾遗》下,1775页。
6 《嘉兴府志》卷八一《经籍》;《桐乡县志》卷一九《艺文志》;《清人别集总目》中卷,990页。

间嘉兴学者钱仪吉说:"今言诗者,必举汪氏,皆曰先生(彝铭)昆弟四集,是能继康熙间三子者。"[1]

孟锅长子如藻,虽出身翰林,王昶却说他"无诗",但仍有《颂圣诗经进诗稿》清刻本一册流传。[2]

次子如洋被人赞称为"诗文雄骏无前"。会试高中后,学问益进。诗有唐宋诸大家风。著述多已散逸。成编者有《葆冲书屋集》四卷、《外集》二卷,《葆冲书屋诗余》一卷。(有约嘉庆间刻本)[3]

三子如渊,所著有《羼提居士诗集》(今有道光刻《笔山书屋集》四卷)。[4]

以上只从上埒—孟锅一系记述了汪氏的文学成就,其他支系的文人和著作也频繁出现于府、县的经籍和艺文志。如上埒长兄廷英之孙淮(1746—1817),字小海,"一生精力多在诗中"。"所至游名山水,尤多可传之作。古文简贵,大小令出入姜史,书法古拙"。有《小海自定诗》一卷,《黔山纪游》一卷,由秦瀛作序,有嘉庆九年(1804)刻本。还有《漫与〔兴〕录》四卷、《浙东西诗钞》二十卷、《台宕纪游》一卷、《湖海瑶华录》若干卷未刻。[5]

---

[1] 钱仪吉《吉石汪先生墓表》;《嘉兴府志》卷八一《经籍》;《拾遗》下,1810页。
[2] 王昶《湖海诗人小传·汪孟锅》;《清人别集总目》中卷,1000页。
[3] 程恩泽《翰林院修撰汪先生墓志铭》;《嘉兴府志·汪如洋》;《拾遗》下,1837页。
[4] 《嘉兴府志》卷五二《秀水列传·汪如渊》;卷八一《经籍》;《清人别集总目》中卷,1000页。
[5] 秦瀛《贡生汪小海墓志铭》,《小岘山人续文集》(1933年环溪草堂排印本)卷二;《拾遗》上,614页;下,1810页。

五　汪氏的女性作家

端生的母亲汪氏肯定很有才学,可惜汪上堉的碑文中甚至连有没有女儿也没提到。然见于府、县志记载的汪氏才女确有不少。汪孟鋗"继娶金氏,三女:长字朱某、次字钱某",这个钱某名清履,曾任湖北知县,其妻汪氏,以列女贤妇载入《府志》:"汪氏,秀水人,吏部文选司孟鋗次女。幼擅翰墨,通经史。"出嫁时,丈夫的妹妹遭危疾,能自己亲手配方药治疗。他公公问她何以通医理,则告以曾经读过《内经》《素问》。她"著有《香史诗词》若干卷",不仅有文采,而且还能自学成医。[1] 这位汪氏正是陈端生的亲表姐妹。

汪文柏的孙女汪亮,是端生母亲的堂姑,字映辉,号采芝山人。生二岁而孤,性颖悟,好读书,从小就会作诗,又善于画山水,从学于张庚,尽得其妙。由张庚介绍向曾官至刑部尚书的钱陈群学诗,诗学益进。嫁归安诸生费树梗后,家中多次遭受变故,丈夫也随着亡故,故所为诗语多愁苦。她的画,当时人"得山人寸缣片楮"都很珍惜。死后,嗣子融检遗诗刻之,名《采芝山人诗存》,仅存十分之一二,但足以看出山人诗中的旨趣。[2]

汪文柏另一孙女名铃,字月珠,晚号求安老人,嫁桐乡本县人程尚赟。汪铃"自幼读书明大义,兼娴吟咏"。十七岁出嫁,二十一岁夫亡,遗二女。乃抚侄拱宇为嗣,为他延请名师课读,夜晚则在家自课,"教之读","两女皆能诗"。拱宇后名同文,字春庐。嘉庆己未(1799)成进士,任会典馆提调。[3] 修纂《大清会典》八十卷。"平生于学无不

1　《嘉兴府志》卷六四《列女贤妇·嘉善县》。
2　同上,卷七九《才媛》,卷八一《经籍二》;《桐乡县志》卷一八《列女下·才媛》。
3　《桐乡县志》卷一七《列女中·节妇》;卷一五《人物下·宦绩·程同文》。

窥,尤长地志",[1]是乾嘉间有成就的历史地理学家。

汪如洋的从姐如澜,或作汝澜,汪楗之女,字听月,适海昌举人许申琼,著《双桂楼诗草》。而汪楗之妻张氏,也著《清心玉映楼稿》。[2]汪如洋从兄之女汪玭,字杏圃,嫁杨德华为妻,"能诗,朝夕咏吟,有倡随之乐"。[3]如洋的从姐即端生的表姐;表姐之母,应是她的堂舅母。如洋从兄之女,也就是她的表侄女。

六 《再生缘》与云南

陈寅恪先生据《云南通志稿》有汪上堉"乾隆十年(1745)任云南府知府"的记载,推断"上堉颇有先后任云南省首府云南府及大理府知府之可能",而"《再生缘》中孟丽君、苏映雪、刘燕玉、皇甫少华等主要人物,皆曾活动于云南省之首府,当亦因作者之外祖曾任云南省首府知府,其母或侍父宦游,得将其地概况告之端生姊妹,否则《再生缘》中所述他处地理,错误甚多,而云南不尔者,岂复由'慈母训'所致耶?"陈先生从汪上堉《墓志铭》得知其原配祝氏已前卒,另有簉室生幼子彝铭。进而推论,上堉往大理,"苟欲携眷同行,则此眷属必是彝铭之母。端生之母汪氏,既是上堉次女,颇有为彝铭同母姊之可能","端生之母汪氏,果随父母往云南,……自然熟悉滇省之地理风俗状

---

[1] 《清史列传》卷七三《文苑传四·程同文》。
[2] 《嘉兴府志》卷七九《才媛》;《桐乡县志》卷一九《艺文志》,《双桂楼诗草》作《双桂楼小草》。
[3] 《嘉兴府志》卷七九《才媛》。

况,故后来可以转告《再生缘》之作者"。[1]

陈先生从《再生缘》"熟悉滇省之地理风俗",推论是由于她外祖在云南做官有关。思路是正确的,但由于他自己已不能查书,全靠助手代劳,必然要受涉猎不广的限制。他只看到汪上堉的《墓志铭》,却没看到其子汪孟鋗的《墓志铭》。据此《墓志铭》载:"乙丑(1745),大理出守,遣家归。"明确说,上堉往大理上任前,已将家眷送回老家。他更没想到,"汪上堉妾赵氏"因"守节三十年"作为节妇列传于《嘉兴府志》中,说:"大理府知府汪上堉妾赵氏,二十岁婚,嫡先卒。上堉母张老而病,赵勤奉侍,不离床笫。年二十七,上堉殁于大理,赵闻讣,悲号绝粒几死。抚孤彝铭读书成立。"[2] 可见,赵氏在家奉侍婆母张氏,没有同行去大理,故病故后她才"闻讣"。其次,上堉殁于乾隆十一年(1746),赵氏年二十七岁(1720—1746)。"二十岁婚"应在乾隆四年(1739),而端生母在八年(1743)以前已出聘,十六年(1751)已生端生,端生母出聘在赵氏婚后不到四年,十二年(1757)后已嫁往陈家生女。前引《陈兆仑年谱》说:1750年,次子之妻(端生母)兄汪孟鋗、弟仲玢也考中举人。孟鋗生于1721年,仲玢1753年不到三十岁去世,当生于1725年后,其姐端生母应生于1725年以前。因此绝非生于康熙五十九年(1720)的赵氏所生。

上堉出任大理知府虽仅一年病故,其长子孟鋗闻讣奔丧,当时交通不便,云南距离浙东遥远,孟鋗万里迎柩归来。[3] 此事对汪家的人肯定印象深刻,估计"滇省之地理风俗状况",久后也成为家人乐道的

---

[1] 《寒柳堂集》,14、93页。
[2] 《嘉兴府志》卷七〇《秀水节妇列传》。
[3] 钱载《汪孟鋗墓志铭》。

话题。汪上埨病故于大理在当地有一定的反响,甚至有几则神奇的传闻在嘉兴流传:

> 秀水汪上埨,知大理府,卒于任。卒前半月,梦舆盖导从至一处,若大署者,佥云"迎新太守",有红袍人迓于门。心恶之,不入。又数日,疾革,乃召僚友告以梦,且云:"帝命不敢违,期在十九矣。"众未信。至十九,有知云南县王曰仁者来言:"昧爽行街上,见红灯数十,舆盖导从云:'迎新太守。'"一如上埨言。内外方惊异,而上埨果以是夕卒,乾隆丙寅八月也。
>
> 后七年,上埨弟筠道经大理。先一夕,郡庙巫梦上埨衣冠出,蹴巫起曰:"吾弟且至,其速候于途。"旦往伺,筠果息候馆矣。于是大理人咸知上埨为府城隍神。[1]

汪上埨幼弟筠,曾任云南永北府知府。"地多夷獠",他在任期间,处理好各"种姓"的问题。在他的传记中,就提到白夷等六个少数民族及当地民情。不久他又被调到开化府,再调广西〔南〕府。[2] 筠子朝銮也曾任云南大井盐课大使,升保山县知县。[3] 上埨兄上埏之子大镛,援例官云南曲靖府同知,调景东。[4] 汪文桂之孙汪斌(纯煐之子),即上埨的堂兄弟,也曾任云南黑盐井提举。[5] 陈端生母虽未曾随父任官云南,上埨也没出任云南昆明知府,但汪家有兄弟、叔侄五人在云南

---

1 《嘉兴府志》卷八七《丛谈》。
2 同上,卷六二;《桐乡县志》卷一五《宦绩·汪筠传》。
3 《清代硃卷集成》第257册《汪均》,96页下;《桐乡县志》卷一二《选举录》。
4 《嘉兴府志》六一《桐乡列传》;《桐乡县志》卷一五《汪大镛传》;王元启《汪君(上埏)墓志铭》。
5 《桐乡县志》卷一二《选举录》。

做过官,自然云南的趣闻在汪家成为常谈,久之对云南的地理风俗也就耳熟能详了。后来上埩之孙如洋于乾隆五十一年(1786)冬督云南学政,也有因果报应的说法:"先是,大理公惠爱在民,殁有庙祀,屡著灵异。先生按试大理,拜谒于庙。郡人以为明德之后,必有达者。"[1]如洋的从叔中铙,庠生,曾从如洋赴云南入学使幕,著有《滇游小草》。

七 杭嘉湖徽商的治学与藏书

前文已介绍,由安徽休宁迁居浙江桐乡、秀水的汪氏,成为当地的仕宦世家。这个家族,与其他迁来浙江的徽商世家具有共同的特点:其一是他们凭借经商聚集的财富,广建宅院、园林,结交当地名士,或交流学问,或吟酒赋诗;其二是大多喜好藏书,许多著名藏书楼,皆出自徽商家庭。

汪文桂、汪森兄弟在世时,在桐邑城中东隅有华及堂,堂内有竹轩、蕉窗、石云居、浮溪馆、桐溪草堂、金粟玉兰山舍,一时名士云集,觞咏无虚日。检讨朱彝尊署其廊曰"浮溪环谷"。[2] 建裘杼楼以藏典籍,借抄于江南故家,同里有户部侍郎曹溶俌圃,朱彝尊氏曝书亭。藏书万卷,搜罗校勘。[3] 汪森又在嘉兴府城东角里故址,营小方壶为别业,作为另一处书屋,"益罗放佚书",与文桂兄弟俩及其他"隽赏士",从中"覈奇钩奥"不倦。[4] 汪森兄弟编著了一些著述,得益于家藏丰富的

---

1 程恩泽《翰林院修撰汪先生墓志铭》。
2 《嘉兴府志》卷一五《古迹二》;《桐乡县志》卷五《建置下·园宅》。
3 《清史列传》卷七一《汪森》;钱载《汪孟鋗墓志铭》;《桐乡县志·汪森传》。
4 朱彝尊《小方壶存稿序》;储大文《汪君森墓志铭》。

藏书。后来文柏别筑古香楼，收藏书画甚富，与俩兄"各聚书万卷，分贮于楼"。通过兄弟的搜罗，汪家"藏书之富，海内知名"。[1]

在嘉兴府城西南一里，汪家又另有住宅名"金陀园"，是嘉兴一大名胜古迹。此园在范蠡湖之滨，原来是宋岳珂宅。珂宋嘉定中守嘉兴，后寓居金陀坊，留此著《金陀粹编》。一说后为某宋赵郡王府，故有废园，清初曹溶得此遗基而经营之，以城为屏障，在此修建园林。"于此浚流垒石，园遂以成。以为别业，聚文史其中，暇则与宾客浮觞乐饮"。园以倦圃为名，因岳珂字倦翁，故取字"以自寄"。嘉兴之园有山水可观者，遂以是为甲。

此园后归汪氏，又名铁舟园。[2] 朱彝尊有《题倦圃图二十首》，有范湖草堂……采山楼……金陀别馆、听雨斋、橘田、留真馆、澄怀阁、春水宅等二十景。[3] 金德瑛寄居外家铁舟园和《题倦圃图》中的范湖草堂和金陀别馆，都是指曹家转归汪氏所有的这处园林。

还有文桂之子纯煐，在所居桐乡县城东北隅，建别业一经堂。旁有寄园，本钱氏荷花池旧址，模仿画家徐溶的画本，在园中凿池垒石，种竹栽花。内有兰露轩、环翠楼等胜景，颇有城市山林景象。后归举人程尚贤。不久就废弃了。[4]

汪森的曾孙孟鋗兄弟在世时，家境虽然"渐落"，但先世裘杼楼万卷之藏书仍在，多先代善本。又益购所未备，或抄写以足之。这些书，不仅成就了孟鋗兄弟，他们的好友钱载也得益于汪家的藏书，他曾回忆起"壬戌(1742)、癸亥、甲子(1744)间"，孟鋗、仲玢兄弟"同余于小

1　朱彝尊《汪司城诗序》；沈大成《汪君上埜墓志铭》；《桐乡县志》卷五《建置下·园宅》。
2　《嘉兴府志》卷一五《古迹二》。
3　朱彝尊《曝书亭集》卷六。
4　《嘉兴府志》卷六一《桐乡文苑·汪纯煐》；《桐乡县志》卷五《建置下·园宅》。

方壶万卷之储"读书的情景。[1]

孟铕长子如藻,由举人考授国子监学正,值开四库馆征书,献家藏书二百七十一种,《四库全书总目》著录一百五十二种,两千一百五十四卷,其中入存目五十五种。曾入四库馆为总目校勘官。乾隆四十年(1775)中进士后,以修书特授翰林院编修。《裘杼楼藏书目》尚存于世,共四卷,乃道光十年(1830)刘氏味经书屋抄本,今作为善本藏于北京图书馆。[2]

八　桐乡汪氏以外的汪姓儒商家族

安徽休宁西门汪氏除迁居浙江桐乡的这一支外,还有一支迁往湖州,也是一个世代书香、以科第和著述闻名的家族。据桐乡汪氏的始祖可镇的《家传》所载:可镇"抚仲兄之子以澄",可能在经济上或教育培养上曾给予这个侄子很大帮助,使他"因得肆意学文,后用举于乡"。以澄,字志远,号讱思。其父名可钦,是可镇的仲兄,休宁县庠增生。由休宁迁杭州府城。以澄为庠生,出仁和县商籍,可见他们是一个商人家庭。可钦、可镇兄弟在清初皆由休宁出外经商,一个落籍杭州,一个落籍桐乡。以澄是康熙壬子科(1672)举人,任中书科中书舍人,官至刑部陕西郎中,始迁居湖州府城。著有《春秋解》(或作《麟经标旨》)《志远堂文集》,(或作《燕翼堂集》)《讱思文稿》)他定居湖

---

[1] 钱载《汪孟铕墓志铭》;卢文弨《汪君(孟铕)墓志铭》;《桐乡县志》卷一五《人物下·文苑》。

[2] 《词林辑略》卷四;《嘉兴府志·汪如藻》;郑伟章《文献家通考》,中华书局,1999年,上,406页;《拾遗》上,956页。

州乌程县后,长子文朴之孙立言是乾隆丙辰(1736)进士,著有《东宁游草汇选》《天崇文龙訾集》。立言之孙耀文,嘉庆己卯(1819)科举人,官至署四川龙安知府,有《研经楼诗钞》等著作刊行。耀文子凤翙捐知县,著有《清芬阁诗文集》行世。孙宗泗,光绪己丑(1889)恩科乡试举人。

以澄次子文械之子煛,煛子曾裕,曾裕子尚仁,尚仁子延泽,虽只是贡生、生员,做过小官,但都有著作。延泽迁居本县南浔镇,子曰桢(1813—1882),咸丰二年(1852)举人。生平著述等身。他鉴于"学史者日月淆乱,则事迹之先后不明,而兴衰治忽之故无由考察",乃著《二十四史日月考》五十卷,各就当时行用的方法推算,详列朔闰,月建大小及二十四节气等,删为《历代长术辑要》十卷,附《古今推步诸术考》二卷。清代许多传记,把他归入对史学和历算有贡献的"畴人"或"清儒"之列。[1]

郭沫若从陈长生的《绘声阁初稿》中,发现《将返吴兴呈春田家姊并留赠(汪)嗣徽夫人》七绝三首,考定"春田家姊"就是陈端生,"嗣徽夫人"就是官居湖北巡抚加总督衔汪新(芍陂)的女儿,认为"陈家姐妹和嗣徽都聚首在杭州"。何以她俩与这位夫人有如此深交厚谊,郭文没有深究。其实汪新也是"世籍休宁",同她俩的外家既同宗又同祖籍,说明这些世家相互间的联系和交往还是很密切的。[2]

汪姓除休宁一系以外,由徽迁杭并由商而儒的名人名族也不少。

---

[1] 《清代硃卷集成》第 245 册《汪曰桢》,413 页;第 281 册《汪宗泗》,307、310 页;闵尔昌辑《碑传集补》卷四三;《清史列传》卷七三;诸可宝纂《畴人传三编》卷六;徐世昌纂《清儒学案小传》卷一八。

[2] 郭沫若《再谈〈再生缘〉的作者陈端生》,《光明日报》1961 年 6 月 8 日;张云璈《汪新墓志铭》,《国朝耆献类征初编》卷三八四。

如汪汝谦,先世安徽歙县人,明末迁浙江杭州。延纳名流。"四方宾客,征歌赋诗"。有《春星堂诗集》十卷等著作。子继昌(1617—1683),清顺治六年(1649)进士,官至湖广按察司副使。"工诗善书",有《悔岸斋诗文集》四卷。"酷嗜书籍、古金石文",是个藏书家。子鹤孙,康熙十二年(1673)进士,有《延芬堂集》二卷及词集二种。后人汪师韩,雍正十一年(1733)进士,曾任湖南学政,后主讲保定莲池书院,著述甚多。辑汝谦、继昌、鹤孙等及自己著作合为《丛睦汪氏遗书》。家有敬竹轩藏书。[1]

汪沆(1704—1784),先世居歙县之槐堂里,祖父始迁浙江钱塘(今杭州)。"早岁能诗,为学博涉无津涯",与杭世骏等人合称"松里五子"。"生平勤于撰述",著有《湛华轩杂录》《蒙古氏族略》《槐堂诗文集》《小眠斋读书日札》等八九种。家有小眠斋,以藏书著名。《日札》共四卷,根据丰富的家藏,又能将"所见奇闻秘册,辄手自甄录",《日札》选所读古今书五百余种,每书记其撰人姓名、序跋,略述书之大意,间参己见。从他著述之多,读书之博,也可看出他收藏之富。[2]

又有汪宪(1721—1771),先世由安徽黟县的宏村迁浙江钱塘。乾隆十年(1745)进士,为京官仅一年即家居。家有"花木水石之胜","偕同志数人日夕讨论经史疑义,又悉发所藏秘笈,相与校雠,稍暇则投壶赋诗为娱乐"。名士严可均、朱文藻"均馆于其家"。著《说文系传考异》《振绮堂稿》等书。"性好蓄书,丹铅多善本"。[3] 乾隆时修

---

1 《杭州府志》卷一四五《文苑·汪汝谦》;顾景星《汪公继昌家传》,《碑传集》卷七八;《拾遗》下,1389、1584、1670、2165页;《中国丛书综录》1,458页;《清人别集总目》中卷,1009页。
2 《国朝耆献类征初编》卷四三一《汪舍亭子沆》;《清史列传》卷七一《汪沆》。
3 《清史列传》卷七二《汪宪》;胡敬《内阁中书汪君(远孙)墓志铭》,缪荃孙纂《续碑传集》卷二〇。

《四库全书》,向天下征书。汪宪长子汝瑮"先以储藏善本经大吏遣官精选,得二百余种,汇进于朝",后浙江省巡抚又从振绮堂藏书选取剩者,重选百种。[1] 两次进书达三百余种,著录于《四库全书总目》有一百五十一,一千八百九十四卷。振绮堂藏书后归汝瑮二弟璐(1746—1813),递传其子諴,编《振绮堂书目》,共有书三千三百余种,六万五千余卷。直至清末,振绮堂藏书仍巍然独存。[2]

杭州又有汪启淑(1727—?),原籍安徽歙县绵潭,是寓居杭州的盐商富户,捐纳官至工部、兵部郎中。著作甚多,生前所刻今仍有若干种留传。家有开万楼藏书百橱,又有飞鸿堂,藏书甲于江南。乾隆开四库馆,启淑检开万楼珍秘本五百三十四种进呈。《四库全书总目》著录二百六十五种,三千四百一十二卷。[3]

就以汪家所在的桐乡来说,还有一位大藏书家鲍廷博(1728—1814)。他原籍安徽歙县,少习会计,流寓浙中,以冶坊为世业。后补歙县庠生。父思翊,以服贾来浙。先家于杭,后迁于桐邑青镇东乡之杨树湾。力学好古,父嗜读书,乃力购前人书以为欢。久之,他所购蓄秘笈异书益多而精,遂成为藏书大家。四库馆开,廷博命长子士恭进家藏善本六百余种,大半宋元旧版、写本,又手自校雠,为天下献书之冠。廷博又以所藏善本刊刻《知不足斋丛书》,每集八册。嘉庆十八年(1813),进所刻丛书第二十六集,嘉庆帝"赏给举人,俾其世衍书香,广刊秘笈"。[4] 次年,廷博病故,后人又续刻至三十集。

---

1 朱文藻《说文系传考异跋》,影印文渊阁四库全书本;郑伟章《文献家通考》上,403页。
2 汪諴《振绮堂书目·自序》;郑伟章《文献家通考》上,478页。
3 《拾遗》下,1001、1350、1351、1392、1394、1780页;《清人别集总目》中卷,1003页;郑伟章《文献家通考》上,328页。
4 阮元《知不足斋鲍君传》,《揅经室二集》(四部丛刊本)卷五;《清史列传》卷七二《鲍廷博》;《桐乡县志》卷一五《人物下·寓贤》。

乾隆三十九年（1774）五月十四日，高宗谕曰："今阅到各家书目，其最多者如浙江鲍士恭、范懋柱、汪启淑、两淮之马裕四家，为数至五、六、七百种。"因此各奖给《古今图书集成》一部万余卷。[1] 这四家中，只有范懋柱代表宁波天一阁捐书，是浙江的土著。如前所述，鲍士恭和汪启淑是寓浙的徽商，而两淮的马裕也出身于徽商。

马裕原籍安徽祁门，曾祖父马承运在江苏扬州贩盐，遂定居扬州东关街。马裕之父曰琯（1687—1755）与其叔曰璐（1701—1776），挟其财富，见古本秘笈"必重价购之"，"藏书甲大江南北"。家有小玲珑山馆、丛书楼藏书，所藏达十余万卷。乾隆开四库全书馆，马裕检家藏书分三次进呈，共进书七百七十六种，为献书最多的藏书家。《四库全书总目》著录马裕家藏本三百七十六种，五千五百二十九卷。[2]

在乾隆同一上谕中又提到"进呈一百种以上"的有浙江汪汝瑮五家，"朝绅中"的汪如藻等四人，这些人"每人赏给内府初印之《佩文韵府》各一部"。在点出名字的九人中，就有前面列举的汪姓徽商两家，陈端生的表兄汪如藻名列其中，由此也可见徽商世家藏书之盛。

出外业贾的徽商，他们的家族观念甚强，包括那些已在外地定居多年的人家，久年也不忘他们的安徽老家。如汪沆已定居杭州府钱塘，因先世居安徽歙县槐堂村，故自号槐堂。又如鲍廷博，其父迁居杭州，他又迁居桐乡，因先世居歙县长塘村，仍自称是"长塘鲍氏"。我们讨论的休宁汪氏这一支，汪可钦"自休宁西门迁居杭州府城"，再迁湖州。可镇"自休宁西门迁浙江嘉兴府桐乡县"，他的孙子森的著作仍冠以"休阳汪森诗词"的书名。可钦的八世孙宗泗，应乡试已在约

1　《四库全书总目》首卷附。
2　《清史列传》卷七二《马曰琯》；郑伟章《文献家通考》上，265、357 页。

两个半世纪后的光绪十五年(1889),仍不忘在考试硃卷上填写"原籍徽州府休宁县"。[1]

早在顺治年间,汪澍、汪逢源等修有《休宁西门汪氏宗谱》十四卷。乾隆四年(1739)百城书屋刻有《休宁西门汪氏大公房挥金公支谱》九卷。汪继燝的曾孙汪淮从可镇迁桐乡算起已是第七代,由于远祖坟茔在休宁,他仍"越三四年必往省"。可见远离故乡的徽商家庭,始终同老家没断绝联系。汪家有祖坟在山中,被山水暴涨冲毁,也由定居异乡的汪淮发起出巨资筑成屏障洪水的石坝。嘉庆间他编成《汪氏世录》一卷、《迁浙世代表》二卷、《传》一卷、《祠墓考》二卷、《遗书志》一卷、《汪氏诗载》二卷(今传嘉庆刻本《汪氏世谱》十二卷)。接着淮的堂弟淞等又纂修《重修迁浙支代表》二卷、《祠墓考续》二卷,有道光刻本。[2] 从这个休宁西门汪氏家族《族谱》存世之多,修谱之频繁,也可看出汪姓家族历久不衰的盛况。

九　桐乡汪氏世系表

半个世纪前,潘光旦教授以其社会学家的敏锐眼光,观察到历史上江南的世家望族是一个极为重要的社会现象,因此他选择明清时嘉兴一府为对象,写成《明清两代嘉兴的望族》一书。他从收集到的

---

[1] 《清代硃卷集成》第281册《汪宗泗》,307页上;245册《汪曰桢》,413页上;第257册《汪均》,95页上;《拾遗》下,1562页。休阳,古名,后汉于歙县分置休阳县,孙吴改海阳,隋改为休宁。
[2] 《清代硃卷集成》第257册《汪均》,97页上;秦瀛《贡生汪小海墓志铭》;《拾遗》上,468、469页。

资料,将其中连绵五世以上者列成九十一个世系表。本文讨论的汪家,也列为他书中的第七十五表。潘先生的研究由于包括近百个家族,人数多,涉及面广,其中每个系谱的准确性,或讨论问题的深度,不可能尽如人意,但筚路蓝缕之功不可没,他提醒史学界应该重视这个历史上曾出现过的重要社会问题。[1] 我偶然注意到潘先生多年前已研究过的课题,试图从个案提出几个问题进行讨论。为了与前文对照,便于说明问题,我也仿效他的办法,将汪氏这一家系重新列成世系表,列名也大体遵循他《府志》(加上《桐乡县志》)有名为原则(下划横线)。世系的确定根据族人硃卷和有关碑、传。他共列二十三人,我增至近百人,并附列乌程汪氏两系。凡有著作者,人名后加星号。著作文中未提及的,另附著作表。

---

[1] 潘光旦《明清两代嘉兴的望族》(中山文化教育馆研究丛刊),商务印书馆,1947年。

汪氏族人文中未列著述

秉钧　著　《碧山诗稿》——《桐乡县志·艺文志》
梴　著　《松涧堂诗稿》——《桐乡县志·艺文志》
上塼　著　《范湖诗钞》——《桐乡县志·艺文志》
聚鑰　著　《习是编》——《桐乡县志·艺文志》
锟　著　《检书志》《兰陔遗诗》——《桐乡县志·艺文志》
大埔　著　《绿雪斋诗稿》八卷——《府志·经籍》《桐乡县志·艺文志》
镐　著　《春泉诗稿》《南野堂笔记》——《桐乡县志·艺文志》
镏　著　《瓶庵草》——《桐乡县志·艺文志》
鋑　著　《慕园吟稿》——《桐乡县志·艺文志》《府志·文苑列传》
梦龄　著　《筠石轩遗稿》——《桐乡县志·艺文志》
潮　著　《香南遗稿》——《桐乡县志·艺文志》
应爵　著　《宋溪诗集》——《桐乡县志·艺文志》
潜　著　《不系舟集》——《桐乡县志·艺文志》
圣清　著　《兰言集》《梧巢集》《北游草》《德水暇豫编》《赐书堂集》——《桐乡县志·艺文志》《嘉兴府志·经籍》
泂　著　《拈花微笑集》——《桐乡县志·艺文志》
大经　著　《借月山居诗钞》《江湖故人集》——《嘉兴府志·经籍》;《桐乡县志·艺文志》;赵怀玉《汪大经墓志铭》,《亦有生斋集》卷一八。
嘉谷　著　《秋籁阁诗钞》——《桐乡县志·艺文志》
诵棻　著　《秋啸堂稿》——《桐乡县志·艺文志》

世桢　著　《十三经翼注》九十三卷、《春草稿》十二卷——《嘉兴府志·经籍》

世樽　著　《阅史偶钞》《玉杯余沥》——《嘉兴府志·秀水文苑》

乌程汪氏族人著述目

焸　　著　《贯一编》《学海蠡测》《复亭诗钞》《志勤堂文稿》。
　　　　　——《清代硃卷集成·汪曰桢》

亮采　著　《燕邸吟稿》一卷、《卧游集》四十卷、校刊有《温公书仪》《唐子西集》等。
　　　　　——《清代硃卷集成·汪宗泗》

壎　　著　《萼园诗稿》——《清代硃卷集成·汪宗泗》

郊　　著　《浚臣文稿》——《清代硃卷集成·汪宗泗》

立言　著　《东宁游草汇选》《天崇文龙鸞集》
　　　　　——《清代硃卷集成·汪宗泗》

祁　　著　《季子诗稿》——《清代硃卷集成·汪宗泗》

曾裕　著　《云溪诗钞》——《清代硃卷集成·汪曰桢》

尚仁　著　《四勿斋吟稿》——《清代硃卷集成·汪曰桢》

耀文　著　《研经楼试艺钞存》《研经楼诗钞》《蘋香馆诗集》
　　　　　——《清代硃卷集成·汪宗泗》

延泽　著　《耕烟诗钞》——《清代硃卷集成·汪曰桢》

氏赵名棻著　《滤月轩诗文集》——《清代硃卷集成·汪曰桢》

凤翔　著　《清芬阁诗文集》——《清代硃卷集成·汪宗泗》

（原刊《国学研究》第 12 卷，北京大学出版社，2003 年）

论弢翁藏书
——致周一良先生函

一良师：

承赐《弢翁藏书年谱》，非常非常感谢。

我得知弢翁的大名，还是在沙滩刚入北大的时候，一则是知道他是天津的知名民主人士、副市长，二则是看到过您等为弢翁所编的庆寿文集。可惜我当时还没有读书中论文的水平，因而也就没有兴趣钻研这些文章并了解弢翁是何等人物。我知道弢翁是我国的大藏书家还是在专攻亚洲史以后，读到向觉明师《关于三宝太监下西洋的几种资料》一文，原刊于1929年出版的《小说月报》上，他所介绍的第一种资料就是巩珍的《西洋番国志》，此书《四库》列入存目未收，当时他说："是否至今仍然存在？现无可考。"此文收入《唐代长安与西域文明》一书中出版后，向先生加了一个补注："知圣道斋钞本《西洋番国志》后归天津周叔弢先生，中华人民共和国成立后捐给北京图书馆。于是这一部书始复显于世。"后来我接触古籍较多，更体会到一部失传二百来年的书"复显于世"的价值。向先生编著《中外交通史籍丛刊》，因此也首先选定了这部书。

调到内蒙古大学后，经常来京出差，学校也附带给我采购书籍的任务。可惜我一点目录学知识也没有，只会买一些一看书名就知其内容的书。经过比现在研究生多若干倍的时间，完全出于偶然，看到《四库全书总目提要》《四库全书简明目录标注》《中国丛书综录》，北京、北大、上海、江苏国学（今南京）图书馆等书目，才稍稍懂得点按目寻书的知识。为了在书店能随时决断应购何书，就必须熟记书名并知有几种版本及版本优劣等；某些书除少数图书馆收藏珍善本外，市间并无通行本流通，只得向有关图书馆拍摄胶卷照片；为此我自编《元人文集版本目录》等书目，并曾去北京、南京、上海、杭州等地图书馆检阅有关善本及罕见书。由于研究元史、蒙古史不必涉及宋版，兼之"文革"前图书馆条条框框较少，我有幸得以目睹和欣赏大多有关元、明版及罕见书。

1965年我去南京，在南京图书馆读书一月有余，浏览了丁氏旧藏有关元史大部分善本，对八千卷楼藏书略有了解。它的特点是全，这和丁氏兄弟致力于补抄文澜阁《四库全书》有关，他们就顺便据书目收藏《四库》已收、存目和未收之书。但就宋元刻本而论，并不算多。1990年去日本，检阅静嘉堂文库旧藏皕宋楼书目，又得经眼若干国内罕见珍本，不仅元人书多为元刊，即使是抄本，也多是名家旧抄，不似丁氏多为补充所缺临时补抄。因此对国人痛惜四大藏书楼之一流入东瀛也有了一点感性认识。

四家中之另一家是海源阁，杨以增、绍和父子几代经营，网罗了太平天国战乱后江南故家散出的书，特别是黄丕烈百宋一廛许多旧藏书，又得怡亲王府部分藏书，宋本四经四史名闻海内外。杨以增因官至总督高位，有钱有势，论宋元刻珍本，还要数他。早期谈藏书掌故的书（如陈登原《古今典籍聚散考》），只知1929年海源阁被土匪王金发所据，杨承训将善本转移到天津，其售出情况说不清楚。读了有关弢翁藏书的故实、特别是这本《年谱》以后,才知弢翁从1930年前后开始,已收购了杨氏大部分善本,《年谱》第四十九页录弢翁在《历年收得杨氏海源阁旧藏善本目录》手记题识:"我收得海源阁杨氏书凡五十五种。"黄丕烈因有汲古阁毛晋旧藏北宋刻《陶渊明集》和宋刻汤汉注《陶靖节先生诗注》,以此引为自豪,专为他的藏书室起名为"陶陶"。距荛圃之藏花甲一周,两书归杨以增海源阁所有。其子杨绍和称之为"真奇书也",嘱咐"我子孙其永宝用之"。1931、1933年,两书也先后被弢翁收藏。

  为此,到了1936年2月,傅增湘作《周君叔弢勘书图序》,已称赞他"崛起北方,与木犀轩、双鉴楼鼎足而立,骎骎驾而上之"。这说的是实情,但的确不易。李盛铎木犀轩收书,从他随父任官长沙时收购湘潭袁芳瑛卧雪庐藏书算起,到这时已有半个多世纪。傅增湘双鉴楼从清末民初开始大规模收书,我从王国维的书信中,偶然读到一个有趣的故事。还是1923年5月王国维在北京的时候,从宝熙和徐森玉处得知:"此间有一南宋初刊本《白氏六帖》。"乃徐乾学传是楼旧藏,出自张之洞家。为此他写信告知藏书家传书堂主人蒋汝藻,等蒋复信有意收购时,在王国维九月末致蒋的信中说:"《白帖》事,今日赴琉璃厂询之文友〔堂〕,云沉叔已得之。"并大发感叹说:"现有傅在厂中,万不能购得此类书矣。"(《王国维全集—书信》,第356、369、371页)由此也可见傅增湘藏书的势头有多大。十几年后,傅也承认弢翁有"骎骎驾而上之"的趋势,足见他在藏书家中的实力。

  我虽然知道弢翁藏有失传的《西洋番国志》,在北京图书馆善本书目中"周捐"的书占相当比例,但真正认识到弢翁藏书的价值较晚。由于我只注意有关专业的书,所以很少留意宋版珍本秘籍。近年喜读藏书家传记,书林掌故渐略知一二。偶尔也读点诗词,从上海古籍出版社买到宋刻唐人集影印本几种,设想将欣赏诗词和珍本秘籍结合起来,其中有宋蜀刻小字本《王摩诘文集》,细看首页藏书印,除各名家外,"周暹"小印赫然在目。据《年谱》所载,他辛未年(1931)才大量收购杨氏藏书,而"宋本《王摩诘文集》1930年已得此书"(第50页)。此外,蜀刻《孟东野文集》《郑守愚文集》等书皆叒翁所捐,从此我对叒翁所藏宋元本之精有了具体认识,不只能与李、傅鼎足而立,也得知后来又有"南陈北周"之称。

读《年谱》得知,叒翁喜好收藏精刊影印本。60年代,除图书馆外,类似叒翁当年积藏的珍本已不会出现在市面上了,但还能代图书馆收购到《古逸丛书》、董康诵芬室、罗振玉等影刊书。与我业务有关的,如傅增湘影印的《永乐大典》2610—2611卷(收《南台备要》和《乌台笔补》),1959年中华书局影印的2345—2346卷,日本东洋史研究会缩印的2608卷《宪台通纪》,东洋文库影印的19416—19426卷《经世大典·站赤》等,陶湘影刻明洪武刊本《程雪楼集》等书,印刷精美绝伦,前两书"纸幅阑格书衣签题一仍原式",给我留下了深刻的印象。近年以来,稍有余力,也收购些与业务无关的诸如上述《王摩诘文集》影印本欣赏。但我读《年谱》才知道,叒翁也喜自印古籍流通。如释果满辑《庐山复教集》,虽然曾见过影印本,却不知是早在1924年由叒翁据元本影刊。傅增湘说:杨守敬、沈曾植"皆极称赏,谓宜补收入《藏》,以备庐山掌故"(第10页)。实际上,这是佛教的一支——白莲教徒自纂的有关本宗派的资料,1989年杨讷已选入《元代白莲教资料汇编》由中华书局出版。另一种我感兴趣的是《十经斋遗集》,作者沈涛官真定知府时,曾搜集郡中自周至元顺帝时古碑编成《常山贞石志》。我读过其中元代部分并收有此书,发觉他写的碑跋很有水平,与当时专攻蒙元史的学者学力相当。我没想到追寻他的文集看看,读《年谱》才知,他的遗著五种在1936年早已有叒翁的刻印本了。"文革"后中华影印《古逸丛书》三编,元扬州路儒学刊《石田先生文集》等数种是弢翁所捐。我才知道我所有的元四大家集本《马石田先生文集》不是真正元版。

《年谱》所附藏书印多出名家之手,也是一批艺术珍品。我从上海购得近出的林申清编《中国藏书家印鉴》,不只可供欣赏,也可凭印章弄清珍本递藏始末。此书仅收弢翁印七个,不及《年谱》所收三十一个的四分之一。

读《年谱》有关弢翁的藏书经历以后,就有若干动人故事深深地印在我脑海中,正如您所归纳,无非是"爱书、惜书"。首先是弢翁对所爱书的痴迷和孜孜以求的精神。如他对韩文、柳文的钟爱,在他致书商的信中跃然可见。1936年,海源阁廖氏世采堂宋刻大字本《昌黎先生集》被陈清华收购后,他又累次与书商商讨收购世采堂大字本《柳文》。十来年后,他仍在致赵万里信中打听另一部蜀本《柳文》的下落(第155页)。现陈清华藏南宋世采堂刻大字本《河东先生集》,早已由国家拨款从香港收回,南宋蜀刻《新刊增广百家详补注唐柳先生文》也由上海古籍出版社收入《宋蜀刻本唐人集丛刊》影印出版。

弢翁还对"俞良甫似刻过《柳文》"感兴趣,叹惜"俞在国内无刻本流传"(第202页)。非常凑巧,当年我去东洋文库进行研究时,也对俞良甫所刻书发生兴趣,有幸曾自己从善本书库觅得并借出此本从容欣赏。书名《新刊五百家注音辩唐柳先生文集》,刻于丁卯年(1387,洪武二十年)。据说俞良甫刻本版式全仿中国原本,这书的宋刻本现存北京图书馆,可能是俞刻的底本,故俞刻还为今人提供了另一宋版书的翻刻本。这书卷四十五末尾还有一个自报家门的牌记:"祖在唐山福州境界福建行省兴化路莆田县仁德里台谏坊住人俞良甫"云云。我还看到这个牌记在有关书中的照片,由于字迹模糊,因此木宫泰彦所著《日本古印刷文化史》(第236页)将"台谏坊"误读为"宣让坊"。东洋文库藏本是岩崎文库旧藏,字画清晰,当时我还摄了书影,可惜不能送殁翁鉴赏了。

殁翁藏书留给我的另一个印象是"惜",特别是他为了配全一部书,可以说不惜一切。如1926年他在北京初次看到四卷残本宋鹤林于氏刊《春秋经传集解》,就开始留意这书。1930年春,他收得元岳氏荆溪家塾刻本《春秋年表》和《名号归一图》。秋,收得元岳氏荆溪家塾刻本《春秋经传集解》六卷(12、13、27—30)。第二年冬,又得二十三卷(2—11、14—26)。直到1946年,煞费周折,终于在农历年底"以黄金一两易得"所缺一卷,终于"珠还剑合"。1935年杨承训向他展示海源阁藏宋鹤林于氏刊二十三卷残本,"惊喜过望,以重值收之"。又不惜以"其值倍于杨氏"从李氏木犀轩购所藏四卷。次年用"值更高于李氏"再从石氏购得一卷。全书仍缺两卷,为此又努力搜访了十余年。

殁翁不惜财力和精力将残书配齐,并不是为了满足藏书家常见的占有欲,而纯粹是出于爱惜古书。将散佚后的同一书配齐,他视为如同帮一家人重新团圆。如前述于刻宋本《春秋经传集解》,第二十六卷藏刘晦之(刘体智远碧楼)处,多年来屡次求让未允,直至殁翁将全书捐献给北京图书馆以后,才知这卷已归上海图书馆,他利用参加全国人大之便,请求时任上海市长陈毅协助将此残卷拨给北京图书馆。事成后,同此书归于私有一样,"使分散之书聚合,了却一桩心事",心情同样愉快。

前述元岳刻本《春秋经传集解》,他竭力搜集到二十九卷,只缺首册一卷,听说这卷已毁于兵灾,乃从傅增湘处"乞得所藏宋抚州本第一卷以补此书之缺"。1947年初,他意外地获得传闻已毁的一卷,使原书"作延津之合"。高兴之余,他就想到所配宋抚州本正是故宫藏书散佚在外的残卷,于是决定捐献。尽管"去书之日,心意惘然",但他想到"故宫所佚,得此即为完书,余岂忍私自珍秘,与书为仇耶!"他的原则是,在私藏所爱书和全书聚合发生矛盾时,为了爱惜书,宁可放弃私藏,应让它配齐。1949年刚解放,他就将珍藏海内孤本宋版唐陆德明《经典释文》第七卷一册捐给国家,与故宫藏本相配,遂成完帙。1951年,他得知苏联列宁格勒大学将《永乐大典》十一册还赠我国,就将旧藏《永乐大典》一册捐献,以求"珠还合浦,化私为公"。1952年8月,他将所藏主要历代善本七百余种捐献给北京图书馆。照他的话来说,大而言之,"此亦中国人民应尽之天责";从他爱书的角度看,是"幸余书之得所",因此能"佳惠士林,可为此书庆"(第233页)。弢翁爱书,有如爱自己的子女,应首先为他们设身处地着想,不能因钟爱而强留在身边。他认为,"书之幸,亦遏之幸也"(第170页)。1942年元旦,他在手订书目上留下嘱咐:"善本乃数十年精力所聚,实天下公物,不欲吾子孙私守之。四海澄清,宇内无事,应举赠国立图书馆,公之世人,是为善继吾志。"为了让书发挥更大的作用,他宁愿化私为公,割爱捐献给国家,这是他与一般收藏家的心理不同之处。

"文革"中打倒刘少奇,一条大罪状是宣扬"剥削有功论"。中华人民共和国刚成立时,全国经济萧条,资本家多将企业资金抽出,或者向国外、香港转移,或者贮存外汇、硬通货,工厂开工不足,工人失业。我曾见报刊报导,刘少奇到天津视察,鼓励私有资本家投资扩展企业和生产。"剥削有功论"的内容,似乎正是弢翁提出问题,刘作回答。当时党和政府的文件和口号都是这种精神,如"公私兼顾,劳资两利"之类。弢翁是能读马、恩用母语所写著作的,懂得社会主义理论,知道共产党革命的目标是什么。他所以提出那样的问题,原意是不愿再对工人进行剥削,更不愿扩大剥削。但在当时,只有打消私人资本家的消极观望思想,积极发展生产,才能巩固新生的国家政权,改善人民的生活。他是在为国家利益的大局着想,明眼人一看就清楚,他绝无为"剥削"找一顶合法桂冠之意。我没收藏过几本书,但能理解酷爱藏书人的心情。他舍得将毕生精力财力积累的善本和文物捐献给国家,也就会拥护公私合营,不反对企业收归国有,将定息全部上交就是具体证明。他去世时,我从《光明日报》看到纪念他的文章,提到去世时又将存款全部上交国家,总数不过一两万,而且还是国库券。弢翁能不断作出化私为公的义举,死而后已。这种例子,实让我大感不解。

收到您寄赠的书以后,我饶有兴致地反复读完全书。我没有讨论《年谱》实质内容所必备的目录和版本学知识,愧无以报,只能写一篇读后感,思绪所至,信口开河,信手而写,目的是供您消遣。诚如您所说,弢翁这样的藏书家"可谓绝后"。同样像我这种喜读《藏书年谱》的外行也不太多了,虽纯属东拉西扯,相信仍能博您一笑。

(此信经周先生拟定文题并转荐给《藏书家》2001年第4期发表)

武状元郑维城与女尼灵源本事

湖南武冈县地处偏僻,在科举制度下,考中进士的寥寥无几,然而在明末,武冈州人郑维城却在天启壬戌科(1622)武试考中"会试第一",即俗称的会元。[1] 康熙《武冈州志》对他这个会元加了一段按语:"明武科无殿试,以会试第一为榜元。是科张公鼐主闱,特请临轩问策,〔维〕城仍第一,武殿试自此始。"故将"会试第一",改为"会状第一",意思是他同时考中了状元。[2]

康熙《武冈州志》和《宝庆府志》没给郑维城立专传,只在中科举

---

[1] 《(康熙)宝庆府志》,《北京图书馆古籍珍本丛刊》(37),卷二六《人物·孝友·郑金城列传》,676页上。

[2] 《(康熙)武冈州志》,《中国地方志集成》,江苏古籍出版社,2002年,第54册,湖南府县志辑,卷七《人物·武榜》,60页下。《明史》卷七〇《选举志》(1708页)载:崇祯四年,中允方逢年、倪元璐奏请武举殿试传胪,悉如文殿试例。赐王来聘等及第、出身有差。武举殿试从这年开始。邓显鹤根据这条史料,对《(康熙)宝庆府志》说武科殿试自郑维城中试的天启壬戌科开始表示怀疑。到修《(道光)宝庆府志》卷四《大政记·天启二年》(164页下)时,进一步考证:"《梁志》(梁碧海纂《宝庆府志》)引《从信录》,以为天启二年壬戌九月,吏科给事中甄淑请文武一例殿试,而是年即行武殿试,与《明史》不合。盖天启甄淑有此请而未允,至崇祯四年,方逢年、倪元璐再请乃通行耳。其临轩策问亦系武场旧例,非殿试也。"彻底否定了张鼐主闱,特请临轩问策,"武殿试自此始"的说法。因此维城的第一并不是状元。

的人物表中列名并加简注,所以他的仕迹只有"仕终正总兵、都督"这几个字,既不说在何时何地任职,更没有任何事迹。[1] 郑维城中"会状第一"前的事迹反而见于其弟金城的传中。兄弟俩的父名郑一泉,是当地乡宦。维城早年考中庠生,好交游,荡尽家产。弟弟金城则从事农耕自食其力,维城平日用费奢侈,金城欣然不断供给,历久不厌。后来维城学剑,或说"从诸少年学距跃击刺之法",中万历间武举人后,又准备进京会试,由于路途遥远,缺乏盘缠,金城又卖掉家产资助他,劝他前往赴试,前后资给达三次之多。到了天启辛酉(元年,1621),维城再赴武闱。壬戌,终于中会试第一。后来,维城虽在外当官,金城在家乡仍"布素如初",毫不介意。因此金城得到本州人的赞扬,历朝《州志》都将他列入"孝友""行谊"或"独行"传中。[2]

郑维城科举高中的事迹在家乡方志中不显,是由于他任官后全家外迁,武冈人已不知他的确讯。他在外的部分消息有赖于清初文人郑梁的作品保存下来。郑梁(1637—1713),字禹梅,号寒村,浙江慈溪县灌浦人。康熙二十七年(1688)进士,官至广东高州府知府。[3] 父郑溱(1611—1696),字平子。崇祯十三年(1640)副榜,明亡不仕。[4]他与黄宗羲同学于刘宗周之门,"交最密。尝命梁师事宗羲"。郑梁

---

1 《(康熙)武冈州志》。《(康熙)宝庆府志》卷八《宝庆府属武进士年表》,207页下。
2 《(康熙)武冈州志》卷七《人物·友》,65页下;《(康熙)宝庆府志》卷二六《郑金城传》,676页上;《(乾隆)武冈州志》,《故宫珍本丛刊》,海南出版社,2001年,第14册,湖南府州县志,卷七《人物·行谊》,163页下;《(嘉庆)武冈州志》,《稀见中国地方志汇刊》,中国书店,1992年,第40册,卷二三《独行传》,245页下;《(道光)宝庆府志》,《湖湘文库》,岳麓书社,2009年,卷一二三《孝友》,1578页上;《(光绪)武冈州志》,《中国地方志集成》,第55册,湖南府县志辑,卷四一《人物志二·孝友传》,292页下。
3 《清史列传》,中华书局点校本,1987年,卷七一《郑梁传》,5803页。
4 《(光绪)慈溪县志》,《中国方志丛书》,台湾成文出版社,华中地方·第213号,卷三〇《列传七·郑溱》,636页上。

喜好藏书，积书二万卷，"与范氏天一阁相埒"。临终遗命其子郑性建二老阁，设神位其中以祀宗羲、平子二老。自后二老阁藏书、刻书闻名天下。郑氏是延绵七八代的文献世家，乾隆三十八年(1773)开四库馆征书，郑性长子大节检取二老阁精本九十四种进呈，有四十七种二百九十卷著录于《总目》，三十三种入存目。

郑梁生前著诗文集多种。他的诗文汇集《寒村诗文选》三十六卷，早在康熙朝已有刻本。[1] 可惜乾隆纂修《四库全书》将《寒村集》置于"存目"，因此流传不广。[2] 嘉庆八年(癸亥，1803)，安徽歙县人黄承增继同邑前辈张潮编《虞初新志》之后，又辑《广虞初新志》，选编当代文人的纪实性短篇小品，汇辑各类人物不平凡事迹和有趣故事，由于这类文学作品能引人入胜，很快就风靡全国。湖南杰出乡土文献学者邓显鹤(号湘皋)预修嘉庆《武冈州志》和道光《宝庆府志》，在修《府志》时看到《广虞初新志》中的《女僧灵源传》，终于搞清了郑维城在异乡的行踪。这篇传记的主人翁不是郑维城，而是他的儿媳"女僧灵源"，通过郑梁对她不平凡经历的描述，我们才得以了解郑维城全家在外地的下落。

据郑梁所记：女僧灵源名行珍，灵源是她的法号。俗姓朱氏，字瑞珠，父歧阳王某，明太祖第十八子岷庄王之后。岷王先封于岷州，后徙云南，又徙武冈，故朱行珍是武冈州人。行珍十七岁时嫁给本州人郑壮图。壮图字雷天，武状元维城之子，号称神童。朱行珍出生在王家，幼通书史，众人都认为是贤良的佳偶。

道光《宝庆府志》转录郑梁的《女僧灵源传》附于郑维城传之后，

---

[1] 《寒村诗文选》(清康熙紫蟾山房刻、续刻本)卷三六。
[2] 《四库全书总目》，中华书局，1965年，卷一八三《集部·别集类存目10》，1664页中。

但对原文有所改动和增添。"歧阳王某"改为"祁阳王定鏄",据《明史·诸王世表》,岷藩无歧阳王,只有祁阳王,邓湘皋更正了郑梁的字误。[1]

祁阳王定鏄是岷康王誉荣庶七子,嘉靖三十一年(1552)封,从《灵源传》"康熙丁巳,年六十"推算,朱行珍生于万历四十六年(1618),定鏄即使是在出生年受封,行珍出生时他已六十七岁,不可能是定鏄之女。我猜想其父应是定鏄嫡一子祁阳王幹蛙,幹蛙之子企鎢虽在万历二十年(1592)封长孙,但在行珍出生前的万历四十二年(1614)已卒,他不可能是行珍之父,行珍只能是定鏄之子、企鎢之父幹蛙的女儿。企鎢之子褆泞万历四十五年(1617)封曾长孙,说明这时定鏄还在世,次年行珍出生,估计行珍十七岁出嫁时幹蛙已由王长子袭封祁阳王,故郑梁说她的父是(歧)〔祁〕阳王。[2]

《宝庆府志》附传还说:"维城有四子,壮图最慧,号称神童。岷藩祁阳王定鏄(应是幹蛙)一见爱之,以其女瑞珠字焉。灵源聪慧过于壮图。"

还在行珍出嫁前,壮图曾做过奇怪的梦,引发狂症,急切想出家为僧。婚后,一天壮图忽然留诗一首出走,前往宁波天童寺从密云长老参学佛法,与密云的门徒石奇、牧云投合相得,乐而忘归。这时维城从刘河游击[3]升任舟山参将。舟山虽在海中,与天童寺同属宁波府。行珍陪侍其姑婆向夫人到达任所,就派人渡海到天童寺迎壮图回家。

---

1 《(道光)宝庆府志》卷一二六《宿将·郑维城附录浦阳郑梁〈女僧灵源传略〉》,1787页上。
2 《明史》,中华书局,1981年,卷一〇二《诸王世表三》,2752页。
3 亦作浏河,即明清江苏太仓州东北之娄江,流入长江处刘家港有刘河镇,为出海航运和江防重地,万历初设游击营于此。

而这时壮图已患重病,到舟山后不久病故,当时行珍年仅十九岁。这时恰好有圣旨召维城入觐,维城离开舟山时,本来打算将家眷送回武冈,"而继岷王者,方与歧〔祁〕阳王构难,祸且蔓延,不敢归"。

这是怎么一回事呢?据府、州志书所载:这时是岷哲王禋洪在位,崇祯元年(1628),"暴薨",即不正常死亡。"时府中颇有异议,其事甚隐"。次年,王妃之弟副兵马指挥邓之沛指认岷王是被校尉彭侍圣、宫人胡氏所弒,并且有善化王企鋘、将军企锤参与谋害和盗窃王府帑藏,向朝廷奏告。由于这是弒害藩王的大事,崇祯先后派人前来勘问、会审,判侍圣、胡氏磔刑,赐企鋘、企锤自尽。岷王死后,善化王企图代理岷王府事,与邓之沛发生冲突,善化王夺之沛权。之沛向上控诉,遂诬奏成大狱,凡与之沛相忤者皆被株连,企鋘、企锤之死,武冈人都认为是冤案。[1]

哲王妃邓氏是之沛之姐,支持常宁王幹坤庶子企鐴嗣岷王位,于崇祯七年(1634)正式册封为岷王。十三年(1640),祁阳王禋泞被徙居祁阳。看来在禋洪"暴薨"和争夺岷王嗣位权的王室内斗中,祁阳王一家也曾被牵连,故发生"继岷王者与祁阳王构难"的事,回武冈反而会惹祸受到株连。

郑维城在不得已的情况下,只好带几个儿子进京,将其余百口人侨居于慈溪灌浦。《灵源传》的作者郑梁就是灌浦人,灌浦是半浦的俗称,在慈溪南十三里,临大江,东八十里到海。自宁波府城西来,至此始有山。这里以东是鄞县,西面是慈溪,处于两县相半之界,所以称"半浦"。半浦还是郑姓族人聚居地,宁波各地郑姓人大多来源于此,

---

[1] 《(康熙)宝庆府志》卷一《郡建置纪》,76页下;卷三《封建表》,95页下;《(嘉庆)武冈州志》卷二六《载记下·岷藩·逸事》,286页下。

故郑梁说:"四明之郑皆半浦之郑也。"¹ 郑维城在无奈之下将家眷留在灌浦,也有宗法社会中寻求同姓族人照顾的意思。

行珍将丈夫壮图葬在灌浦,对上侍奉姑婆,对下要安顿仆婢,从新过门不谙世故的闺中媳妇变身为办事果决的孀妇。崇祯末年,农民起义蜂起,满洲在东北伺机南侵,明朝廷处于风雨飘摇中,由于战事阻隔了行珍等人与维城父子的联系,接着维城父子已死,灌浦发生饥荒,行珍全靠变卖首饰、僮奴度日,变卖将尽,自度剩余家私已不能养活婆媳二人,于是决定自己从五磊僧达变削发为尼。

五磊寺在慈溪县西北四十里。位于今观海卫镇五磊山象王峰南麓。"五峰磊磊,相对如聚米所成"。三国吴赤乌间,有梵僧那罗延结庐修静。唐僖宗文德间建灵山禅院。北宋真宗敕赐寺额"五磊普济院"。明永乐年间改名"五磊禅寺"。² 明末寺院荒废,清初顺治二年(1645),道忞主持五磊寺,开始重修新建。道忞,字木陈,得法为天童寺密云悟嗣。悟示寂,众推继席三年。后又主持台州的广润等寺院。³ 僧显权字达变,道忞主天童,延为首座,从忞至五磊寺。忞迁广润,命达变嗣席,住持五磊。顺治六年(1649),达变圆寂,此后二十余年间,"重葺梵宇,金碧焕然,为浙东一名刹"。⁴

十六年(1659),木陈忞被顺治皇帝召至北京,赐号宏觉禅师。木陈忞之前,顺治曾召憨璞聪、玉林琇、茚溪森,后又召玄水杲,向他们问

---

1 《寒村杂录》卷二《半浦考》《半浦郑氏外传序》,《寒村诗文选》(四库全书存目丛书,集部第256册,清康熙间刻本),齐鲁书社,1997年,468页下至469页上,458页上。
2 《(雍正)慈溪县志》,《中国方志丛书》,台湾成文出版社,华中地方·第191号,卷一二《寺观》,712页。
3 《(光绪)慈溪县志》卷四〇《方外》,836页下。
4 同上,836页下引《五磊寺志》。《达变权禅师语录》五卷。卷一至三收住明州慈溪县五磊山灵峰禅寺语录。卷四至五收颂古、垂问、偈、佛事。收入《明嘉兴大藏经》二十九册。

佛法大要。郑壮图在宁波天童寺参学佛法的密云长老,正是木陈之师密云圆悟。当时密云被尊为"临济宗中兴之祖",憨璞聪、玄水杲同是师出密云的法孙。金庸小说《鹿鼎记》中出现的玉林琇,其师磬山修与密云同是龙池正传嗣,茚溪森则是玉林琇嗣。因此陈援庵先生说:他们皆同出龙池派,"琇、忞一世,森二世,聪、杲三世也"。他们先后进京为顺治讲解佛法,有《三世奏对集》。[1] 如此说来,无论是向密云参学佛法的壮图,还是从嗣木陈法席的达变削发的灵源,都应算在龙池派三世之列,甚至与风传出家的顺治皇帝有同门佛缘。

灵源住余姚之苏家园。[2] 她在庵中虽能勉强一饱,但每到进食时都要东望灌浦,默念"吾姑如吾饱否?"眼泪淫淫然数行下。不久,她已在庵中安定下来,又将婆婆接到庵中,仍按俗家子妇礼侍奉供养,"姑赖以安"。后来,婆婆也跟随她祝发为尼。

灵源起初因生活所迫为尼,但出家后渐有参悟,乃决心终身学佛,志了死生。这时,与郑壮图一同跟密云参学的石奇正住持雪窦寺,牧云则住持古南寺,都已成为得道高僧,这两所寺院的声望,几乎与名刹天童寺齐名。灵源于是随其姑同去雪窦寺拜石奇为师,竭诚参究佛法。[3] 牧云听说此事,赋诗一首寄往天童寺:"感旧寻思三十年,天童会里有雷天。何其佛法因缘大,瀎发灵机有别传?"

---

1 陈垣《汤若望与木陈忞》,《陈垣学术论文集》,中华书局,1980年,"三、顺治出家问题",496页。
2 苏家园村位于浙江省宁波市余姚市余姚城区南。
3 石奇法名通云(1594—1663),参密云一十三载,与木陈忞、牧云同为嗣法十二弟子之一。明崇祯十六年(1643),奉化雪窦寺毁。绅士延请他主持修复,历时十八年,恢复旧观。死后窆于雍正四年(1726)在妙高峰建造的塔院。今仍保存在1927年蒋介石所建私宅的天井中。

清康熙六年(1667)三月,灵源又渡江往嘉兴古南寺访牧云。[1] 机语有契,牧云授予她一柄宣讲佛经时手持的如意。灵源获得讲法说禅的资格,回到余姚,开法于善庆庵,充当挝鼓、持宗门白槌的知法世尊,前来听讲的僧俗川流不息。"一时灵源之禅,名撼浙东"。《嘉兴府志》引《王庭记》载:"迨牧云师从古虞(常熟)来住持是方,学徒云集,……得法者五人,分其教居庵者十余处。"[2] 可能灵源是其中之一。

灵源虽已出家,仍继续料理郑家家事。原先维城离开时留下的婢妾甚多,流离不能存活,灵源一律收养于庵中,一直到送终。婆婆死后,灵源又将她的尸骨归葬于灌浦,故人们更加因此服灵源之禅为有用。康熙十六年丁巳(1677),灵源年已六十,省墓于灌浦,计划买田交付仆人,专供祭扫姑婆和丈夫墓园之用。听说郑梁为郑姓人修谱,又来灌浦请求他代为记述自己的家世,灵源和郑维城一家的事迹因此得以流传。有趣的是,武冈郑姓居然同数千里外的浙东名门望族灌浦郑氏联宗通谱。

郑梁在文中对灵源评价甚高,将她视为"吾灌浦郑氏"众多节妇之一。"数十年来,乃复有灵源"。但当时有人似乎对她另有看法:一是灌浦郑氏家风,没有祝发为尼的节妇;二是作为女尼,出头露面,"受人如意,上堂指挥",颇受守旧乡民议论。郑梁反驳说:灵源不祝发,只会僵饿空闺,势必改嫁。不受人如意,她怎能供养婆婆和郑维城留下的婢妾?人生有不幸时,势必找维持生计的办法。郑梁举古人

---

[1] 牧云,法名通门(1599—1671)。古南禅院在嘉兴王店镇(旧称梅里)西。清顺治初,牧云禅师开堂,遂成名刹。牧云凡七主丛林,实为临济龙象(有德高僧),工诗词,所著有《懒斋集》《牧云和尚语录》等。《(光绪)嘉兴府志》,《中国方志丛书》,台湾成文出版社,华中地方·第53号,卷一八,476页上;卷六二,1828页上。

[2] 《(光绪)嘉兴府志》卷一八《古南禅院》,476页上。

为例,如:荆轲行刺秦王失败后,他的朋友高渐离逃匿于外,变名姓为人佣仆,谋刺秦始皇复仇。"千秋万世后,固莫得以佣保少之也"。按儒家的观念,"言贾非君子事也"。然而东汉大儒赵邠卿(名岐)因得罪宦党,逃匿北海,卖饼市中,后藏于安丘孙嵩家复壁内三年,隐忍困厄,写成《孟子章句》。又如"谢晞发(翱)以有宋遗民,遁居婺(治今浙江金华)、睦(治今浙江建德)间,率秋暮载薪炭至杭易米,岂非贾哉?而识者未尝非之"。他赞美女尼灵源,才力远远超过高渐离之为人佣保。而赵邠卿、谢晞发先生那样的大丈夫,为了赡养自己,即使从事商贾贸易,亦无不可,何必独独苛责一个女流呢?郑梁一方面怜悯灵源出身"王孙故家不幸萍漂絮落",又敬佩她一弱女子"能自树立"。指出郑维城有四个儿子都不能依靠,全靠灵源一女子,借灯传佛法,"鼓动流俗,擎拳撑脚,使数十年中,人犹知有郑门朱氏"。假令灵源是男子,不知能发挥多大作为呢?[1]

  明朝的皇孙贵胄,在清朝的统治下,不但不能再享优裕的特权生活,甚至有遭政治迫害的威胁。朱元璋第十六子宁王的后裔朱耷(八大山人),从孙靖江王的后裔朱若极(石涛),同样被迫出家为僧,他俩得以青史留名,全靠自己绘画的艺术成就,而多数皇裔只能苟活于乱世,或者沦为粪土。在封建社会中,谋生通常是男人的事,朱行珍是不满二十岁的女流,身处千里外的异乡,丈夫新丧,无父兄、亲友之助,毅然削发为尼,自谋生计。又通过潜研佛法,成为有资格执掌如意,讲法说禅的女禅师,在佛门历史中,实属罕见。她不仅"能自树立",还能赡养婆母和众多仆婢,修建并供祀郑氏的墓园,为夫家联宗修谱,堪称

---

[1] 本文灵源事迹均出《女僧灵源传》,黄承增辑《广虞初新志》卷三,见《说海》,人民出版社,1997年,1015~1017页;《寒村五丁集》卷一,见《寒村诗文选》。

当时的一位奇女子。

道光《宝庆府志》根据《灵源传》的记载,将郑维城"仕终正总兵、都督"改为"累官刘河游击,舟山参将"。明朝的兵制,五军都督府各有左、右都督两名,是正一品的最高军事长官。总兵原为临时性差遣的"行伍官",以后发展成固定的总兵官。也就是镇守各地的最高军事长官。郑维城久在外地做官,消息隔绝,穷乡僻壤的武冈人,只知最大的军官是都督、总兵,就夸称他当了都督、总兵,而不知明朝的制度,五军都督府"掌印及佥书,率皆公、侯、伯。间有属老将之实为都督者,不能十一也"。"凡各省、各镇镇守总兵官、副总兵,并以三等真、署都督及公、侯、伯充之"。[1] 通过郑梁的记述,邓显鹤才确知郑维城是由刘河游击升为舟山参将。不仅弄清了他的官职,而且明确了任职的地点。[2]

(原载《中华文史论丛》2015 年第 4 期)

---

[1] 《明史》卷七六《职官五》,1857 页。
[2] 《(道光)宝庆府志》卷一二六《宿将》,1787 页上;《(光绪)武冈州志》卷四一《人物志二·宿将传》,297 页下。

元宗王小薛与申姓祖先的传说

2005年,我接到一封来自河北邢台申海群先生的来信,说他们的祖先是蒙古的晋王之后,虽然传说无法完全得到历史证明,但有现存族谱记载或墓碑为证。我据历史记载,元世祖忽必烈曾分赐太宗窝阔台之孙(或曾孙)、阔出之子(或孙)小薛大王牧地于山西潞州,疑申氏一族是小薛的后代。

我从网上了解到,因我给申海群先生的回信引起申姓人很大反响,甚至有全国各地的申姓人以此为据,认为自己是蒙古人的后代。不久前有河南、山东、山西的申姓人来我家直接询问。为此有必要将我上述猜测的理由加以阐释,同时声明:一、我的说法纯属猜测,仅供参考;二、只适用于有谱牒和碑刻可据的后人,并不适用于全国申姓。

我目前掌握的资料中,有河北沙河市三王村清宣统三年(1911)所立石碑,碑背面刻"故元潞王太始祖璟公墓志铭"。墓志铭[1]中说:申氏始祖璟公"为元皇裔","初封晋王,改封潞王","公藩潞,乃携眷

---

[1] 墓志铭是置于坟墓中或埋在坟前地下,并不是立在地面的石碑,不知为何在墓碑上刻墓志铭。

避兵屯留,而绛州,为存宗嗣计,故改曰姓申"。河北武安矿山村《申氏追远录》也说:申氏太始祖"初封晋王,改封潞王,世居潞城天宫村"。碑刻和文献记载相符,后者还明确祖居地名"潞城天宫村"。

蒙古贵族虽然在中原地区建立元朝,但不同于建立清朝的满族,他们的诸王、贵戚、万户、千户仍留在蒙古高原,或移迁于新扩占而适于游牧的漠南、河西和云南等地,但不留住于传统的汉人农耕地区。因此,一般说蒙古王室及其属民不落籍中原,史籍中也没什么潞王。忽必烈初封长孙甘麻剌为晋王,其子也孙铁木儿袭封,后来称帝(泰定帝),又封其次子八的麻亦儿间卜为晋王,四年后早殒。其余诸子俱早夭。元亡前四十年不闻再有晋王。

然而,元朝仍有个别宗王、贵族留居中原,恰恰在潞州(今山西长治)就曾有一支宗王留驻。部分申氏家谱和祖茔碑刻说本姓源于蒙古血统,虽然记载出现较晚,但当时没必要凭空编造,应当是渊源有自,但经许多代人转述,已失历史原貌,因此我只能从近似的历史记载中加以猜测。

邢台申姓的祖先,或许同曾驻在山西潞州的蒙古宗王阔出一系有关。阔出是窝阔台(太宗)第三子,最得其父宠爱。窝阔台有心让他做自己大位的继承者,可惜在他在位时病故。[1] 窝阔台又想让阔出长子失烈门继承,但他死后却由皇后扶持长子贵由继位。定宗贵由去世后,定宗后拥立失烈门与蒙哥争夺汗位失败,蒙哥即汗位,以"定宗后及失烈门以厌禳事觉"的罪名,"并赐死"。几年后的丁巳年(1257),蒙哥汗又分拨给阔出太子位、太宗第五子合失大王位,第六

---

[1] 周良霄译《史集》第 2 卷《成吉思汗的继承者》,天津古籍出版社,1982 年,30 页。

子合丹大王位,第七子灭里大王位"汴梁路(治今开封市)在城户"。[1] 早在窝阔台在位的癸巳年(1233),蒙古军攻陷汴梁时,"避兵居汴者得百四十七万人",被围城将帅俘获瓜分。[2] 阔出等的"在城户"可能是这时所得,后因失烈门与蒙哥争夺汗位失败而被褫夺。丁巳年蒙哥赐给太宗诸子的人户应是在被剥夺后再度发还。

蒙古灭金以后,窝阔台发起东起高丽、西至东欧的征服战争,征宋则令其次子阔端从陕西进军,而将从河南正面攻宋的重责交付其第三子阔出。太宗七年乙未(1235)秋,阔出准备出征南宋时,派军前使从漠南经山西至黄河渡口沿途设置驿站,先从西京(今大同)到太原,再从太原经潞州、怀州(今河南沁阳)至黄河渡口各立一站。"止令阔出太子军前使臣骑坐,其余并不得应付"。[3] 可能因潞州在夏季较河南清凉,阔出和一同领兵征宋的忽秃都太子(拖雷子)曾建避暑楼于此。蒙古军在征掠中原地区的过程中,"将相大臣有所驱获",就将俘虏据为己有,"往往寄留诸郡",随之"寄留"的州县也成为他们的势力范围。[4] 阔出所得部分俘户可能就留在他的驻夏地潞州。被褫夺后,忽必烈即位时仍未发还。中统年间,世祖赐功臣合剌原属"阔赤〔出〕、忽秃都二太子避暑楼""汳〔汴〕梁田数百顷及潞州牧地百余顷"。[5] 可见阔出因适应其游牧生活的需要,曾在潞州避暑楼附近保留广阔的牧场。直到清末,还能在当时的潞安府襄垣县认出古迹避

---

1 《元史》卷九五《食货三·岁赐》,2415~2416 页;卷一〇七《宗室世系表》,2716~2719 页。
2 同上,卷一四六《耶律楚材传》,3459 页。
3 《永乐大典》卷一九四一六,二十二勘,站(站赤一)。
4 《元史》卷一四六《耶律楚材传》,3460 页。
5 危素《故荣禄大夫江浙等处行中书省平章政事月鲁帖木儿公行状》,《危太朴文续集》卷七,叶 15b。

暑楼的所在地。¹　襄垣县位于太行山西麓，属半山丘陵地区，平均海拔在一千米左右。古有八景，其中"仙堂旧隐"的"仙堂山峰峦俊秀、森林茂密、风光秀丽、气候凉爽"，已开发为全省有名的旅游和避暑胜地。"凉楼盛观"的凉楼旅游区也初步得到了开发。

　　元宪宗蒙哥七年丁巳（1257），单独分赐窝阔台第三、五、六、七子阔出、合失、灭里、合丹等太子、大王位"汴梁路在城户"。这时并不见对其他诸王、贵戚另有新的封赏，显然这不是一次全面的分赐，此举只不过是为了抚慰因汗位争夺备受打击的窝阔台家族。世祖忽必烈又有新的调整，至元二年（1265），又分给窝阔台家族四亲王南京（即汴梁路）属州，郑州隶合丹，钧州隶明里（即灭里），睢州隶孛罗赤，蔡州隶海都，他属县复还朝廷。²　原来分给四亲王的"汴梁路在城户"必须以农耕为生，已散处汴梁路各地，这次是令他们分别集中到某一州境内。

　　四亲王中孛罗赤分得睢州，睢州属河南江北等处行中书省汴梁路，领襄邑（倚郭，今河南睢县）、考城、仪封、柘城四县。³　孛罗赤大王是阔出之孙，昔列门太子之子，⁴ 故《食货志》所载"太宗子阔出太子位"在《世祖纪》改记于孛罗赤名下。《食货志》记载的是分拨给窝阔台诸子的名字，1257 年阔出和昔列门皆已故，所谓"阔出太子位"是指阔出家族。《世祖纪》中的孛罗赤才是实际代表阔出家族受封的人。

　　昔列门或译失烈门，太宗曾有旨以皇孙失烈门为嗣，认为他"可

1　《（光绪）山西通志》卷五五《古迹考六》："襄垣县凉楼，元戍此，其将建楼避暑，址存。"
2　《元史》卷六《世祖纪》，107 页。卷九五《食货三·岁赐》作至元三年，《本纪》所记至元二年应当是世祖颁诏年月，《食货志》所记是落实分给属州的时间。
3　《元史》卷五九《地理二》，1401～1403 页。
4　同上，卷一〇七《宗室世系表·阔出太子位》，2717 页。

以君天下",故称为太子。定宗贵由去世,皇后斡兀立海迷失曾抱失列门垂帘听政六月。¹ 由于与蒙哥争夺大汗位失败,随蒙哥征宋时被投入水中而死。²

至元二年(1265),分拨汴梁属州时,阔出位下的睢州由孛罗赤继承。孛罗赤之后的继承人是谁,《元史》中没有明确记载。波斯拉施特《史集》载:阔出有三子,失烈门和孛罗赤不是父子,而是阔出的长、次子,他们之下还有一个第三子小薛。三人都曾"随侍于□□",由于抄本脱落不知是何人,我认为只能是"大汗"。³ 从世祖至元二十三年(1286)开始,直至仁宗皇庆元年(1312),多次出现有关小薛的记载,他不似其他蒙古宗王世守蒙古地区的领地,不仅随侍于大汗,而且是阔出家族汴梁路属州——睢州民户的继承人,并留驻于祖先受封的五户丝食邑。翰林侍讲学士邓文原有一首诗"题小薛王画鹿",诗中赞扬他"礼乐河间雅好儒",是一个雅好儒术,能书会画,喜与汉族文人交往的蒙古宗王。⁴ 他还是太师淇阳王月赤察儿的女婿,娶其女阆(阔?)阆失为王妃。⁵

至元二十六年(1289)五月,"移诸王小薛饥民就食汴梁"。⁶ 我认为这位"诸王小薛"就是阔出的子孙小薛,这是已由他继承孛罗赤。他们的人户在睢州,故其属下饥民可临时转往路总管府所在地汴梁

---

1 《元史》卷三《宪宗纪》,44 页;卷一二四《忙哥撒儿传》,3055 页;卷一一四《定宗钦淑皇后传》,2870 页。
2 同上,卷三《宪宗纪》,46 页;《史集》第 2 卷《成吉思汗的继承者》,30~31 页。
3 周良霄译注《成吉思汗的继承者》,30 页。山西芮城县有载小薛大王令旨的《河东延祚寺碑》,是从大都发出,可证他正"随侍于大汗"。蔡美彪《八思巴字碑刻文物集释》,中国社会科学出版社,2011 年,112~113、117 页。
4 《国朝文类》(四部丛刊本)卷七,叶 5b。
5 元明善《太师淇阳忠武王碑》,《国朝文类》卷二三,叶 18a。
6 《元史》卷一五《世祖纪》,322 页。

就近赈济。

此前一年四月庚辰,世祖"赐诸王小薛金百两、银万两、钞千锭及币帛有差。辛巳,赐诸王阿赤吉金二百两、银二万二千五百两、钞九千锭及纱罗绢布有差"。[1] 阿赤吉即阿只吉,是察合台的曾孙,木秃坚之孙,不里之子,曾在开平率西道诸王拥戴忽必烈为大汗,留驻察合台受封的太原路食邑,并领兵在河西与察合台汗国叛元的笃哇等作战。至元二十二年(1285),阿只吉因作战失利受责,由伯颜"代总其军",从此退居其太原路食邑。[2] 按拉施特的说法,他已离开西北边陲察合台汗国的领地,常在忽必烈和铁穆耳合罕处,在"所有宗王中最受尊敬"。小薛和驻山西太原路的阿只吉同时得到赏赐,分别代表窝阔台或察合台后裔留驻中原的宗王。

至元二十五年(1285)小薛受赏不久,二十八年(1291),"藩王小薛得分牧地上党"。[3] 潞州隋唐时称上党郡,故又称上党。元朝潞州治所也在上党县,即今山西长治市。如前所述,小薛的潞州牧地本是阔出所有,到这时才由忽必烈发还。[4]

大德二年(1298)十二月,因"诸王小薛所部三百余户散处凤翔(今陕西凤翔县),赐给潞州田二千八百顷"。[5] 可见小薛王府的驻地已转移到潞州,故赐给他潞州境内的田地,以便他收养流散到陕西西部的属民。

---

[1] 《元史》卷一五《世祖纪》,312页。
[2] 《成吉思汗的继承者》,167~171、373页;《元史》卷一二七《伯颜传》,3113页。
[3] 《山右石刻丛编》,山西人民出版社影印出版,1988年,卷三六《潞州学田记》,叶34a。
[4] 《元史》卷一〇七《宗王世系表·合丹大王位》,2718页,小薛大王是合丹大王之孙。潞州牧地原属阔出所有,今归小薛,显然小薛属阔出家族,故从《史集》,确定他是阔出和孛罗赤的继承人。
[5] 《元史》卷一九《成宗纪》,421页。

当时潞州属平阳路(治今临汾),因此小薛及其属人也有在平阳活动的记载。如成宗元贞元年(1295),"平阳民诉诸王小薛、曲列失伯部恣横,遣官鞫之"。又如大德七年(1303),"以太原、平阳地震,禁诸王阿只吉、小薛所部扰民"。[1] 阿只吉领地在太原路,小薛领地在平阳路,故有此禁令。皇庆元年(1312),"敕诸王小薛部归晋宁路襄垣县民田"。[2] 大德九年(1305),平阳路在遭遇大地震后改名晋宁路。襄垣县不仅属晋宁路,也是潞州属县。[3] 由此可见,潞州襄垣县的山地正是潞州小薛部众游牧的中心地区,他们侵占了附近百姓的田地。

小薛等蒙古宗王在中原农耕区仍不改以狩猎为乐的旧习,率领驯鹰的鹰师纵猎于真定路境内。大德七年(1303),真定路遭遇饥荒,朝廷除赈钞救济外,"仍谕诸王小薛及鹰师等,毋于真定近地纵猎扰民"。[4] 真定路在潞州东北,中隔顺德(治今邢台)和广平路(治今邯郸),距离甚远。至元三年(1266),将潞州所辖"涉县割入真定府",成为真定路管辖的一块飞地(地处广平路正西,今邯郸市辖县)。因此,小薛的势力扩及真定路原属潞州的涉县不足为怪。[5]

除潞州外,小薛在平阳路全境都有很大影响。在今山西芮城县磨涧村,遗存有小薛颁发给河中府河东县延祚寺的令旨碑,时间也相当于大德七年(1303)的兔儿年。河东县城在今永济县蒲州镇,濒临黄河与陕西相望,延祚寺在永济与芮城两县交界处(今属芮城),与东部毗邻河北的潞州相距已有数百公里。[6]

---

1 《元史》卷一八《成宗纪》,393 页;卷二一《成宗纪》,454 页。
2 同上,卷二四《仁宗纪》,553 页。
3 同上,卷五八《地理志》,1379~1381 页。
4 同上,卷二一《成宗纪》,449 页。
5 同上,卷五八《地理志》,1381 页。
6 蔡美彪《河东延祚寺碑》(1303 年),《八思巴字碑刻文物集释》,106~120 页。

郑州荥阳的名刹洞林寺,寺内有顺帝至正二年(1342)住持所立石碑,将前朝敕赐的碑文汇刻在一碑上。正面是翰林学士李谦撰写的本寺《藏经记》,碑阴上、下分五截,刻有元朝皇帝圣旨、太后懿旨、帝师法旨和诸王令旨共八通,最下第五列前有虎儿年(延祐元年,1314)晋王令旨,后有马儿年小薛大王令旨,碑中庵主名与晋王令旨相同,时间应接近。这个马儿年若是虎年甲寅后的马年戊午,则时间已迟至仁宗延祐五年(1318)。因《元史》中小薛的名字出现在至元末至成宗大德间,疑小薛令旨应颁于大德十年的马年丙午(1306)。令旨内容是洞林寺庵主瑛无瑕等三个和尚为皇帝祝寿,晓谕沿途官民在他们来回途中,对他们和三匹长行马不得阻挡,并令供应茶饭马料等。小薛的分地睢州邻近郑州,所以应洞林寺庵主的请求发布了这道令旨。[1]

河北申氏所存碑刻和谱牒记载:太始祖"初封晋王,改封潞王",元朝只有忽必烈的长孙甘麻剌一支封为晋王,小薛及其家族也没有人封为潞王,可能是因小薛驻在山西(晋)和潞州,后人附会为他们增添了王号。《申氏追远录》称"世居潞城天宫村",潞城正是潞州属县。近来有人调查,申氏在上党地区分布甚广,潞城天贡村就是申姓人聚居处,还保存清代的申氏《世谱》。中村申氏《家谱》也说族人是从天贡村迁出,"天贡村"无疑就是天宫村。

小薛之名不见于《元史·宗室世系表》,小薛之名最后出现于皇庆元年(1312),距1368年元亡有多半个世纪,我们对此后小薛及其后嗣的状况尚一无所知。我将河北邢台、邯郸等地申姓人的传说与元

---

[1] 《郑州荥阳县洞林寺大觉禅寺藏经记》,《金石萃编补正》卷四;《石刻史料新编》五,台湾新文丰出版公司。

朝的小薛联系起来,纯属猜测。即使能落实,也不一定都是小薛或阔出家族的子孙。小薛在大都与翰林院臣交往,邓文原为他的画题诗,两通令旨都是从大都发出,证实拉施特所说,他在大都"随侍于大汗",本人并不在潞州。当然潞州有他众多的属民,从潞州逃出的人,几经变迁,年深月久,口传的记忆肯定会变样,因此只能得出这支人来自小薛部民的结论,其中或许有蒙古汗室的后人,但多数是普通蒙古人,甚至还有分拨给阔出位下的汉人。

河北申氏族人据族谱等记载,推测他们的祖先由潞城出逃,或从屯留往绛州,或从山西潞城直接到洪洞,再由洪洞迁出山西,都是经明初洪洞大槐树所设的移民登记站,然后伴随汉人的移民浪潮而迁往邢台、邯郸一带。此说可能是沿袭民间盛传的华北移民传说,其实元世祖以前,河北涉县本属山西潞州,"涉县偏城等十三村"并入黎城仍归潞州管辖。因此申氏也可能从潞州直接迁往涉县再散布到今邢台和邯郸市所辖各地。

元朝蒙古人不用汉名,沙河三王村碑上的"元潞王太始祖璟公"的名字不可信。至于元末外逃时文秀等十八子的名字更不可靠。明朝确立后,朱元璋强迫蒙古人改用汉姓汉名,这时才有蒙古人用汉名的现象。

申姓传说是炎帝神农氏之后,周代建立申国(今河南南阳),子孙以国为氏。加上其他来源,总之申姓是一个古老的姓氏。申姓如有蒙古人的后裔,只能是个别地方少数有据可查的申姓人。

前引河北各地申姓人还有传说,元末"元裔杀戮殆尽,为存宗嗣计,故改姓申,折铜锅十八块,使其众子各持其一,作为以后阖家团圆相认的凭证"。因此申姓人有"铜锅申"或"锅片申"的说法,这种传说不仅邢台、邯郸等地所谓元裔有,全国各地申姓也有。因此不能得出凡有"铜锅申"或"锅片申"传说的申姓人都是蒙古人的后裔。这类事例在全国各姓中普遍存在,如北宋的王祐在其宅院内,手植槐树三棵,祝愿"吾子孙必有为三公者"。后来他的儿子王旦在宋真宗时做了宰相。因此"三槐"成为子孙兴旺发达的象征,凡王姓人,不管是不是王祐的后代,或称其宅院为三槐堂、三槐居,或题门榜"三槐鼎盛""三槐植庭"之类。我们周姓人出了个宋代理学之祖周敦颐,由于名诗人黄庭坚给周敦颐《濂溪诗》写序称颂说:"舂陵(道州古郡名)周茂叔(敦颐字茂叔,号濂溪)人品甚高,胸中洒落如光风霁月。"所以周姓人常用"光风霁月"充当家宅中的榜题,我家乡老宅东门上就题有"光风霁月"四字。"光风霁月"已成为周姓人共用的榜题。我的家族是明初从江西吉安府迁到湖南,与北宋时已定居湖南的周敦颐不是一族。类似情况是一种普遍现象。

　　魏晋南北朝重视门第,见人就要问他的出身郡望。因此人们皆伪称出身本姓中的名门郡望。如前清学者钱大昕所说:"言王必琅琊,言李必陇西,言张必清河,言刘必彭城,言周必汝南,……其所祖何人,迁徙何自,概置弗问,此习俗之甚可笑也。"他写专文论证"家谱不可信"。[1] 据近年调查,全国王姓人出自三槐堂的占百分之四十,显然冒认者居大多数。从网上得知,安徽五河申集镇申集村申姓自称是"锅铁申",与河北自称是蒙古人的后裔的申姓人有同样的传说,但他们又有魏晋时早已出现的郡望"琅琊郡",可见所谓郡望、"锅片申"之类传说都有本姓人互相袭用的现象,不足为凭。

1　钱大昕《十驾斋养新录》卷一二。